●収録内容一覧

■2025年度中学受験用

女子聖学院中学校

3年間スーパー過去問

入試問題と解説・解答の収録内容

2024年度　1回	算数・社会・理科・国語
2024年度 スカラシップ	算数・国語 （解答のみ）
2024年度　3回	算数・国語 （解答のみ）
2023年度　1回	算数・社会・理科・国語
2023年度 スカラシップ	算数・国語 （解答のみ）
2023年度　3回	算数・社会・理科・国語 （解答のみ）
2022年度　1回	算数・社会・理科・国語
2022年度　2回	算数・国語 （解答のみ）

～本書ご利用上の注意～　以下の点について，あらかじめご了承ください。

★別冊解答用紙は巻末にございます。本書に収録している試験の実物解答用紙は，弊社サイトの各校商品情報ページより，一部または全部をダウンロードできます。

★編集の都合上，学校実施のすべての試験を掲載していない場合がございます。

★当問題集のバックナンバーは，弊社には在庫がございません（ネット書店などに一部在庫あり）。

合格を勝ち取るための『スーパー過去問』の使い方

本書に掲載されている過去問をご覧になって,「難しそう」と感じたかもしれません。でも,多くの受験生が同じように感じているはずです。なぜなら,中学入試で出題される問題は,小学校で習う内容よりも高度なものが多く,たくさんの知識や解き方のコツを身につけることも必要だからです。ですから,初めて本書に取り組むさいには,点数を気にしすぎないようにしましょう。本番でしっかり点数を取れることが大事なのです。

過去問で重要なのは「まちがえること」です。自分の弱点を知るために,過去問に取り組むのです。当然,まちがえた問題をそのままにしておいては意味がありません。

本書には,長年にわたって中学入試にたずさわっているスタッフによるていねいな解説がついています。まちがえた問題はしっかりと解説を読み,できるようになるまで何度も解き直しをしてください。理解できていないと感じた分野については,参考書や資料集などを活用し,改めて整理しておきましょう。

このページも参考にしてみましょう！

◆どの年度から解こうかな　「入試問題と解説・解答の収録内容一覧」

本書のはじめには収録内容が掲載されていますので,収録年度や収録されている入試回などを確認できます。

※著作権上の都合によって掲載できない問題が収録されている場合は,最新年度の問題の前に,ピンク色の紙を差しこんでご案内しています。

◆学校の情報を知ろう!!「学校紹介ページ」

このページのあとに,各学校の基本情報などを掲載しています。問題を解くのに疲れたら息ぬきに読んで,志望校合格への気持ちを新たにし,再び過去問に挑戦してみるのもよいでしょう。なお,最新の情報につきましては,学校のホームページなどでご確認ください。

◆入試に向けてどんな対策をしよう？「出題傾向＆対策」

「学校紹介ページ」に続いて,「出題傾向＆対策」ページがあります。過去にどのような分野の問題が出題され,どのように対策すればよいかをアドバイスしていますので,参考にしてください。

◇別冊「入試問題解答用紙編」

本書の巻末には,ぬき取って使える別冊の解答用紙が収録してあります。解答用紙が非公表の場合などを除き,(注)が記載されたページの指定倍率にしたがって拡大コピーをとれば,実際の入試問題とほぼ同じ解答欄の大きさで,何度でも過去問に取り組むことができます。このように,入試本番に近い条件で練習できるのも,本書の強みです。また,データが公表されている学校は別冊の１ページ目に過去の「入試結果表」を掲載しています。合格に必要な得点の目安として活用してください。

本書がみなさんの志望校合格の助けとなることを,心より願っています。

株式会社　声の教育社　編集部

女子聖学院中学校

所在地	〒114-8574 東京都北区中里3-12-2
電　話	03-3917-2277（代）
ホームページ	https://www.joshiseigakuin.ed.jp/
交通案内	JR山手線・東京メトロ南北線「駒込駅」より徒歩7～8分 JR京浜東北線「上中里駅」より徒歩10分

くわしい情報は
ホームページへ

トピックス

★記念祭（文化祭）は11月2日・4日の9：00～15：30に開催されます。
★4科得意プラス型入試〈4科（400点満点）のうち得点が最も高い科目を2倍し500点満点で判定〉を導入している。

創立年 明治38年　女子校　高校募集なし

応募状況

年度	募集数		応募数	受験数	合格数	倍率
2024	①	50名	2科　23名	21名	13名	1.6倍
			4科　27名	20名	4名	5.0倍
	②	30名	2科　82名	73名	28名	2.6倍
	英	10名	3名	3名	1名	3.0倍
	B	10名	4名	4名	4名	1.0倍
	③	20名	2科　85名	51名	25名	2.0倍
	④	10名	2科　43名	27名	18名	1.5倍
			4科　51名	24名	5名	4.8倍
	⑤	10名	2科　89名	46名	24名	1.9倍
	⑥	10名	2科　97名	29名	18名	1.6倍

※②はスカラシップ入試，「英」は英語表現力入試，「B」はBaM表現力入試。

入試情報（参考：昨年度）

2月1日午前…第1回（2科4科選択）
2月1日午後…スカラシップ【第2回】（2科）
2月2日午前…英語表現力／BaM表現力
2月2日午後…第3回（2科）
2月3日午前…第4回（2科4科選択）
2月3日午後…第5回（2科）
2月4日午後…第6回（2科）

説明会・公開行事等日程（※予定）

※すべて要予約，上履き持参，校内見学可能
【1DAY説明会】
8月3日
9：30～10：30／13：30～14：30
【学校説明会】
9月14日[*1]　10：00～11：30
9月14日[*2]　14：00～15：00
11月16日　14：00～15：00
＊1は6年生限定，＊2は5年生以下対象。
【2つの表現力入試説明会】
9月28日／11月30日　各日とも10：30～11：45
【入試問題対策会】
10月5日／10月12日／10月19日／11月16日
各日とも10：00～11：30
【入試体験会】
12月7日　8：45～10：30
【入試直前算数講座】
1月11日／1月18日　9：30～10：30
【個別相談会】
1月18日　9：00～12：00

2024年春の主な大学合格実績

千葉大，慶應義塾大，早稲田大，上智大，国際基督教大，明治大，青山学院大，立教大，中央大，法政大，学習院大，成蹊大，成城大，明治学院大，津田塾大，東京女子大，日本女子大，國學院大，獨協大，武蔵大，日本大，東洋大，駒澤大，専修大，順天堂大，昭和大，東京女子医科大

編集部注―本書の内容は2024年7月現在のものであり，変更されている場合があります。正式な情報は，学校のホームページ等で必ずご確認ください。

算数　出題傾向＆対策

◆基本データ（2024年度１回）

試験時間／満点	50分／100点
問題構成	・大問数…５題 計算１題（８問）／応用小問１題（８問）／応用問題３題 ・小問数…25問
解答形式	数値を記入するもののほか，式や考え方を書かせる問題が１問ある。
実際の問題用紙	Ａ４サイズ，小冊子形式
実際の解答用紙	Ａ３サイズ

◆出題傾向と内容

▶過去３年の出題率トップ３
１位：四則計算・逆算32％　２位：角度・面積・長さ７％　３位：割合と比など６％
▶今年の出題率トップ３
１位：四則計算・逆算30％　２位：角度・面積・長さ11％　３位：正比例と反比例８％

１題めは計算問題で，整数・小数・分数の四則計算と逆算，計算のくふうが出されています。

２題めは応用小問です。文字式・関係式，割合と比，速さ，整数の性質，角度・面積・長さ，場合の数などが見られますが，特に文字式・関係式，割合と比はよく出題されています。

３題め以降は応用問題で，数量分野または特殊算，平面図形，規則性という組み合わせが多い傾向にありますが，はば広い分野から出題されています。平面図形では求積問題，規則性では数列，図形と規則などが取り上げられています。

◆対策～合格点を取るには？～

まず正確で速い計算力を養うことが第一です。計算力は短期間で身につくものではなく，コツコツと練習を続けることにより，しだいに力がついてくるものです。毎日，自分で量を決めて，それを確実にこなしていきましょう。

次に，条件を整理し，解答への手順を見通す力を養うようにしましょう。基本例題を中心として，はば広い分野の問題に数多くあたることが好結果を生みます。数列や規則性，速さの問題などは，ある程度数をこなして解き方のパターンをつかむことと，ものごとを筋道立てて考えることが大切です。

分野 ＼ 年度		2024			2023		
		1回	スカラ	3回	1回	スカラ	3回
計算	四則計算・逆算	●	●	●	●	●	●
	計算のくふう	○	○	◎	◎	●	○
	単位の計算	○					
和と差	和差算・分配算				○		
	消去算						
	つるかめ算			○			○
	平均とのべ		○		○		○
	過不足算・差集め算		○	○			
	集まり						
	年齢算		○			○	○
割合と比	割合と比	○	○	○	◎	○	◎
	正比例と反比例	○	●	○			
	還元算・相当算		○				
	比の性質						
	倍数算						
	売買損益					○	
	濃度	◎		○			
	仕事算				○	○	
	ニュートン算						
速さ	速さ			◎	○	○	
	旅人算					○	○
	通過算					○	
	流水算						
	時計算						
	速さと比		○				○
図形	角度・面積・長さ	○	●	●	◎	○	○
	辺の比と面積の比・相似	○			○	○	◎
	体積・表面積						○
	水の深さと体積						
	展開図						
	構成・分割						
	図形・点の移動	○		○			
表とグラフ				○			
数の性質	約数と倍数					○	
	N進法						
	約束記号・文字式	○	○	○	○	○	
	整数・小数・分数の性質	◎		○	○	○	
規則性	植木算						
	周期算	○		○			○
	数列				○	○	
	方陣算						
	図形と規則	○					
場合の数				○	○	○	
調べ・推理・条件の整理							○
その他							

※　○印はその分野の問題が１題，◎印は２題，●印は３題以上出題されたことをしめします。

社会　出題傾向＆対策

◆基本データ（2024年度１回）

試験時間／満点	30分／100点
問題構成	・大問数…４題 ・小問数…26問
解答形式	記号選択と用語の記入（漢字指定あり）のほかに，短文記述もある。
実際の問題用紙	Ａ４サイズ，小冊子形式
実際の解答用紙	Ａ３サイズ

◆出題傾向と内容

はば広い知識が求められる傾向にあります。また，例をあげたり自分の考えを書いたりする問題も出題される場合があるので，注意が必要です。歴史や国際関係（貿易，紛争など）のニュースなどに出てくる国々，特に日本との関係が深い国々については，地図上の位置や大まかなようすをはあくしながら学習するようにしましょう。

●地理…自然や気候，日本の河川，歴史などをからめた問題，国土・地形，世界遺産，農業・水産業（収穫量や水揚げ量），ある都道府県について説明した文章と日本地図から位置関係を特定する問題が出題されています。

●歴史…各時代の歴史上のできごとの説明などを読んで答えるものや，人物をテーマとしたものなどが出題されています。

●政治…憲法（平和主義など）や終戦前後のできごとを切り口として，国会・内閣・裁判所や憲法改正，地方自治，国際関係などが出されています。

分野＼年度			2024	2023		2022
				1回	3回	
日本の地理		地図の見方				
		国土・自然・気候	★	○	★	★
		資源				
		農林水産業	○	○		○
		工業				
		交通・通信・貿易				
		人口・生活・文化				
		各地方の特色	★	★	★	★
		地理総合		★		
世界の地理				○	○	
日本の歴史	時代	原始～古代	○	○	○	○
		中世～近世	○	○	○	○
		近代～現代	○	○	○	○
	テーマ	政治・法律史				
		産業・経済史				
		文化・宗教史				
		外交・戦争史			★	
		歴史総合	★	★	★	★
世界の歴史					○	
政治		憲法	○	○	★	○
		国会・内閣・裁判所		○	○	
		地方自治			○	
		経済				
		生活と福祉				○
		国際関係・国際政治	○	○		○
		政治総合		★		★
環境問題				○		
時事問題			○			
世界遺産			○			
複数分野総合			★			

※　原始～古代…平安時代以前，中世～近世…鎌倉時代～江戸時代，近代～現代…明治時代以降
※　★印は大問の中心となる分野をしめします。

◆対策～合格点を取るには？～

本校の社会は基礎的な力がためされる試験といえるので，基礎固めを心がけることが第一です。教科書のほか，標準的な参考書を選び，基本事項をしっかりと身につけましょう。

地理分野では，地図とグラフが欠かせません。つねにこれらを参照しながら，白地図作業帳を利用して地形と気候をまとめ，そこから産業のようすへと広げていってください。世界地理は，日本とかかわりの深い国については，自分で参考書などを使ってまとめておきましょう。

歴史分野では，教科書や参考書を読むだけでなく，自分で年表を作って覚えると学習効果が上がります。それぞれの分野ごとにらんを作り，ことがらを書きこんでいくのです。また，資料集などで，史料や歴史地図にも親しんでおくとよいでしょう。

政治分野は，日本国憲法の基本的な内容，特に政治のしくみが憲法でどう定められているかを中心に勉強しておくこと。また，国際連合のしくみや日本と世界とのつながりについてもふれておきましょう。なお，時事問題にも対応できるように，テレビ番組や新聞などでニュースを確認し，それにかかわる単元もふくめてノートにまとめておきましょう。

理科 出題傾向＆対策

◆基本データ（2024年度１回）

試験時間／満点	30分／100点
問題構成	・大問数…４題 ・小問数…26問
解答形式	記号選択と適語・数値の記入が中心。短文記述やグラフの完成も見られる。
実際の問題用紙	Ａ４サイズ，小冊子形式
実際の解答用紙	Ａ４サイズ

分野＼年度		2024	2023		2022
			1回	3回	
生命	植物				
	動物			★	
	人体	★			★
	生物と環境		★		
	季節と生物				
	生命総合				
物質	物質のすがた				
	気体の性質			★	
	水溶液の性質	★	★		★
	ものの溶け方				
	金属の性質				
	ものの燃え方				
	物質総合				
エネルギー	てこ・滑車・輪軸	★	★		★
	ばねののび方		○		
	ふりこ・物体の運動				
	浮力と密度・圧力	○			
	光の進み方			★	
	ものの温まり方				
	音の伝わり方				
	電気回路				
	磁石・電磁石				
	エネルギー総合				
地球	地球・月・太陽系				
	星と星座				
	風・雲と天候				
	気温・地温・湿度				
	流水のはたらき・地層と岩石	★	★	★	★
	火山・地震				
	地球総合				
実験器具					
観察					
環境問題					
時事問題					
複数分野総合					

※　★印は大問の中心となる分野をしめします。

◆出題傾向と内容

中学入試全体の流れとして，「生命」「物質」「エネルギー」「地球」の各分野をバランスよく取り上げる傾向にありますが，本校の理科もそのような傾向をふまえています。

●生命…ヒトのからだのつくりとはたらき，生物のつながり，こん虫などが見られます。名称を答える問題が多いようです。

●物質…気体の発生と性質（石灰石や金属と塩酸の反応），水溶液の性質などが出題されています。近年は複数の基礎知識を組み合わせて解く問題が見られます。

●エネルギー…力のつり合いがよく出題されています。単純なてこのつり合いに限らず，滑車や輪軸，ばねの性質も取り入れられ，複雑になっています。また，単元の性質上，計算問題が多く，やっかいに感じられるかもしれません。

●地球…岩石の分類と特ちょうがよく出題されています。過去には，太陽，季節と星座，月，台風の特ちょう，流水のはたらきからの出題も見られました。

◆対策～合格点を取るには？～

本校の理科は，設問の内容が基礎的なものにある程度限られていることから，基礎的な知識をはば広く身につけるのが，合格への近道です。

「生命」は，身につけなければならない基本知識の多い分野ですから，確実に学習する心がけが大切です。動物やヒトのからだのつくり，植物のつくりと成長などを中心に知識を深めましょう。

「物質」では，気体や水溶液，金属などの性質に重点をおいて学習してください。中和反応や濃度など，表やグラフをもとに計算させる問題にも積極的に取り組むように心がけましょう。

「エネルギー」では，てんびんとものの重さ，てこ，輪軸，ふりこの運動などについて，基本的な考え方をしっかりマスターし，さまざまなパターンの計算問題にチャレンジしてください。また，電気，磁石，光，音，熱についても，基本事項をまんべんなく学習しておきましょう。

「地球」では，岩石の分類と特ちょう，天気と気温・湿度の変化，地層のでき方，太陽・月・地球の動き，季節と星座の動きなどが重要なポイントです。このほか，さまざまな環境問題や科学ニュースについてもノートにまとめるなどしておきましょう。

国語 出題傾向＆対策

◆基本データ(2024年度１回)

試験時間／満点	50分／100点
問題構成	・大問数…３題 文章読解題２題／知識問題１題 ・小問数…27問
解答形式	記号選択，適語・適文の書きぬきが大半だが，ごく短い記述問題なども見られる。
実際の問題用紙	Ａ４サイズ，小冊子形式
実際の解答用紙	Ａ３サイズ

◆出題傾向と内容

▶近年の出典情報(著者名)
説明文：飛田健彦　山下祐介　田中康弘
小　説：本校国語科

●読解問題…説明文・論説文と小説・物語文が各１題ずつ出されます。文脈と論旨の理解や，登場人物の心情を問うものが中心ですが，ほかにも，適語挿入，指示語の内容，接続語などの補充，難しい表現や語句の意味，大意・要旨といったものもあり，バラエティーに富んだ出題といえるでしょう。

●知識問題…漢字・語句・文法の集合題です。漢字の読み書きが８問程度出されるほか，文章中の誤字の訂正，同音異義語(同訓異字)，四字熟語や慣用表現の完成，対義語，品詞とその用法，助詞の使い方，文の組み立て，敬語など，ボリュームのある内容となっています。

◆対策～合格点を取るには？～

本校の国語は，読解力を中心にことばの知識や漢字力もあわせ見るという点では，実にオーソドックスな問題ということができますが，その中でも大きなウェートをしめるのは，長文の読解力です。したがって，読解の演習のさいには，以下の点に気をつけましょう。①「それ」や「これ」などの指示語は何を指しているのかを考える。②段落や場面の構成を考える。③筆者の主張や登場人物の性格，心情の変化などに注意する。④読めない漢字，意味のわからないことばが出てきたら，すぐに辞典で調べる。

また，知識問題は，はば広く出題されるので，漢字・語句(四字熟語，慣用句，ことわざなど)の問題集を一冊仕上げるとよいでしょう。

分野		年度	2024			2023		
			1回	スカラ	3回	1回	スカラ	3回
読	文章の種類	説明文・論説文	★	★	★	★	★	★
		小説・物語・伝記	★	★	★	★	★	★
		随筆・紀行・日記						
		会話・戯曲						
		詩						
		短歌・俳句						
解	内容の分類	主題・要旨	○	○	○	○	○	○
		内容理解	○	○	○	○	○	○
		文脈・段落構成				○	○	○
		指示語・接続語	○	○	○	○	○	○
		その他	○	○	○	○	○	○
知	漢字	漢字の読み	○	○	○	○	○	○
		漢字の書き取り	○	○	○	○	○	○
		部首・画数・筆順						
	語句	語句の意味	○		○			
		かなづかい						
		熟語	○	○	○	○	○	○
		慣用句・ことわざ	○	○	○	○	○	○
	文法	文の組み立て			○		○	
		品詞・用法	○	○	○	○	○	○
		敬語	○	○				○
識	形式・技法							
	文学作品の知識							
	その他		○	○	○	○	○	○
	知識総合		★	★	★	★	★	★
表現	作文							
	短文記述							
	その他							
放送問題								

※　★印は大問の中心となる分野をしめします。

カコを追いかけ
ミライをつかめ
「今の説明、もう一回」を何度でも
web過去問
ストリーミング配信による入試問題の解説動画
もっと古いカコモンないの？
カコ過去問
「さらにカコの」過去問をHPに掲載（DL）
声の教育社
詳しくはこちらから

2024 年度

女子聖学院中学校

【算　数】〈第１回試験〉（50分）〈満点：100点〉

※円周率は，3.14159265……と，どこまでも続いて終わりのない数です。計算には，必要なところで四捨五入あるいは切り上げをして用いますから，問題文をよく読んでください。

※問題を解くときに，消費税のことは考えないものとします。

1　つぎの□にあてはまる数を答えなさい。

(1)　$20.24-13.57=\square$

(2)　$3\frac{1}{4}-2\frac{1}{3}=\square$

(3)　$2\times0.125\times1.5\times4=\square$

(4)　$8\div\left(\frac{3}{10}-\frac{1}{6}\right)+0.75\times4=\square$

(5)　$3.14\times5-31.4\times0.3+314\times0.18=\square$

(6)　$1\frac{3}{5}\div\frac{2}{3}-0.25\times\frac{2}{5}=\square$

(7)　$2\frac{5}{8}\div0.3\times\left(0.12-0.02\div\frac{1}{6}\right)=\square$

(8)　$\left(\square-0.6\right)\times\frac{16}{15}+\frac{2}{3}=2\frac{8}{9}$

２　つぎの（　　）にあてはまる文字や数を答えなさい。

(1)　１２００円の商品の２１％の金額は（　　）円です。

(2)　小数第２位を四捨五入して４．３になる小数は（　　）以上（　　）未満です。

(3)　７で割っても５で割っても３余る２００以下の整数のうち、最も大きい数は（　　）です。

(4)　４時間５０分の $\frac{2}{5}$ は（　　）時間（　　）分です。

(5)　ある日曜日を１日目としたとき、その日曜日から数えて２００日目は（　　）曜日です。

(6)　濃度《のうど》１２％の食塩水が１２０ｇあります。そこに濃度７％の食塩水を８０ｇ加えました。このとき、食塩水の濃度は（　　）％になります。

(7)　右の図の正方形の中の塗《ぬ》られた部分の面積は（　　）cm^2 です。

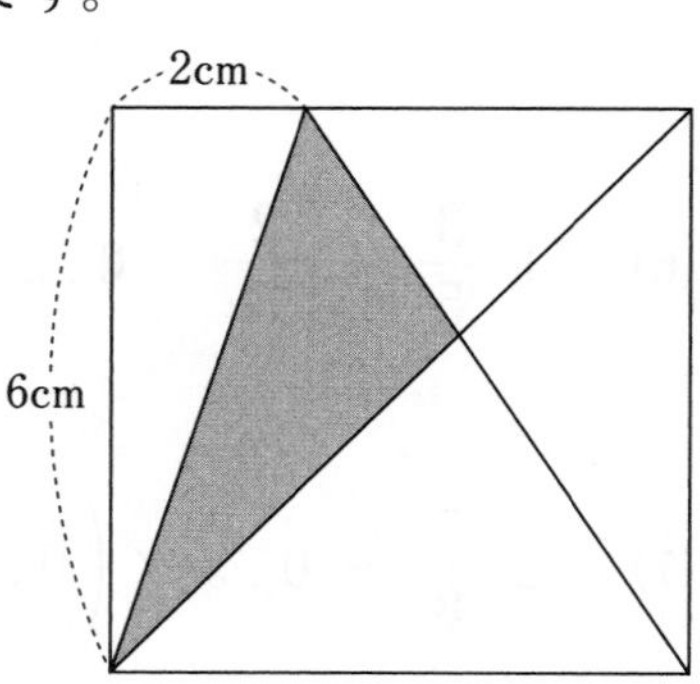

(8)　x はＡの $2\frac{3}{5}$ 倍で、Ａは y の３倍です。x と y の関係を式で表すと、
$y =$（　　）$\times x$ です。

3　Ａ，Ｂの２つの容器があります。Ａには８％の食塩水が６００ｇ，Ｂには水が３００ｇ入っています。Ａから１００ｇの食塩水を取り出してＢに移し、よくかきまぜた後に、ＢからＡに１００ｇの食塩水を移しよくかきまぜました。

つぎの問いに答えなさい。

(1)　はじめに、Ａの食塩水に含まれていた食塩は何ｇですか。

(2)　ＡからＢに食塩水を移した後に、Ｂの食塩水の濃度《のうど》は何％になりますか。

(3)　最後に、Ａの食塩水の濃度は何％になりますか。

4　図のように正方形と直角二等辺三角形が８cmはなれた位置にあります。この正方形を直線ℓに沿って毎秒１cmの速さで右に動かします。

つぎの問いに答えなさい。

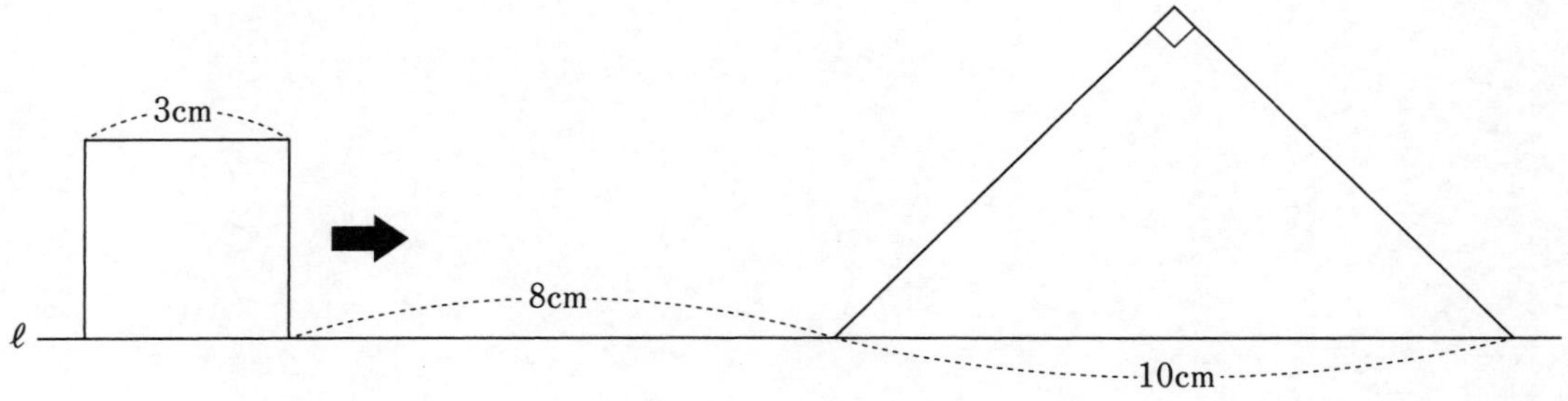

(1)　１０秒後に、この２つの図形の重なった部分の面積は何cm^{2}になりますか。

(2)　１３秒後に、この２つの図形の重なった部分の面積は何cm^{2}になりますか。

(3)　２つの図形が重なった部分の面積が正方形の面積と等しくなるのは、動き始めてから何秒後から何秒後までですか。

5　マッチ棒を使って六角形を作り、図のようなルールで横一列につなげていきます。最初に６本のマッチ棒で１個の六角形を作ります。２個の六角形を作るためには１１本のマッチ棒が必要です。このように六角形をつなげていきます。

つぎの問いに答えなさい。

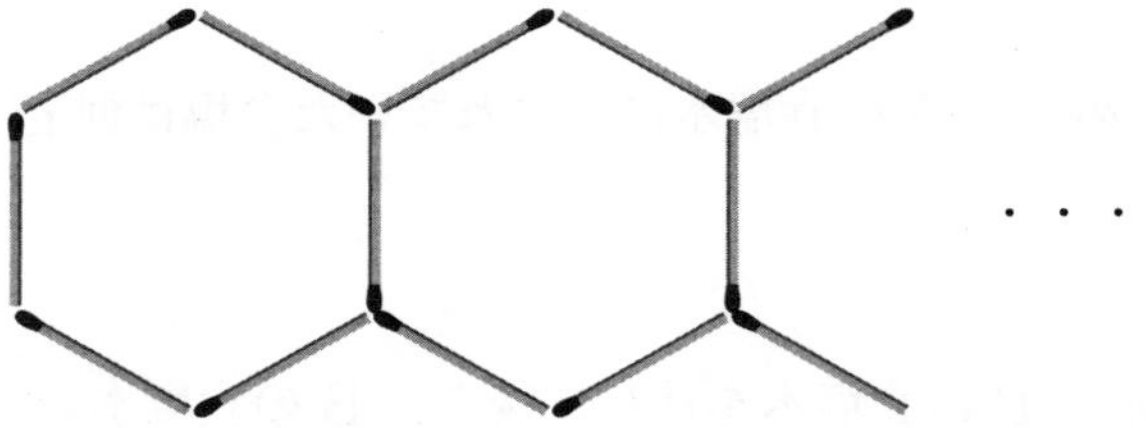

(1)　３個の六角形を作るためには何本のマッチ棒が必要ですか。

(2)　１０個の六角形を作るためには何本のマッチ棒が必要ですか。

(3)　１２６本のマッチ棒では六角形を何個作ることができますか。

【社　会】〈第１回試験〉（30分）〈満点：100点〉

1　次の（1）～（5）の各文章は、ある都道府県のことを説明したものです。
説明されている都道府県名を漢字で答えなさい。ただし、「都」「道」「府」「県」のどれかを正しくつけて書きなさい。また、下の地図から、その都道府県の位置をそれぞれ選んで番号で答えなさい。

(1) 根釧《こんせん》台地周辺などで酪農《らくのう》がさかんです。ここでは全国の乳牛《にゅうぎゅう》の半分以上が飼育されています。畑作もさかんで、じゃがいもは全国１位（２０１９年）の生産をあげています。

(2) 東北地方でもっとも人口の多い県で、県庁所在地は地方中枢《ちゅうすう》都市となっています。気《け》仙沼《せんぬま》港、石巻《いしのまき》港では漁業がさかんですが、東日本大震災《だいしんさい》では、津波《つなみ》の被害《ひがい》を受けました。

(3) 利根川の下流域には、全国で２番目に面積の大きい湖の霞ヶ浦があります。つくば市は、「研究学園都市」として知られています。

(4) 淡路島から明石海峡《かいきょう》大橋をわたり、東に行くと神戸市、西に行くと明石市に着きます。明石市は、日本の標準時子午線《ひょうじゅんじしごせん》が通っていることで知られています。

(5) 県庁所在地はこの地方最大の都市です。博多湾《はかたわん》の出口に位置する志賀島《しかのしま》は、「漢委奴《かんのわのなの》国王《こくおう》」と刻《きざ》まれた金印《きんいん》が発見されたところとして知られています。

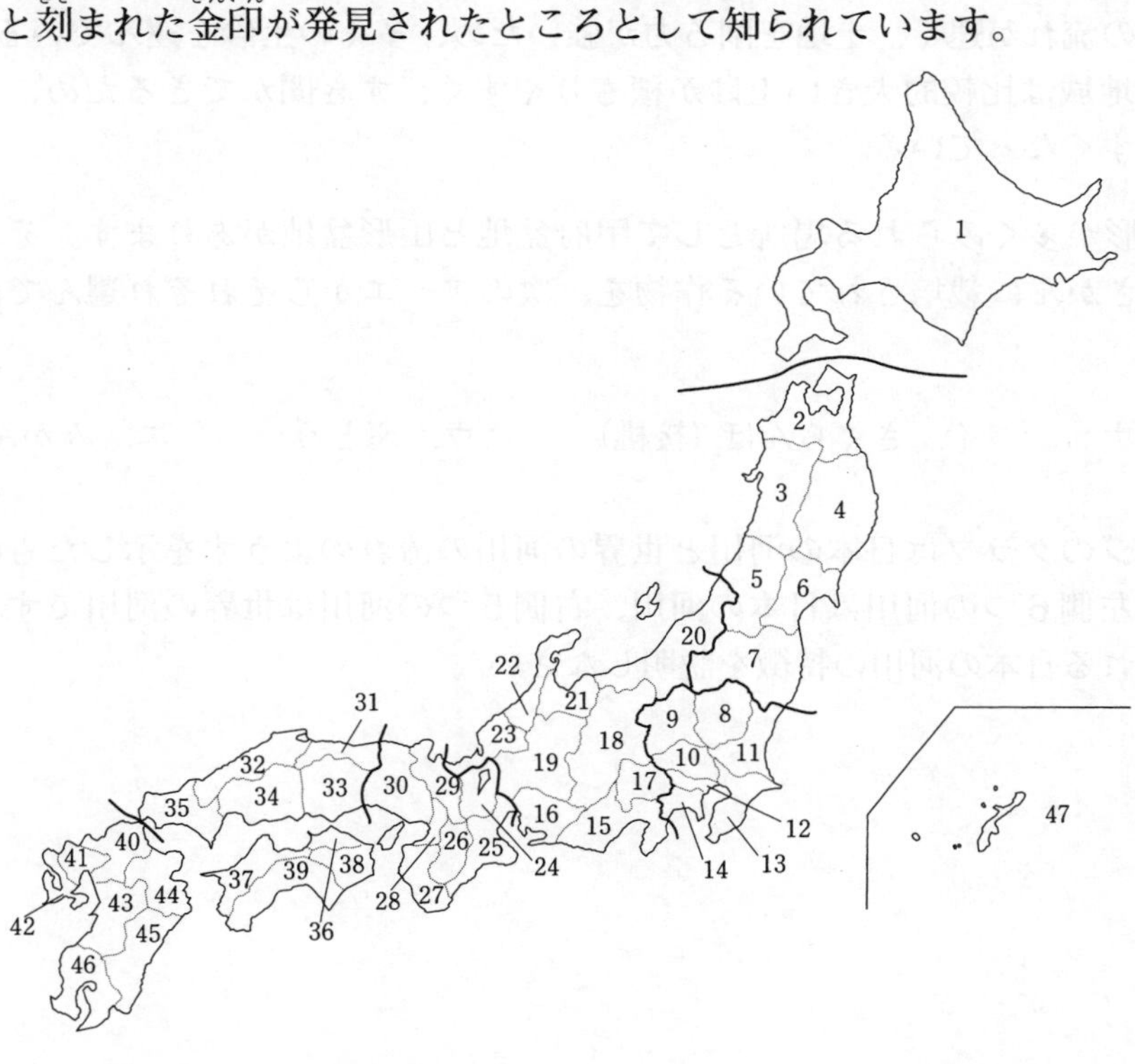

2　日本の河川《かせん》について、問いに答えなさい。

問１．７ページの地図は、日本のおもな河川を示したものです。次の（1）（2）に答えなさい。

（1）地図中のＡ～Ｄの河川を、次のア～エからそれぞれ選んで記号で答えなさい。

ア．木曽川　　イ．信濃川　　ウ．吉野川　　エ．石狩川

（2）地図中のＡ～Ｄの河川の説明としてふさわしいものを、次のア～エからそれぞれ選んで記号で答えなさい。

ア．日本で３番目に長い河川で、下流は大規模な稲作地帯である。
イ．「四国三郎」とよばれる暴れ川として有名で、下流には徳島平野が広がっている。
ウ．下流では他の２つの河川とともに洪水《こうずい》をおこしやすく、かつて輪中が形成された。
エ．日本でもっとも長い河川である。

問２．７ページの図は、河川が山から海まで流れるようすを表した図です。これをみて、次の（1）（2）に答えなさい。

（1）Ａ～Ｃの地形の特徴《とくちょう》を、次のア～ウからそれぞれ選んで記号で答えなさい。

ア．この地域は比較的《ひかくてき》粒《つぶ》の細かい土砂や泥《どろ》が積もるため、水がしみこみづらくなっている。
イ．河川の流れが速く、土地を削《けず》る力が強いため、多くの土砂を運んでいる。
ウ．この地域は比較的大きい土砂が積もりやすく、すき間ができるため、水がしみこみやすくなっている。

（2）Ｂの地形が多くみられる場所として甲府盆地と山形盆地があります。それぞれの盆地でさかんに栽培《さいばい》されている作物を、次のア～エからそれぞれ選んで記号で答えなさい。

ア．バナナ　　イ．さくらんぼ（桜桃）　　ウ．ぶどう　　エ．みかん

問３．８ページのグラフは日本の河川と世界の河川の流れのようすを示したものです。グラフの左側６つの河川は日本の河川、右側５つの河川は世界の河川です。ここから読み取れる日本の河川の特徴を説明しなさい。

問１の地図

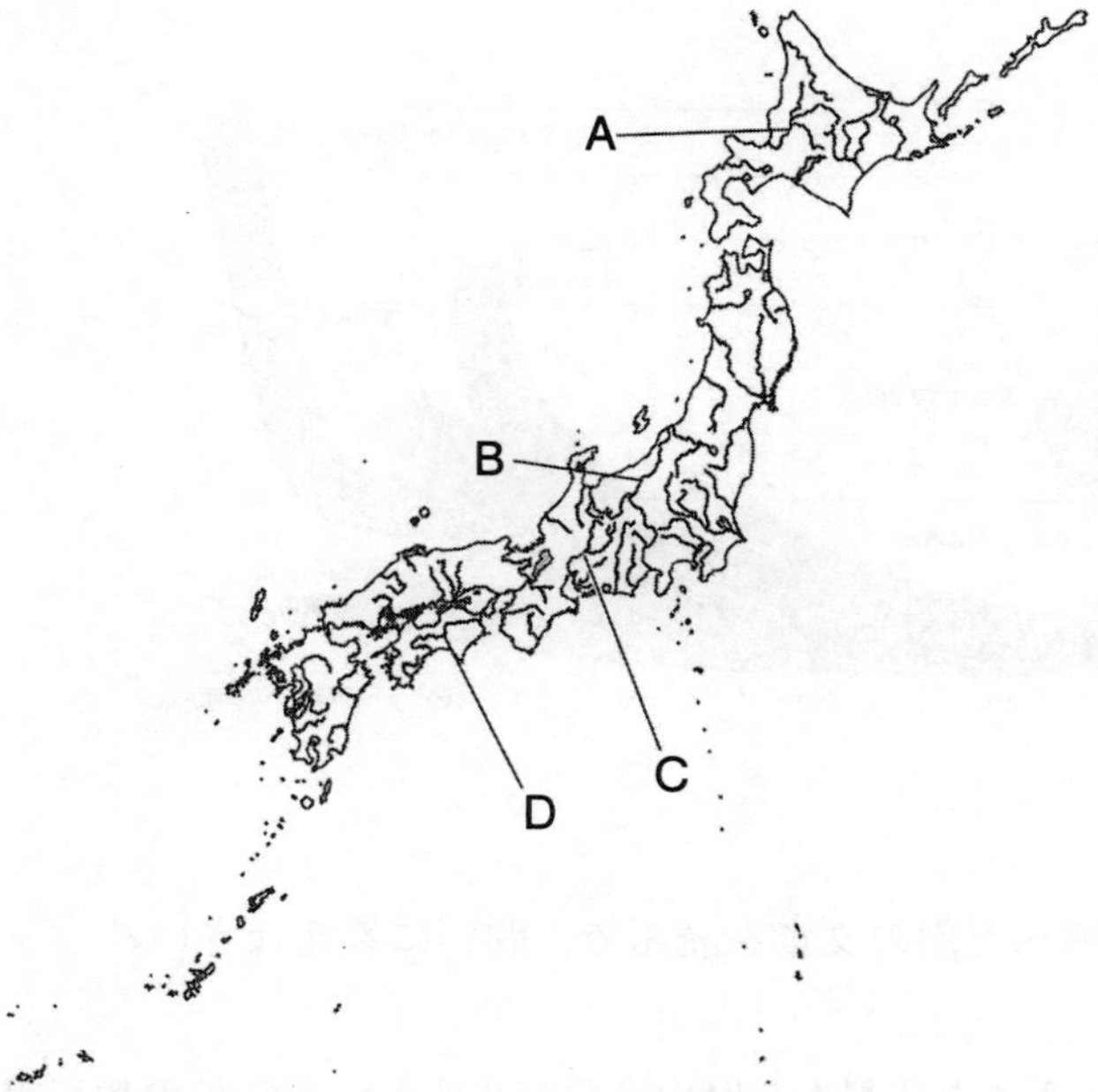

問２の図

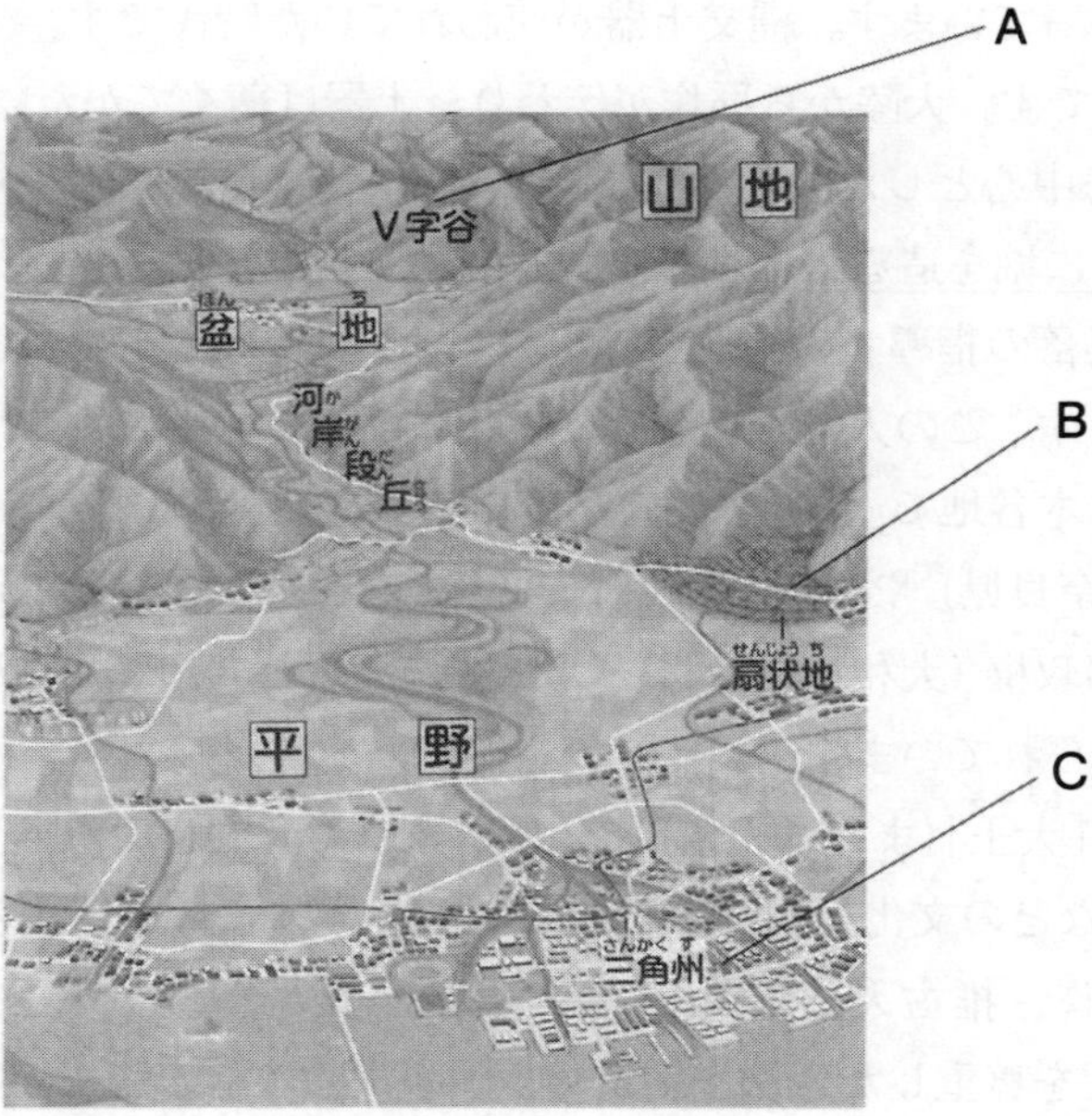

問３のグラフ

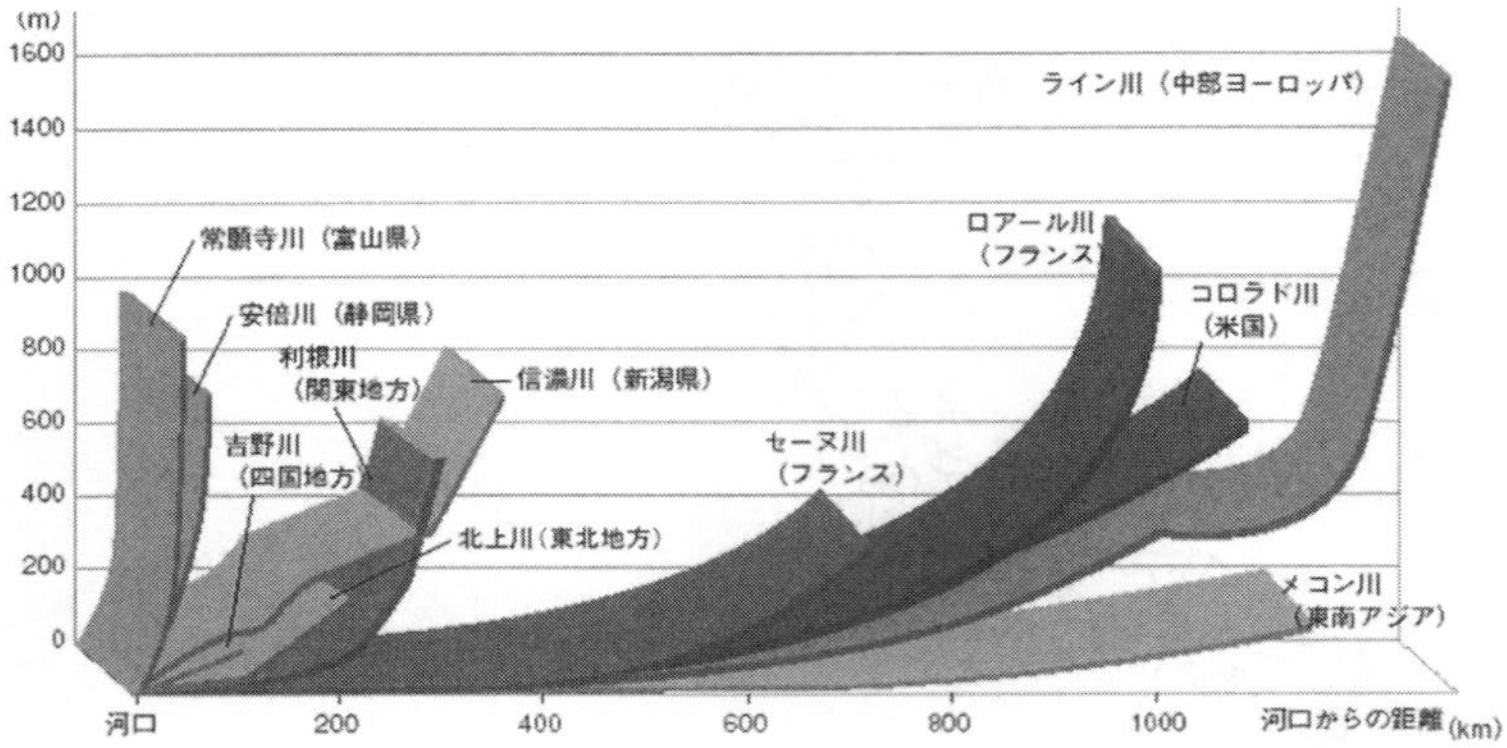

3　日本の歴史を時代順に述べた次の文章を読んで、問いに答えなさい。

みなさんは、教科書やさまざまな資料から歴史を学びますが、小学校の教科書にある年表は、「縄文《じょうもん》時代」から始まっています。縄文土器が使われていた時代です。

次は「（　A　）時代」です。大陸から稲作《いなさく》が伝わり、土器は薄《うす》くてかたい（　A　）土器が使われました。米《こめ》作りを中心とした集落が生まれました。収穫《しゅうかく》した米を外部の人間に奪《うば》われないように、⑴ まわりに堀《ほり》を造《つく》る集落もありました。

やがて、そのような集落の指導者の中からいくつかの集落を合わせもつ有力者、小さなクニを支配する王が現れます。この人たちを豪族《ごうぞく》とよびます。

３世紀後半ごろから日本各地で⑵ 古墳《こふん》が造られるようになったので、この時代を「古墳時代」とよびます。大和《やまと》（奈良県）や河内《かわち》（大阪府）に大きな古墳が多いことから、有力者たちが連合してつくった大和政権《せいけん》（大和朝廷《ちょうてい》）が、５世紀になると九州から関東までの豪族を従えるようになったと考えられています。

大和政権の指導者は、「大王《おおきみ》」（または天皇《てんのう》）とよばれました。同じころ、土木工事などの技術や漢字・仏教・儒教《じゅきょう》などの文化が朝鮮半島から（　1　）によって伝えられました。

「（　B　）時代」初期に、推古天皇の摂政《せっしょう》となった聖徳太子（厩戸王《うまやどのおう》）が活躍します。太子は仏教・儒教の教えを尊重した憲法を制定し、国の役職にその能力に応じた人を任じる制度も定めました。そして法隆寺などの寺院を建立《こんりゅう》し、中国の文化や制度を知るために「遣《けん》（ａ）使《し》」を派遣《はけん》しました。

太子の死後の６４５年に豪族・蘇我《そが》氏を滅《ほろ》ぼした中大兄皇子たちは「大化の改新」とよばれる政治改革を行い、それまで豪族たちが所有していた土地（私有地《しゆうち》）や人民をすべて国のものとする公地公民制を定めました。

また、中大兄皇子は天智《てんじ》天皇となり、新しい国づくりに努力します。死後その志《こころざし》を天《てん》武《む》天皇や持統《じとう》天皇が引き継《つ》ぎ、中国の（ｂ）の制度にならって「律令《りつりょう》」とよばれる法制度をつくりました。持統天皇は（ｂ）の都《みやこ》をまねて藤原京を造りました。その後、元明《げんめい》天皇は７１０年に奈良盆地北部の平城京に都を移しました。

都が平城京にあった時代を「奈良時代」とよびます。

「奈良時代」の中ごろ、（　２　）天皇により東大寺が造営されました。国際色豊かな天平《てんぴょう》文化が花開き、西アジアやヨーロッパの影響《えいきょう》を受けた宝物《たからもの》が（　２　）天皇に贈《おく》られました。全国各地に国分寺がつくられたのもこの時代の特徴《とくちょう》です。

次の「平安時代」の初めには、坂上田村麻呂《さかのうえのたむらまろ》が（　３　）大将軍として東北地方の蝦夷《えみし》を平定し、朝廷の支配は本州北部まで及《およ》ぶようになりました。また、中国に留学《りゅうがく》した最澄《さいちょう》と空海《くうかい》は、帰国後それぞれが天台宗《てんだいしゅう》と真言宗《しんごんしゅう》という新しい仏教を開きました。

９世紀になると（ｂ）の国力がおとろえたので、９世紀末に遣（ｂ）使が停止されました。

遣（ｂ）使停止後の日本では、⑶日本風《にほんふう》の文化（国風《こくふう》文化）が育ちました。「寝殿造《しんでんづくり》」とよばれる貴族の邸宅《ていたく》様式が生まれ、漢字をもとにつくられた「かな文字」が宮中《きゅうちゅう》で使われるようになり、すぐれた文学作品が生みだされました。また有力貴族の藤原氏は、１０～１１世紀に天皇を補佐する「摂政《せっしょう》」「関白《かんぱく》」という地位を利用して政治を動かしました。

この時代には地方で「荘園《しょうえん》」とよばれる貴族や有力者たちの私有地《しゆうち》が増え、１０世紀になると、有力者の土地争いに関わったり、朝廷への反乱を鎮《しず》めたりする「武士団」が形成されてきました。東国《とうごく》では源氏《げんじ》が、西国《さいごく》では平氏《へいし》が有力な「武士団」となっていきました。

１２世紀後半、平氏の棟梁《とうりょう》（統率《とうそつ》者）・平清盛は太政《だいじょう》大臣となり、権力と富が平氏に集中しました。これに対して東国の武士たちが平氏打倒《だとう》のために挙兵《きょへい》し、１１８５年に平氏を滅《ほろ》ぼしました。源氏の棟梁・源頼朝が（　３　）大将軍に任じられて、鎌倉に幕府が置かれました。これが「鎌倉時代」の始まりですが、武士の支配の始まりでもありました。

鎌倉幕府では3代将軍が暗殺された後、将軍を補佐する執権《しっけん》を代々務《つと》めた北条氏が政治を動かしました。反発する朝廷をおさえ、武士たちの裁判の基準を定めて支配を強固《きょうこ》にしました。

１３世紀後半に、大陸で強大化したモンゴル帝国が中国の宋《そう》を滅ぼし（ｃ）を建て、２度にわたって日本に攻《せ》めてきました。これを「（ｃ）寇《こう》」といいます。執権・北条時宗《ときむね》の指揮下で武士たちはよく戦い、（ｃ）軍は引きあげましたが、ほうびが充分《じゅうぶん》ではないという幕府への不満が高まりました。そして幕府に対する不満がその後も大きくなり、１３３３年に鎌倉幕府は滅亡《めつぼう》します。

次の時代は、京都に足利尊氏が幕府を開いた「（　Ｃ　）時代」です。3代将軍・⑷足利義満は、中国で（ｃ）をたおした明《みん》と交流をもち、日明貿易をさかんにしました。

この時代には、鎌倉時代に全国各地に設置された「守護《しゅご》」たちが、任《まか》された土地を自分の国（領国《りょうごく》）として支配する「守護大名」となっていました。１４６７年に将軍の後継《あとつ》ぎ問題などから応仁の乱が起こりましたが、京都は焼け野原になり、幕府をささえていた守護大名たちは自分の領国の富国強兵や周辺の大名たちとの争いに明け暮れるようになりました。また、大名たちは幕府から独立して領国支配をするようになりました。「（　Ｃ　）時代」の中の一時代ですが、この応仁の乱からの約１００年間を「戦国時代」とよびます。

「戦国時代」に桶狭間《おけはざま》の戦いで勝利し、勢力をのばした織田信長は、１５７３年に足利氏の最後の将軍を追放し、京都をおさえました。「(　Ｃ　)時代」は終わり、次の信長と豊臣秀吉が活躍《かつやく》した時代は、「安土桃山時代」です。

織田信長が本能寺の変で暗殺されると、後継者《こうけいしゃ》となった秀吉は１５９０年に天下を統一します。秀吉は、農民から確実に年貢《ねんぐ》をとるための「太閤《たいこう》(　４　)」と、農民から武器を取り上げる「刀狩《かたながり》」によって、その後の身分制社会の基礎《きそ》を築きました。

秀吉の死後、徳川家康は多くの大名を味方につけて、対立する豊臣方の軍勢を(　※　)の戦いで破りました。そして、１６０３年に(　３　)大将軍に任命されて江戸幕府を開きました。

「江戸時代」には全国が幕府と大名によって支配される(　☆　)体制がしかれる一方で、大名を統制する「武家諸法度《しょはっと》」が幕府から出されました。新田《しんでん》開発が進み、五街道・東廻《まわ》り航路《こうろ》・西廻り航路などによる人や物の流れがさかんになり、経済が発展しました。また、町人文化が広まり、今に続く伝統芸能や文学・芸術を生み出しました。

キリスト教が禁止され、ヨーロッパの貿易相手国もオランダだけに限られていた「江戸時代」でしたが、１８５３年の黒船《くろふね》来航によって開国を迫《せま》られます。幕府は開国にふみきりますが、欧米諸国の軍事力を知った反幕府勢力の⑸薩摩《さつま》藩・長州《ちょうしゅう》藩などは倒幕《とうばく》運動を進めます。

そのような中、１８６７年に１５代将軍・徳川慶喜《よしのぶ》は、朝廷に政治の実権を返すという意味の「大政奉還《たいせいほうかん》」を決め、「江戸時代」は終わりました。「五か条の御誓文《ごせいもん》」が発表され、元号《げんごう》が「明治」になりました。これが「明治時代」の始まりです。

「明治時代」から現在までは、時代の名称《めいしょう》が天皇の名となっています。

「明治時代」の日本では欧米諸国に肩《かた》を並べるために多くの近代化政策が行われました。日本は「富国強兵」のスローガンのもと、軍事国家となっていきました。(　５　)戦争・日露戦争の後には、朝鮮半島を実質的に植民地とし、半島の人々を苦しめることになりました。

「大正時代」には民主主義の風潮《ふうちょう》が高まり、労働運動などがさかんになりました。しかし、１９２５年に普通選挙法と同時に制定された(　６　)維持法《いじほう》は、自由な言論を封《ふう》じるものとなりました。

「昭和時代」の最初の２０年間(１９２６～１９４５年)は戦争に関わる時代でしたが、第二次世界大戦後の「昭和」(１９４５～１９８９年)の時代は、復興《ふっこう》・成長・安定の時代でした。高度経済成長期の１９６４年には東京オリンピックが開催《かいさい》され、東海道新幹線が開通しました。１９７０年には(　７　)で万国博覧会(万博)が開かれました。一方で、戦火《せんか》の絶《た》えない世界にあって、アメリカ軍基地や自衛隊派遣《はけん》などの問題をかかえながらも、日本では平和が保《たも》たれています。「昭和２２年(１９４７年)５月３日」に憲法が施行《しこう》されてからの私たちが暮《く》らす「昭和」「平成」「令和」は、「平和憲法の時代」といえるかもしれません。

問１．空らん(A)～(C)に入る時代の名を、それぞれ漢字で答えなさい。

問２．空らん(1)～(7)に入る、もっともふさわしい語句をそれぞれ漢字で答えなさい。

問３．空らん（ａ）～（ｃ）に入る漢字１字を、それぞれ答えなさい。

問４．空らん（※）に入る、もっともふさわしい語句を３字で答えなさい。

問５．空らん（☆）に入る語句を、次のア～エから選んで記号で答えなさい。

ア．律令《りつりょう》　イ．安保《あんぽ》　ウ．執権《しっけん》　エ．幕藩《ばくはん》

問６．下線部（1）を「○○集落」といいます。○○に入る語句を、次のア～エから選んで記号で答えなさい。

ア．環濠《かんごう》　イ．環境《かんきょう》　ウ．環礁《かんしょう》　エ．環水《かんすい》

問７．下線部（2）の中で大阪府堺市にあるものを、次のア～エから一つ選んで記号で答えなさい。

ア．江田船山《えたふなやま》古墳　イ．大仙《だいせん》古墳　ウ．稲荷山《いなりやま》古墳　エ．将軍山《しょうぐんやま》古墳

問８．下線部（3）の代表的な文学作品を一つ答えなさい。

問９．下線部（4）が京都・北山に建てた豪華《ごうか》な建物を何といいますか。

問10．下線部（5）の藩士で倒幕《とうばく》運動を指導した人物を一人答えなさい。

4　次の文章を読んで、問いに答えなさい。

「安らかに眠《ねむ》って下さい　※過《あやま》ちは繰《く》り返しませぬから」という言葉が、右の写真の中央にある石の箱に刻《きざ》まれています。この箱には、広島の原子爆弾《げんしばくだん》（原爆）で亡《な》くなった方々の名簿《めいぼ》がおさめられています。

ここに眠る方々（名簿に名前のある方々）の霊《れい》を雨露《あめつゆ》から守りたいという思いから、埴輪《はにわ》の家の屋根の形をした石のおおいがつくられました。合わせて「原爆死没者慰霊碑《しぼつしゃいれいひ》」とよばれます。

広島平和記念公園にあるこの慰霊碑に花をささげると、真正面には(1)原爆ドームが見える設計になっています。原爆犠牲者《ぎせいしゃ》の方々に祈《いの》りをささげて目をあげると、私たち人間がしてしまった「※過《あやま》ち」を思わせる原爆ドームが見える設計になっているのです。

およそ８０年前の世界では第二次世界大戦（１９３９～１９４５年）が行われていました。このうちアジアでの戦争は「（　①　）戦争」とよばれ、多くの犠牲者を出しました。

第二次世界大戦の原因は、(　ａ　) によるヨーロッパでの侵略《しんりゃく》、⑵日本によるアジアでの侵略だといわれますが、２１世紀になった２０２２年２月に (　ｂ　) がウクライナを侵略したことは世界を驚《おどろ》かせました。

第二次世界大戦は、イタリアと (　ａ　) が降伏《こうふく》した後、１９４５年８月に広島と (　②　) に (　ｃ　) 軍によって原爆が落とされ、日本が降伏して終わりました。

原子爆弾 (原爆) や水素《すいそ》爆弾 (水爆) を (★) 爆弾といいます。その爆弾を使った武器を (★) 兵器といいます。(★) 爆弾をつけたミサイルを (★) ミサイルといいます。

通常の爆弾は、建物や人間などの標的《ひょうてき》に直接あたって、それを破壊《はかい》します。右の写真は２０２２年４月、通常爆弾をつけたミサイルがウクライナの町を攻撃《こうげき》し、建物を破壊したようすです。

(日本経済新聞)

しかし、原子爆弾は違《ちが》いました。広島・(　②　) に落とされた原爆は、地面まで落ちる前に空中で爆発し、猛烈《もうれつ》な熱線《ねっせん》と爆風《ばくふう》と放射線《ほうしゃせん》を都市全体に一瞬《いっしゅん》のうちに浴《あ》びせ、人も建物も破壊しました。広島では、その年の内に原爆で亡くなった方が１４万人であった、といわれます。

水素爆弾は原爆の数百倍もの力を持ち、同じように一瞬にして都市を破壊し、大量殺人を行うことができる爆弾です。１９５０年代に (　ｃ　) やソ連などによって開発されました。

⑶敗戦後の日本では、日本国憲法が制定され、平和憲法のもと、国会で「非 (★) 三原則」が決議されました。しかし戦後の世界では、１９４９年に原爆実験に成功したソ連と (　ｃ　) が対立する中、自国の軍事力強化のために (★) 兵器を持つ国 (保有国) が増えてしまいました。

一方、１９６０年代に国際連合では、(★) 兵器を保有する国をこれ以上増やさないために (★) 不拡散《ふかくさん》条約が結ばれました。しかし、(★) 保有国の数はその後も増えてしまいました。

１９８０年代後半になって (　ｃ　) とソ連の対立がなくなると、世界全体の (★) 兵器の数は減少しましたが、人類を滅亡《めつぼう》させてしまう (★) 兵器による戦争を絶対に起こさないために、２０２１年１月には、(★) 兵器 (　③　) 条約が成立しました。しかし、この条約に世界の (★) 保有国と日本は参加していません。

問１．空らん (ａ) ～ (ｃ) に入る国の名を、それぞれカタカナで答えなさい。

問２．空らん (★) に入る漢字１字を答えなさい。

問３．空らん (①) に入るもっともふさわしい語句を漢字３字で、空らん (②) に入るもっともふさわしい語句を漢字２字で答えなさい。

問４．空らん (③) に入る、もっともふさわしい語句を漢字２字で答えなさい。

問５．下線部 (1) は、原爆の悲惨《ひさん》さを後世《こうせい》に伝えるものとして国連によって「世界○○」に登録《とうろく》されています。○○に入る語句を、次のア～エから選んで記号で答えなさい。

ア．基準《きじゅん》　　イ．伝承《でんしょう》　　ウ．遺産《いさん》　　エ．資源《しげん》

問６．下線部 (2) にあてはまらないものを、次のア～エから一つ選んで記号で答えなさい。

ア．上海《シャンハイ》事変　　イ．満州事変　　ウ．香港返還《ホンコンへんかん》　　エ．南京《ナンキン》事件

問７．下線部 (3) に関して、次の（Ａ）～（Ｄ）に答えなさい。

（Ａ）憲法が制定されたこの時期に、日本を占領《せんりょう》していた連合国軍総司令部《そうしれいぶ》（ＧＨＱ）の最高司令官の名を答えなさい。

（Ｂ）日本国憲法の三大原則は、「平和主義」と「基本的人権の尊重」ともう一つは何ですか。漢字４字で答えなさい。

（Ｃ）右の図は、この時期に中学校で使われた『あたらしい憲法のはなし』という、憲法を学ぶための教科書にある絵です。この絵が示している国の制度を漢字４字で答えなさい。

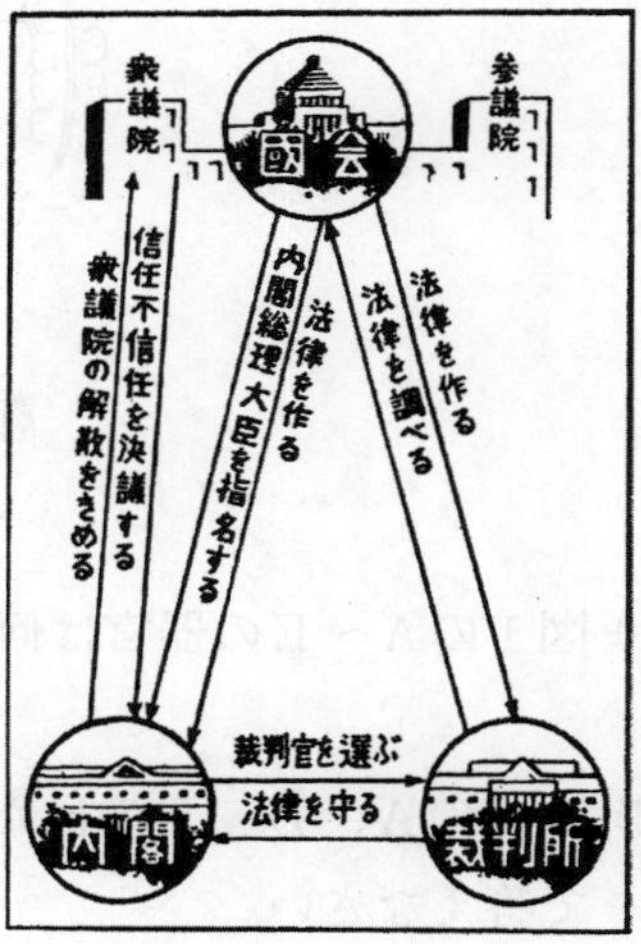

（Ｄ）憲法によって国民に保障《ほしょう》されている「基本的人権」のうち、２５条の「健康で文化的な最低限度《げんど》の生活を営《いとな》む権利」のことを漢字３字で何といいますか。

問８．「原爆死没者慰霊碑《しぼつしゃいれいひ》」に刻《きざ》まれた「※過《あやま》ち」とは、いくつも考えられますが、原爆の悲劇を生んでしまった、私たち人間の「※過《あやま》ち」とはどのようなことだったのでしょうか。あなたの考えることを、文章で答えなさい。

【理　科】〈第１回試験〉（30分）〈満点：100点〉

1　図１はヒトの消化器官のつくりを示しています。また図２は、図１のある器官の構造の一部を示しています。これについて、以下の (1) ～ (6) に答えなさい。

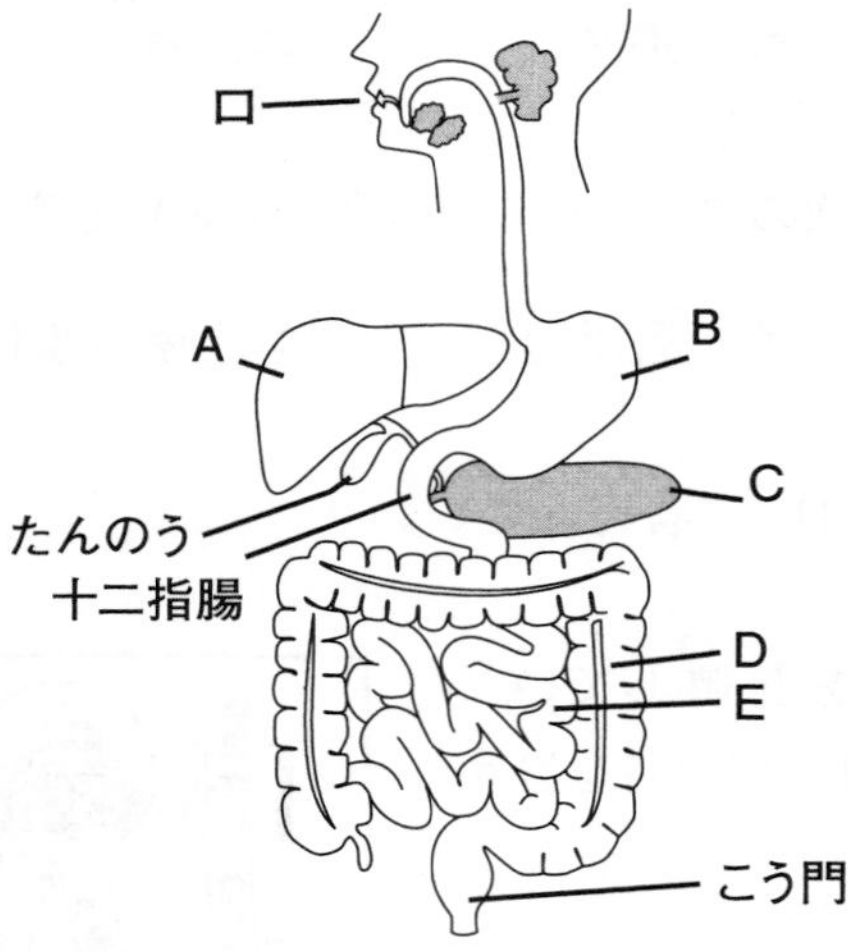

《図１》

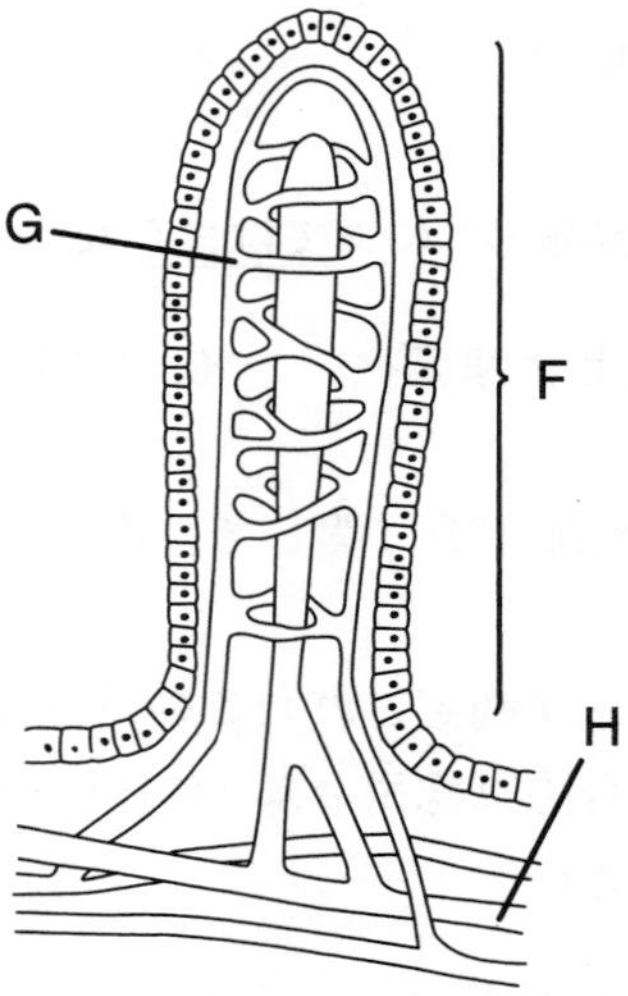

《図２》

(1) 図１のＡ～Ｅの器官は何ですか。名称《めいしょう》を答えなさい。

(2) 図１のＡ、Ｄ、Ｅのはたらきを次の（ア）～（エ）からそれぞれ１つずつ選び、記号で答えなさい。

（ア）消化のはたらきとともに、消化されたものを吸収している。
（イ）デンプン・タンパク質・脂肪《しぼう》を消化する消化液をつくる。
（ウ）消化のはたらきはほとんどなく、おもに水分を吸収する。
（エ）体内の有害な物質を分解して無害なものにする。

(3) 消化器官では、食物を消化するためのさまざまな消化液がつくられています。次の消化液①～③について説明した文として適切なものを、（ア）～（カ）からそれぞれ２つずつ選び、記号で答えなさい。

①だ液　　②たん液　　③胃液

（ア）タンパク質を消化する。
（イ）脂肪を細かいつぶにする。
（ウ）デンプンを糖分に変える。
（エ）強い酸性である。
（オ）食べ物をやわらくして飲み込みやすくする。
（カ）かん臓でつくられる。

(4) 図２のＦの構造は何ですか。また、この構造はどの器官でみられるものですか。その器官の名称を答えなさい。

(5) 図２のＧ、Ｈは、Ｆで吸収した養分を運んでいます。吸収した養分のうち、ブドウ糖やアミノ酸を運んでいるのはＧ、Ｈのどちらですか。記号で答えなさい。

(6) 図２のＦの構造がみられる理由を説明した次の文の空欄《くうらん》①、②に当てはまる言葉を答えなさい。

器官の内側の（　①　）を（　②　）くして、養分を効率的に吸収するため。

2　次の①～⑩の岩石について、以下の (1) ～ (9) に答えなさい。

①レキ岩	②セッカイ岩	③ゲンブ岩	④デイ岩	⑤ハンレイ岩
⑥チャート	⑦リュウモン岩	⑧ギョウカイ岩	⑨カコウ岩	⑩サ岩

(1) ①～⑩のうち、砂が固まってできている岩石があります。１つ選び、番号で答えなさい。

(2) ①～⑩のうち、水の流れの速い場所でたい積してできる岩石で、直径２㎜以上の岩石の粒《つぶ》が押《お》し固められてできたたい積岩があります。１つ選び、番号で答えなさい。

(3) ①～⑩のうち、噴火《ふんか》によって飛び散った火山灰が陸や海にたい積し、固まってできている岩石があります。１つ選び、番号で答えなさい。

(4) ①～⑩のうち、サンゴや貝類、有孔虫《ゆうこうちゅう》、フズリナなど炭酸カルシウムの殻《から》をもつ生き物の死がいが固まってできている岩石があります。１つ選び、番号で答えなさい。

(5) ①～⑩のうち、放散虫などの二酸化ケイ素でできた生物の殻が外洋の深海底でたい積してできた岩石があります。１つ選び、番号で答えなさい。

(6) ①～⑩のうち、岩石全体の色が黒っぽく、チョウ石、キ石、カンラン石を含《ふく》む深成岩があります。１つ選び、番号で答えなさい。

(7) ①～⑩のうち、マグマが地表近くで急に冷やされてできたため、比較的《ひかくてき》大きな鉱物の結晶《けっしょう》が肉眼では分からないような細かい粒に囲まれている岩石があります。すべて選び、番号で答えなさい。

(8) (7) の岩石のうち、北海道の有珠《うす》山や長崎県の平成新山など激しい噴火をする火山を形成し、岩石全体の色が白っぽい岩石があります。①～⑩のうち１つ選び、番号で答えなさい。

(9) ①～⑩のうち、もとになるマグマのねばり気が強く、色が白っぽい深成岩で、ミカゲ石とも呼ばれている岩石があります。１つ選び、番号で答えなさい。

3 図のようなてこがあります。棒や糸の重さは考えないものとして、以下の (1) ～ (4) に答えなさい。

《図１》

(1) 図１のてこの３点（A点・B点・C点）はそれぞれ何といいますか。

(2) 図１と同じてこの３点の並び方の道具は、次の（ア）～（エ）のどれですか。１つ選び、記号で答えなさい。

（ア）栓抜《せんぬ》き　（イ）釘抜《くぎぬ》き　（ウ）ピンセット　（エ）トング

《図２》

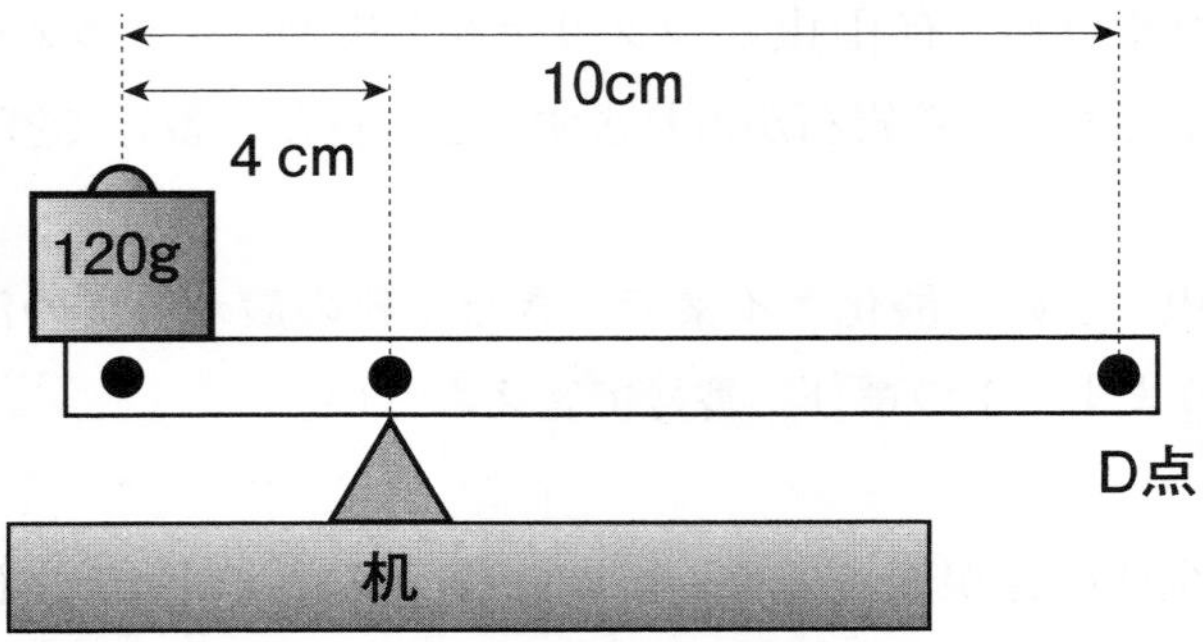

(3) 図２のようにつり合わせるようにするには、D点に何ｇのおもりをのせればいいですか。

《図３》

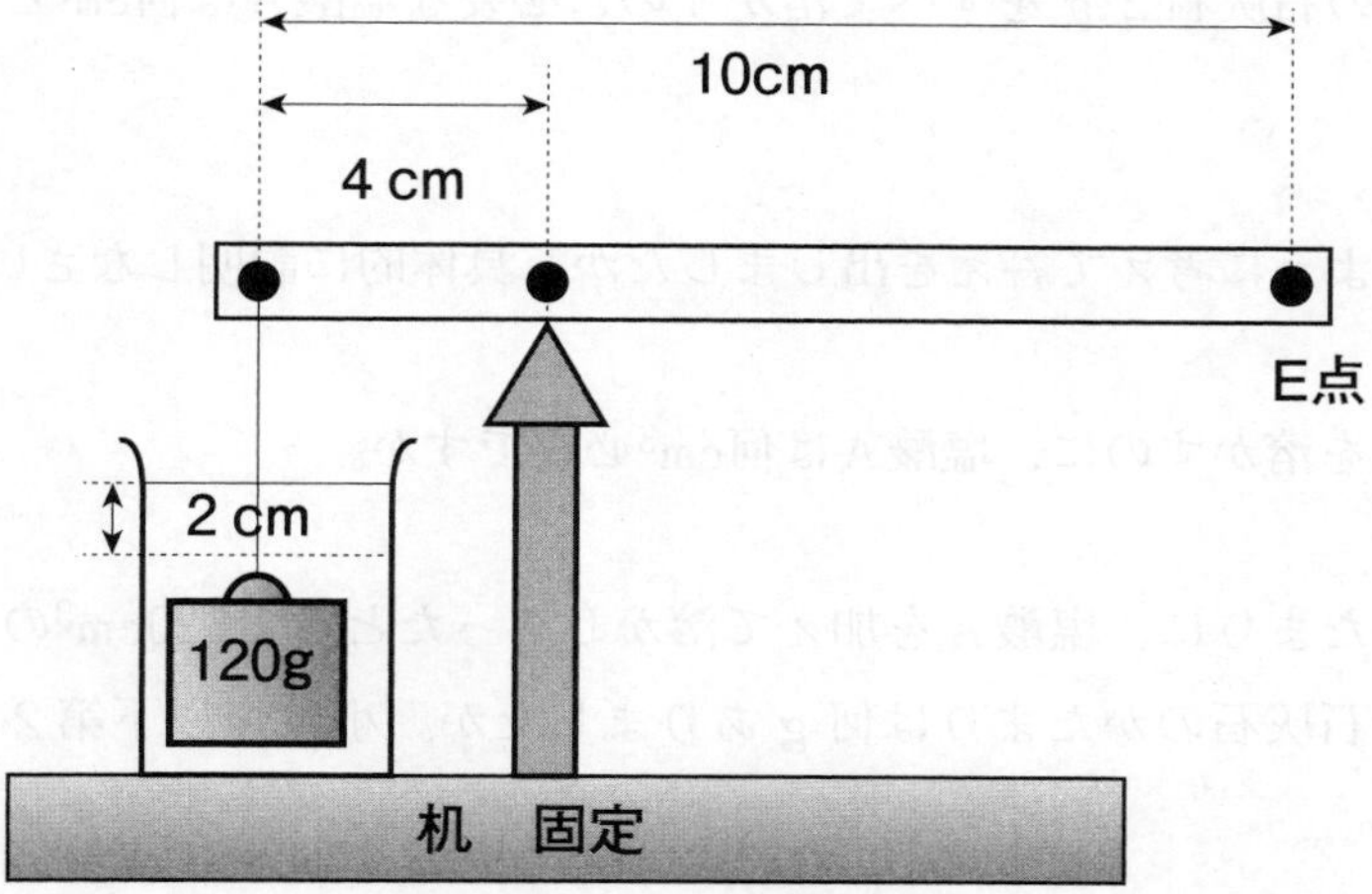

(4) 図３のように糸でむすんだおもりを、水をいれたビーカーの中にいれたところ、水面が２cm上昇《じょうしょう》しました。このとき、Ｅ点に何ｇのおもりをつるせばつり合いますか。ただし、ビーカーの底面積は30cm^{2}とし、水１cm^{3}の重さを１ｇとします。

4

ある石灰石２ｇを、ある濃《こ》さの塩酸Ａに溶《と》かす実験をしました。塩酸の体積を変えたとき、発生する気体の体積は表のようになりました。これについて以下の (1) ～ (7) に答えなさい。

塩酸Ａの体積［cm^3］	0	9	18	27	36
発生する気体の体積［cm^3］	0	150	300	400	400

(1) この実験で発生する気体は何ですか。

(2) この実験で発生する気体の説明としてふさわしくないものを、次の（ア）～（オ）の中から１つ選び、記号で答えなさい。

（ア）空気より重い。
（イ）ろうそくを燃やすと発生する。
（ウ）水にわずかに溶ける。
（エ）石灰水を白くにごらせる。
（オ）上方置換《ちかん》法で集める。

(3) この実験の結果を表すグラフをかきなさい。

(4) グラフから、この石灰石２ｇをすべて溶かすのに必要な塩酸Aは何cm^3と考えられますか。

(5) (4) では、どのように考えて答えを出しましたか。具体的に説明しなさい。

(6) この石灰石１ｇを溶かすのに、塩酸Aは何cm^3必要ですか。

(7) この石灰石のかたまりに、塩酸Aを加えて溶かしきったところ520cm^3の気体が発生しました。この石灰石のかたまりは何ｇありましたか。小数点以下第２位までの小数で答えなさい。

【国　語】〈第一回試験〉（五〇分）〈満点：一〇〇点〉

★本文中に（中略）がありますが、問いとは関係ありません。

一　つぎのそれぞれの問題に答えなさい。

問一　つぎの――部分のカタカナは漢字に直し、漢字は読みをひらがなで答えなさい。

1　昨夏はサイガイ級の暑さだった。
2　ネッタイヤも続いた。
3　母のトクセイアイスクリームばかり食べていた。
4　冷たいものばかりではイチョウによくないと祖母に言われた。
5　父はバカンスを取ると宣言した。
6　そこで、みんなで旅の行程を考えた。
7　まずは樹海で森林浴をすることにした。
8　つぎにすずしさを求めて、秘境駅に行く計画を立てた。

問二　つぎの文には一字ずつまちがった字が使われています。それぞれ正しく直した字を書きなさい。

1　長期休みの研究でやった犬の精態調査がきっかけで、姉は学者を志した。
2　その後も着実かつ地道に成価を上げ、動物分野の博士コースに通っている。
3　厳冬の北極で熊の観察をしたいと夢みているので、寒さ代策に余念がない。
4　家族も室内の温度を低くして協力したが、全員が健康をそこねてしまった。

問三　つぎの――線部のカタカナにふさわしい漢字の組み合わせをあとから選び、それぞれ記号で答えなさい。

1　寄フ ― フ人　　2　フ傷 ― 豊フ　　3　政フ ― フ教
4　フ毛 ― 毛フ　　5　正フ ― フ思議　　6　納フ ― 神プ
7　漁フ ― 内閣フ　　8　配フ ― フ士山

ア　布―富	イ　夫―府	ウ　府―布	エ　負―不
オ　負―富	カ　付―父	キ　不―布	ク　付―婦

問四　つぎの四字熟語の（　　）にはそれぞれ漢数字が入ります。その合計を算用数字で答えなさい。

（　　）律背反　　岡目（　　）目　　孟母（　　）遷　　危機（　　）髪

問五　つぎの慣用句のうち（　　）に「腹」が入らないものを一つ選び、それぞれ番号で答えなさい。

1　（　　）を割る
2　（　　）を振るう
3　（　　）を決める
4　（　　）が黒い
5　（　　）を折る
6　（　　）が立つ

問六　つぎの熟語の組み合わせはすべて対義語になります。（　　）に入る漢字一字をそれぞれ答えなさい。

1　集合　―　（　　）散
2　開場　―　（　　）場
3　悪人　―　（　　）人

問七　つぎの１～４の――部分のうち、はたらきのちがうものが一つあります。それはどれですか。番号で答えなさい。

1　彼《かれ》は若いが立派で尊敬できる。
2　父は国民の祝日で家にいる。
3　あの俳優ははなやかで美しい。
4　弟はおおらかで明るい性格だ。

問八　つぎの１～３の（　　）内の言葉を指定の字数で敬語にし、ふさわしい形に変えて、それぞれ答えなさい。

1　初めて（　会う　六字　）目上の方には、ていねいにごあいさつをする。

2　母がお客様に「どうぞ（　食べる　五字　）」とお菓子《がし》をすすめた。

3　母の代わりに父が相談に（　行く　四字　）と先生に伝えた。

二 つぎの文章を読んで、あとの問いに答えなさい。

「直樹《なおき》は、東都医大に行かせます。他は考えません」

真正面からこちらを見て《 1 》言い切られた。当の本人は、膝《ひざ》の上で握《にぎ》った拳《こぶし》を見つめて顔を上げようとしない。どうしようもない。これ以上何も言えない。ただ、面談中ほとんど口をきかなかった山下直樹のことが無性《むしょう》に気がかりだった。

「(　　　　I　　　　)」

職員室のラウンジの椅子《いす》にどさんと座《すわ》り込《こ》んで、佑真《ゆうま》は面談中押《お》し殺《ころ》していたため息をついた。はあああっ。

「どうしたの？ 中村先生、お疲《つか》れね」お茶をいれに来た①小宮先生が声を掛《か》ける。

「山下直樹の三者面談ですよ。話には聞いていたけど、いやはや手強《てごわ》いお袋《ふくろ》さんだなあ」

「山下ね。私は兄貴の隆行《たかゆき》の担任をしていたわよ。隆行は根っからの理系で、本人も医者になるって決めていたから何の問題もなかったな」

「直樹の方も、東都医大を目指すと言ってはいるんですけどね。それにしては理系の科目が迫力《はくりょく》不足なのが気になるんですよ。その反面、英語や国語はものすごくよくできるんですよね」

「山下直樹？ 彼《かれ》は絶対に文系だと俺《おれ》は思うけどね」服部《はっとり》先生もやってきて話に加わる。

「こないだ書かせた『こゝろ』の感想文、すばらしかったよ。プリントにして学年みんなに読ませたけど、生徒たちも感心してた。直樹は、作品の内側に《 2 》切り込むような文章を書けるんだよ。一年の時の『羅生門《らしょうもん》』のレポートもすばらしかったし。ああいうヤツこそ、文学部に行ってほしいよなあ」

「英語もね、ただいい点を取るためだけに勉強しているというより、文章を読むことを楽しんでいるって感じなんです。ちゃんと読みたいから文法や単語をしっかりやってる。彼なら英文科でも国文科でもすごい卒論書けそうですよね。文系に行った方がいいような気がするよなあ……だけど……」佑真はまたため息をつく。

「②無理よ。まさか中村先生、あのお母さんに向かって、文系にしたら、とか言っちゃったんじゃないわよね」小宮先生が心配そうに佑真の顔をのぞき込む。

「……国立の医学部を目指すにはもう少し理系の偏差値《へんさち》を上げた方がいいってことと、(　　　　A　　　　)、ってこと言ってみただけですよ」

「言っても無駄《むだ》だったでしょ。……頑張《がんば》っているのよ、数学も。すごく努力はしてる。ただ、センスがいまいちなのは確か。兄貴とはその辺が決定的に違《ちが》うのよね」

「代々続いた医者の家に生まれて、両親も医者で。でも、直樹は直樹ですよね。彼も病院を継《つ》がなくちゃ、って思い込みは、どうしようもないんでしょうか」

「どうしようもないと思うわよ」小宮先生は立ったままお茶をすすってうなずく。「本人もそう思っているから東都医大って言ってるんでしょ」

「そうなのかなあ……あ、大変だ。僕《ぼく》、週番だ。見回りに行かなくちゃ」佑真は重たい腰《こし》を上げて職員室を出た。

「さよなら」「先生、さようなら」居残っていた生徒たちがバタバタと佑真を追《お》い越《こ》していく。さよなら、と返しながら自習室まで来ると、二年生たちがあたふた帰り支度《じたく》をしているその奥《おく》に、山下直樹の姿が見えた。硬《かた》い表情で心なしか顔色が悪い。一番最後に出てきた山下は、入り口で待っていた佑真に近寄ると、《　３　》顔を見て言った。

「先生、さっきは、③母があんな言い方をしてすみませんでした」

「いや、僕も余計なことを言っちゃったみたいで、悪かったね」

「母には、僕が医者以外の道を目指すことなんて、考えも及《およ》ばないんです。うちの者はみんな医者になるって決まってるんで」

「(　　　　Ⅱ　　　　)」

言ってしまった。母親の前では遂《つい》に言えなかったことだ。

「他の道を考えてみたことはありません。子どもの頃《ころ》から、うちの病院で働くことしか選択肢《せんたくし》はないと思ってきましたから」

「タイミングとしては、今が最後だと思うんだよ。高二の夏休み直前、っていう、この時期が。考えたことがないんだったら、今、考えてみたらどうかな。よく考えて、やっぱり医学部に行く、っていうんだったら頑張ればいいよ。だけど、もしも他にやりたいことがある、と思うんだったら……」

「……医学でないことをやりたい、なんて思ってしまうのはまずいから、考えません」

「(　　　　Ⅲ　　　　)」

「数学や化学の偏差値は、この夏休みに何とか上げるようにします。まだまだ努力が足りないのは自分でも自覚してます。英語とか国語はやり始めると楽しくなってつい時間を掛けてしまうので、反省しているんです」

「(　　　　Ⅳ　　　　)」

「できません。僕、文章を読んだり書いたりすることは大好きです。でも、それと進路とは別なんです。医学部以外の進路を目指すなんて言ったら、僕、家に居場所がなくなっちゃいますよ。これから予備校ですから帰ります。今日はありがとうございました」

山下は薄《うす》く笑ってぺこりと頭を下げ、佑真の横をすり抜《ぬ》けるようにして階段を下りていった。その後ろ姿を見つめて、佑真はしばらくそこを動くことができなかった。

添削《てんさく》が終わっていない英作文の束《たば》を前にどうにも集中できず、職員室のデスクで赤ペンを持ったままでぼんやりしていた。今日の山下直樹の言葉が耳について離《はな》れなかった。高校二年生の生徒が、決められた道に進まなければ（　　B　　）、とおびえている。あんなにこわばった表情で。本当にこのままでいいんだろうか。担任の自分に出来ることはないのだろうか。

中村先生、オレに英語教えてくれっかな。最初の最初っから。中一のとこから。

前任校の工業高校で、④照れながら、こっそりと佑真に声をかけてきた生徒がいた。浅野《あさの》という高一の男子で、それまでまともに話したこともない子だった。始業式から数日後のことだった。

オレさあ、どうせオヤジの跡《あと》を継いで、ウチの工場で職人になるんだし、高校卒業したらすぐ働くつもりでいたんだよね。けどここ数年、ウチの工場ヤバかったみたいでさあ。オヤジもオフクロも従業員の人たちもばたばた。最近までつぶれるかもって状況《じょうきょう》だったんだ。いろいろあって、何とか続けていけることにはなったみたい……。オヤジがね、自分に（　C　）の知識があったら、もっとうまく工場やっていけたんじゃないかって話しているの、聞いちゃったんだ。でね、考えたんだ。工場を継ぐにしても、ただ技術だけ身に付けるんじゃなくて、なんていうか……金の流れっていうの？　それを分かっておかなくちゃまずいんじゃないかって。オヤジも大学行けなかったことを今でも結構悔《く》やんでるみたい。お前、行きたいなら大学行ったほうがいいぞって。オレ、勉強なんか嫌《きら》いだし、できねえし、大学に行くこと考えてもみなかったんだけど。でも、やっぱ、学《がく》がなくちゃダメかもなって。だから、これから頑張ってどうかオレでも入れそうなところ、探したいなって。先生、力貸してくんねえ？

嬉《うれ》しかった。彼が、⑤とつとつとだが彼なりに一生懸命《いっしょうけんめい》に自分の志望について考えたことを、佑真に話してくれたこと。自分を頼《たよ》ってくれたこと。その日以降、高三になったあとも、浅野に対する佑真の個人指導は続いた。国語の木村先生、社会の森口先生にも手伝ってもらって、「浅野の大学進学プロジェクト」は二年間続いた。お世辞にも呑《の》み込《こ》みの良い生徒ではなかった。本人も何度もダメなんじゃないかと気持ちが揺《ゆ》らいだ。そのたびに佑真は必死で彼を励《はげ》ました。正直、佑真自身も浅野の余りのできなさに内心がっくりすることもあった。しかし、そのたびに高一の四月に浅野が自分に話したこと、あの時の彼の真剣《しんけん》な顔を思い出して踏《ふ》ん張《ば》った。成績はなかなか上がらなかったが、高三の十二月になってやっと少し光が見えてきた。

結局浅野は、三月の上旬《じょうじゅん》になって、たった一つ、余り偏差値は高くない、ある大学の経営学部への補欠合格を勝ち取った。受かったよー！　先生、ありがとう！　職員室に駆《か》け込《こ》んできて大声で報告した浅野は、全身から光を放っているようだった。佑真も、木村先生も、森口先生も、浅野を囲んで気が付いたら涙《なみだ》が出ていた。教師になってよかった、生徒の力になってやることができた。心から喜びを感じた。

今勤務している高校は、県下有数の進学校だ。山下直樹は浅野なんか足元にも及ばないような学力がある。でも、二人とも同じく（　D　）としているのに、浅野のような前向きな意欲が、山下からは感じられない。山下の目は、暗く沈《しず》んでいる。山下はおびえている。彼だって彼ならではの可能性を持っているはずなのに。何か、自分にしてやれることはないのだろうか。担任として。英語の教師として。

手元の赤ペンを無意識にくるくる回しながら、佑真は《　4　》こみあげてくる無力感にさいなまれていた。

（本校国語科による）

問一 《 1 》～《 4 》に入れるのにふさわしい言葉をつぎから選び、それぞれ記号で答えなさい。

ア ぐいっと
イ しっかりと
ウ じわじわと
エ きっぱりと

問二 (Ⅰ)～(Ⅳ)に入れるのにふさわしいセリフをつぎから選び、それぞれ記号で答えなさい。ただし、どこにも当てはまらないものがあります。

ア 山下くん……
イ 無茶だよ。君には絶対に不可能だよ。馬鹿《ばか》なことはやめなさい
ウ だけどさ、山下くん、君は本当に医者になりたいと思うのか？ 肝心《かんじん》なのはそこだろ？
エ 英語や国語が楽しいという気持ちを大切にすることは、できないのかな
オ あーあ、やれやれだなあ。全く議論の余地なしだもんなあ

問三 ――線①「小宮先生」とありますが、この先生の担当教科を答えなさい。

問四 ――線②「無理よ」とありますが、無理だと思われる理由を文中の言葉を使って、「～から。」につながるように十字以上十五字以内で説明しなさい。

問五 (A)に佑真が直樹に対して「言ってみた」内容を自分で考えて、十五字以上二十字以内で答えなさい。

問六 ――線③「母があんな言い方をして」とありますが、この「母」のセリフの最初と最後の三字を文中からそれぞれぬき出しなさい。記号は字数に数えません。

問七 (B)に入れるのにふさわしい言葉を、文中の表現を使って、十字で考えて答えなさい。

問八 ――線④「照れながら」とありますが、「浅野」はここでどうして「照れ」なくてはならなかったのですか。つぎからその理由としてふさわしくないものを一つ選び、記号で答えなさい。

ア 浅野はこれまで全く勉強してこなかったのに、急に勉強したいと教師に切り出さねばならず、決まりが悪かったから。

イ　浅野はとても大学受験ができるような成績ではないことを自分でもよくわかっているのに、大学に行きたいと告白しなければならなかったから。

ウ　浅野は問題行動の目立つ生徒で、今までさんざん教師に対しても迷惑《めいわく》をかけてきたのに、今になって手助けしてほしいと言わねばならなくなったから。

エ　浅野はこれまで教師と関わることをなるべく避《さ》けてきたような生徒なのに、今さら勉強を教えてほしいと言い出さねばならず、ばつがわるかったから。

問九　（　C　）に入れるのにふさわしい漢字一字の言葉を、文中からぬき出しなさい。

問十　――線⑤「とつとつと」とありますが、この意味としてもっともふさわしいものをつぎから選び、記号で答えなさい。

ア　はきはきと
イ　おそるおそる
ウ　すらすらと
エ　たどたどしく

問十一　（　D　）に入れるのにふさわしい言葉を考えて、八字で答えなさい。

三　つぎの文章を読んで、あとの問に答えなさい。

日本の百貨店が、いつ頃《ごろ》創業されているかを調べてみると、「江戸《えど》時代」と「ごく最近になって創られた店」の二種類があることがわかります。古い歴史を持つ店は、主に江戸時代の呉服店《ごふくてん》から発展してきており、このグループに入る百貨店は三越《みつこし》や大丸、松坂屋、髙島屋などで、一般《いっぱん》に「呉服系百貨店」と呼ばれています。ごく最近になって創られた百貨店には、「電鉄系の百貨店」と、この地にどうしても百貨店が必要だと思った有志が創った「その他の百貨店」の二つがあります。《　1　》日本の百貨店の原型を創ったのは、この呉服店から発展してきた呉服系百貨店のほうなのです。

それでは、呉服系百貨店にはどういう店があるのかを創業年度順に列記してみますと、まず一六一一年に今の松坂屋が伊藤《いとう》呉服店として創業しております。（中略）三越は越後屋《えちごや》呉服店として一六七三年に、（中略）髙島屋が一八一四年（中略）に創業しております。これらの店は江戸時代に創業して今日まで続き、現在、日本百貨店協会に加盟している呉服系百貨店です。（中略）

それでは次に、なぜ呉服店が江戸時代にこれほど多く創業されたのか、ということについて考えてみたいと思います。

《　2　》、「そんなことは当たり前だ。江戸時代の人達は着物を着ていたのだから」と言う方が大半だと思います。しかし、当時の一般庶民《しょみん》の着ていたものは「古着」がほとんどで、肝心《かんじん》の呉服ではありませんでした。(中略) 呉服は今では和服織物の総称ですが、江戸時代には、麻《あさ》・綿織物などの「太物《ふともの》」に対し、「絹織物」を指して「呉服」と言っていたのです。したがって一般庶民は①大店《おおだな》の呉服店などに縁《えん》がなく、たまに訪《おとず》れる行商の呉服商から買えれば恵《めぐ》まれたほうであったのです。 (中略)

それでは、一体誰《だれ》が呉服を買っていたのでしょうか。それを解くカギは、江戸という都市と江戸時代の仕来《しき》たりの中にあります。

一五九〇年八月一日、徳川家康《とくがわいえやす》は、時の天下人豊臣秀吉《とよとみひでよし》によって、当時の僻地《へきち》「江戸」へと追いやられます。(中略) ところが家康は、江戸城の改築と共に積極的に町づくりを進め、武家地や町人地や寺社地を定め、交通網《こうつうもう》と輸送網の整備に取り組みましたから、一六〇〇年、関ケ原《せきがはら》の戦いで家康が天下の覇者《はしゃ》となると、江戸に証人（人質《ひとじち》）を置く大名が多くなり、江戸城周辺に大名屋敷《やしき》が立ち並ぶようになりました。(中略) そして一六〇三年、家康が征夷大将軍《せいいたいしょうぐん》となって江戸に幕府を開きますと、江戸は政治の中心となり、諸国から流《なが》れ込《こ》む移住者たちで膨張《ぼうちょう》に膨張を続けて、一六八八〜一七〇三年には人口七十万人、一七一六〜一七三六年には人口百万人に達して、当時における世界最大の都市となるわけです。

《　3　》この巨大《きょだい》都市は、わずかな年月のうち急膨張した一種の人造都市でしたから、必要物資を自給することができませんでした。消費人口だけが多く、生活物資の供給体制が整わない江戸に対して、②消費物資が各地から持ち込まれるようになるのは当然のことです。ここに商人や職人達の活躍《かつやく》の場が生まれました。一方、徳川氏は、自らの支配力を維持《いじ》するために諸大名の妻子の江戸居住と、大名の一年おきの参勤交代を強制いたしましたから、江戸は諸大名の江戸屋敷《えどやしき》と八万騎《き》といわれた将軍直属武士団の旗本や御家人《ごけにん》達で溢《あふ》れかえることになります。(中略) したがって一番多かったときは、人口の半分以上を占《し》める六十万人もの武士達が江戸にいたということです。そして、この武士達こそが、呉服の主たる購入者《こうにゅうしゃ》であったのです。そこには「武士道」との深い関係がありました。

天下が統一され、江戸時代という戦争のない泰平《たいへい》の世になって武士道は大きく変質し、価値観の大転換《だいてんかん》が行われました。(中略) すなわち主君への奉公《ほうこう》の道が、（　A　）第一から（　B　）第一に替《か》わったということです。(中略) 要するに、人に会うときに御洒落《おしゃれ》をして威儀《いぎ》を正せば正すほど相手に敬意を表していることになり、威儀を正さず御洒落をしていないと、相手に敬意を表していないことになったわけです。

それに加えて③着飾《きかざ》ることは、武士が町人や農民に対して支配階級であることを示す差別化の手段でもあったのです。 (中略)

武士達は、「時服」といって時候にふさわしい衣服を、「登城用」「日常用」など種類多く整えねばならないことになっていました。(中略) さらに妻や娘《むすめ》や小間使いといった、いわゆる「奥向《おくむ》き」で使う衣服も必要としましたから、武士の衣類の需要量《じゅようりょう》は膨大《ぼうだい》なものになったのです。 (中略)

こうした背景があったため、江戸時代を通じて小売商業界の中心的存在となったのが呉服商でした。(中略) 江戸時代の京都は、呉服・染物・織物・家具・漆器《しっき》・酒などの主要生産地で、いわば日本最大の生産都市という立場にありましたから、そこに目をつけた商人達は、こぞって京都に本店を置き、そこを仕入の拠点《きょてん》として、最大の消費地である江戸に商品を送っては高く販売《はんばい》し、巨富《きょふ》を築いていったのです。（中略）

それでは、こういった呉服商人達は江戸時代を通じて一体何をし、我々に何を残していったのかを考えてみたいと思います。もちろん呉服商人達は呉服を商《あきな》って④購入者の需要を満たし、商売上の栄枯盛衰《えいこせいすい》はありましたが、どの店も一生懸命《いっしょうけんめい》に働いて、繁栄《はんえい》を勝ち取っていこうとしました。その結果、彼等《かれら》は呉服店としての存在よりも、「これだ」という商売の方法を考え出したことで、今日、我々により知られるようになります。それはまさに⑤合理的で革新的な商法といえるものばかりでした。

まず、越後屋呉服店（三越）が一六八三年に江戸市中に配布した引札《ひきふだ》（ちらし）をご覧いただきましょう。（中略）

「この度《たび》、私どもが工夫《くふう》を重ねましたところ、呉服物に限らず、何でも破格の安値で売ることが可能になりました。ぜひとも当店までお出掛《でか》けの上、お買い上げくださるようご案内申し上げます。どなたさまにも配達はいたしません。《　4　》、当店での安値販売は一銭の掛《か》け値《ね》もいたしておりませんので、お値切りあそばされても値引きはいたしません。もちろん代金は即金《そっきん》でお支払《しはら》いくださるようお願いいたします。たとえ一銭であっても掛売りはいたしません。以上」（中略）

これが世に言う越後屋の「現金安売り掛値なし」という商法で、この定価販売が欧米《おうべい》で正式に出現するのは、それから百六十九年後の、一八五二年のパリにあった「ボン・マルシェ」という、世界で最初に百貨店となった店からですから、どれほど江戸の呉服商人のほうが早かったかがわかります。欧米における「品取《とり》替《か》えの自由」も、一八五二年の「ボン・マルシェ」からですが、越後屋呉服店が一七五七年に配布した引札には、（中略）「もし万一、他より安くないと思えたり、その品が気に入らなかった場合には、いつでもお戻《もど》しください。代金をお返しいたします」とあり、これも「ボン・マルシェ」より九十五年ほど早かったことになります。（中略）

このように江戸時代の呉服店は、現在でも通用するような革新的な商法を幾《いく》つも開発いたしておりました。その商法は、まったく意識していなかったのにもかかわらず、結果的に世界に共通した「百貨店の五条件」、すなわち「入店の自由」「定価販売」「現金販売」「返品の自由」「薄利多売《はくりたばい》」を見事に満たすものであったのです。

（『百貨店とは』　飛田　健彦　による）

◎本文の一部を省略しています。また、表記を変更しているところがあります。

問一　《　1　》～《　4　》に入れるのにふさわしいつなぎ言葉をつぎから選び、それぞれ記号で答えなさい。

ア　ところが　　イ　また

ウ　もちろん　　エ　そして

問二　――線①「大店の呉服店」にあたるものを二つ、文中からぬき出しなさい。

問三　――線②「消費物資が各地から持ち込まれる」とありますが、この時代の消費物資の一大生産地を漢字で答えなさい。

問四　（　Ａ　）・（　Ｂ　）に入れるのにふさわしい組み合わせをつぎから選び、記号で答えなさい。

ア　Ａ　質素　―　Ｂ　華美《かび》
イ　Ａ　経験　―　Ｂ　知識
ウ　Ａ　武芸　―　Ｂ　礼儀《れいぎ》
エ　Ａ　体力　―　Ｂ　能力

問五　――線③「着飾ることは、武士が町人や農民に対して支配階級であることを示す差別化の手段でもあった」とありますが、「差別化」できる理由を説明したつぎの文の（　１　）・（　２　）に入れるのにふさわしい言葉を考えて、それぞれ五字以上十字以内で答えなさい。

庶民が着ていたのは（　１　）であるのに対して、武士は（　２　）を着ていたから。

問六　――線④「購入者の需要」とありますが、これを具体的に説明したつぎの文の（　１　）～（　５　）に入れるのにふさわしい二字の言葉を、文中からそれぞれぬき出しなさい。

（　１　）が、（　２　）ごとの「（　３　）用」や「（　４　）用」の衣服を、また（　５　）や使用人の衣服を、それぞれ必要とした、ということ。

問七　――線⑤「合理的で革新的な商法」とありますが、現在の三越が考えたものを二つ、文中からぬき出しなさい。

問八　本文の内容に合うものをつぎから一つ選び、記号で答えなさい。

ア　江戸時代の呉服商が取《と》り扱《あつか》っていたのは、着物だけである。
イ　商人達は必要物資を自給できなかった江戸で活躍し、巨富を築いた。
ウ　西武百貨店など電鉄系の百貨店は、江戸時代末期に創業された。
エ　「ボン・マルシェ」から商売を学び、江戸時代の呉服店は発展した。

2024年度

女子聖学院中学校　▶解説と解答

算　数　＜第１回試験＞（50分）＜満点：100点＞

解　答

1 (1)　6.67　(2)　$\frac{11}{12}$　(3)　$1\frac{1}{2}$　(4)　63　(5)　62.8　(6)　$2\frac{3}{10}$　(7)　0　(8)　$2\frac{41}{60}$　**2** (1)　252円　(2)　4.25以上4.35未満　(3)　178　(4)　１時間56分　(5)　水曜日　(6)　10％　(7)　7.2cm²　(8)　$y=\frac{5}{39}\times x$　**3** (1)　48ｇ　(2)　２％　(3)　７％　**4** (1)　２cm²　(2)　8.5cm²　(3)　14秒後から15秒後まで　**5** (1)　16本　(2)　51本　(3)　25個

解　説

1 四則計算，計算のくふう，逆算

(1)　$20.24-13.57=6.67$

(2)　$3\frac{1}{4}-2\frac{1}{3}=3\frac{3}{12}-2\frac{4}{12}=2\frac{15}{12}-2\frac{4}{12}=\frac{11}{12}$

(3)　$2\times0.125\times1.5\times4=2\times\frac{1}{8}\times\frac{3}{2}\times4=\frac{3}{2}=1\frac{1}{2}$

(4)　$8\div\left(\frac{3}{10}-\frac{1}{6}\right)+0.75\times4=8\div\left(\frac{9}{30}-\frac{5}{30}\right)+\frac{3}{4}\times4=8\div\frac{4}{30}+3=8\div\frac{2}{15}+3=8\times\frac{15}{2}+3=60+3=63$

(5)　$A\times B+A\times C=A\times(B+C)$であることを利用すると，$3.14\times5-31.4\times0.3+314\times0.18=3.14\times5-3.14\times10\times0.3+3.14\times100\times0.18=3.14\times5-3.14\times3+3.14\times18=3.14\times(5-3+18)=3.14\times20=62.8$

(6)　$1\frac{3}{5}\div\frac{2}{3}-0.25\times\frac{2}{5}=\frac{8}{5}\times\frac{3}{2}-\frac{1}{4}\times\frac{2}{5}=\frac{12}{5}-\frac{1}{10}=\frac{24}{10}-\frac{1}{10}=\frac{23}{10}=2\frac{3}{10}$

(7)　$2\frac{5}{8}\div0.3\times\left(0.12-0.02\div\frac{1}{6}\right)=\frac{21}{8}\div\frac{3}{10}\times(0.12-0.02\times6)=\frac{21}{8}\times\frac{10}{3}\times(0.12-0.12)=\frac{35}{4}\times0=0$

(8)　$(□-0.6)\times\frac{16}{15}+\frac{2}{3}=2\frac{8}{9}$，$(□-0.6)\times\frac{16}{15}=2\frac{8}{9}-\frac{2}{3}=2\frac{8}{9}-\frac{6}{9}=2\frac{2}{9}$，$□-0.6=2\frac{2}{9}\div\frac{16}{15}=\frac{20}{9}\times\frac{15}{16}=\frac{25}{12}$　よって，$□=\frac{25}{12}+0.6=\frac{25}{12}+\frac{3}{5}=\frac{125}{60}+\frac{36}{60}=\frac{161}{60}=2\frac{41}{60}$

2 割合と比，小数の性質，整数の性質，単位の計算，周期算，濃度《のうど》，相似，辺の比と面積の比，文字式

(1)　21％は0.21だから，1200円の21％は，1200×0.21＝252(円)である。

(2)　５以上は切り上げなので，小数第２位を四捨五入して4.3になる最も小さい数は4.25である。また，４以下は切り捨てだから，小数第２位を四捨五入して4.3になる数は4.35未満である。よって，このような数は4.25以上4.35未満である。

(3)　７で割って３余る数は，７の倍数よりも３大きい数である。また，５で割って３余る数は，５の倍数よりも３大きい数である。したがって，両方に共通する数は，７と５の公倍数よりも３大きい数とわかる。ここで，７と５の最小公倍数は35だから，このような数は35の倍数よりも３大きい数となる。よって，200÷35＝５余り25より，200以下で最も大きい数は，35×５＋３＝178と求められる。

⑷　１時間は60分なので，４時間50分は，60×４＋50＝290(分)である。よって，その$\frac{2}{5}$は，290×$\frac{2}{5}$＝116(分)とわかる。116÷60＝１余り56より，これは１時間56分とわかる。

⑸　１週間は７日だから，200÷７＝28余り４より，200日は28週間と４日である。また，１日目の曜日が日曜日なので，余りの４日の曜日は，日，月，火，水であり，200日目の曜日は水曜日とわかる。

⑹　(食塩の重さ)＝(食塩水の重さ)×(濃度)より，12％の食塩水120ｇに含《ふく》まれている食塩の重さは，120×0.12＝14.4(ｇ)，７％の食塩水80ｇに含まれている食塩の重さは，80×0.07＝5.6(ｇ)とわかる。したがって，これらの食塩水を混ぜると，含まれる食塩の重さは，14.4＋5.6＝20(ｇ)，食塩水の重さは，120＋80＝200(ｇ)になる。よって，(濃度)＝(食塩の重さ)÷(食塩水の重さ)より，できる食塩水の濃度は，20÷200＝0.1，0.1×100＝10(％)と求められる。

⑺　右の図で，EDの長さは，６－２＝４(cm)である。また，三角形EFDと三角形CFBは相似であり，相似比は，ED：CB＝４：６＝２：３だから，EF：FC＝２：３となる。したがって，三角形EBFと三角形FBCは高さが等しいので，面積の比は底辺の長さの比に等しく２：３となる。さらに，三角形EBCの面積は，６×６÷２＝18(cm^2)なので，三角形EBFの面積は，18×$\frac{2}{2+3}$＝7.2(cm^2)と求められる。

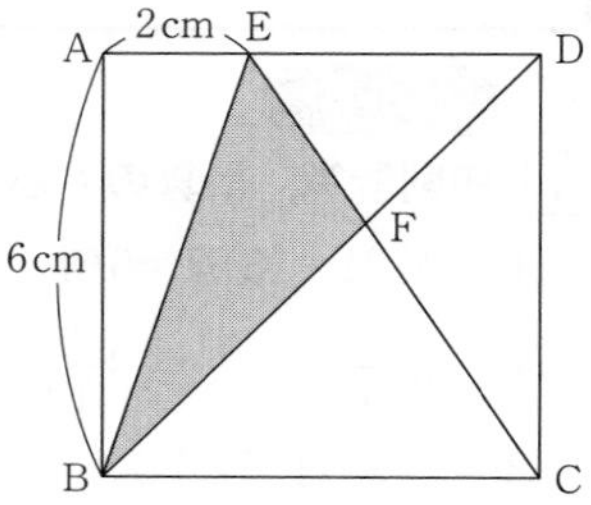

⑻　式に表すと，$x = A \times 2\frac{3}{5}$(…ア)，$A = y \times 3$(…イ)となる。アの式の$A$の部分にイの式の($y$×３)をあてはめると，$x = y \times 3 \times 2\frac{3}{5} = y \times 3 \times \frac{13}{5} = y \times \frac{39}{5}$となる。よって，$y = x \div \frac{39}{5} = x \times \frac{5}{39}$だから，(　)にあてはまる数は$\frac{5}{39}$とわかる。

3　濃度

⑴　やりとりのようすは右のようになる(かっこの中は含まれる食塩の重さ)。(食塩の重さ)＝(食塩水の重さ)×(濃度)より，はじめにＡの食塩水に含まれていた食塩の重さ(［ア］ｇ)は，600×0.08＝48(ｇ)とわかる。

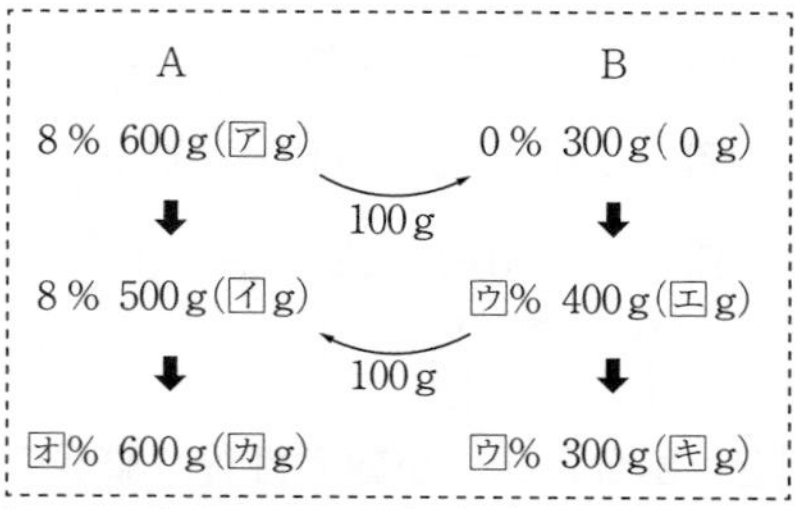

⑵　ＡからＢに移した100ｇの食塩水の中には，100×0.08＝８(ｇ)の食塩が含まれているから，ＡからＢに100ｇの食塩水を移すと，Ｂに含まれている食塩の重さ(［エ］ｇ)は８ｇになる。また，Ｂの食塩水の重さは，300＋100＝400(ｇ)になるので，(濃度)＝(食塩の重さ)÷(食塩水の重さ)より，Ｂの食塩水の濃度(［ウ］％)は，８÷400＝0.02，0.02×100＝２(％)と求められる。

⑶　ＡからＢに100ｇの食塩水を移した後，Ａの食塩水の重さは，600－100＝500(ｇ)になり，その中に含まれている食塩の重さ(［イ］ｇ)は，48－８＝40(ｇ)になる。また，ＢからＡに移した100ｇの食塩水の中には，100×0.02＝２(ｇ)の食塩が含まれているから，ＢからＡに100ｇの食塩水を移すと，Ａに含まれている食塩の重さ(［カ］ｇ)は，40＋２＝42(ｇ)になる。さらに，このときのＡの食塩

水の重さは，500＋100＝600（g）になるので，Ａの食塩水の濃度（オ％）は，42÷600＝0.07，0.07×100＝７（％）と求められる。

4　平面図形―図形の移動，面積

(1)　正方形は10秒間で，１×10＝10(cm)動くから，10秒後には下の図１のアの位置にくる。図１で，２つの図形が重なった部分は直角二等辺三角形である。また，この直角二等辺三角形の直角をはさむ辺の長さは，10－８＝２(cm)なので，その面積は，２×２÷２＝２(cm²)とわかる。

(2)　正方形はアの位置から，１×(13－10)＝３(cm)動くから，13秒後には図１のイの位置にくる。このとき，斜線《しゃせん》部分は直角二等辺三角形であり，直角をはさむ辺の長さは，３－２＝１(cm)なので，斜線部分の面積は，１×１÷２＝0.5(cm²)とわかる。また，正方形の面積は，３×３＝９(cm²)だから，２つの図形が重なった部分の面積は，９－0.5＝8.5(cm²)と求められる。

図１

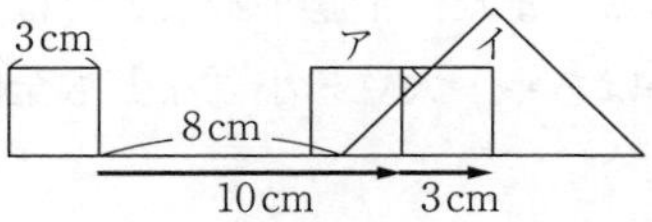

図２

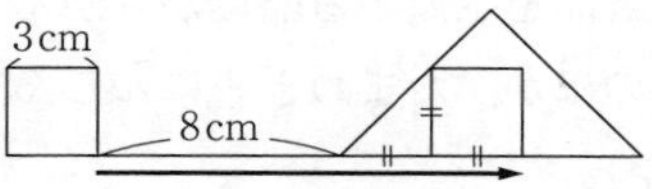

図３

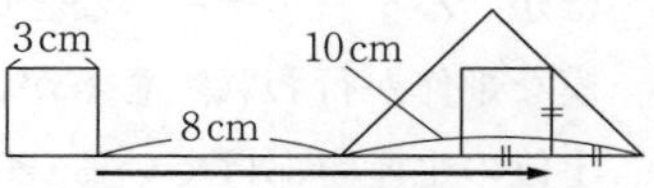

(3)　２つの図形が重なった部分の面積が正方形の面積と等しくなるのは，正方形が上の図２の位置から図３の位置まで動く間である。図２と図３で印をつけた部分の長さはすべて３cmなので，図２の位置にくるのは動き始めてから，（８＋３＋３）÷１＝14(秒後)，図３の位置にくるのは動き始めてから，（８＋10－３）÷１＝15(秒後)とわかる。よって，重なった部分の面積が正方形の面積と等しくなるのは，動き始めて14秒後から15秒後までである。

5　図形と規則

(1)　右の図のように，１個目の六角形を作るためには６本のマッチ棒が必要であり，その後は５本のマッチ棒を追加するごとに六角形が１個ずつ増える。よって，３個の六角形を作るためには，６＋５×（３－１）＝16(本)のマッチ棒が必要である。

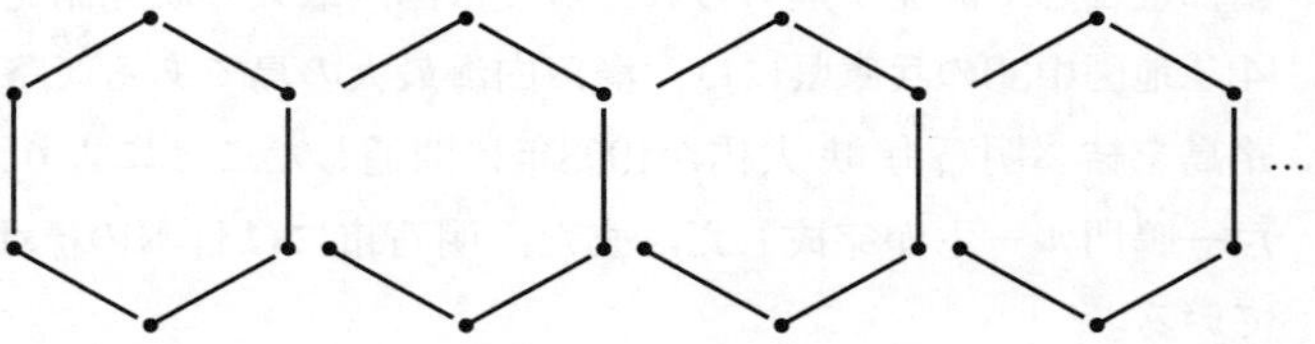

(2)　(1)と同様に考えると，10個の六角形を作るためには，６＋５×(10－１)＝51(本)のマッチ棒が必要とわかる。

(3)　最初の六角形を除くと，使うことができるマッチ棒の数は，126－６＝120(本)になる。よって，追加することができる六角形の数は，120÷５＝24(個)だから，最初の１個を含めると，六角形の数は全部で，１＋24＝25(個)と求められる。

社　会　＜第１回試験＞（30分）＜満点：100点＞

解　答

1　(1)　北海道，１　(2)　宮城県，６　(3)　茨城県，11　(4)　兵庫県，30　(5)　福岡県，40　2　**問１**　(1)　**Ａ**　エ　**Ｂ**　イ　**Ｃ**　ア　**Ｄ**　ウ　(2)　**Ａ**　ア　**Ｂ**　エ　**Ｃ**　ウ　**Ｄ**　イ　**問２**　(1)　**Ａ**　イ　**Ｂ**　ウ　**Ｃ**　ア　(2)　**甲府盆地…ウ**　**山形盆**

地…イ　**問３**　(例)　日本の川は長さが短く，流れが急である。　**3**　**問１**　**A**　弥生　**B**　飛鳥　**C**　室町　**問２**　**１**　渡来人　**２**　聖武　**３**　征夷　**４**　検地　**５**　日清　**６**　治安　**７**　大阪　**問３**　**a**　隋　**b**　唐　**c**　元　**問４**　関ヶ原　**問５**　エ　**問６**　ア　**問７**　イ　**問８**　(例)　源氏物語　**問９**　金閣　**問10**　(例)　西郷隆盛　**4**　**問１**　**a**　ドイツ　**b**　ロシア　**c**　アメリカ　**問２**　核　**問３**　①　太平洋　②　長崎　**問４**　禁止　**問５**　ウ　**問６**　ウ　**問７**　(A)　マッカーサー　(B)　国民主権　(C)　三権分立　(D)　生存権　**問８**　(例)　戦争を起こしてしまったこと。

解　説

1　都道府県についての問題

⑴　地図中１の北海道東部に広がる根釧《こんせん》台地は，牧草などの飼料を栽培《さいばい》して乳用牛を育て，牛乳のほか，バター・チーズなどの乳製品を生産する酪農《らくのう》がさかんである。また，十勝平野などでは大規模な畑作が行われ，じゃがいものほか，たまねぎ・にんじん・かぼちゃ・大豆・小豆なども全国第１位の生産をあげている(2022年)。

⑵　地図中６の宮城県は，東北地方で人口が最も多く，県庁所在地の仙台市は政令指定都市になっており，地方中枢都市とされる。県北部の太平洋岸はリアス海岸が発達していることから漁業がさかんだが，津波が発生すると被害が大きくなることが多い。2011年に起きた東日本大震災《しんさい》のときにも津波によって甚大《じんだい》な被害が出た。

⑶　地図中11の茨城県には利根川が流れる。また，利根川の下流域には，琵琶湖(滋賀県)に次いで日本で２番目に面積が大きい湖である霞《かすみ》ヶ《が》浦《うら》がある。県南部に位置するつくば市は，筑波《つくば》研究学園都市として開発が進められ，現在は国内最大の研究開発拠点《きょてん》となっている。

⑷　地図中30の兵庫県には，瀬戸内海最大の島である淡路《あわじ》島がある。県庁所在地である神戸市と淡路島を結ぶ明石《あかし》海峡《かいきょう》大橋が1998年に開通したことにより，淡路島を経由して本州と四国を結ぶ神戸―鳴門《なると》ルートが完成した。また，明石市には日本の標準時子午線である東経135度の経線が通っている。

⑸　博多湾は，地図中40の福岡県北部に位置する湾である。この湾の出口に位置する志賀《しかの》島では，後漢(中国)の皇帝である光武帝《こうぶてい》から奴《な》国王が授かったとされる金印が江戸時代に発見された。また，県庁所在地である福岡市は九州地方最大の都市であり，政令指定都市にもなっている。

2　日本の河川に関する問題

問１　⑴　**A**　エの石狩《いしかり》川は北海道の中央に位置する大雪山系の石狩岳《だけ》を水源とし，上川盆地《ぼんち》や石狩平野を流れて日本海に注ぐ。　**B**　イの信濃《しなの》川は，長野県から流れ出て新潟県を通り，越後《えちご》平野を形成して日本海へと注ぐ。　**C**　アの木曽《きそ》川は，長野県から流れ出て岐阜県・愛知県・三重県を通って濃尾《のうび》平野を形成し，伊勢《いせ》湾に注ぐ。　**D**　ウの吉野川は四国山地に沿って東に流れ，徳島市で紀伊水道に注ぐ。　⑵　**A**　石狩川の長さは日本で３番目に長く，流域面積は利根川に次いで日本で２番目に大きい。上流域に形成された上川盆地と下流域に広がる石狩平野は，日本有数の稲作地帯になっている(ア…○)。　**B**　信濃川は日本最長の河川で，流域面積は日本で３番目に大きく，長野県を流れる間は，千曲《ちくま》川と呼ばれる(エ…○)。　**C**　木曽川は，長良《ながら》川・揖斐《いび》川とともに木曽三川《さんせん》と呼ばれる。３つの河川が集まる地域はたびたび洪水《こうずい》に見舞《みま》われたため，集落を堤防《ていぼう》で囲んで輪中(地帯)を形成して水害に備えた(ウ…○)。　**D**　吉野川は，坂東太郎（利根川），筑紫《つくし》次郎(筑後《ちくご》川)とともに日本三大暴れ川の１つとして，「四国三郎」と呼ばれる(イ…○)。

問２　(1)　**A**　源流部から流れ出した水が河川となって上流部に谷をつくり，その流れの速い河川が川底を削《けず》ってさらに深い谷を形成する。これをＶ字谷という(イ…○)。　**B**　河川が山から平地に出たところに，流れが急に遅《おそ》くなったために粒《つぶ》の大きな土砂が積もり，扇《おうぎ》状の傾斜《けいしゃ》地が形成される。これを扇状地《せんじょうち》といい，水がしみこみやすい地形となっている（ウ…○）。　**C**　河川の運ぶ細かい土砂が長い時間をかけて河口付近にたい積し，そのたまった土砂をさけて流れが分かれたところに陸地ができる。これを三角州という。細かい土砂や泥《どろ》で形成されているため，水がしみこみづらい(ア…○)。　(2)　山梨県の甲府盆地ではウのぶどうの生産がさかんで，山梨県のぶどうの収穫《しゅうかく》量は全国第１位になっている。最上川が流れる山形盆地ではイのさくらんぼ(桜桃)の生産がさかんで，全国のさくらんぼの７割以上が山形県で生産されている。なお，アのバナナは沖縄県や鹿児島県で生産されているが，多くは海外からの輸入である。エのみかんは和歌山県や愛媛県，静岡県が主な産地になっている(2022年)。

問３　グラフを見ると，日本の河川は世界の河川に比べて水源から河口までの距離《きょり》が短く，傾《かたむ》きが急であることがわかる。国土面積が小さい島国の日本は，国土の約４分の３を山地が占《し》めているため，川がすぐに山地から海に流れ出てしまう。高度差の大きな地形を流れるため，日本の河川は長さが短く，流れが急になる。

3　各時代の歴史的なことがらについての問題

問１　**A**　弥生時代には大陸から稲作や金属器が伝わり，日本各地で米づくりが行われるようになった。弥生時代には弥生土器がつくられていた。　**B**　飛鳥時代には，推古天皇の摂政《せっしょう》となったとされる聖徳太子や，聖徳太子の死後に蘇我氏をほろぼして大化の改新を行った中大兄《なかのおおえの》皇子らが，天皇中心の国づくりを進めた。　**C**　足利尊氏が京都に幕府を開いてから，第15代将軍の足利義昭《よしあき》が織田信長によって追放されるまでの時代を室町時代という。第３代将軍の足利義満が京都の室町に『花の御所』と呼ばれる邸宅《ていたく》をつくり，政治を行ったことから室町時代と呼ばれるようになった。

問２　**1**　４世紀から６世紀ごろに大陸から日本に移り住んだ渡来《とらい》人によって，農具・工具・養蚕《ようさん》・機織《はたお》り・土木工事などの技術や漢字・儒教《じゅきょう》などの文化が日本にもたらされた。　**2**　聖武天皇は，仏教の力で国を治めようと考え，741年に全国に国分寺・国分尼《に》寺をつくるよう命じた。さらに743年には大仏造立の詔《みことのり》を出し，東大寺に大仏をつくらせた。　**3**　坂上田村麻呂《まろ》は，律令制の立て直しをはかり，朝廷の勢力を拡大しようと考えた桓武天皇によって征夷大将軍に任命され，東北地方の蝦夷《えみし》を平定した。なお，征夷大将軍は，源頼朝が鎌倉幕府を開いてからは，武家政権を担う将軍を意味する役職となった。　**4**　豊臣秀吉は兵農分離を進め，農民から確実に年貢をとるために太閤《たいこう》検地を行った。　**5**　日本は日清戦争(1894～95年)と日露戦争(1904～05年)を経て，1910年に韓国併合《へいごう》を行い，朝鮮半島を植民地とした。　**6**　治安維持《いじ》法は，社会運動や労働運動を取りしまるため，1925年に制定された法律である。後には国家の方針と異なるさまざまな活動の弾圧に利用された。　**7**　1970年，大阪府吹田《すいた》市で「人類の進歩と調和」をテーマに日本初の万国博覧会が開かれ，6000万人を超《こ》える人々が来場した。

問３　**a**　聖徳太子は，隋《ずい》(中国)の進んだ政治制度や文化を取り入れるため，607年に小野妹子を遣隋使として派遣した。　b　飛鳥～奈良時代は，唐《とう》(中国)にならって都や政治制度が整えられたが，平安時代に，衰退《すいたい》を続ける唐に危険をおかしてまで使節を派遣する必要はないと菅原道真が訴《うった》え，遣唐使の派遣が中止された。　c　宋《そう》(中国)がほろぼされて元(中国)ができると，皇帝のフビライ・ハンが２度にわたって日本に大軍を送った(元寇《げんこう》)。

問４　徳川家康は，豊臣政権を存続させようとした石田三成らと対立を深め，1600年に起こった関ヶ原の戦いで豊臣方を破って政治の実権を握《にぎ》り，1603年に江戸に幕府を開いた。

問５　江戸幕府は大名を親藩・譜代・外様に分類し，これらの大名と徳川将軍が主従関係を結んで，幕府(将軍)と藩(大名)がそれぞれ土地と人民を支配する幕藩体制を整えた。

問６　弥生時代に稲作が広まると，たくわえや水，土地をめぐって村どうしの争いが増えたことから，敵の侵入《しんにゅう》を防ぎ自分たちの生活を守るために，集落の周りをほりやさくで囲んだ環濠《かんごう》集落がつくられるようになった(ア…○)。

問７　イの大仙古墳(仁徳天皇陵《りょう》)は，大阪府堺市にある日本最大の前方後円墳である。なお，アの江田船山古墳は熊本県，ウの稲荷山《いなりやま》古墳とエの将軍山古墳は埼玉県にある。

問８　遣唐使の派遣が中止されて日本の風土にあった国風文化が栄える中でかな文字が発達し，『源氏物語』(紫式部)のほか，『枕草子』(清少納言)や『土佐日記』(紀貫之)，『竹取物語』，『古今和歌集』などのすぐれた文学作品が生まれた。

問９　室町幕府第３代将軍の足利義満は，京都の北山に三層建築の金閣を建てた。外壁《がいへき》などに金箔《きんぱく》をほどこしたことから金閣と呼ばれる。

問10　薩摩《さつま》藩(鹿児島県)出身の西郷隆盛は，薩英戦争で欧米《おうべい》諸国の軍事力を知ると，攘夷《じょうい》は不可能であると考え，長州藩(山口県)の木戸孝允《たかよし》との間に薩長同盟を結んで倒幕《とうばく》運動を指導した。なお，大久保利通も西郷とともに倒幕運動を指導した薩摩藩士である。

４　広島への原爆投下やその後に関することがらについての問題

問１　a　第二次世界大戦は，1939年にドイツがポーランドに侵攻《しんこう》し，イギリス・フランスがドイツに宣戦布告したことによって始まった。　b　2022年２月，ロシアはウクライナ東部に住むロシア系住民を守るという口実で，隣国《りんごく》のウクライナに攻《せ》めこんだ。　c　1945年８月６日，人類史上初めて原子爆弾がアメリカによって広島に投下された。

問２　冷戦の間，アメリカとソ連は軍備の拡張や核開発，宇宙開発などで競争をくり広げた。核兵器とは，核分裂《ぶんれつ》や核融合《ゆうごう》によって放出されるエネルギーを利用した兵器である。

問３　①　1941年12月８日，日本陸軍がイギリス領のマレー半島に上陸を開始するとともに，海軍がハワイの真珠《しんじゅ》湾にあったアメリカ軍基地を攻撃《こうげき》し，日本はアメリカ・イギリスとの全面戦争に突入した。この戦争を太平洋戦争という。　②　1945年８月９日，広島に続いて長崎に原子爆弾(ファットマン)が投下された。

問４　2017年７月に国際連合の総会で採択《さいたく》された核兵器禁止条約は，核兵器の使用や保有を全面的に禁止することを定めた条約である。2021年に発効したが，アメリカの同盟国でその核の傘《かさ》のもとにある日本はこれに参加していない。

問５　爆心地付近にあった原爆ドーム(広島県産業奨励《しょうれい》館)は，核兵器の恐ろしさを将来に伝える「人類の負の遺産」として，1996年にユネスコ(国連教育科学文化機関)の世界文化遺産に登録された。

問６　香港《ホンコン》は，アヘン戦争後に結ばれた南京条約によって，清《しん》(中国)からイギリスに割譲《かつじょう》された地域で，1997年に中国に返還《へんかん》された。したがって，ウの香港返還は日本によるアジア侵略とは関連がない。

問７　(A)　連合国軍総司令部(GHQ)の最高司令官として日本占領《せんりょう》の指揮にあたったマッカーサーは，日本から軍国主義を取りのぞき，民主化を進めた。　(B)　国の政治をどのように進めていくのかを最終的に決める権限を主権といい，日本国憲法では主権が国民にあることが定められている。これを国民主権といい，平和主義，基本的人権の尊重とともに，日本国憲法の三大原則に位置づけられている。　(C)　日本では，立法権を国会，行政権を内閣，司法権を裁判所が担当する三権(権力)分立の仕組みが採用されており，図は３つの機関のそれぞれの関係性を示している。

(D)　日本国憲法第25条で定められた健康で文化的な最低限度の生活を営む権利を生存権という。社会権にふくまれる生存権を保障するため，社会保障制度が整備されている。

問８　人類は長い歴史の中で争いをくり返してきたが，技術が発達した現代では，甚大な被害が生じる大きな戦争が起こるようになった。原爆死没者慰霊碑《しぼつしゃいれいひ》には，戦争によって壊滅《かいめつ》した広島に眠る人々の霊《れい》に対し，理不尽《りふじん》に人の命を奪《うば》う戦争という過《あやま》ちを再びくり返さないことを誓《ちか》う思いがこめられている。

理　科　＜第１回試験＞（30分）＜満点：100点＞

解　答

1　(1)　A　かん臓　　B　胃　　C　すい臓　　D　大腸　　E　小腸　　(2)　A　(エ)　　D　(ウ)　　E　(ア)　　(3)　①　(ウ)，(オ)　　②　(イ)，(カ)　　③　(ア)，(エ)　　(4)　**構造名**…じゅう毛　**器官名**…小腸　　(5)　G　　(6)　①　表面積　　②　大き　　**2**　(1)　⑩　　(2)　①　　(3)　⑧　　(4)　②　　(5)　⑥　　(6)　⑤　　(7)　③，⑦　　(8)　⑦　　(9)　⑨　　**3**　(1)　A　作用点　　B　支点　　C　力点　　(2)　(イ)　　(3)　80 g　　(4)　40 g　　**4**　(1)　二酸化炭素　(2)　(オ)　　(3)　解説の図を参照のこと。　　(4)　24cm³　　(5)　(例)　グラフが折れる点の塩酸の体積を読んだ。　　(6)　12cm³　　(7)　2.60 g

解　説

1　消化についての問題

(1)　消化管は，口から食道，胃(B)，小腸(E)，大腸(D)，こう門の順で一続きになっていて，胃のすぐ後の小腸(十二指腸)に，かん臓(A)，すい臓(C)が管でつながっている。

(2)　A　かん臓には，有害な物質を分解して無害なものに変えるはたらき，たん液(たん汁《じゅう》)を作るはたらきなどがある。　D　大腸では，小腸から移動してきたものの水分を吸収する。　E　小腸には，デンプンやタンパク質を消化するはたらきや，消化されたものを吸収するはたらきがある。

(3)　①　だ液には，口の中で食べ物と混ざって食べ物をやわらかくするはたらきや，消化酵素《こうそ》(アミラーゼ)が含《ふく》まれていて，デンプンを消化して糖分に変えるはたらきがある。　②　かん臓で作られるたん液には消化酵素は含まれず，脂肪《しぼう》を細かくして消化しやすくするはたらきがある。

③　胃液には強い酸性を示す胃酸が含まれている。また，消化酵素(ペプシン)のはたらきでタンパク質を消化する。

(4)　Ｆはじゅう毛という突起《とっき》で，小腸の内側のかべは無数のじゅう毛でおおわれている。

(5)　じゅう毛で吸収されたブドウ糖やアミノ酸は，Ｇの毛細血管から血液中に取り入れられ，血液によって全身に運ばれる。Ｈはリンパ管で，脂肪(じゅう毛内でふたたび脂肪酸とモノグリセリドが結びついたもの)が取り入れられる。

(6)　じゅう毛がたくさんあることで，小腸の内側の表面積が大きくなり，消化された食べ物と接しやすくなるので，養分を効率的に吸収することができる。

2　岩石についての問題

(1)　サ岩は，主に砂がたい積してできた岩石である。

(2)　主に直径２mm以上の岩石の粒《つぶ》がたい積してできた岩石をレキ岩という。

(3)　火山灰がたい積してできた岩石をギョウカイ岩という。

(4)　セッカイ岩は，サンゴや貝類などの生物の死がいに含まれている炭酸カルシウムが主な成分になっている。

(5)　チャートは，放散虫など，石英質の殻《から》をもつ生き物の死がいに含まれている二酸化ケイ素が主な成分である岩石である。

(6)　マグマが地下深くでゆっくり冷え固まってできた岩石を深成岩という。①～⑩のうち深成岩はカコウ岩とハンレイ岩で，ハンレイ岩は岩石全体の色が黒っぽい。

(7)，(8)　マグマが地表近くで急に冷やされると，火山岩ができる。①～⑩のうち火山岩はリュウモン岩とゲンブ岩で，リュウモン岩は岩石全体の色が白っぽく，ゲンブ岩は黒っぽい。

(9)　カコウ岩は，色が白っぽくミカゲ石とも呼ばれ，石材として使われている。

3　てこについての問題

(1)　てこを支えているＢ点が支点，押《お》して力を加えているＣ点が力点，おもりが置かれているＡ点が作用点で，力点を押すと作用点が持ち上がる。

(2)　釘抜《くぎぬ》きは図１のてこと同じく中央に支点がある。なお，栓《せん》抜きはふつう中央に作用点があるてこ，ピンセットとトングは中央に力点があるてことして利用される。

(3)　支点の左右で，(てこに加わる力の大きさ)×(支点からの距離《きょり》)が等しいとき，てこはつり合う。支点からＤ点までの距離は，10－４＝６(cm)なので，Ｄ点にのせるおもりの重さを□ｇとすると，120×４＝□×６が成り立ち，□＝480÷６＝80(ｇ)とわかる。

(4)　図３で，おもりが押しのけた水の体積は上昇《じょうしょう》した分の水の体積と等しく，30×２＝60(cm^3)である。よって，おもりには，押しのけた60cm^{3}の水の重さと同じ，60×１＝60(ｇ)の大きさの浮《ふ》力《りょく》が上向きにはたらく。したがって，左のおもりが糸を引く力は，120－60＝60(ｇ)となるから，Ｅ点につるすおもりの重さを□ｇとすると，60×４＝□×６が成り立ち，□＝240÷６＝40(ｇ)と求められる。

4　気体の発生に関する問題

(1)，(2)　石灰石を塩酸に溶《と》かすと，二酸化炭素が発生する。二酸化炭素は空気より重いので，上方置換《ちかん》法で集めることはできな

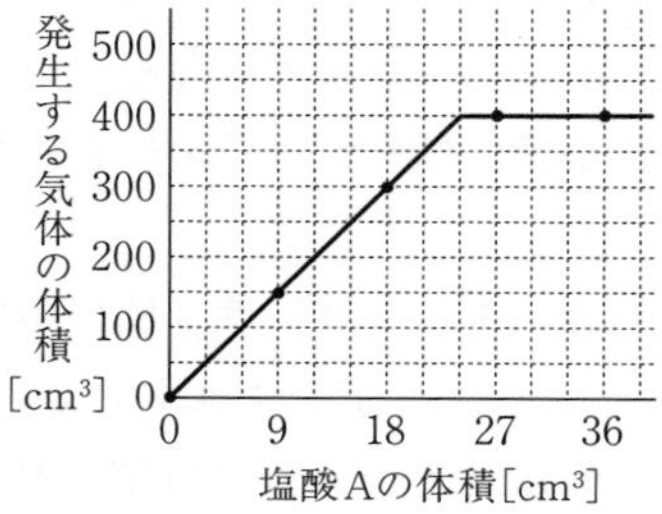

い。

⑶　表の値をグラフに●で記入し，(塩酸Ａの体積，発生する気体の体積)＝(０，０)，(９，150)，(18，300)の３点を通る直線と，(27，400)，(36，400)の２点を通る直線をひくと，上の図のようになる。

⑷，⑸　⑶のグラフで，発生する気体の体積が400cm^3より大きくならないことから，石灰石２ｇがすべて反応に使われると気体が400cm^3発生することがわかる。グラフは，塩酸Ａの体積が24cm^3，発生する気体の体積が400cm^3のところで折れ曲がり，その後水平になっているので，石灰石２ｇをすべて溶かすのに必要な塩酸Ａの体積は24cm^3とわかる。なお，気体が400cm^3発生するまでは，塩酸Ａが余ることなく反応しているので，400cm^3の気体が発生したときに使われた塩酸Ａの体積は，$18\times\frac{400}{300}=24(cm^3)$と求めることもできる。

⑹　石灰石２ｇを溶かすのに必要な塩酸Ａの体積は24cm^3なので，石灰石１ｇを溶かすのに必要な塩酸Ａの体積は，$24\times\frac{1}{2}=12(cm^3)$となる。

⑺　石灰石２ｇを溶かすと400cm^3の気体が発生するので，520cm^3の気体が発生したときに溶かした石灰石の重さは，$2\times\frac{520}{400}=2.6(g)$より，2.60ｇとなる。

国　語　＜第１回試験＞（50分）＜満点：100点＞

解　答

□一　問１　１～４　下記を参照のこと。　５　せんげん　６　こうてい　７　じゅかい　８　ひきょう　問２　１　生　２　果　３　対　４　健　問３　１　ク　２　オ　３　ウ　４　キ　５　エ　６　カ　７　イ　８　ア　問４　14　問５　２，５　問６　１　解　２　閉　３　善　問７　２　問８　１　お目にかかる　２　めしあがれ　３　うかがう　□二　問１　１　エ　２　ア　３　イ　４　ウ　問２　Ⅰ　オ　Ⅱ　ウ　Ⅲ　ア　Ⅳ　エ　問３　数学　問４　(例)　代々続いた医者の家に生まれた(から。)　問５　(例)　医学部以外の進路も考えてみてはどうか　問６　直樹は～ません　問７　(例)　家に居場所がなくなる　問８　ウ　問９　経営　問10　エ　問11　(例)　親のあとを継ごう　□三　問１　１　エ　２　ウ　３　ア　４　イ　問２　(例)　伊藤呉服店／越後屋呉服店　問３　京都　問４　ウ　問５　１　(例)　太物の古着　２　(例)　絹でできた呉服　問６　１　武士　２　時候　３，４　日常／登城　５　妻子　問７　品取替えの自由／現金安売り掛値なし　問８　イ

●漢字の書き取り

□一　問１　１　災害　２　熱帯夜　３　特製　４　胃腸

解　説

□一　漢字の読みと書き取り，誤字の訂正，熟語の知識，四字熟語の完成，慣用句の完成，対義語の完成，助詞「で」の用法，敬語の使い方

問１　１　地震《じしん》・台風などの自然現象や事故などによって受ける思わぬわざわいのこと。　２　最低気温がセ氏25度以上の夜のこと。　３　特別に念を入れてつくること。　４　消化器官の

胃と腸のこと。　**5**　個人や団体，国家などが，意見や方針などを外部に表明すること。　**6**　目的地へ行くまでの道のりのこと。　**7**　広い範囲《はんい》に樹木がしげり，見下ろすと海のように見える所のこと。　**8**　外部の人が足をふみいれたことがほとんどなく，まだ一般《いっぱん》に知られていない地域のこと。

問２　**1**　「生態」は，生物が自然界に生活しているありさまのこと。　**2**　「成果」は，あることをして得られたよい結果のこと。　**3**　「対策」は，相手の態度や事件の状況《じょうきょう》に対応するための方法や手段のこと。　**4**　「健康」は，病気にかかっておらず，身体が元気な状態のこと。

問３　**1**　「寄付」は公共事業や社寺などに金品を贈《おく》ることで，「婦人」は成人した女性のこと。　**2**　「負傷」は傷を負うことで，「豊富」は豊かであること。　**3**　「政府」は政治を行う機関のことで，「布教」はある宗教を一般に広めること。　**4**　「不毛」は土地がやせていて作物や草木が育たないことで，「毛布」は寝具《しんぐ》などに用いる厚地の毛織物のこと。　**5**　「正負」はプラスとマイナスのことで，「不思議」はどうしてなのか，ふつうでは考えも想像もできないこと。　**6**　「納付」は官公庁などの公的機関に金品を納めることで，「神父」はカトリック教会で，司祭などに対して用いる尊称《そんしょう》のこと。　**7**　「漁夫」は漁業に従事する人のことで，「内閣府」は内閣に置かれる行政機関の一つのこと。　**8**　「配布」は配って広く行きわたらせることで，「富士山」は山梨県と静岡県にまたがる火山で，日本で一番高い山のこと。

問４　「二律背反」は，互《たが》いに矛盾《むじゅん》する二つのものが同等の権利を主張すること。「岡目八目」は，当事者よりも第三者のほうがものごとをよく理解しているということ。「孟母三遷《もうぼさんせん》」は，子どもの教育には環境《かんきょう》が重要であるということ。「危機一髪《ききいっぱつ》」は，一つ間違《まちが》えたら危険にさらされる状態のこと。

問５　「腕《うで》を振《ふ》るう」は，自分の腕前や技能を存分に人に見せること。「腰《こし》を折る」は，話などを途《と》中《ちゅう》でさまたげること。

問６　**1**　「集合」は，一か所に集まること。対義語は，集まっていた人が分かれてばらばらになる「解散」。　**2**　「開場」は，劇場や会場などを開いて人を入場させること。対義語は，集会や興行などを終え，会場を閉じることである「閉場」。　**3**　「悪人」は，心のよくない人のこと。対義語は，善良な人という意味の「善人」。

問７　「祝日で」の「で」は，動作の原因や理由を表すはたらきをする助詞。なお，「立派で」「はなやかで」「おおらかで」の「で」は，形容動詞の一部。

問８　**1**　「目上の方」への動作なので，謙譲語《けんじょうご》の「お目にかかる」がふさわしい。　**2**　「お客様」がお菓子《かし》を食べるときの動作なので，尊敬語の「めしあがる」がふさわしい。　**3**　「父」から「先生」への動作なので，謙譲語の「うかがう」がふさわしい。

二　**出典：学校作成の文章。**高校二年生の担任をしている中村佑真《ゆうま》は，文系科目を得意としている山下直樹《なおき》という生徒が，親の跡《あと》を継《つ》ぐために医者を目指さざるを得ない状況を，なんとかできないかと考えている。

問１　**1**　山下の母親が，息子の進路について東都医大以外は考えていないということを，担任の佑真に面談で話しており，「真正面からこちらを見て」強く言い切っているようすなので，「きっぱりと」がふさわしい。　**2**　国語科の服部《はっとり》先生が，山下の感想文を，作品の内側に「切り込《こ》むような文章」ですばらしいとほめているので，「ぐいっと」がふさわしい。　**3**　山下が，面談のときのことを佑真にあやまる決心をして「顔を見て言っ」ているので，「しっかりと」がふさわしい。　**4**　前の部分で，佑真は，山下の進路のためにしてやれることがないか悩《なや》んでいる。そして，佑真は，「こみあげてくる無力感にさいなまれていた」ので，「じわじわと」がふさわしい。

問２　Ⅰ　前の，山下との三者面談の部分に注目する。佑真が，彼《かれ》の母親をうまく説得できず，「面談中押《お》し殺していたため息」をつきながら，職員室で言ったセリフなので，オがふさわしい。Ⅱ　佑真が，山下と二人で話しながら，医者以外の進路は考えないのかという「母親の前では遂《つい》に言えなかったこと」を問いかけているので，ウがふさわしい。　Ⅲ　佑真が山下に，やりたいことを目指してほしいと話しているなか，山下が，「医学でないことをやりたい，なんて思ってしまうのはまずいから」とさえぎるように話した後の佑真のセリフなので，アがふさわしい。　Ⅳ　直後で山下が，「文章を読んだり書いたりすることは大好き」であるものの，目指す進路のさまたげになるので，文系の科目を大切に考えることができないと話しているので，エがふさわしい。

問３　空らんＡの後の小宮先生のセリフをみると，山下の成績について，「頑張《がんば》っているのよ，数学も」と話しているので，数学の担当をしているとわかる。

問４　山下の三者面談を終えた佑真は，職員室でほかの先生たちと，山下の成績や進路について話している。東都医大以外の進路は考えないと山下の母親は話したが，山下自身は理系科目の成績が少し足りず，文系のほうが向いている。しかし，山下も「代々続いた医者の家に生まれて，両親も医者」という家庭環境で，病院を継がなければいけないと思いこんでいるので，医学部以外の進路を佑真が言ってみても受け入れられないのである。

問５　理系科目は今ひとつだが，文系科目が得意な山下の進路について，佑真は，医学部以外の進路を考えてみてはどうかと言ってみたのである。「英語や国語などの文系科目のセンスがある」などのようにするのもよい。

問６　三者面談の後の見回りで，佑真は「硬《かた》い表情で心なしか顔色が悪い」山下の姿を見かける。山下は，「さっき」の母親の発言についてあやまっているのだから，本文の最初の，三者面談での母親のセリフがぬき出せる。

問７　前の部分で，山下は，「医学部以外の進路を目指すなんて言ったら，僕《ぼく》，家に居場所がなくなっちゃいますよ」と，家族から希望の進路について反対されることへの心配をしていることがわかるので，この部分をまとめる。

問８　ここでは佑真が，前任校の工業高校で受けもった浅野《あさの》という生徒のことを思い出している。浅野は，「それまでまともに話したこともない子」であり，「勉強なんか嫌《きら》い」で，「大学に行くこと考えてもみなかった」という生徒だったが，家の工場を継ぐために経営を学ぶことが大切だと感じ，勉強を教えてもらいたいと「こっそりと佑真に声をかけてきた」のである。よって，佑真にとって，これまでは関わりがなかった生徒であり，今まで教師に迷惑《めいわく》をかけてきたとは書かれていないので，ウがふさわしくない。

問９　浅野は，大学に行こうと考えた理由について，今までは高校を卒業したらすぐに職人として働くつもりだったが，家の工場がつぶれるかもしれない状況にあったことを知ったことで，「工場を継ぐにしても，ただ技術だけ身に付ける」のではなく，「金の流れ」を分かっておかなければならないと考えなおしたからだと話している。そして，佑真をふくむ数名の教師たちが「浅野の大学進学プロジェクト」を続けたことによって，「ある大学の経営学部への補欠合格を勝ち取った」のである。

問10　「とつとつと」は，“口ごもりながら話すさま”という意味で，ここでは浅野が大学に行くために勉強を見てほしいと佑真に話し，大学進学を考えるようになった理由を照れながら話しているようすを表している。

問11　親の跡を継いで医者にならなければならないと話す山下と，親の工場を継ぐために，経営を学びたいと話してくれた浅野のことを比べている。山下も浅野も，親の跡を継ごうと努力していることは同じなのに，山下は浅野と違い，前向きな意欲が感じられず，担任としてできることはないかと佑真は思い悩んでいるのである。

三　**出典：飛田《ひだ》健彦《たけひこ》『百貨店とは』**。日本の百貨店の原型をつくった江戸《えど》時代の呉服店《ごふくてん》が，武士の衣服の需要《じゅよう》によって商売を広げ，「現金安売り掛値《かけね》なし」や「品取替《とりか》えの自由」といった新しい商法を生み出すようになったことが説明されている。

問１　**１**　日本の百貨店は，「江戸時代の呉服店から発展」した「呉服系百貨店」と「ごく最近になって創られた百貨店」の二種類に分けられ，「呉服系百貨店」が「日本の百貨店の原型を創った」と述べられているので，前のことがらを受けて，さらにつけ加える意味を表す「そして」が合う。　**２**　前で，「なぜ呉服店が江戸時代にこれほど多く創業されたのか」を問いかけ，後で「江戸時代の人達は着物を着ていたのだから」たくさん創業されたのは当たり前だという一般的な意見をあげているので，“言うまでもなく”という意味の「もちろん」が選べる。　**３**　前で，江戸に城を築いた徳川家康《とくがわいえやす》の政策によって，諸国から移住者が流れこみ，江戸は「当時における世界最大の都市」となったことが述べられ，後では，その一方でわずかな年月で人工的に人口を増やしたため，「必要物資を自給することができ」なかったことが述べられている。よって，前のことがらを受けて，期待に反することがらを導く「ところが」がふさわしい。　**４**　越後屋《えちごや》呉服店が配布した引札(ちらし)は，破格の安値で品物を売ること，配達はしないということ，掛けや値引きをせず，現金即金《そっきん》での支払《しはら》いであることを知らせているので，ことがらを並べ立てるときに用いる「また」が合う。

問２　直前にある通り，一般庶民《しょみん》にとって縁《えん》がなかった「大店《おおだな》の呉服店」とは，「絹織物」の和服を販売《はんばい》している店のことである。その「大店の呉服店」が，「呉服系百貨店」として江戸時代以降も発展していったのである。空らん１の後の部分で，「呉服系百貨店」の例として，「伊藤《いとう》呉服店」「越後屋呉服店」「髙島屋」があげられているので，これらがぬき出せる。

問３　ぼう線④の前の部分で，「江戸時代の京都は，呉服・染物・織物・家具・漆器《しっき》・酒などの主要生産地で，いわば日本最大の生産都市という立場」にあったと書かれているので，「京都」がぬき出せる。

問４　江戸時代の武士たちが「呉服の主たる購入者《こうにゅうしゃ》」になった理由として，江戸時代が「戦争のない泰平《たいへい》の世」であり，武士たちの主君への奉公《ほうこう》が「御洒落《おしゃれ》をして威儀《いぎ》を正」すことによって，「相手に敬意を表」す方法に変わり，着飾《きかざ》るための呉服を多く必要としたからだと説明されているので，ウがふさわしい。

問５　**１，２**　ぼう線①の前の部分で，江戸時代の一般庶民の着ていたものは呉服ではなく「『古着』がほとんど」であり，「麻《あさ》・綿織物などの『太物』」だったとある。一方で，「大店の呉服店」で取りあつかう「絹織物」を指して「呉服」と呼び，「武士達こそが，呉服の主たる購入者であった」と述べられている。

問６　**１～５**　ぼう線③の後の部分で，武士たちが「時服」という「時候にふさわしい衣服」を必要とし，「登城用」「日常用」などで多くの種類を買い求めたことが書かれている。さらに「妻や娘《むすめ》や小間使いといった，いわゆる『奥《おく》向き』で使う」必要のある衣服もあったことから，衣類の需要は膨大《ぼうだい》であったと説明されている。

問７　筆者は，越後屋呉服店が1683年に配布した引札を紹介《しょうかい》しながら，まず，「当店での安値販売は一銭の掛け値もいたしておりませんので，お値切りあそばされても値引きはいたしません。もちろん代金は即金でお支払いくださるようお願いいたします」と言い，「現金安売り掛値なし」という定価販売の商法を説明している。また，1757年の引札で，もしほかより値段が高い場合や，その商品が気に入らなかったら，返品・交換《こうかん》できるという，「品取替えの自由」という商法についても述べられているので，これらがぬき出せる。

問８　空らん３の後の部分で，江戸という当時における世界最大の都市が，わずかな年月のうちに急速に人口を増やした都市であり，「必要物資を自給すること」ができず，「消費物資が各地から持ち込《こ》まれるようにな」ったために，「商人や職人達の活躍《かつやく》の場が生まれ」たことが書かれているので，イが合う。

Dr.福井の
入試に勝つ！ 脳とからだのウルトラ科学

勉強が楽しいと，記憶力も成績もアップする！

みんなは勉強が好き？　それとも嫌い？――たぶん「好きだ」と答える人はあまりいないだろうね。「好きじゃないけど，やらなければいけないから，いちおう勉強してます」という人が多いんじゃないかな。

だけど，これじゃダメなんだ。ウソでもいいから「勉強は楽しい」と思いながらやった方がいい。なぜなら，そう考えることによって記憶力がアップするのだから。

脳の中にはいろいろな種類のホルモンが出されているが，どのホルモンが出されるかによって脳の働きや気持ちが変わってしまうんだ。たとえば，楽しいことをやっているときは，ベーターエンドルフィンという物質が出され，記憶力がアップする。逆に，イヤだと思っているときには，ノルアドレナリンという物質が出され，記憶力がダウンしてしまう。

要するに，イヤイヤ勉強するよりも，楽しんで勉強したほうが，より多くの知識を身につけることができて，結果，成績も上がるというわけだ。そうすれば，さらに勉強が楽しくなっていって，もっと成績も上がっていくようになる。

でも，そうは言うものの，「勉強が楽しい」と思うのは難しいかもしれない。楽しいと思える部分は人それぞれだから，一筋縄に言うことはできないけど，たとえば，楽しいと思える教科・単元をつくることから始めてみてはどうだろう。初めは覚えることも多くて苦しいときもあると思うが，テストで成果が少しでも現れたら，楽しいと思えるきっかけになる。また，「勉強は楽しい」と思いこむのも一策。勉強が楽しくて仕方ない自分をイメージするだけでもちがうはずだ。

Dr.福井(福《ふく》井《い》一成《かずしげ》)…医学博士。開成中・高から東大・文Ⅱに入学後，再受験して翌年東大・理Ⅲに合格。同大医学部卒。さまざまな勉強法や脳科学に関する著書多数。

2024年度 女子聖学院中学校

【算　数】〈スカラシップ試験〉（50分）〈満点：100点〉

※円周率は，3.14159265……と，どこまでも続いて終わりのない数です。計算には，必要なところで四捨五入あるいは切り上げをして用いますから，問題文をよく読んでください。

※問題を解くときに，消費税のことは考えないものとします。

1　つぎの$\square$にあてはまる数を答えなさい。

(1)　$1.234 + 0.79 = \square$

(2)　$1\frac{7}{8} - \frac{5}{12} = \square$

(3)　$0.75 \div 0.3 \times \frac{1}{4} = \square$

(4)　$2 + 4.3 \div 5\frac{3}{8} \times 4 = \square$

(5)　$9.2 \times 8 - 92 \times 0.5 + 0.92 \times 60 = \square$

(6)　$1 - \left\{1 - \left(\frac{7}{8} - \frac{2}{5}\right) \times \frac{2}{19}\right\} \div 9.5 = \square$

(7)　$\left(3 - 2\frac{3}{8}\right) \div 1.25 - 0.2 = \square$

(8)　$\left(\square \times 5\frac{4}{7} + 4\right) \div 0.5 = 34$

2　つぎの（　　　）にあてはまる数を答えなさい。

(1)　長さ6mの木材を5：2に分けて、そのうちの長い方の木材を3：1に分けます。分けられた木材のうち最も長い木材の長さを小数で表し、小数第2位を四捨五入すると（　　　）mです。

(2)　花びんがあります。その花びんの容積の$\frac{1}{4}$まで水を入れて重さをはかると3.5kgでした。つぎに、その花びんの容積の$\frac{1}{5}$まで水を入れて重さをはかると3.2kgでした。この花びんの重さは（　　　）kgです。

(3)　右の図は正五角形です。xの角度は（　　　）度です。

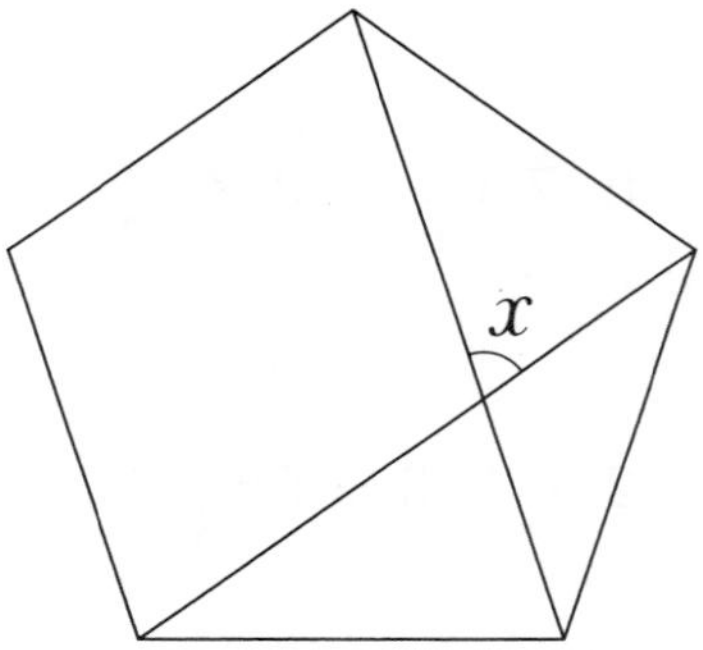

(4)　母の年齢《ねんれい》は42才、娘の年齢は15才です。（　　　）年後に母の年齢は娘の年齢の2倍になります。

(5)　歩《ほ》幅《はば》65cmで1分間に150歩の速さで歩く人がいます。
この人は507mを（　　　）歩、（　　　）分（　　　）秒で歩きます。

(6)　いちごを子どもたちに分けます。1人に9個ずつ配ると7個足らず、1人に7個ずつ配ると5個余ります。このとき、子どもの人数は（　　　）人です。

(7)　４０人のクラスでテストを行いました。上位１０人の平均は８２点で、残りの生徒の平均は６４点でした。クラス全体の平均は(　　　)点です。

(8)　4 kgの y %は x gです。このとき、 y =(　　　　)× x です。

3　２つの歯車Ａと歯車Ｂがかみ合っています。歯車Ａの歯数は１６で、１分間に１０回転します。

つぎの問いに答えなさい。

(1)　歯車Ａが１分間まわるとき、そのかみ合う歯数はいくつになりますか。

(2)　歯車Ｂの歯数が２０のとき、歯車Ｂは１分間に何回転しますか。

(3)　歯車Ｂを外し、歯車Ｃに付けかえました。歯車Ａと歯車Ｃはかみ合っています。歯車Ｃが１分間に５回転するとき、歯車Ｃの歯数はいくつですか。

4　形と大きさが同じ直角三角形ＡＢＣと直角三角形ＤＥＦがあります。この２つの直角三角形を図のように重ねます。このとき、台形ＡＢＥＧの面積は２０ cm^2 です。

つぎの問いに答えなさい。

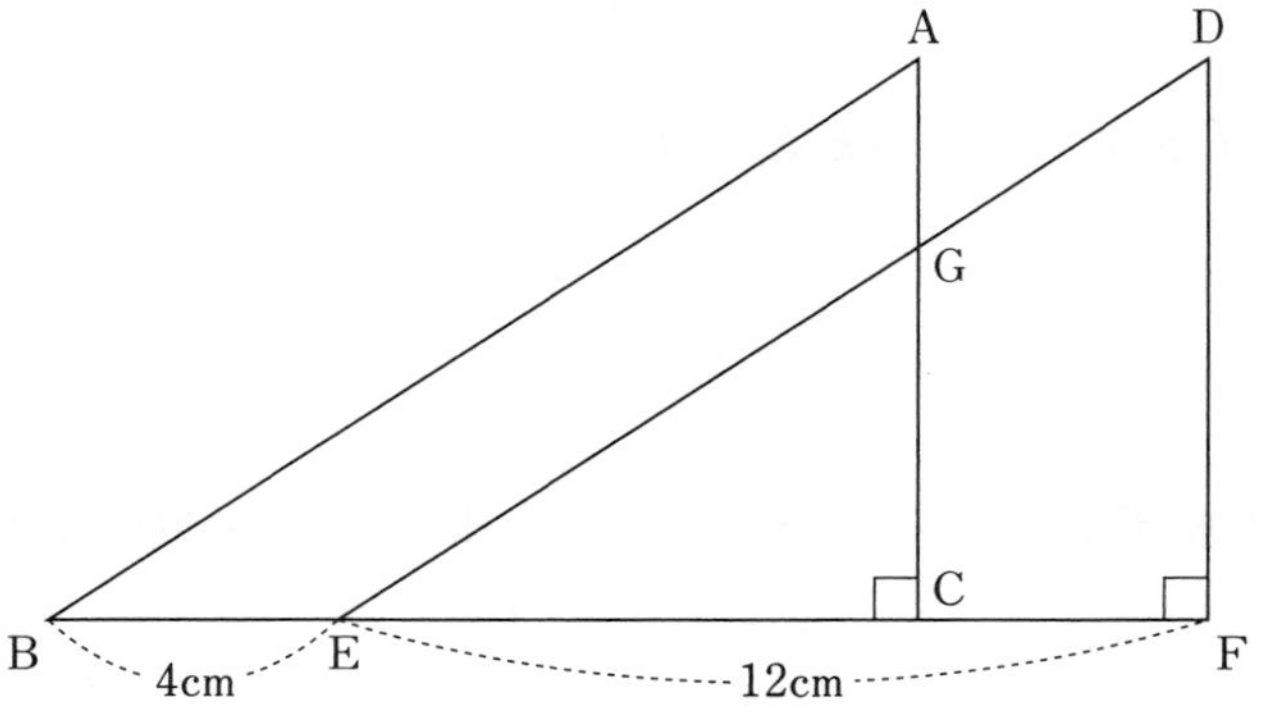

(1)　ＥＣの長さは何 cm ですか。

(2)　台形ＧＣＦＤの面積は何 cm^2 ですか。

(3)　三角形ＧＥＣの面積は何 cm^2 ですか。

5　聖子さんは毛糸を使って編み物をします。横に２２目作ると１０cm、縦に１８段編むと１０cmの長さになります。また、横１０cm、縦１０cmのものを編むのに１２gの毛糸が必要です。

つぎの問いに答えなさい。

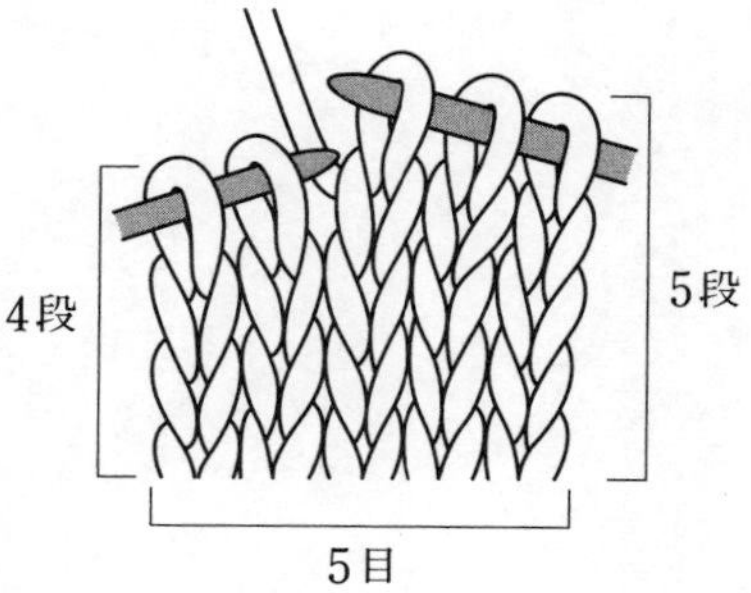

［図１］

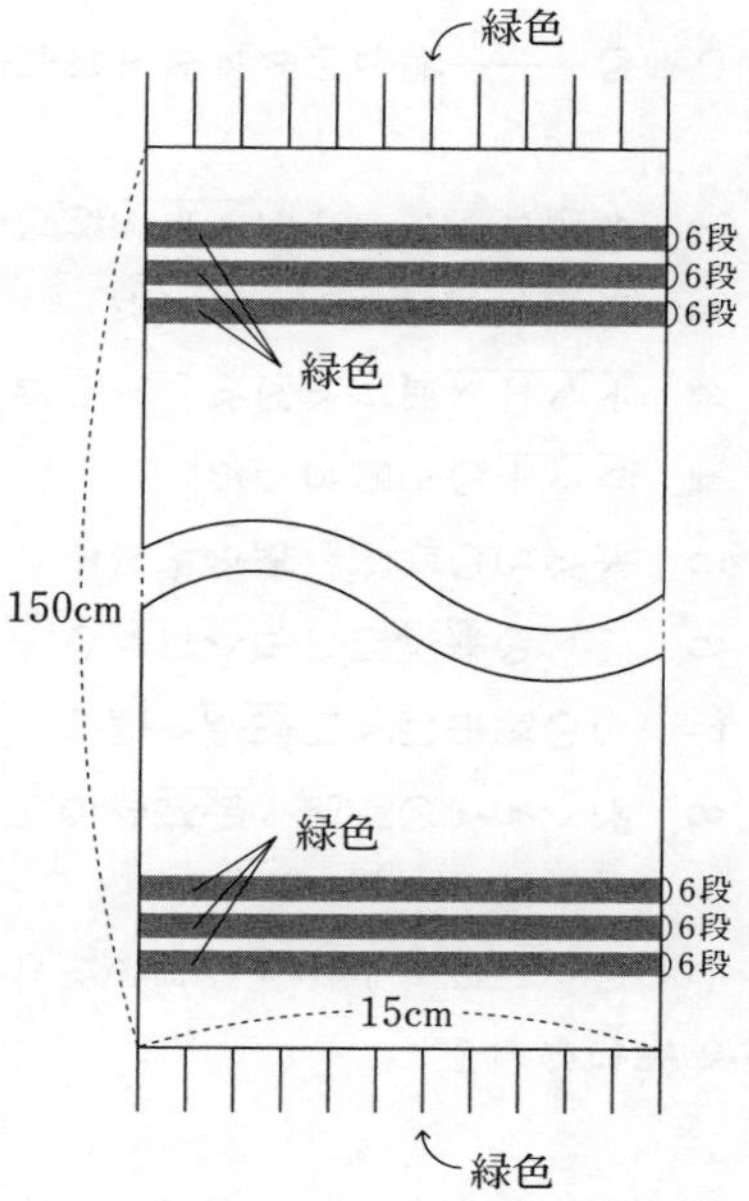

［図２］

(1)　［図１］の編み方で、横５cm、縦１０cmの敷物《しきもの》を作るには、全部で何目編むことになりますか。

(2)　［図１］の編み方で、横１５cm、縦１５０cmのマフラーを作ります。マフラーは、［図２］のように両方の端《はし》に６段ずつ３回緑色の毛糸で編み、端には緑色の毛糸のふさをつけ、その他の部分は白色の毛糸で編みます。ふさの毛糸は両端合わせて３０gです。このマフラーを作るのに、緑色の毛糸と白色の毛糸はそれぞれ何gずつ必要ですか。

(3)　正方形に編んだ６枚のパーツをサイコロの形にはぎ合わせ、中に５２gのビーズを入れてクッションを作ります。このクッションの重さは７００gです。クッションの１面は何目何段ありますか。

【国　語】〈スカラシップ試験〉（五〇分）〈満点：一〇〇点〉

★本文中に(中略)がありますが、問いとは関係ありません。

一　つぎのそれぞれの問題に答えなさい。

問一　つぎの――部分のカタカナは漢字に直し、漢字は読みをひらがなで答えなさい。

1　合唱コンクールでシキを務める。
2　株式会社はエイリ法人だ。
3　デンエン風景が広がっている。
4　ソシキの一員となる。
5　米などの穀物で税を納める。
6　バスの乗降口に近くに立つ。
7　この都市は人口密度が高い。
8　たくさんの情報を取捨する。

問二　つぎの文には、一字ずつまちがった字が使われています。それぞれ正しく直した字を書きなさい。

1　火星は鉄分により赤みを帯びており、太気があると理解されている。
2　その表面は岩石で構成され、現在でも科学的な探究の対昭となっている。
3　周囲は二酸化単素でおおわれ、大昔は降雨や積雪があったようである。
4　水上気が少なく温室効果が弱いため、氷点下五十二度にもなるそうだ。

問三　つぎの――線部のカタカナにふさわしい漢字の組み合わせをあとから選び、それぞれ記号で答えなさい。

1　発ケン―事ケン　　2　ケン章―経ケン　　3　保ケン―ケン力
4　ケン悪―ケン査　　5　発ケン―ケン修　　6　点ケン―危ケン
7　再ケン―ケン民　　8　ケン名―世ケン

ア　建―県	イ　見―研	ウ　憲―験	エ　険―検
オ　券―件	カ　検―険	キ　件―間	ク　健―権

問四　つぎの四字熟語の意味を下から選び、それぞれ記号で答えなさい。

1　南船北馬
2　不撓不屈
3　一朝一夕

ア　どんな困難にもあきらめずに立ち向かうさま。
イ　他に心を動かされず、一つのことに心を集中すること。
ウ　きわめて短い期間や短い時間のたとえ。
エ　絶えずいろいろな地方へ旅行すること。

問五　つぎの慣用句の（　　）に共通して当てはまる言葉を答えなさい。

（　　）をなす
（　　）の芋が饅になる
（　　）と言えば川
（　　）が当たる

問六　つぎの熟語の組み合わせはどちらも対義語になります。（　　）に入る漢字一字をそれぞれ答えなさい。

1　単純　―（　　）雑
2　往路　―（　　）路

問七　つぎの1～4の――部分のうち、はたらきのちがうものが一つあります。それはどれですか。番号で答えなさい。

1　来年はたぶん大きな花火を見られる。
2　一日に十個の英単語であれば覚えられる。
3　予選を突破《とっぱ》することで本戦に出られる。
4　留守番をしているペットが家にられる。

問八　つぎの1～3の――部分を、文の意味を変えず、敬語を用いた言い方にそれぞれ三字で直しなさい。

1　担任の先生が黒板のそうじをする。
2　さきほど電話で言った通りです。
3　あなたのことを知っています。

二　つぎの文章を読んで、あとの問いに答えなさい。

　校庭の欅《けやき》の大木の葉末からまぶしい日の光がこぼれて、教室の床《ゆか》に明るい陽だまりを作っている。佑真《ゆうま》はそれを見つめながら、向かい合って座《すわ》る西谷良則《にしたによしのり》と母親を前に、しばらくの間言うべき言葉が見つけられなかった。高二の夏休み前、大切な三者面談である。ここで話し合われたことで、夏休みをどう過ごすかが方向づけられる。四月に、進級後すぐ行った担任と生徒との二者面談の時は、西谷は自分の進路について明言を避《さ》けた。①「考えていることがある」とだけ。《　1　》まだ志望大学を決めかねている、という意味だと思っていたのだが。

「西谷くん、本当に本気なのか？」

「はい。もう決めているんで」

「（　　　Ⅰ　　　）」

「もうさんざん家でも話し合いましたし、父親の方とはバトルもしました。でも、良則が絶対に気持ちを変えるつもりがないようなので、仕方が無いかな、と」

「そうですか……。なんだかもったいないような気がしますけどね。これだけ成績が出せているんだから、普通《ふつう》に大学受験すれば、いい線行けそうですが」

「私たちも、《　2　》大学は出てほしい、と何度も言い続けてきてるんですが」

「だって、僕《ぼく》のやりたいことは大学で学べることじゃないんですから、行っても仕方ないでしょ？」

「理系のクラスにいるけど、君は英語もよく出来るし、たとえば外国語大学に行って、フランス語を専攻《せんこう》するとかいうのはどうかな。フランス語なら、必要だろ」

「フランス語は、もう自分で勉強してます。夏休みにはアテネ・フランセにも通います」

「そこまで菓子《かし》職人にこだわるのは何故《なぜ》なんだい？」

「先生はへとへとに疲《つか》れたとき、甘《あま》い物《もの》がほしくなりませんか？　何かいいことがあったとき、誰《だれ》か大切な人とおいしいケーキ食べたいと思いませんか？　僕、菓子には人の気持ちを安らかにする力があると思うんです。落《お》ち込《こ》んでいるときでも、美しいケーキを買ってきてひとときでも慰《なぐさ》められれば、明日からまた頑張《がんば》ろうって思えたりとか。僕はそういう菓子を作る職人としてやっていきたいんです。そのためにはぜひ双葉製菓《ふたばせいか》専門学校へ行く必要があるんです」

　椅子《いす》から身を乗り出すようにして熱弁を振《ふ》るう西谷良則の目は、いつもにも増して生き生きしている。元々陽気で明るい生徒だが、今の彼《かれ》からは希望に満ちたまっすぐなオーラがにじみ出ていた。これはどうしようもないな、と佑真は思った。母親と目が合った。「もういいんですよ」と、うっすらと苦い笑《え》みを含《ふく》んだその目は佑真に言っていた。

　職員室に戻《もど》って来たら、大きなため息が出た。隣《となり》の席の山口先生が思わず笑って、

「（　　　Ⅱ　　　）」

「昨日は、絶対に医大に（　　A　　）山下直樹《やましたなおき》。今日は大学に（　　B　　）と言い出す西谷良則。参っちゃいましたよ」

「山下に、西谷か。どっちも一筋縄ではいかなさそうだなあ」

「この学校で、高一の担任がこんなに大変だとは思ってませんでした」

「いろんな子がいるからねえ。西谷は、教師としては確かにもったいないと思うよね。彼、評定平均4・9だろ。《　3　》学年トップだもんなあ。模試の成績もいいし、うまくすればすごい大学でも受かっちゃいそうなのにねえ」

「本人が今日言ってました。いい成績を出せば、親も自分が本気なことを納得《なっとく》してくれると思ったから努力してきたんだって。別に大学に行くためじゃないんです、って」

「それであの成績が出せちゃうんだから、ただ者じゃないよね。中村先生、なんて言ったの？」

「最後は、そうか、じゃあ君の思うとおりにやってみろ、って言うしかなかったです」

「そしたら？」

「一人前の職人になったら、先生に僕の菓子、ご馳走《ちそう》しますって。楽しみにしてて下さいね、だって」

「(　　　　Ⅲ　　　　)」

「そうですよね……」

この高校に赴任《ふにん》して一年目。今年一年の担任になった佑真は、今、正直混乱していた。前任校の工業高校と異なり、ここは県下でもトップクラスの進学校。誰もが当たり前に偏差値《へんさち》の高い大学を目指しているものと思っていた。目標ははっきりしているのだから話は早いと思い込んでいた。しかし、実際に三者面談を始めてみると、個人個人で本当に事情が違《ちが》う。昨日の山下直樹はおそらくは文系の方が向いていると思われるのに、多くの教師が彼の、特に言語に関するセンスの良さを高く評価しているのに、母親が東都医大にしか行かせない、と言い切った。うちは一族全員が医者なのだから、医者になるのは当然だと。自分のことなのに面談中ほぼ一言も発しなかった直樹の表情は、内心本人が②葛藤《かっとう》を抱《かか》えている現れだとしか佑真には思えなかった。母親が帰ったあとで直樹にはもう一度意志を確かめてみたが、(　　C　　)、という顔をして「頑張ります」と言う。「医者にならなかったら自宅に自分の居場所がなくなる」とも。昨日からこのときの直樹の(　　D　　)まなざしが目に焼き付いて離《はな》れない。

今日の西谷良則は全く逆だ。成績的に大学への進学に何の支障もないのに、親も望んでいるのに、本人はきっぱりとそれを否定する。目をきらきらさせて夢を語る。生徒一人一人と向き合う。教師の基本はこれだと思ってきた。しかし、思うのと実践《じっせん》するのとではえらい違いだ。佑真はデスクに肘《ひじ》をつき、頭を抱え目を閉じる。少し落ち着こう。

「(　　　　Ⅳ　　　　)」

はっと我に返って山口先生から受話器を受け取る。校長の声だった。嫌《いや》な予感がする。

校長は、終始平静で穏《おだ》やかな調子だったが、目が笑っていなかった。山下直樹の祖父が学校に電話をしてきたのだ。山下家は地元で有名な大病院を経営しており、一族の大半がこの高校の出身者でもある。直樹の祖父は今でもOB会の会長として学校に多大な影響力《えいきょうりょく》を持っているとのことだった。直樹の進路について、担任が余計な口をはさむのはやめてもらいたいと言われた、と校長は佑真の目を正面から見て告げた。

「中村先生は山下くんのことを親身になって心配して下さっているのでしょう。でも、本人が医学部を目指すと言っているんですよね？　だったら教師も応援《おうえん》してあげればいいだけではないですか」

「山下が本当に自分の本心から医者を目指したいと言っているなら、いいんです。そうは思えないから気がかりなんです。彼の人生は（　　E　　）です。保護者の圧力に屈するなんて山下のためになるとは思えません」思わず、声が高くなった。

「まあまあ、中村先生、そう興奮なさらずに……。そういえば、西谷良則くん。彼も先生のクラスでしたね？」

「そうですが……」いきなり話が変わってびっくりする。

「西谷くんも、先生を《　4　》困惑《こんわく》させているんでしょうね？」

「校長先生、なぜ、それを……」

校長はくすりと笑って、

「一週間ほど前にね、西谷くんのお父さんが私を訪ねてみえたんですよ。良則が大学に行かず、職人になると言ってきかない。一度校長も本人と話して説得してみてくれないかって。実はね、西谷くんのお父さんは、私の大学の後輩《こうはい》にあたるんですよ。旧知の仲なんです」

「(　　　　　　V　　　　　　)」

「話を聞いて、西谷くんの指導要録や模試の成績を見てみました。素晴《すば》らしいですね。彼ならば、どんな大学にでも行けそうです。学校としても、彼が進学実績に大いに貢献《こうけん》してくれることを期待したくなりますよね。何より、あれだけの学力を生かさない手はない、と思ってしまいますね」

「そうです。でも、さっき三者面談したら、菓子職人になりたいときっぱり言い切っていました。お母さんも、もう仕方ない、という顔で……」

「それが彼自身の決断ならば、尊重するしかないでしょうね。お父さんのご希望はうかがいましたが、校長がこの問題で彼に声をかけるというのも実際どうかと思いますし」

校長は、西谷に接触《せっしょく》する気はないってことか。そうだよな。結局本人たちと直接接しなければならないのは、俺《おれ》なんだよな。生徒の意志を尊重する。教師として当たり前すぎることだが、なんて難しいんだろう。生徒一人一人には、後ろにそれぞれの家庭がある。家庭には様々な事情がある。③担任がそこに無理矢理介入《かいにゅう》することは不可能だ。いったい担任に何が出来るのだろう。俺は、山下直樹のために、西谷良則のために、何をしてやれるんだろう。何をしてやったらいいんだろう。改めて自分の無力さを痛感する。

「中村先生。先生が真剣《しんけん》に生徒のためを思って悩《なや》まれていることは、よく分かります。我々は生徒本人の、生《い》き抜《ぬ》く力、のようなものを信じてやるしかない。壁《かべ》にぶつかって苦しんでいる生徒がいたら、ただ、教師が（　　F　　）ことをさりげなく伝えてやればいいのではないでしょうか。自分はひとりぼっちなんじゃない、ということさえ生徒に分かってもらえれば、それでいいのではありませんか？」

はっとして顔を上げる。校長はさっきよりよほど柔《やわ》らかな目で佑真を見つめていた。

(本校国語科による)

問一　――線①「考えていることがある」とありますが、西谷良則が考えている内容を「ということ。」につながるように、十字以上十五字以内で考えて答えなさい。

問二《　1　》～《　4　》に入れるのにふさわしい言葉をつぎから選び、それぞれ記号で答えなさい。

ア　さぞかし　　イ　ほぼ
ウ　てっきり　　エ　せめて

問三（　Ⅰ　）～（　Ⅴ　）に入れるのにふさわしいセリフをつぎから選び、それぞれ記号で答えなさい。ただし、どこにも当てはまらないものがあります。

ア　中村先生、連日の三者面談、お疲れだねえ
イ　あはは。もうどうしようもなさそうだね
ウ　中村先生、ちゃんと指導したほうがいいよ。もったいなさすぎるよ
エ　そうでしたか……
オ　……中村先生、中村先生ってば。電話だよ
カ　……お母さん、ご両親も納得されているんですか？

問四（　A　）に入れるのにふさわしい言葉を十字以内で、（　B　）に入れるのにふさわしい言葉を五字以内でそれぞれ考えて答えなさい。

問五　――線②「葛藤を抱えている」とありますが、直樹が抱《だ》いている二つの気持ちのうち、表に出せないもう一つの気持ちとしてふさわしくないものをつぎから一つ選び、記号で答えなさい。

ア　自分には大学に進学することが向いていないのではないか、という迷い
イ　自分には医学のほかに進むべき道があるのではないか、という迷い
ウ　自分はこのまま親の期待に応えるばかりでよいのか、という迷い
エ　自分は本当に東都医大に進学したいのだろうか、という迷い

問六（　C　）に入れるのにもっともふさわしい言葉をつぎから選び、記号で答えなさい。

ア　聞《き》き飽《あ》きた　　イ　ふっきれた
ウ　あきらめた　　エ　覚悟《かくご》をした

問七　（　D　）に入れるのにふさわしい二字の言葉を考えて答えなさい。

問八　（　E　）に入れるのにふさわしい言葉を五字以内で考えて答えなさい。

問九　――線③「担任がそこに無理矢理介入すること」とありますが、これは具体的にどういうことを指しますか。つぎからふさわしくないものを一つ選び、記号で答えなさい。

ア　佑真が直樹に対し、医者以外にも進路があるかもしれないと指摘《してき》すること。
イ　佑真が直樹に対し、祖父が彼の進路を決定するのは誤りだと指摘すること。
ウ　佑真が直樹に対し、自分の本当の志望は何かを考え直すよう指摘すること。
エ　佑真が直樹に対し、医者の息子《むすこ》は医者になるのが望ましいと指摘すること。

問十　（　F　）に入れるのにふさわしい五字の言葉を考えて答えなさい。

三　つぎの文章を読んで、あとの問いに答えなさい。

①この五〇年ほどに起きた変化とは一体どんな性質のものなのだろうか。さかのぼってみると、それはどうも一五〇年前に生じたことに端《たん》を発しているようだ。江戸《えど》時代が終わり、明治維新《いしん》によって、この日本列島に近代化がはじまったことに。　（中略）

近代日本国家を生み出した要因とは何か。それは（　A　）である。一九世紀半ばに、地球の裏側にある欧米《おうべい》諸国の軍艦《ぐんかん》がこの列島に次々と送《おく》り込《こ》まれ、交易を行うためのルールづくりの※締結《ていけつ》が強要された。日本という近代国家の形成は、他でもない、このことをきっかけにしたものだ。　（中略）

グローバル化のもとでは国家の存在が最重要である。国家こそが人々を守る砦《とりで》であり、武器になる。一九世紀半ばに遅《おく》れてこの過程に加わったこの列島では、他国の侵入《しんにゅう》から自らを守るため、それまでの幕藩《ばくはん》体制を廃《はい》して近代明治国家を樹立した。この国家を軸《じく》として、遮二無二《しゃにむに》に欧米に追いつき追《お》い越《こ》そうとする近代的な改革が、日本の各家・各地域を総動員して進められ、やがていくつかの国家間戦争を経験することになる。なかでも太平洋戦争は国内外に大量の犠牲《ぎせい》を出し、この国に大きなダメージを与《あた》えた。が、それでもなお家や地域は健在だった。②現在につながるより本質的な変化は、敗戦後の新しい社会体制の中で生じることとなる。

新しい憲法のもと戦争は放棄《ほうき》されたが、その後の米ソ二大陣営《じんえい》の対立は東西冷戦につながっていった。日本はそこで高度経済成長を実現するが、その過程で新しい世代は次々と都市に、《　1　》二次（工業）、三次（商業、サービス業）とより高次の産業に集められていくようになる。かつこの間、さらなる経済大国を確立すべく進められた変革・改良が自然環境《かんきょう》を変え、交通を変え、人々の暮らしまでをも大きく変えていった。

※締結　条約や協定などを結ぶこと

都市が広がり、暮らしは豊かになり、人々は多くの肉体労働から解放された。それは家や村、町内社会からの解放も意味した。こうした状況《じょうきょう》は確かに、この国の成功を意味しているかのように見えた。

だが冷戦の終了《しゅうりょう》とともに、平成に入ってすぐに③思わぬ展開が生じる。バブル崩壊《ほうかい》である。バブル景気は、実体経済をともなわない金融沸騰《きんゆうふっとう》によって生じたものだが、崩壊後の処理に巨額《きょがく》の公共投資が行われて、これが現在まで続く日本の国家財政難の原因になる。しかもその後、日本経済は長期にわたって低迷《ていめい》し続けた。多国籍企業《たこくせききぎょう》の出現、中国をはじめとする後発国の経済発展、二〇〇八年のリーマンショックなどが重なり、世界経済は複雑化し、不透明《ふとうめい》さを増していく。加えて中東情勢の悪化と世界的なテロの横行、さらにそこに追い打ちをかけるような新型ウイルスによるパンデミック（二〇二〇年）が続いて、グローバル化のもたらす状況は二一世紀中盤《ちゅうばん》に入ってさらに※熾烈《しれつ》なものになっている。

《　２　》今、日本は以前にもまして多くの国々との激しい競争にさらされるようになった。それも経済のゼロ成長、巨額の財政赤字、かつ止まらない人口減少という相当に追《お》い詰《つ》められた状態で。

日本の生き残りが迫《せま》られる中で変革を進め、国家の一層の効率化・集中化・高度化をはかって、国際競争に勝機を見出《みいだ》そうという考えが人々の間にあらわれていく。AI（人工知能）、ロボット、自動運転、ビッグデータ、宇宙ビジネス、6G、デジタル市場、スーパーシティなど、高度な技術革新（イノベーション）に集中的に投資することによって、強い国家・強い経済を実現し、他国を出《だ》し抜《ぬ》こうというわけである。そしてそのためには家や地域など旧来的なものは足手まといであり、むしろなくしてしまった方が好都合だと、そういう思考さえはじめた人がいるらしい。

それはとりもなおさず、五〇年の変化の結果として、多くの人々が家や地域から離《はな》れてしまい、「地域のある空間」や「家が続いていく時間」をもたなくなったことによる。あまりに国家を重視しすぎたことで、本来、国家が※依拠《いきょ》しているはずの空間や時間が溶《と》け出《だ》してしまったようなのだ。そして家や地域にかわって、必要なのは国家の勝利・経済の発展だと、そういう認識《にんしき》の転換《てんかん》がそこかしこで生じてしまっているらしい。

《　３　》実際には、そんな中身の※希薄《きはく》な時空に、僕《ぼく》らは生きてはいないということである。僕らはなおも、家の循環《じゅんかん》、地域の循環、世代の循環の中にいる。人を産み育て、地域やこの国が大事にしてきたものを守り、次世代に適切に譲《ゆず》り渡《わた》していく。それが安定的に、揺《ゆ》るぎなく行われるよう、多くの人々は日々努力を続けている。確かに一部には違《ちが》う発想をもちはじめている人もいるかもしれないが、大部分はなお循環のうちに生きている。《　４　》、そうでなければ国家も社会も保てるものではないからだ。

もちろん、家や地域の存続にとっても国家の存続は大前提である。だが、経済さえしっかりすれば大丈夫《だいじょうぶ》だとか、国家さえあればよいということはなく、ましてその国家が他国に競争で勝ったとしても、それで歴史が結末を迎《むか》えるわけでもない。勝とうが負けようが僕らは暮らしを続けねばならず、世界の各国ともずっと仲良くお付き合いしていかねばならない。

※熾烈　燃え立つように盛《さか》んで激しい様子

※依拠　よりどころ

※希薄　少なく薄《うす》いこと

今、僕らに必要なことはだから、僕らの社会／国家がもつ生命力を、この先もしっかりと維持《いじ》することにほかならない。以前と同じようにこれからも、一人一人の人間が、家や地域や会社や学校などそれぞれが所属する集団の中で、この国にとって、そして次世代にとって必要なことを適切に考え、具体的に行動し、秩序《ちつじょ》正しく生きることである。

そんな僕らの力が全体として調整され、ほどよく統合された時に、国家は安定的に（　　B　　）する力を再び取《と》り戻《もど》すはずだ。

（中略）

そのためにもこの国をつくっている仕組みについて、僕ら自身の認識枠組《わくぐ》みを正しいものに保っておくことが大切なのである。この国が見かけ上、以前からすればどんなに変わったとしても、④なおその基底でこの国を支えているものをちゃんと見抜《みぬ》く力をもつこと。そうした、国家や社会の本質を見通すのに欠かせない基本的な認識方法の一つが、地域学である。

国家学よりもずっと小さいが、それゆえに全体が総合的に見渡《みわた》せ、成員の性格や、場合によっては名前も顔もよくわかり、空間と時間のつながりが、生き、動いている社会や人々の中で再生産されていることをしっかりと確かめ、了解《りょうかい》できる学び、それが地域学だ。

本来、地域学は、この国に生きている人々みながふつうに知っていた、当たり前の認識方法だった。今やそれが放っておいては習得できないものになっている。そのためにこの国をめぐる現実がゆがみはじめている。⑤地域学は身につけるべき教養であり、生きていくのに不可欠な倫理《りんり》であり秩序感覚である。

（『地域学をはじめよう』　岩波ジュニア新書　二〇二〇年刊行　山下　祐介　による）

◎本文を一部省略しています。また、表記を変更しているところがあります。

問一　――線①「この五〇年ほどに起きた変化」にともなって日本人の意識はどう変わりましたか。「〜という認識の変化。」につながるように二十五字以上三十字以内で考えて答えなさい。

問二　（　　A　　）に入れるのにふさわしい六字の言葉を文中からぬき出しなさい。

問三　――線②「現在につながるより本質的な変化」とありますが、それを具体的に説明した部分を文中から三十五字でぬき出しなさい。「、」や「。」も字数に数えます。

問四　《　1　》〜《　4　》に入れるのにふさわしい言葉をつぎから選び、それぞれ記号で答えなさい。

ア　こうして　　イ　しかし

ウ　しかも　　エ　そもそも

問五　――線③「思わぬ展開」の実例としてふさわしいものには「1」、ふさわしくないものには「2」と答えなさい。

ア　日本の国家財政難によってバブル景気が崩壊した。
イ　中国をはじめとした後発国が経済発展を遂《と》げた。
ウ　新型ウイルスのパンデミックによって世界中が混乱した。
エ　公共投資が行われているにもかかわらず財政難は解消しなかった。

問六　（　B　）に入れるのにふさわしい言葉をつぎから選び、記号で答えなさい。

ア　循環　　イ　持続
ウ　競争　　エ　再生

問七　――線④「なおその基底でこの国を支えているもの」とありますが、どのようなものですか。つぎからふさわしいものを選び、記号で答えなさい。

ア　効率化・集中化・高度化
イ　空間・時間・民間
ウ　家の循環・地域の循環・世代の循環
エ　強い国家・強い経済・高度な技術革新

問八　――線⑤「地域学」とありますが、それを説明したつぎの文の（　1　）〜（　3　）に入れるのにふさわしい言葉を、文中からそれぞれぬき出しなさい。

　地域学とは国家や社会の（　1　）を見通すのに欠かせない認識方法の一つであり、本来であれば、この国に生きている人が当たり前に知っていたものである。それは、時間や空間のつながりだけでなく、人の性格や名前も顔もよく分かるというように、（　2　）よりも小さい範囲《はんい》で（　3　）に全体を見渡せ、了解できる学問である。

問九　日本はどのような歴史を歩んできましたか。文中で取り上げたつぎのア〜オの出来事を古い方から正しい順番に並《なら》べ替《か》えなさい。

ア　バブル景気
イ　リーマンショック
ウ　太平洋戦争
エ　明治維新
オ　高度経済成長

2024年度

女子聖学院中学校

▶解　答

※　編集上の都合により，スカラシップ試験の解説は省略させていただきました。

算　数　＜スカラシップ試験＞（50分）＜満点：100点＞

解　答

1 (1)　2.024　(2)　$1\frac{11}{24}$　(3)　$\frac{5}{8}$　(4)　5.2　(5)　82.8　(6)　0.9　(7)　0.3　(8)　$2\frac{1}{3}$
2 (1)　3.2m　(2)　2 kg　(3)　72度　(4)　12年後　(5)　780歩，５分12秒　(6)　６人　(7)　68.5点　(8)　$y=\frac{1}{40}\times x$　3 (1)　160　(2)　８回転　(3)　32　4 (1)　8 cm　(2)　20cm^2　(3)　16cm^2　5 (1)　198目　(2)　**緑色**…66 g，**白色**…234 g　(3)　66目54段

国　語　＜スカラシップ試験＞（50分）＜満点：100点＞

解　答

一　**問１**　**１～４**　下記を参照のこと。　**５**　こくもつ　**６**　じょうこう　**７**　みつど　**８**　しゅしゃ　**問２**　**１**　大　**２**　象　**３**　炭　**４**　蒸　**問３**　**１**　オ　**２**　ウ　**３**　ク　**４**　エ　**５**　イ　**６**　カ　**７**　ア　**８**　キ　**問４**　**１**　エ　**２**　ア　**３**　ウ　**問５**　山　**問６**　**１**　複　**２**　復　**問７**　４　**問８**　**１**　なさる　**２**　申した　**３**　存じて　二　**問１**　（例）　大学に進学せずに菓子職人になる(ということ。)　**問２**　**１**　ウ　**２**　エ　**３**　イ　**４**　ア　**問３**　Ⅰ　カ　Ⅱ　ア　Ⅲ　イ　Ⅳ　オ　Ⅴ　エ　**問４**　**A**　（例）　進学しないといけない　**B**　（例）　進学しない　**問５**　ア　**問６**　ウ　**問７**　（例）　暗い　**問８**　（例）　彼のもの　**問９**　エ　**問10**　（例）　そばにいる　三　**問１**　（例）　家や地域から離れて，国家の勝利や経済の発展を重視する(という認識の変化。)　**問２**　グローバル化　**問３**　都市が広がり，暮らしは豊かになり，人々は多くの肉体労働から解放された。　**問４**　**１**　ウ　**２**　ア　**３**　イ　**４**　エ　**問５**　**ア**　２　**イ**　１　**ウ**　１　**エ**　２　**問６**　イ　**問７**　ウ　**問８**　**１**　本質　**２**　国家学　**３**　総合的　**問９**　エ→ウ→オ→ア→イ

●漢字の書き取り

一　**問１**　**１**　指揮　**２**　営利　**３**　田園　**４**　組織

2024
年度

女子聖学院中学校

【算　数】〈第３回試験〉（50分）〈満点：100点〉

※円周率は，3.14159265……と，どこまでも続いて終わりのない数です。計算には，必要なところで四捨五入あるいは切り上げをして用いますから，問題文をよく読んでください。

※問題を解くときに，消費税のことは考えないものとします。

1　つぎの□にあてはまる数を答えなさい。

(1)　$4.311-1.618=\square$

(2)　$2\frac{11}{12}+1\frac{4}{9}=\square$

(3)　$0.375\times4\times0.25\times8=\square$

(4)　$1.75-\left(0.6-\frac{1}{7}\right)\div1\frac{1}{7}=\square$

(5)　$131\times3.4+69\times3.4=\square$

(6)　$\frac{7}{8}+\frac{5}{6}\div\left(4-3\frac{1}{2}\right)=\square$

(7)　$\left\{\frac{8}{11}\times\left(1\frac{4}{9}-\frac{5}{6}\right)-0.3\div\frac{3}{4}\right\}\times0.9=\square$

(8)　$2024\times\frac{1}{8}-5\div3\frac{4}{5}\times\square=3$

2　つぎの（　　　）にあてはまる数を答えなさい。

(1)　積が１４４で、和が３０となる２つの整数のうち、小さい方の整数は（　　　）です。

(2)　面積が７８．５cm^{2}の円があります。この円の半径は（　　　）cmです。ただし、円周率は３．１４とします。

(3)　Ａさんが２０％の食塩水を作ろうとして、水１Ｌと食塩を用意していました。そこにＢさんが来て、水を２５０ｍＬ飲んでしまいました。Ａさんがそのまま用意していた食塩と残りの水で食塩水を作ったとき、この食塩水の濃《のう》度《ど》は（　　　）％になります。

(4)　１５秒間で１２０ｍ進む速さで自転車をこぐとき、２時間１５分では（　　　）kmの道のりを進みます。

(5)　右の図のように円グラフをかいたとき、色のついたおうぎ形の中心角が１０８°でした。このおうぎ形は円全体の（　　　）％を表します。

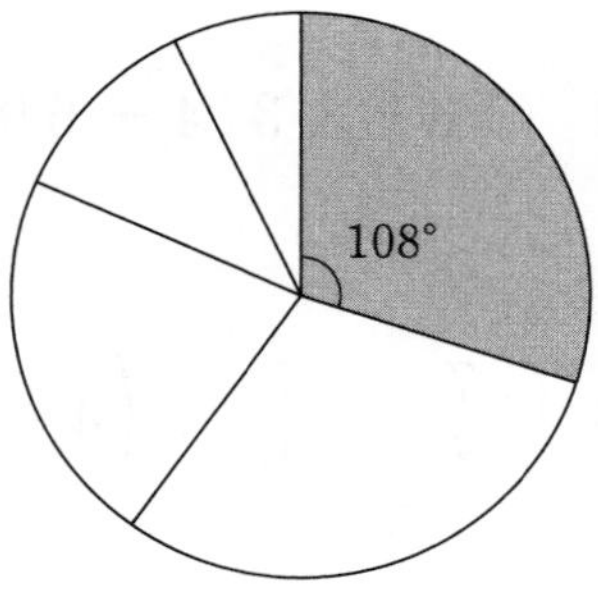

(6)　０から７までの数字を１つずつ書いた８枚のカードがあります。この８枚のカードから２枚を選んで２けたの整数を作ります。このとき、全部で（　　　）個の偶数ができます。

(7)　５０分間に２１０Ｌの水が出るシャワーがあります。このシャワーで、x 時間水を出し続けたときに出る水の量を y Ｌとします。このとき、$y=($　　　$)\times x$ です。

(8)　四人掛《か》けのイスと五人掛けのイスが同じ数だけあります。このイスに間をあけずに生徒を座らせると、四人掛けのイスだけでは６人が座れず、五人掛けのイスだけでは２人分の席が余ります。このとき、生徒の人数は（　　　）人です。

3　聖子さんは、家から丘を越えて５．７ km はなれた祖母の家に行くのに、家から丘までは時速 2 km、丘から祖母の家までは時速 3 km の速さで歩いたところ、合計２時間１８分かかりました。

つぎの問いに答えなさい。

(1)　時速 3 km の速さで２時間１８分歩くと、何 km 進みますか。

(2)　聖子さんの家から丘までの道のりは何 km ですか。

(3)　丘から祖母の家までにかかった時間は、何時間何分ですか。

4 図のような長方形の部屋の内部を半径２０cmの円柱のお掃除《そうじ》ロボットが部屋の壁《かべ》に沿って床《ゆか》を１周します。

つぎの問いに答えなさい。ただし、円周率は３.１４とします。

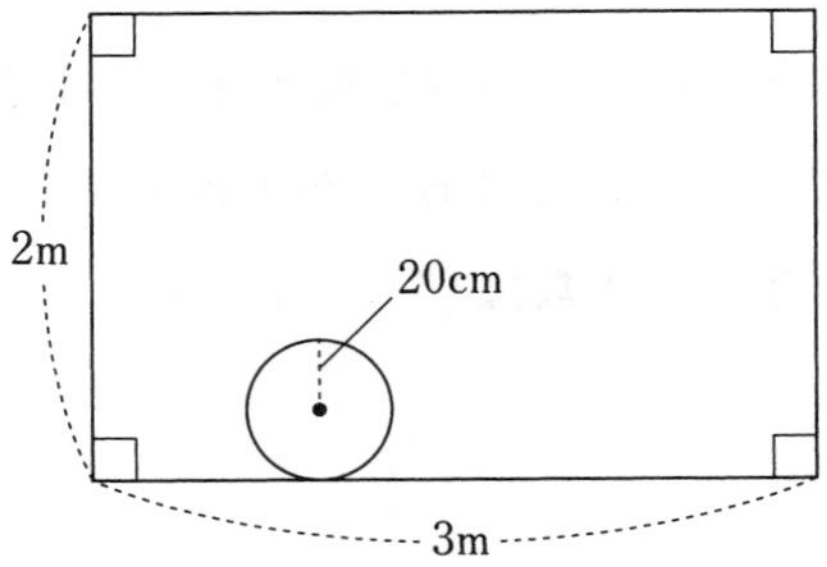

(1)　お掃除ロボットの底面の面積は何 cm^2 ですか。

(2)　お掃除ロボットの底面の円の中心が移動する長さは何 m ですか。

(3)　お掃除ロボットが部屋の壁に沿って床を１周するとき、底面が通り過ぎる部分の面積は何 cm^2 ですか。

５　ある広場では、２５分毎にＡ，Ｂ，Ｃ，Ｄの順に１回ずつ４つのチャイムが順番に流れ、１５分毎に噴水《ふんすい》から水が出ます。７：００にＡのチャイムが流れ、噴水から水が出ます。最後にチャイムが流れるのは17：00です。このとき噴水から水も出ます。好子さんは8：10にこの広場に着き、１２時間滞在《たいざい》しました。

つぎの問いに答えなさい。

(1)　好子さんが初めてチャイムを聞くのは何時何分ですか。また、そのときに聞くチャイムは4つのうちどれですか。

(2)　好子さんが、チャイムが鳴るのと同時に噴水から出る水を見るのが３回目となるのは何時何分ですか。また、そのときに聞くチャイムは４つのうちどれですか。

(3)　Ｄのチャイムを聞きながら噴水から出る水を見ることができる機会は、好子さんが広場にいる間に何回ありますか。

【国　語】〈第三回試験〉（五〇分）〈満点：一〇〇点〉

★本文中に(中略)がありますが、問いとは関係ありません。

一　つぎのそれぞれの問題に答えなさい。

問一　つぎの――部分のカタカナは漢字に直し、漢字は読みをひらがなで答えなさい。

1　サッカーの試合にカンシュウが集まってきた。
2　ドイツが日本に負けるというハランが起きた。
3　日本はドイツの攻撃《こうげき》をダンケツして防いだ。
4　それはキョクゲンまで集中力を高めたおかげだ。
5　スタジアムのゴミを拾う日本人が話題となった。
6　日本はその後も勇姿を示し、勝利した。
7　世界との差が縮まったと感じる。
8　日本女子チームも試合で劇的な勝利を挙げた。

問二　つぎの文には一字ずつまちがった字が使われています。それぞれ正しく直した字を書きなさい。

1　兄の車に乗って、久しぶりに海水欲に千葉まで出かけた。
2　去年まで中止されていた花火大会やお祭りも再会された。
3　信配だったのは発達した台風が関東に上陸するかどうかだった。
4　幸い方行は西へと変わったが、雨が激しく降った場所もあった。

問三　つぎの――部分のカタカナにふさわしい漢字の組み合わせをあとから選び、それぞれ記号で答えなさい。

1　カン潮－カン行　　2　カン成－カン庁　　3　圧カン－カン板
4　カン冷－カン接　　5　根カン－直カン　　6　悪カン－カン例
7　カン習－カン制　　8　新カン－カン素　　9　カン文－タカン

ア	幹－感	イ	慣－管	ウ	館－簡	エ	干－刊	オ	寒－間
カ	漢－刊	キ	完－官	ク	漢－慣	ケ	巻－看		

問四　つぎの四字熟語の意味を下から選び、それぞれ記号で答えなさい。

1　一網打尽　　ア　物事が速くはかどること。
2　一瀉千里　　イ　物事をひといきになしとげること。
3　一日千秋　　ウ　一度に敵や犯人を捕《と》らえること。
4　一気呵成　　エ　非常に待ち遠しく思われること。

問五　つぎの慣用句の（　　）に共通して当てはまる言葉を答えなさい。

1　（　）を見て森を見ず
2　（　）で鼻をくくる
3　枯れ（　）も山のにぎわい

問六　つぎの熟語の組み合わせはどちらも対義語になります。（　）に入る漢字一字をそれぞれ答えなさい。

1　自然―人（　）
2　分（　）―合成

問七　つぎの1～4の――部分のうち、はたらきのちがうものが一つあります。それはどれですか。番号で答えなさい。

1　明日久しぶりに友だちに会ったら楽しかろう。
2　やる気を出して、たまってしまった課題に取り組もう。
3　たぶんここを前に使っていた人が忘れたものでしょう。
4　三月になったら花粉が多くなるので予防が必要だろう。

問八　つぎの1～4の文のうち、その文の主語がないものを一つ選び、記号で答えなさい。

1　私が大切にしているぬいぐるみを、犬にかじられてしまった。
2　雪が溶《と》けると春になって、空も暖かみを増した色になる。
3　出がけに母が言ったとおり、夕方には雲行きがあやしくなってきた。
4　「きさらぎ（着さら着）」とは、服を重ね着するほど寒いという意味だ。

二　つぎの文章を読んで、あとの問いに答えなさい。

「中村先生、頼《たの》みましたよ。くれぐれも山下くんに①余計なことを言わないで下さいね」

校長の声を背に《　１　》しながら校長室を出て、佑真《ゆうま》はすぐに職員室に戻《もど》る気になれなかった。山口先生はまだ残っていて、何があったか聞くだろう。今は冷静に答えられる気がしなかった。佑真の足は教室に向かっていた。しばらく一人になりたかった。

②４０１教室は明かりが付いていた。おかしいな、明日から夏休みで、大掃除《おおそうじ》のあとみんな下校したはずなのに、とドアのガラス窓から中を覗《のぞ》く。窓際《まどぎわ》の一番前の席に、突《つ》っ伏《ぷ》している生徒がいた。山下直樹《なおき》だった。音を立てないようにドアを開けて中に入る。冷房《れいぼう》の効いた教室で、直樹は顔をこちらに向けて机に頬《ほお》を預け、ぐっすり眠《ねむ》っている。広げた数学の問題集とノート、手にはシャーペンを握《にぎ》ったまま、苦悶《くもん》したような顔でぴくりとも動かない。疲《つか》れているんだな、無理もない。佑真は黙《だま》って隣《となり》の席に座《すわ》り、直樹の顔を眺《なが》めた。せめて今だけでも彼《かれ》を眠らせてやりたい。

自分は、進路を決めるときどうだっただろう。父親が大手商社に勤務していた関係で幼少期から海外で暮らした。英語は自然と日常言語になった。日本語のほうがむしろ不得意で、帰国子女として高校に入学してからも、自主的に国語には力を入れざるを得なかった。日本の学校システムにも慣れず苦労したが、助けてくれる友だちは思ったよりも早くできた。三年になる直前に、海外の大学への進学も考えてみたら、と両親から言われた。その時の会話を、佑真はよく覚えている。

「③それも、あるとは思うよ。だけどねえ、俺《おれ》、ようやく日本って国に適応できた気がしてるんだ。確かにこっちの学校は、アメリカなんかより窮屈《きゅうくつ》だよね。でも、今また日本を離《はな》れてしまったら、俺自身の根っ子の部分が、なんていうのかな、もろくなっちゃうような気がするんだ」

④両親は一瞬《いっしゅん》、顔を見合わせた。母が大きくうなずいて、「わかる気がするわ。お父さん、来年からまたカナダに転勤する予定なんだけど、今回はあなたを無理に連れていく必要なんかないわよね。あなたは日本の大学で、一人で頑張《がんば》ってみなさいよ」と言ってくれた。父も、「父さんの仕事のせいで、お前には苦労させちゃったもんな。これからは、自分で自分の道を探せよ」と励《はげ》ましてくれた。二人が自分を信頼《しんらい》していることが今さらのように身に染《し》みた。そして佑真は第一志望の大学の国際教養学部に入学すると同時に寮生活《りょうせいかつ》を始めたのだった。

アルバイトは英語力を生かして塾《じゅく》の講師をした。そこで一年、二年と経験を積むうち、自分は案外教員に向いているのでは、と思うようになった。四年生の時に母校へ教育実習に行ったら、純粋《じゅんすい》に、楽しかった。生徒たちと触《ふ》れ合《あ》うことは、自分にとって天職かもしれないと思えた。一時帰国してきた父に話してみた。父はちょっと考えて、「お前のように、海外生活が長かった人間が日本の学校に勤めることは、簡単じゃないだろう。だけど、一風変わった先生として貴重な存在になれるかもしれないなあ」と言ってくれた。⑤背中を押《お》された、と思った。入念に準備をして県の教員採用試験に合格、まず工業高校に赴任《ふにん》して四年。決して偏差値《へんさち》の高い高校ではなく、勝手もわからず無我《むが》夢中《むちゅう》の日々だったが、充実《じゅうじつ》していたと思う。そして昨年度異動してきたのが今の高校だ。県下でも有数の進学校。生徒たちは大学に進学するのは当然だと思っている、はずだった。だから工業高校より進路指導は単純だ、と勝手に思っていた。しかし高二の三者面談をしてみて、佑真は改めてこの学校ならではの難しさに直面した気がした。思わずため息が出る。

だしぬけにチャイムが鳴った。普段《ふだん》だったら六時間目が終わる時間だ。《　２　》直樹が起きあがる。目の前に佑真を見つけて《　３　》する。

「（　　Ⅰ　　）」

「（　　Ⅱ　　）」

「（　　Ⅲ　　）」

「今日は高三の人たちで満員だったんで、こっちにいたんです。予備校始まるまで、時間あるから」

「夏期講習、沢山《たくさん》取っているんだろう。余り無理しすぎるなよ。体壊《こわ》したら何にもならないからさ」

「大丈夫《だいじょうぶ》です。それより先生、もしかして今日、僕《ぼく》の祖父から学校に電話ありました？」

「（　　Ⅳ　　）」

「もしかして、⑥また失礼なことを言ったんじゃないですか」

「いや、ただ、君の将来のことをとても案じておられるということだったようだよ」

苦しい嘘《うそ》だ。直樹の祖父は、担任の佑真が三者面談で余計なことを言ったと立腹して、校長に強烈《きょうれつ》なクレーム電話を掛《か》けてきたのだ。直樹は東都医大に行かせる。他の道はない。おせっかいを焼かないで欲《ほ》しい、と。

「どうもすみません。母が父に面談の話をしているのを祖父が聞いてしまって。先生に迷惑《めいわく》掛けるのはやめてくれって僕、言ったんですけど」

「謝《あやま》るのは、僕の方だよ。君の家の事情をよくわかっていなくて、あんなふうに言ってしまってすまなかったね」

「いえ、僕の努力が足りないのが悪いんですから。本当は嬉《うれ》しかったんです。先生が僕のこと真剣《しんけん》に考えてくれているのが分かって」

「医者の家に生まれるって、大変なことなんだな。僕の認識《にんしき》が甘《あま》かったよ」

「好きで生まれてきたんじゃないですけどね。中村先生、聞きたかったんですけど、先生は何で英語の先生になったんですか？」

「一般企業《いっぱんきぎょう》への就職も考えてはいたんだけど、教育実習に行ったら、楽しくってさ。現場で、生徒たちと一緒《いっしょ》にいたいな、英語の面白《おもしろ》さを伝えたいなって思った」

「（　　Ⅴ　　）」

「うん。特には。うちはサラリーマン家庭だからね。継《つ》がなくちゃいけないような家業もなかったし」父が自分をむしろ後押《あとお》ししてくれたことは、山下には言えなかった。

「好きなこと、仕事にできたんだからいいですよね」

「まあ、そうだね。就職してみたら、やっぱり難しい仕事だってこともよく分かったけどね」

「僕みたいな生徒もいますしね」

「別に、山下くんが問題なわけじゃないよ。（　　　　A　　　　）……君は、どうして医者になりたいと思ったの？」

「はっきり言うと、祖父や親の圧力です。小さい頃《ころ》からずっとね。主に母親ですけど。母も昨日先生にあんな失礼な態度を取って、ホント、すみませんでした。母にとっては、僕ら兄弟を二人とも医者にすることが、何よりも大切なんです。じゃないと、母も家に居場所がなくなっちゃうと思っているんでしょう。父と結婚《けっこん》するとき、ずいぶんもめたらしいですから。時々、気の毒になること、ありますよ。母は片親で、苦労しながら医大を出たんです」

「そうなのか。だけど、進路は自分の意志で決めるものだろ。君の人生はお母さんやおじいさんのためにあるんじゃないよ」

「いや、人を助ける仕事がしたいっていうのも本当です。……昨日先生に言われたように、本を読むことや文章を書くことも大好きですけど……あ、もう時間だ。予備校行かなくちゃ。先生、本当にご迷惑掛けてすみませんでした」

直樹はあわてて荷物をかき集めて《　4　》頭を下げると、バタバタ教室を出て行こうとした。入り口のところで、入ってこようとした誰《だれ》かとぶつかりそうになる。

「あれ、山下。どうしたんだ？」

「あ、西谷。俺、これから予備校に行くところ。じゃな」直樹は廊下《ろうか》に消えていった。

「西谷くん。帰ったんじゃなかったのか」

「大事なノート忘れたことに気付いて戻《もど》ってきたんです……、あ、あったあった。よかったー。先生、今日は面談ありがとうございました。母が先生によろしくって」

「どういたしまして。君も夏期講習に行くんだろ？」

「予備校の他《ほか》に、フランス語のレッスンがあります。一流のパティシエ目指してがんばらないと。山下、どうかしたんですか？」

「いや、予備校が始まるまで時間潰《つぶ》さなくちゃならなかっただけだよ」

「山下って、すごいんですよー。こないだの現国の時間にアイツの書いた『こゝろ』の感想文、プリントで配られて読んだんだけど、理系のクラスにいるのが不思議なくらいすごい内容でした。俺らと同じ歳《とし》だなんて思えないほど読みが深くて。文章も、大人が書いたのみたいで。クラス中、ほーって、感心しちゃいましたよ。ああいうヤツは文学部に行くべきなんじゃないのかなって、みんなで話してました……それじゃ、僕も帰ります。先生、さよなら」

あわただしく教室を出て行く西谷の後ろ姿を見送って、佑真はしばらく席を立てなかった。ますます困惑《こんわく》が深まっていく。山下家では、直樹は絶対に医者になるべきだと言っている。東都医大以外には行かせないと面談で母親が言い切ったし、今日は祖父が校長じきじきに訴《うった》えてきた。母親の前で彼の言葉に対するセンスをうっかりほめた佑真に対し、余計なことを言うなと、校長も釘《くぎ》を刺《さ》してきた。直樹本人も医学部志望を変える気はないようだ。

だけど、本当にそれでいいのか？

（本校国語科による）

問一　——線①「余計なこと」とありますが、「余計なこと」の説明として正しいものをつぎから選び、記号で答えなさい。

ア　直樹に将来人を助ける仕事を目指すようにすすめること。
イ　直樹に文章に対するセンスを生かした進路をすすめること。
ウ　直樹に東都医大以外の大学を選ばないようにすすめること。
エ　直樹に一流のパティシエをあきらめるようすすめること。

問二　《　１　》～《　４　》に入れるのにふさわしい言葉をつぎから選び、それぞれ記号で答えなさい。同じ言葉を二度用いることはできません。

ア　ぺこりと
イ　もやもや
ウ　びくっと
エ　がばっと

問三　——線②「４０１教室は明かりが付いていた」とありますが、今は何時ごろですか。つぎから正しいものを選び、記号で答えなさい。

ア　午前十時ごろ
イ　午後一時ごろ
ウ　午後三時ごろ
エ　午後七時ごろ

問四　——線③「それ」とありますが、どういうことを指していますか。文中から九字でぬき出しなさい。

問五　——線④「両親は一瞬、顔を見合わせた」とありますが、このときの両親の気持ちとしてもっともふさわしいものをつぎから選び、記号で答えなさい。

ア　佑真に日本の学校システムに慣れるための苦労をさせてしまった申し訳なさ。
イ　佑真を無理に海外に連れて行こうとしていることを知られた気まずさ。
ウ　佑真が親と別れても日本で暮らしたいと考え始めたことへの不安。
エ　佑真が自分で自分の道を選ぼうとし始めていることに対する共感。

問六　——線⑤「背中を押された」とありますが、「誰が」「誰に」「どうしてもらえた」のかを二十五字以上三十字以内で説明しなさい。「、」や「。」も字数に数えます。

問七　（　Ⅰ　）～（　Ⅴ　）に入れるのにふさわしいセリフをつぎから選び、それぞれ記号で答えなさい。

ア　ごめんな、山下くん。起こそうかどうしようか迷っていたんだけど
イ　親に反対されたりしませんでしたか？
ウ　ああ、熟睡《じゅくすい》していたよ。どうしたんだい？　普段は自習室に行くじゃないか
エ　……あ、先生。僕、眠っちゃってましたか？
オ　……校長のところにね。今、その話をしてきたところだよ

問八　――線⑥「また失礼なことを言った」とありますが、昨日あったと思われる発言はどのようなものですか。つぎからもっともふさわしいものを選び、記号で答えなさい。

ア　直樹の父が佑真に、おせっかいを焼かないでほしいと言った。
イ　直樹の母が佑真に、直樹は東都医大以外は行かせないと言った。
ウ　校長が佑真に、直樹に余計なことを言わないようにと言った。
エ　直樹の祖父が佑真に、直樹のクラスの担任を降りるようにと言った。

問九　（　Ａ　）に入れるのにふさわしいセリフをつぎから選び、記号で答えなさい。

ア　山下くんの家が問題なんだ。
イ　校長が弱気なだけなんだ。
ウ　僕がまだまだ力不足なんだ。
エ　西谷くんがそもそも特別なんだ。

問十　本文に合わないものを一つ選び、記号で答えなさい。

ア　佑真は、進学校の方が工業高校より進路指導は単純だと考えていた。
イ　佑真は、進路は生徒が自分の意志で決めるものだと考えている。
ウ　直樹の母も祖父も、直樹を東都医大に行かせたいと考えている。
エ　佑真も西谷も、直樹には言葉のセンスがあると考えている。
オ　直樹は、大好きな読書や文章を書くことを進路に生かそうと考えている。

三　つぎの文章を読んで、あとの問いに答えなさい。

鹿《しか》と猪《いのしし》は日本を代表する狩猟獣《しゅりょうじゅう》である。両方とも個体数が多く、一頭から取れる肉量も期待できるから、猟師《りょうし》にとっては昔から嬉《うれ》しい獲物《えもの》だった。一方で、鹿はしばしば神の使いとして描《えが》かれる。（中略）アニメ映画『もののけ姫《ひめ》』では、鹿の姿でシシガミが現れる。奈良《なら》では神聖な生き物として殺生《せっしょう》は固く禁じられてきた。といってもそれは地域限定の話であって、古代から今に至るまで日本人は広く鹿を食べ続けている。

しかし、残念ながら現在では鹿は厄介者扱《やっかいものあつか》いで、①駆除《くじょ》の対象としか見なされていない。

奥日光《おくにっこう》における鹿の食害が問題になったのは昭和六十年の初めである。下草や樹皮を食《た》べ尽《つ》くす鹿が、山を荒《あ》らす※元凶《げんきょう》として取り上げられた。宮崎《みやざき》県の椎葉村《しいばそん》の猟師から聞いた話では、鹿による奥山《おくやま》の食害もほぼこれと同時期に始まっているが、単なる偶然《ぐうぜん》だろうか。②鹿による農林業の被害《ひがい》は甚大《じんだい》で、莫大《ばくだい》な補助金を出して駆除をしているが、あまり成果は上がっていない。

（中略）

野生獣による農林業への被害は、毎年莫大な金額に上る。鹿と猪がそのかなりの部分を占《し》め、有害駆除といえばまずこの二種類が上げられるくらいだ。農山村の少子高齢化《こうれいか》で集落を守る力が弱り、山の獣《けもの》が田畑を荒らし始めて久しい。ところが地元の猟師に捕《と》るように頼《たの》んでも、あまり積極的に鹿を追うことがない。理由は鹿は食材としての魅力《みりょく》に欠けると思われているからだ。反対に猪は美味《うま》い食材だから一生懸命《いっしょうけんめい》に追う。※巻《ま》き狩《が》りの中に鹿と猪が同時に入ることはよくあるが、この時に犬が鹿を追って猪を逃《に》がした場合の落胆《らくたん》ぶりからも、それがよく分かる。そのような具合だから、駆除で出る補助金が鹿一頭あたり三千円程度では誰《だれ》も動こうとはしないのだ。

「あんな金額で捕りに行けるかよ。弾《だま》代、ガソリン代にもならねーよ」

猟は肉体的にも楽ではない行為《こうい》である。そこを乗《の》り越《こ》えて山に入ろうとするには、それなりの理由が必要なのだ。美味《おい》しい猪を捕ってみんなで美味い酒を飲みたいが、鹿は不要。これでは誰も鹿を撃《う》とうとは思わない。

そこで、最近では自治体が出す駆除の補助金が増額されるケースが増えている。多いところでは一頭あたり一万五千円、日に三頭捕れば四万五千円の収入である。これが実に効果てきめんなのだ。

駆除とは、猟期以外や本来狩猟獣ではないが、被害が深刻なために捕獲《ほかく》する行為だ。これには特別天然記念物の日本カモシカも含《ふく》まれる。中部地方でカモシカの毛皮が売られているのはこのためだ。また鳥獣保護区で狩猟禁止の場所でも、地元猟師に限られた駆除が行われている地区もある。そして、全国的には通年で駆除ができる場所が今は多い。罠《わな》による捕獲が一般的《いっぱんてき》で、これも地元猟師の出番である。

元々の補助金は〝ごくろうさん〟程度の謝礼金であった。それが今は生活ができるくらいに出る。関係省庁も、プロの駆除猟師を容認《ようにん》したり公務員ハンター育成の動きもある。それで増えすぎた鹿や猪の数が適正に保てるなら悪いことではない。しかし現実はどうなのだろうか。

駆除の補助金申請《しんせい》は書類で行われる。捕獲した鹿の写真と書類、そして証拠《しょうこ》となる

※元凶　よくないことのおおもとの原因

※巻き狩り　鹿や猪を多人数で四方から取り囲んで捕らえること

品が添《そ》えられる。鹿の場合は耳か尾《お》、または前歯の実物を加えて一セットになる。この証拠の品が、全国で統一されていないのが実に問題なのだ。同じ地域でも、隣接《りんせつ》する県によって尾だったり耳だったりする。《　1　》隣県同士で申請に必要なものが違《ちが》う訳だから、知り合い同士※融通《ゆうずう》しあえば補助金の二重取りが可能なのだ。さらに地元猟師の間でも問題が起きている。狩猟とは地域の結束材料のひとつでもある。厳しい猟で苦労して獲物を捕る。それを家族や集落単位の喜びに変えることで、地域の力が増すのだ。補助金だけが目当ての場合は、完全に個人の儲《もう》けが大事である。他人、ましてや地域はまったく関係がない。捕れば捕るほど自分の金になる。当然多くの罠を手当《てあ》たり次第《しだい》に仕掛《しか》ける。多ければ多いほど取れる確率は高くなるからだ。《　2　》最初から食べる目的ではないので、頻繁《ひんぱん》に見回る必要はない。死んでいて構わないから、三日おきにしかけた罠を回る本来のやり方は不要である。これではただ数を減らすためだけの※殺戮行《さつりくこう》為《い》と言われても致《いた》し方《かた》ない。《　3　》鹿の数が著《いちじる》しく減った地区が実際にある。昔ながらの猟をする猟師たちは怒《いか》り心頭なのだ。

「あいつらはただ金欲《ほ》しさに殺してるだけだよ」

③耳や尾だけを切り取られて山の中に捨てられた多くの鹿。それを横目に少なくなった鹿を追う猟師たちは、犬が罠に掛《か》からないことを祈《いの》りながら走り回るのだ。補助金が少なければ誰も鹿を駆除しない。多ければ多いで地域に微妙《びみょう》な※軋轢《あつれき》を生む。この問題は実に厄介である。

鹿皮は、古来より丈夫《じょうぶ》な素材として日本では活用されてきた。元来武具や※甲州《こうしゅう》印伝のような伝統工芸に欠かせなかったのが鹿皮である。それ以外にも※セーム皮は高級な商品で利用価値が高いし、クラフト等で使用される鹿皮も大切な資源である。ところが、日本ではその大半を輸入に頼《たよ》っている。すぐそこに見える山では仕留められた鹿が捨てられているというのに、わざわざ地球の反対側から大量の鹿皮を運んでいるのだ。これはいかにも無駄《むだ》ではないか。（　A　）という税金を投入して鹿を撃ち、それを（　B　）せずに打ち捨て、（　C　）から高い（　D　）を掛けて（　E　）を持《も》ち込むのは実に馬鹿《ばか》げたことだと思う。なぜそうなったのかというと、廃棄物《はいきぶつ》や廃水《はいすい》の処理が昔のようにできなくなったことが一因として上げられる。薬品処理が欠かせないなめしの工程で出る廃液《はいえき》を、昔は垂れ流していた。処理施設《しせつ》を作ればよいのだが、廃液処理の設備投資に見合う売り上げが見込《みこ》めずに廃業《はいぎょう》する業者が相次いだ。以前は地域ごとに大小の業者がいて、地元猟師たちが敷《し》き皮《がわ》を作ったり剥製《はくせい》を注文していた。それがほとんど消えてしまったのである。昔、山里では獣の皮や剥製は、温泉旅館やさまざまな施設の玄関先《げんかんさき》を飾《かざ》るのに欠かせないアイテムであった。今、そのようなことは〝悪《あく》趣味《しゅみ》〟と取られかねない。つまり飾《かざ》るメリットがまったくないのである。二十万円掛けて敷き皮を作る理由はどこにも見当たらない。こうして業者がいなくなり、海外からわざわざ輸入する事態となったのである。《　4　》見せものとしての皮ではなく、④素材としての皮利用は可能性がある。当然肉やさまざまな加工品等も付加価値の高いものへと活用できるだろう。猟師、料理人、商売人、行政と分野の枠《わく》を超《こ》えた関係者の知恵《ちえ》と力が融合《ゆうごう》すれば、ただ単に撃ち殺されて捨てられる鹿の無念もいくぶん晴れるという

※融通　必要なものをやりくりすること

※殺戮　むごたらしく数多くのものを殺すこと

※軋轢　人の仲が悪くなりあらそうこと

※甲州印伝　伝統的な革製品

※セーム皮　カメラや楽器をふくのに使う皮

ものだ。鹿は邪魔《じゃま》で邪悪《じゃあく》な存在では決してない。生きものには間違《まちが》いなく生きている理由があるのだから。

(『日本人は、どんな肉を喰ってきたのか？』 田中 康弘 による)

◎本文を一部省略しています。また、表記を変更しているところがあります。

問一 この文章は大きく前半と後半に分けることができます。後半の始まりの五字を答えなさい。「、」や「。」も字数に数えます。

問二 ――線①「駆除」とありますが、駆除について説明した一文を文中から探し、その最初と最後の五字をそれぞれ答えなさい。「、」や「。」も字数に数えます。

問三 ――線②「鹿による農林業の被害」とありますが、どのようなことが起きていますか。文中から「～行為。」につながるように十一字でぬき出しなさい。

問四 《 1 》～《 4 》に入れるのにふさわしい言葉をつぎから選び、それぞれ記号で答えなさい。

ア しかし
イ おまけに
ウ つまり
エ こうして

問五 ――線③「耳や尾だけを切り取られて山の中に捨てられた多くの鹿」とありますが、鹿がそのような扱《あつか》いを受ける理由を文中から「～だから。」につながるように九字でぬき出しなさい。

問六 （ A ）～（ E ）に入れるのにふさわしい言葉をつぎから選び、それぞれ記号で答えなさい。

ア 他国
イ 猪
ウ 部品
エ 皮
オ 活用
カ 経費
キ 鹿
ク 補助金

問七　――線④「素材としての皮利用は可能性がある」とありますが、日本における現在の鹿皮の利用方法としてふさわしくないものをつぎから一つ選び、記号で答えなさい。

ア　敷き皮
イ　甲州印伝
ウ　セーム皮
エ　クラフト素材

問八　つぎのそれぞれの文について、本文の内容に合うものには「1」を、合わないものには「2」を答えなさい。

ア　鹿は古来から神の使いとされ、神聖な生き物として殺すことは一切《いっさい》禁じられてきた。
イ　猟師は猪の肉は美味しいために積極的に捕るが、鹿の肉は魅力がないために捕ろうとしない。
ウ　鹿の皮は素材として有効活用が可能なため、補助金を出して県が買い取るようになってきた。
エ　鹿を捕るための罠があちこちに仕掛けられるようになり、猟師の連れている犬まで罠にかかることが多くなった。

2024年度
女子聖学院中学校　▶解　答

※　編集上の都合により，第３回試験の解説は省略させていただきました。

算　数　＜第３回試験＞（50分）＜満点：100点＞

解　答

[1] (1)　2.693　(2)　$4\frac{13}{36}$　(3)　3　(4)　1.35　(5)　680　(6)　$2\frac{13}{24}$　(7)　0.04　(8)　190　[2] (1)　6　(2)　5 cm　(3)　25％　(4)　64.8km　(5)　30％　(6)　25個　(7)　$y=252\times x$　(8)　38人　[3] (1)　6.9km　(2)　2.4km　(3)　１時間６分　[4] (1)　1256cm^2　(2)　8.4m　(3)　33256cm^2　[5] (1)　８時15分／**チャイム**…D　(2)　10時45分／**チャイム**…B　(3)　２回

国　語　＜第３回試験＞（50分）＜満点：100点＞

解　答

[一] **問1**　**1～4**　下記を参照のこと。　**5**　わだい　**6**　ゆうし　**7**　ちぢ　**8**　げきてき　**問2**　**1**　浴　**2**　開　**3**　心　**4**　向　**問3**　**1**　エ　**2**　キ　**3**　ケ　**4**　オ　**5**　ア　**6**　ク　**7**　イ　**8**　ウ　**9**　カ　**問4**　**1**　ウ　**2**　ア　**3**　エ　**4**　イ　**問5**　木　**問6**　**1**　工　**2**　解　**問7**　2　**問8**　1
[二] **問1**　イ　**問2**　**1**　イ　**2**　エ　**3**　ウ　**4**　ア　**問3**　ウ　**問4**　海外の大学への進学　**問5**　エ　**問6**　（例）　佑真が父に日本の学校で教師になることを応援してもらえた。　**問7**　Ⅰ　ア　Ⅱ　エ　Ⅲ　ウ　Ⅳ　オ　Ⅴ　イ　**問8**　イ　**問9**　ウ　**問10**　オ　[三] **問1**　鹿皮は，古　**問2**　駆除とは，～る行為だ。　**問3**　下草や樹皮を食べ尽くす(行為。)　**問4**　**1**　ウ　**2**　イ　**3**　エ　**4**　ア　**問5**　補助金だけが目当て(だから。)　**問6**　**A**　ク　**B**　オ　**C**　ア　**D**　カ　**E**　エ　**問7**　ア　**問8**　**ア**　2　**イ**　1　**ウ**　2　**エ**　1

●漢字の書き取り

[一] **問1**　**1**　観衆　**2**　波乱　**3**　団結　**4**　極限

Memo

2023年度 女子聖学院中学校

【算　数】〈第１回試験〉（50分）〈満点：100点〉

※円周率は，3.14159265……と，どこまでも続いて終わりのない数です。計算には，必要なところで四捨五入あるいは切り上げをして用いますから，問題文をよく読んでください。

※問題を解くときに，消費税のことは考えないものとします。

1　つぎの□にあてはまる数を答えなさい。

(1)　$202.3-10.8=\square$

(2)　$3\frac{1}{5}-2\frac{1}{3}=\square$

(3)　$0.25\times7\times0.36\times4=\square$

(4)　$\frac{8}{9}\times\left(\frac{3}{4}+1\frac{5}{16}\right)-\frac{5}{6}=\square$

(5)　$\frac{17}{189}\div\left\{1-\left(1-\frac{17}{63}\right)\right\}=\square$

(6)　$2\frac{3}{5}-\frac{8}{21}\times0.75\div\frac{5}{14}=\square$

(7)　$6\times3.14+8\times3.14-2\times6.28=\square$

(8)　$\frac{1}{5}\times\left(6-\frac{2}{3}\times\square\right)-\frac{3}{8}=\frac{5}{8}$

2　つぎの（　　）にあてはまる数を答えなさい。

(1)　108度の角の$\frac{3}{4}$の大きさは（　　）度です。

(2)　1から100までの整数の中で、4で割ると3余って、5で割るとちょうど割り切れる整数は全部で（　　）個あります。

(3)　1g，2g，3g，4g，5gの5個のおもりから2個選んで上皿てんびんの一方の皿に乗せるとき、はかることのできる重さは全部で（　　）通りあります。

(4)　ある仕事を、聖子さんは6日間で$\frac{3}{8}$だけ終わらせました。聖子さんはこの仕事全体を合計（　　）日間で終わらせることができます。

(5)　女子聖学院と自宅の間を、行きは時速15km，帰りは時速10kmで往復《おうふく》しました。
このときの平均の速さは時速（　　）kmになります。

(6)　聖子さんは3000円，好子さんは1560円持っていました。好子さんが（　　）円を聖子さんにわたすと、聖子さんの所持金は好子さんの所持金の2倍になります。

(7)　500円のx％をy円とするとき、y＝（　　）×xです。

(8)　つぎの図で、四角形ＡＢＣＤは平行四辺形で、三角形ＡＢＥは正三角形です。
ＡＢ：ＢＣ＝５：７のとき、三角形ＥＦＣの面積が4 cm^2でした。
このとき、三角形ＡＢＥの面積は（　　）cm^2です。

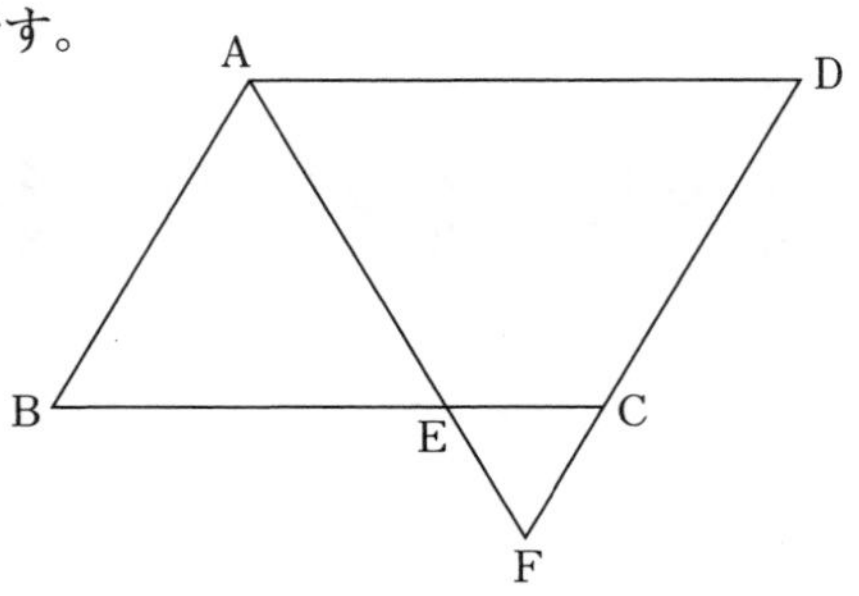

3 ある商品をお店で買うと、最初の２０個はセット料金で１５００円でした。２１個目からは、１個５０円で買うことができます。

つぎの問いに答えなさい。

(1) この商品を３０個買うと全部で何円になりますか。

(2) この商品を５０個買うとき、平均すると１個あたり何円になりますか。

(3) この商品を（　　）個以上買うと、１個あたりの平均の値段が５４円以下になります。
（　　）にあてはまる最も小さい数を答えなさい。

4 つぎの問いに答えなさい。ただし、円周率は３.１４とします。

(1) ［図１］のように、１辺の長さが１０ cm の正方形があります。
斜線《しゃせん》部分の面積は何 cm^2 ですか。

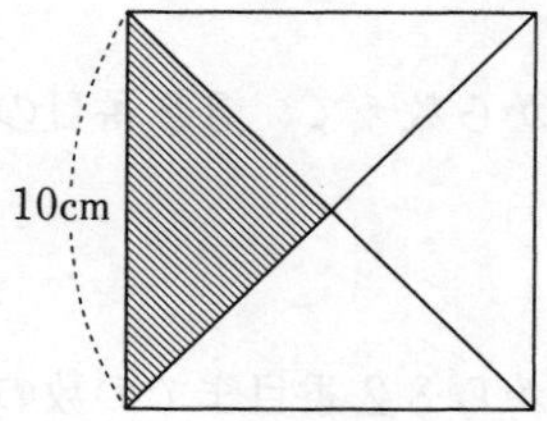

［図１］

(2) ［図２］のように、半径が１０ cm で中心角が４５°であるおうぎ形と直角三角形が重なった図形があります。斜線部分の面積は何 cm^2 ですか。

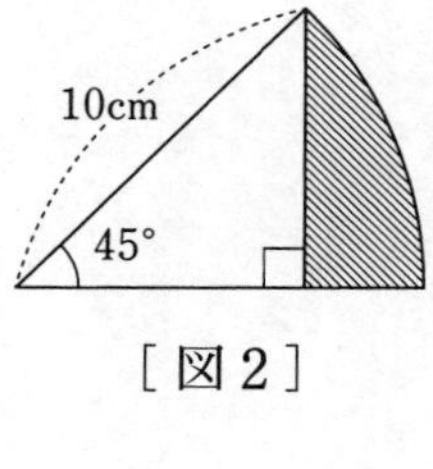

［図２］

(3)　［図３］のように、半径１０cm で中心角が９０°であるおうぎ形があります。
斜線部分の面積は何 cm^2 ですか。

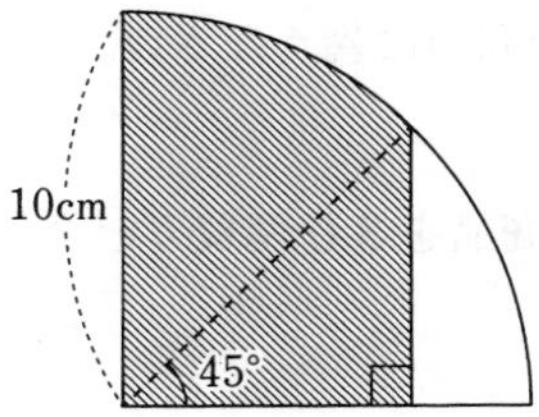

［図３］

5　下のように、ある規則《きそく》で数が並んでいます。

１，２，３，２，３，４，３，４，５，４，５，６，・・・

つぎの問いに答えなさい。

(1)　初めて８が出てくるのは、最初から数えて何番目ですか。

(2)　最初から数えて、３２番目の数はいくつですか。

(3)　最初から３２番目までの数の和はいくつですか。
式や考え方も書きなさい。

【社　会】〈第１回試験〉（30分）〈満点：100点〉

1　次の（1）～（5）の各文章は、ある都道府県のことを説明したものです。説明されている都道府県名を漢字で答えなさい。ただし、「都」「道」「府」「県」のどれかを正しくつけて書きなさい。また、下の地図から、その都道府県の位置をそれぞれ選んで番号で答えなさい。

(1) ここは昔、東部が「越前《えちぜん》の国」、西部が「若狭《わかさ》の国」とよばれていました。鯖江《さばえ》市は、めがねのわく（フレーム）の生産量が全国１位で、「めがねのまち」として知られています。若狭湾沿岸には原子力発電所が多いことも知られています。

(2) 対岸の坂出《さかいで》市と連絡橋《れんらくきょう》で結ばれている倉敷《くらしき》市は石油化学工業がさかんで、瀬戸内《せとうち》工業地域の中心となっています。ぶどうやももの栽培《さいばい》もさかんで、マスカットというぶどうの品種が全国的によく知られています。

(3) 海に面していない内陸県です。ぶどうの収穫量《しゅうかくりょう》が全国一で、ワインの生産もさかんです。昔は「甲斐《かい》の国」とよばれました。

(4) 海に面していない内陸県です。日本一の広さの湖は、「近畿《きんき》の水がめ」といわれます。湖の東には織田信長が建てた安土城の跡《あと》があります。昔は「近江《おうみ》の国」とよばれました。

(5) 砂丘《さきゅう》周辺では、なし、すいか、らっきょうなどの栽培がさかんです。標高１７２９ｍの大山《だいせん》があります。

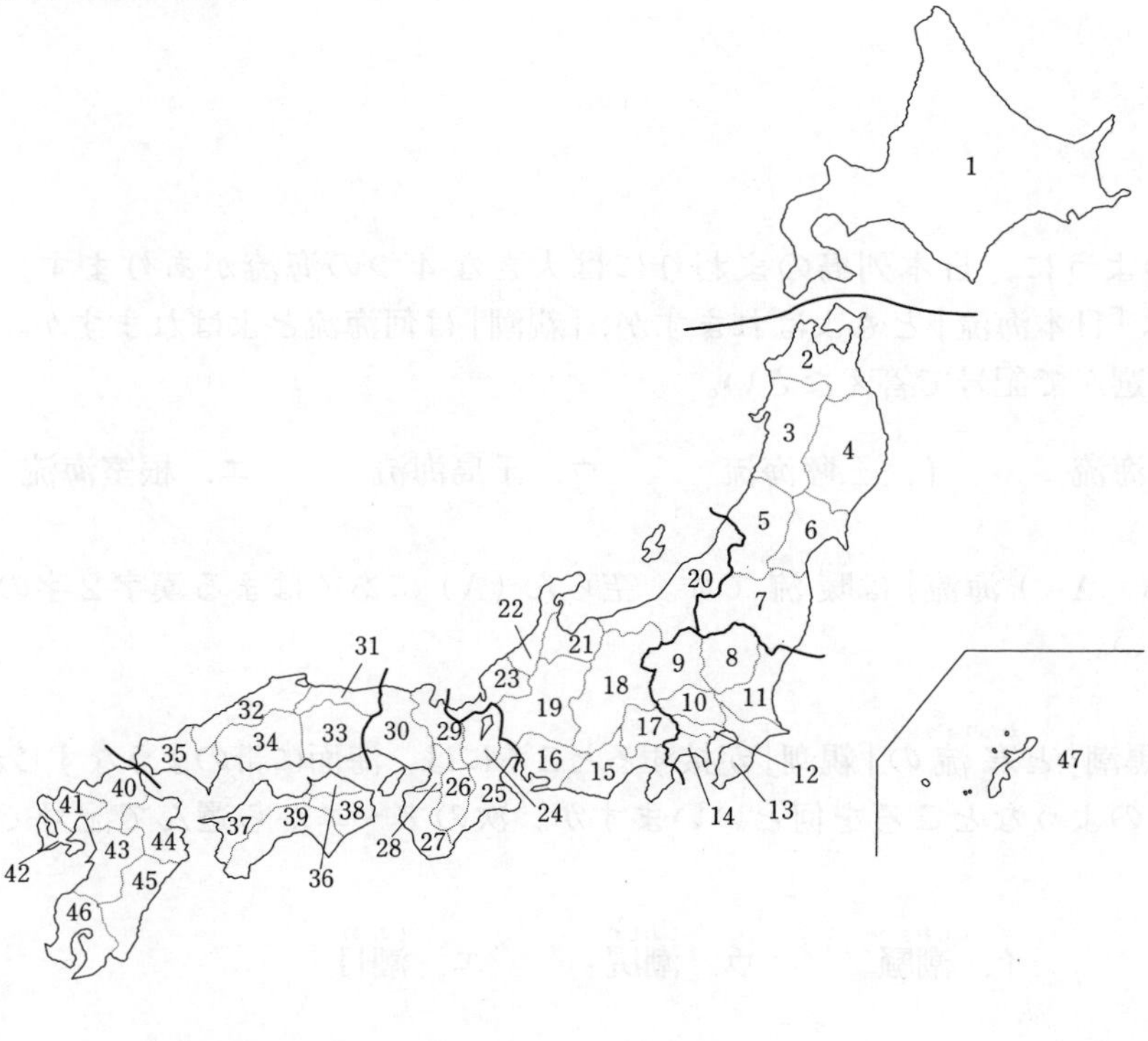

2　まわりを海にかこまれた日本列島では、昔から漁業がさかんでした。図を見て、問いに答えなさい。

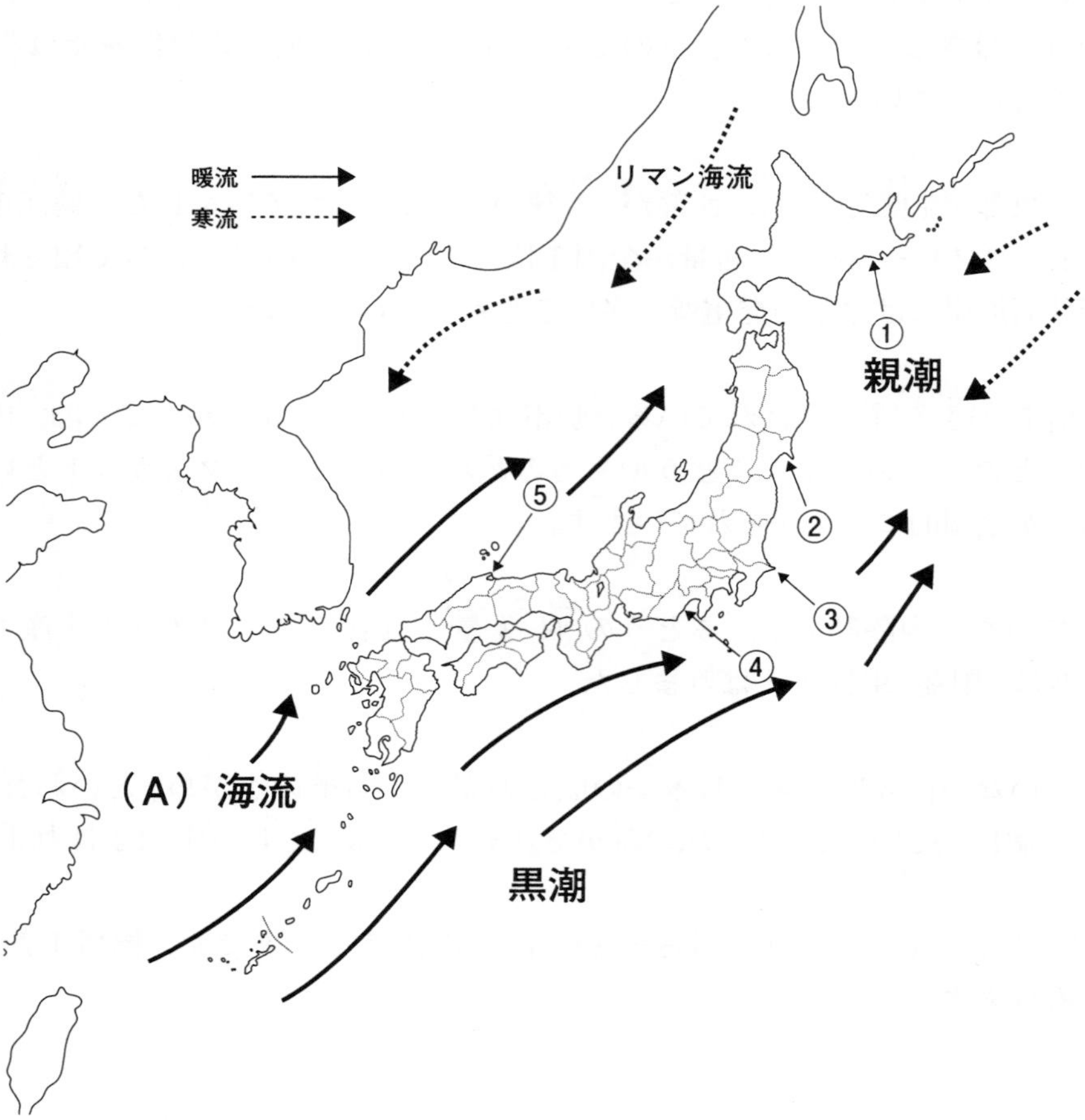

問１．上の図のように、日本列島のまわりには大きな４つの海流があります。図中の「黒潮《くろしお》」は「日本海流」ともよばれますが、「親潮《おやしお》」は何海流とよばれますか。次のア～エから選んで記号で答えなさい。

ア．知床海流　　イ．三陸海流　　ウ．千島海流　　エ．根室海流

問２．図中の「（　A　）海流」は暖流《だんりゅう》です。空らん（A）にあてはまる漢字２字の語句を答えなさい。

問３．暖流の「黒潮」と寒流《かんりゅう》の「親潮」が接するところには、海面に帯のようなすじが現《あらわ》れます。そのようなところを何といいますか。次のア～エから選んで記号で答えなさい。

ア．潮帯《しおおび》　　イ．潮騒《しおさい》　　ウ．潮尻《しおじり》　　エ．潮目《しおめ》

問４．問３．のような場所では、暖流《だんりゅう》と寒流《かんりゅう》がまじりあって、魚のえさとなるプランクトンが多く発生します。また、日本のまわりの海では、多くのプランクトンが発生する地形上の理由があります。それは、海岸線から水深２００ｍくらいまで、ゆるやかな傾《かたむ》きの海底が広がっていることです。このような地形を何といいますか。答えなさい。

問５．右のグラフ〔Ⅰ〕は、２０２０年の全国主要漁港の水揚《みずあ》げ量（漁獲《ぎょかく》量）を示すものです。第１位のＢの漁港は何という漁港ですか。Ｂにあてはまる地名を答えなさい。また、その位置を前ページの図の①～⑤から選んで番号で答えなさい。

〔Ⅰ〕全国主要漁港取扱《とりあつかい》量

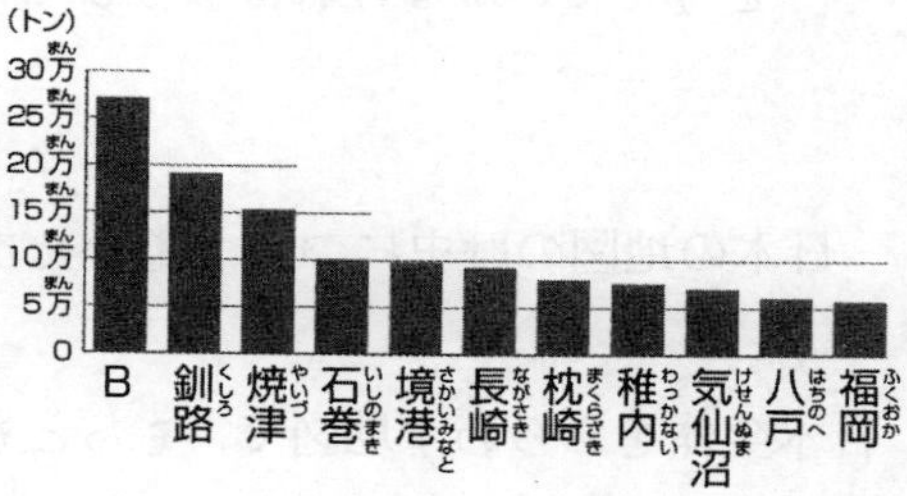

（５万トン以上／『こども日本地図』より）

問６．右のグラフ〔Ⅱ〕は、日本における１９６４年以降《いこう》の漁業種類別生産量の変化を示すものです。次の(1)(2)に答えなさい。

〔Ⅱ〕漁業種類別生産量の変化

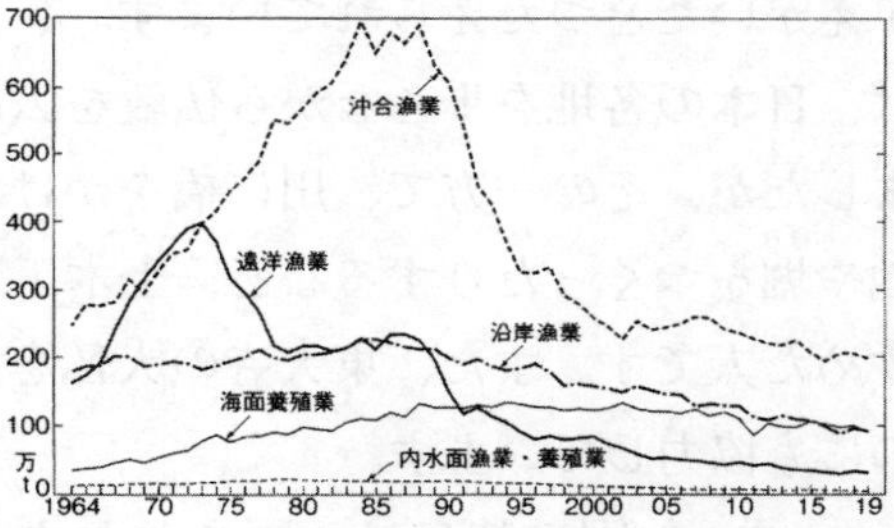

（『日本国勢図会 2021/22』より）

(1) 遠洋漁業の生産量が１９７０年代に減っています。これは、海岸線から２００カイリ(注１)までの水域《すいいき》内にある魚介類《ぎょかいるい》(注２)や石油や石炭などの鉱産資源《こうさんしげん》は沿岸国のものである、という国際的なきまりができたからです。このような水域を「（Ｃ）的経済《けいざい》水域」といいます。
空らん（Ｃ）にあてはまるものを、次のア～エから選んで記号で答えなさい。

ア．漁獲　　イ．排他《はいた》　　ウ．領海《りょうかい》　　エ．海洋《かいよう》

（注１）「カイリ（海里）」は海上の距離を表す単位。200カイリは約370km。
（注２）魚介類：魚や貝、海藻《かいそう》といった水産物のこと。

(2) 養殖《ようしょく》業は、沖合《おきあい》漁業や沿岸漁業の「とる漁業」に対して「育てる漁業」といわれます。カキやワカメ、ブリやタイなどの魚介類を育てます。その養殖業が大きな被害《ひがい》を受けることがあります。それは、どのようなときですか。考えられる場合を一つ書きなさい。

問７．以前に比べると、世界的に魚介類を食べる人たちが増えています。一人が一日に食べる魚介類の量が、日本人の１２７グラムに対して、韓国人は２４７グラム、中国人は１０４グラム、インドネシア人は１２１グラム、となりました。

（『日本国勢図会2021/22』より）

ＳＤＧｓ《エスディージーズ》（持続《じぞく》可能な開発目標）の目標１４は「海の豊かさを守ろう」です。私たちがこれから地球上の水産資源の豊かさを守っていくためには、どのようなことを考えていかなければなりませんか。自分の考えを書きなさい。

3　日本の地図の歴史について書いた次の文章を読んで、問いに答えなさい。

日本全体をあらわす地図で、もっとも古いといわれているのは、「（　ア　）図」とよばれるものです。この地図は、約１３００年ほど前の⑴ 天平《てんぴょう》時代にかつやくした僧《そう》（　ア　）がえがいたとつたえられています。（　ア　）は、日本の各地を歩きながら仏教を広めていましたが、その一方で、川に橋をかけたり、池や堀《ほり》をつくったりするなど、土木工事をすすめた人です。また、東大寺の大仏をつくるのにも協力しています。

（　ア　）図の特色は、国をおおまかな形でえがいて、かさねていくというかき方にあります。なお、ここでいう国とは、⑵ 陸奥《むつ》、越前《えちぜん》、日向《ひゅうが》、武蔵《むさし》、加賀《かが》など、日本のむかしの行政《ぎょうせい》の単位《たんい》のことで、現在でいうと都府県のようなものであるといえます。

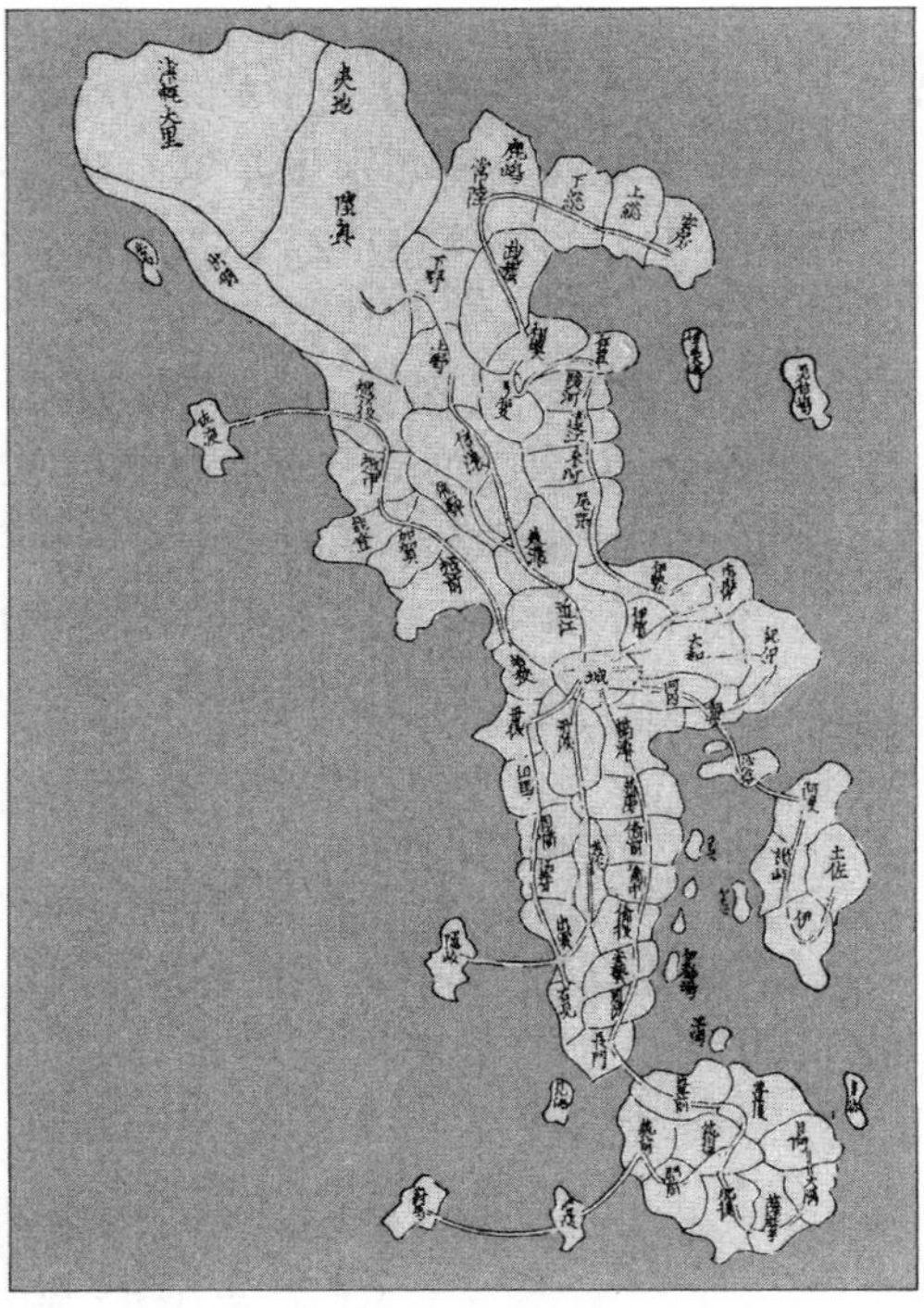

▲江戸時代につくられた本におさめられている「（　ア　）図」。国をふくろのような形でおおざっぱにえがき、それをかさねながら全体の形をあらわしています。

今から４５０年ほど前の⑶ 室町時代に、ヨーロッパの人々が次々と日本をおとずれ、数多くの新しいものをもたらしました。

その中には、当時ヨーロッパで使われていた世界図や地球儀《ちきゅうぎ》がふくまれていました。⑷ 室町時代から安土・桃山時代は、こうした海外の新しい文化をどんどんとり入れた時代でした。大阪城《おおさかじょう》をつくった⑸ 豊臣秀吉は、日本図や世界図の屏風《びょうぶ》をながめていたようです。

やがて江戸時代になると、⑹ 幕府が外国とのつきあいを禁止《きんし》する鎖国《さこく》の命令を出したので、外国からの情報はほとんど入ってこなくなりました。しかし、国内は平和におさまっていたので、国内の地方の知識《ちしき》はゆたかになりました。そして、２００年ほど前の、江戸時代も半《なか》ばをすぎたころ、長久保赤水《ながくぼせきすい》という地理学者が出て、「改正日本輿地路程全図《かいせいにほんよちろていぜんず》」といったすぐれた地図がつくられるようになったのです。

長久保赤水の地図には、日本の地図では初めて緯線《いせん》がえがかれました。また、緯線と直角にまじわる縦《たて》の線もえがかれています。赤水は、幕府のもっていた世界図や日本図、国絵図（幕府が大名につくらせた国単位の地図）をもとにしながら、２０年もかかってこの地図を完成させ、江戸時代後半の代表的な日本図として使われたのでした。赤水は、日本図のほかに、世界図や北海道の地図もつくっています。

長久保赤水の日本図は、地形がかなり正確《せいかく》にえがかれているすぐれたものでしたが、じっさいに測量《そくりょう》してつくった実測図《じっそくず》ではありませんでした。

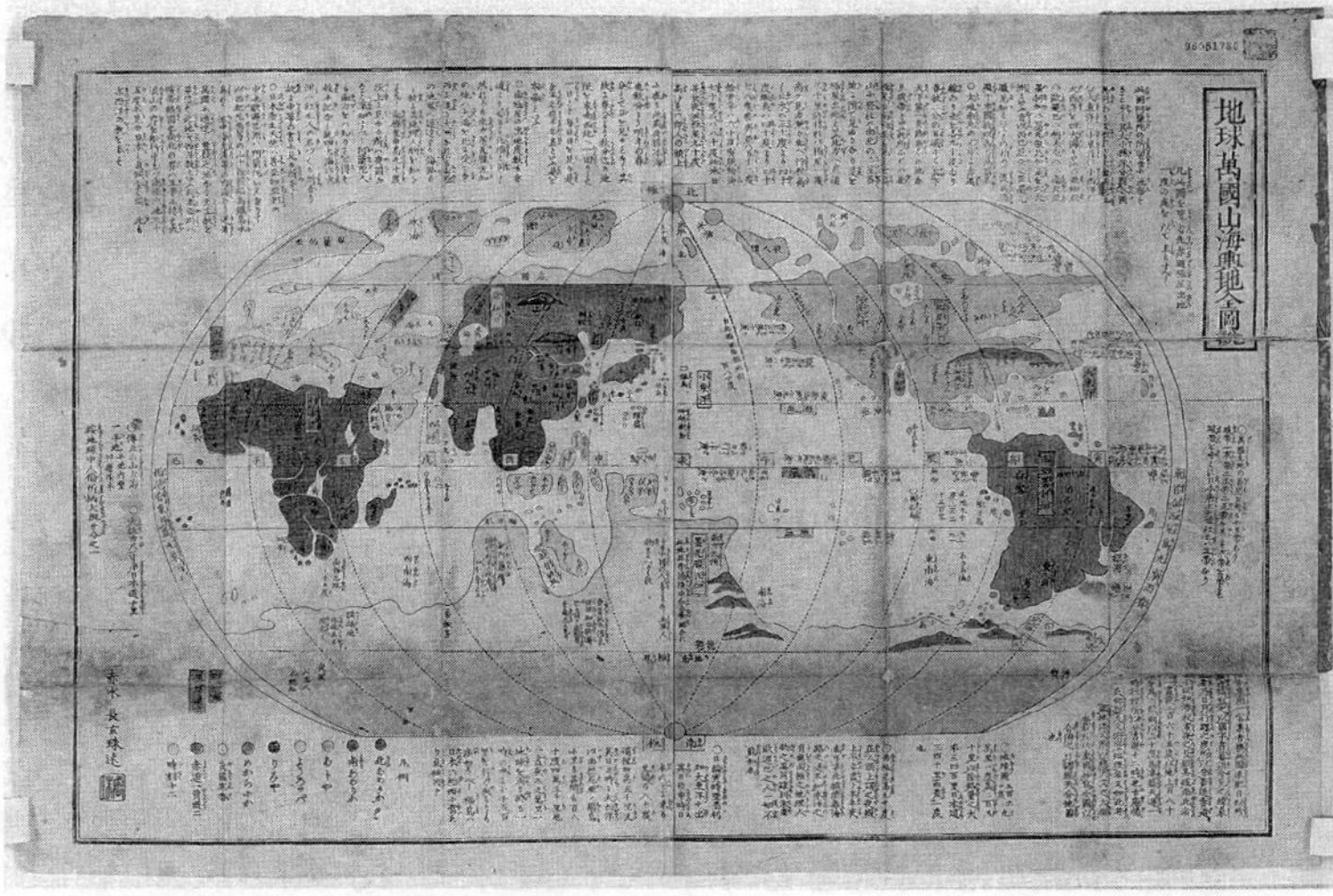

▲長久保赤水《ながくぼせきすい》の「地球万国山海輿地全図説《ちきゅうばんこくさんかいよちぜんずせつ》」。ヨーロッパの地図をもとにつくった、世界図です。（京都大学附属図書館所蔵）

日本で最初の近代的な実測図《じっそくず》をつくったのは、（　イ　）でした。

（　イ　）は勉強好きで、５０歳《さい》で仕事からはなれたのを機会《きかい》に、それまでにも興味《きょうみ》をもっていた測量《そくりょう》学を習うようになりました。そして、江戸幕府の命令をうけて、まず、北海道と東北地方の測量をおこない、完成した地図を幕府におさめました。

これが正確だったので、幕府はつづいて日本全土の実測と地図の作製《さくせい》を（　イ　）に命じました。

享和《きょうわ》元（１８０１）年に始められたこの大事業は、三年後に東日本の測量が完了《かんりょう》し、西日本も１３年間の長い間かかって完了しました。そして、この測量の結果《けっか》を使って、日本全図の作成がおこなわれたのです。

しかし、（　イ　）は日本全図が完成する前に死にました。そこで、（　イ　）の恩師高橋《おんしたかはし》至時《よしとき》の子景保《かげやす》やその弟子たちがうけつぎ、文政四（１８２１）年「大日本沿海輿地全図《だいにほんえんかいよちぜんず》」として完成させたのでした。この「大日本沿海輿地全図《だいにほんえんかいよちぜんず》」は、地球を球体としてとらえ、そのうえにある地形をじっさいに測量《そくりょう》してつくった、まさに画期的《かっきてき》な地図で、経線《けいせん》、緯線《いせん》ともきちんと縮尺《しゅくしゃく》されてえがかれています。

新しい知識《ちしき》を得ることに熱心だった学者の高橋景保は、(7) オランダの商館の医師（　ウ　）となかよくなり、（　ウ　）から外国の地図をゆずりうけるかわりに「大日本《だいにほん》沿海輿地全図《えんかいよちぜんず》」のうつしを（　ウ　）へおくりました。（　ウ　）はオランダに帰って日本にかんする書物を出版しましたが、これに「大日本沿海輿地全図《だいにほんえんかいよちぜんず》」をもとにした地図がおさめられています。なお、高橋景保は、勝手《かって》に地図を外国人の手にわたしたということで、きびしく処罰《しょばつ》されました。

（清水靖夫　渡辺一夫著『地図がたのしくわかる本－５　地図の歴史』より）

問１．空らん（ア）に入る、もっともふさわしい人名を漢字で答えなさい。

問２．⑴ 天平《てんぴょう》時代に栄えた文化について説明した文章を、下の①～④から選んで番号で答えなさい。

①元《げん》の兵士と戦う竹崎季長《たけざきすえなが》のようすをえがいた『蒙古襲来絵巻《もうこしゅうらいえまき》』がつくられました。
②書院造《しょいんづくり》の床《とこ》の間《ま》をかざるため、生け花がさかんになりました。
③かな文字が女性に使われて、『枕草子《まくらのそうし》』や『更級日記《さらしなにっき》』などすぐれた作品が生まれました。
④『唐招提寺鑑真和上像《とうしょうだいじがんじんわじょうぞう》』に代表されるようなすぐれた彫刻《ちょうこく》がつくられました。

問３．下の①～④の文章は、⑵ 陸奥《むつ》国でおこったできごとについて述べています。古い順に並べかえ、番号で答えなさい。

①豊臣秀吉は、小田原の北条氏との戦いに参陣《さんじん》しなかった陸奥国の葛西氏《かさいし》などの大名の所領《しょりょう》を没収《ぼっしゅう》しました。「奥州仕置《おうしゅうしおき》」といわれるこの政策《せいさく》で、陸奥国の中・北部は南部氏《なんぶし》、南部は伊達氏《だてし》の所領となりました。
②奈良から京都に都が移ったころ、征夷大将軍《せいいたいしょうぐん》の坂上田村麻呂《さかのうえのたむらまろ》は胆沢城《いさわじょう》を築《きず》き、大軍をひきいて蝦夷《えみし》のアテルイを降伏《こうふく》させました。
③奥羽越列藩同盟《おううえつれっぱんどうめい》をむすんで、薩摩《さつま》・長州《ちょうしゅう》中心の新政府軍と戦いました。
④奥州藤原《おうしゅうふじわら》氏は、陸奥国でとれる金を使って平泉《ひらいずみ》に京や奈良の人々もおどろくような黄金文化、仏教文化を築きます。しかし、藤原秀衡《ひでひら》が源義経《みなもとのよしつね》をかくまったことをきっかけに、源頼朝によって滅《ほろ》ぼされました。

問４．下線部 ⑶ について、このときヨーロッパからもたらされた新しいものや文化にはどんなものがありますか。世界図・地球儀《ちきゅうぎ》以外で一つ答えなさい。

問５．⑷ 室町時代に、明《みん》と勘合《かんごう》貿易をはじめたのは誰《だれ》ですか。漢字で答えなさい。

問６．⑸ 豊臣秀吉が「太閤検地」・「刀狩」をおこなったことにより、世の中はどのように変わっていきましたか。説明しなさい。

問７．⑹ 幕府が外国とのつきあいを禁止《きんし》する鎖国《さこく》の命令を出したとありますが、すべての国とのつきあいが禁じられたわけではありません。幕府によってつきあいが認められていた国を一つ答えなさい。

問８．空らん（イ）に入る、もっともふさわしい人名を答えなさい。

問９．⑺ オランダは下の地図中のどの国ですか。地図から選んで番号で答えなさい。

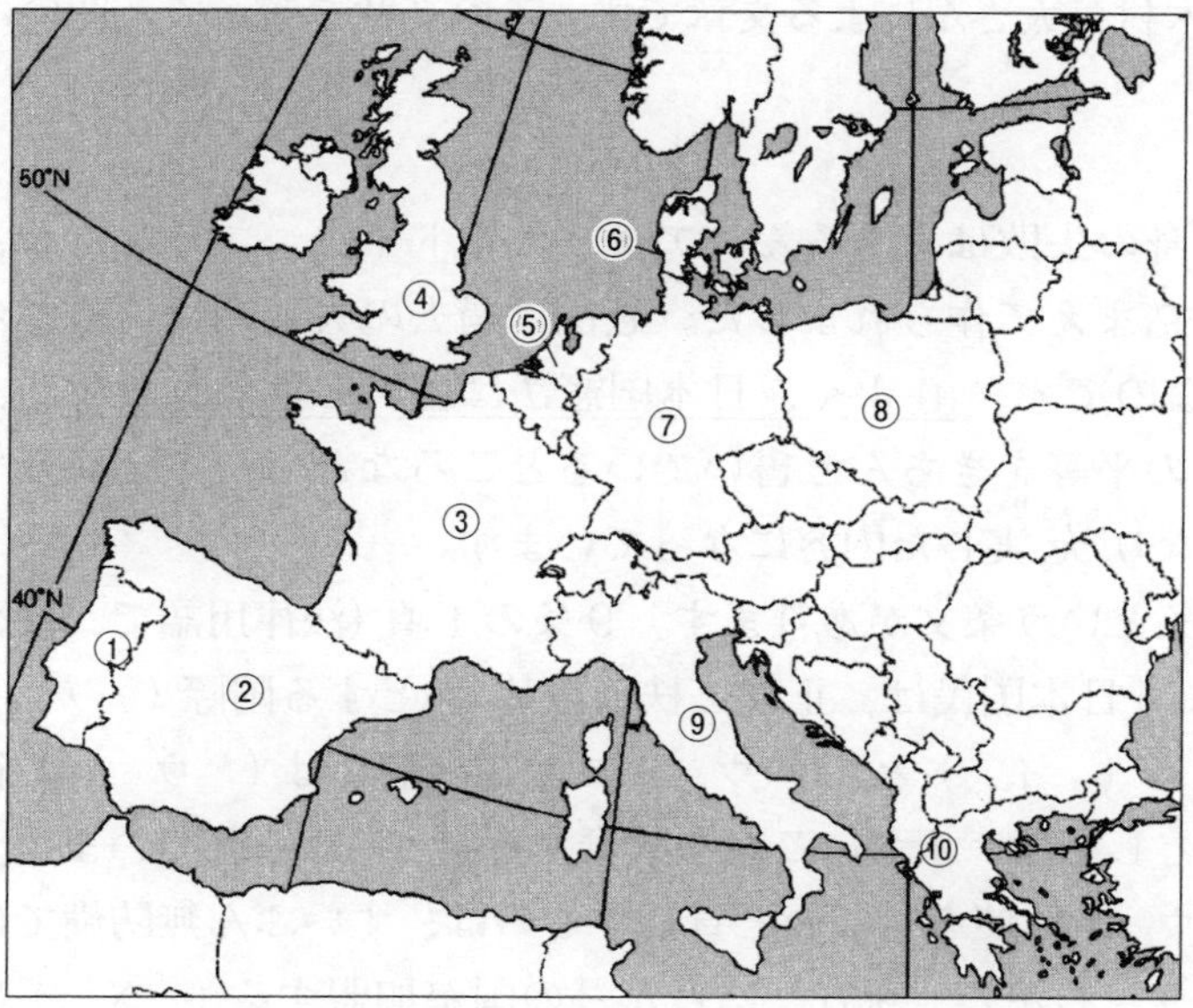

問10．空らん（ウ）に入る、もっともふさわしい人名を答えなさい。

4　次の (1) ～ (4) の各文について、下の問いに答えなさい。

(1) 鎌倉殿《かまくらどの》とよばれた夫が死んだ後も、幕府を守りぬいた私には４人の子と５人の孫がいましたが、みな若くしてこの世を去りました。

(2) 最後は７８歳《さい》まで総理大臣をしていた私が、４４歳のときにつくったのが立憲改進党です。

(3) 私が天皇を退位《たいい》するまでの３１年間は、平和主義の憲法のもとで日本は戦争を一度もしませんでした。

(4) 普通選挙法が成立したとき「普選《ふせん》はまだ完成していない。婦選《ふせん》が残っている」と女性の選挙権を求める運動をした私は３１歳でした。私は８７歳で死ぬまで、日本が女子差別撤廃《てっぱい》条約に同意するよう訴え続けました。

問１．各文の「私」とは誰《だれ》のことですか。人名を答えなさい。ただし、(1) は漢字で書きなさい。

問２．(1) ～ (4) の「私」を、生まれた年が古い順に番号で並《なら》べなさい。

5 次の文章は、『１４歳の世渡り術世界を平和にするためのささやかな提案』という本に収められた、憲法学者の木村草太さんによる文章です。この文章を読んで、問いに答えなさい。

今の日本の憲法は、日本自身の失敗はもちろん、アメリカやドイツ、フランスなどのヨーロッパの国々の失敗をも踏《ふ》まえて作られました。憲法は過去の失敗の積み重ねから生み出された「歴史の知恵」なのです。(1) よく、日本国憲法は古いと言われますが、内容はまだまだ先端的《せんたんてき》で、男女の平等をきちんと書いているところなどは、アメリカやイギリスの憲法に比べても、かなり充実《じゅうじつ》した内容になっています。

さて、日本国憲法には、９条という条文があります。９条の１項《こう》（法律用語で、段落のことを「項」と言います）では、「日本国民は、正義と秩序《ちつじょ》を基調《きちょう》とする国際（　ア　）を誠実に希求し、国権の発動たる（　イ　）と、（　ウ　）による威嚇《いかく》又は（　ウ　）の行使は、国際紛争《ふんそう》を解決する手段としては、永久にこれを放棄《ほうき》する」と定められています。

（　ウ　）による威嚇や（　ウ　）行使をしないと宣言するのは、ずいぶん無防備ではないか、と思う方もいるでしょう。しかし、現在、ほとんどの国が加盟する（　Ｘ　）は、その憲章２条４項で、「すべての加盟国は、その国際関係において、（　ウ　）による威嚇又は（　ウ　）の行使を、いかなる国の領土保全又は政治的独立に対するものも、また、（　Ｘ　）の目的と両立しない他のいかなる方法によるものも慎《つつし》まなければならない」と定めています。これは（　ウ　）不行使原則と呼ばれ、現代(2) 国際法の大原則です。

それほど遠くない昔、借金を回収したり、領土を拡張したりする目的で、（　ウ　）が使われることは珍《めずら》しいことではありませんでした。これでは、世界（　ア　）など夢のまた夢です。そこで、国際社会は、（　ウ　）行使を禁止する大原則を確立しました。憲法９条１項は、とてもユニークな条文だとしばしば言われますが、実は、この大原則を確認したもので、グローバルスタンダードなのです。

ただし、日本国憲法にはユニークな点もあります。（　Ｘ　）憲章は、（　ウ　）不行使原則に三つの例外、つまり、①侵略《しんりゃく》国が現れた時に（　Ｘ　）全体で軍事行動をとる「集団安全保障措置《そち》」、②攻撃《こうげき》を受けた国が自ら反撃する「個別的（　エ　）権」、③直接攻撃を受けていない国が攻撃を受けた国の（　エ　）を手助けする「集団的（　エ　）権」を定めていますが、日本国憲法は②個別的（　エ　）権以外は、行使できないようにしています。

日本国憲法は(3) 日本政府に対して、国民の生命・身体・財産を守る義務を課していますから（憲法前文・１３条）外国政府が（　ウ　）攻撃をしてきたときには、警察や消防の延長として防衛活動をしなければなりません。これは、（　Ｘ　）憲章からみると、②個別的（　エ　）権として正当化されると考えられています。これに対し、外国の主権を侵害《しんがい》するような（　ウ　）の行使を認める条文はないので、①集団安全保障措置や、③集団的（　エ　）権の行使は許されません。

この点については、外国で民族弾圧などの苛烈《かれつ》な人権侵害がなされているにもかかわらず、それをやめさせるための①集団安全保障措置や③集団的（　エ　）権に参加しないのは、大国としての責任放棄ではないか。だから(4)憲法を改正して、軍事権を行使できるようにすべきだという人もいます。

これに対し、いくら国際法上合法でも、(　ウ　)を行使すれば、当事者から「敵」に見られ、国際紛争の仲介《ちゅうかい》や難民支援《しえん》・復興協力がやりにくくなる。だから、今の憲法を守り、日本独自の立場を確立する方が、より国際貢献《こうけん》になるはずだと主張する人もいます。たとえば、アフガニスタンで井戸を掘《ほ》るボランティア活動をした(5)中村哲《てつ》さんは、自分がアフガニスタンを攻撃《こうげき》したアメリカ人だったら、アフガニスタンで活動するのは難しかったのではないか、と言っています。

私自身は、日本国民の国際社会への関心の低さを考えると、(　ウ　)行使すべきかどうかについての日本政府の判断をあまり信用できないので、(　ウ　)行使の選択肢《せんたくし》を拡大することに慎重《しんちょう》な立場です。しかし、政策的にはどちらも真剣に検討すべき議論です。国際(　ア　)という究極の理想を共有した上で、「先進国として世界の(　ア　)のためにどのような活動をすべきなのか」を十分に議論することが必要です。その上で、国民的な合意ができれば、それを憲法に書き込《こ》むことも必要でしょう。

(木村草太「すべては理想を掲《かか》げることから始まる」より)

問１．下線部(1)に関連して、日本国憲法が施行《しこう》(効力を持って実施《じっし》されること)された年月日を西暦《せいれき》で答えなさい。

問２．空らん(ア)～(エ)に入る、もっともふさわしい語句を漢字２字で答えなさい。

問３．空らん(X)には、１９４５年に設立された国際機構の名称《めいしょう》や略称が入ります。この国際機構の名称を漢字４字で答えなさい。

問４．(2)国際法は条約のことをさしています。日本の国の機関で外国と条約を結ぶ仕事を担《にな》うのは、どこですか。次の①～④より選んで番号で答えなさい。

①国会　　②皇室　　③裁判所　　④内閣

問５．下線部(3)に関連して、以下の憲法の条文の空らんにあてはまる語句を答えなさい。

第13条　すべて国民は、個人として尊重される。生命、自由及《およ》び幸福追求に対する国民の権利は、〔　　　　〕に反しない限り、立法その他の国政の上で、最大の尊重を必要とする。

問６．下線部 (4) に関連して、憲法改正に必要な要件について書いた以下の文の空らん〔A〕〔B〕にあてはまるものを①～④より選んで番号で答えなさい。

憲法の改正は、各議院の総議員の〔A〕以上の賛成で発議することができる。国会で発議された改正案を国民投票にかけ、〔B〕の賛成が得られれば改正が決まる。

①３分の１　②２分の１　③過半数　④３分の２

問７．(5) 中村哲さんに関して、中村さんの活動を支援《しえん》した「ペシャワール会」は、もともとパキスタンでの中村さんの医療《いりょう》活動を支援する目的でつくられた団体です。このような、政府ではなく市民がつくった社会課題に取り組む団体のことをなんといいますか。アルファベット３字で答えなさい。

【理　科】〈第１回試験〉（30分）〈満点：100点〉

1　図は、生物の「食べる・食べられる」の関係を表しており、図のＡ～Ｄはある生物のグループを示しています。(1) ～ (6) に答えなさい。

《図》

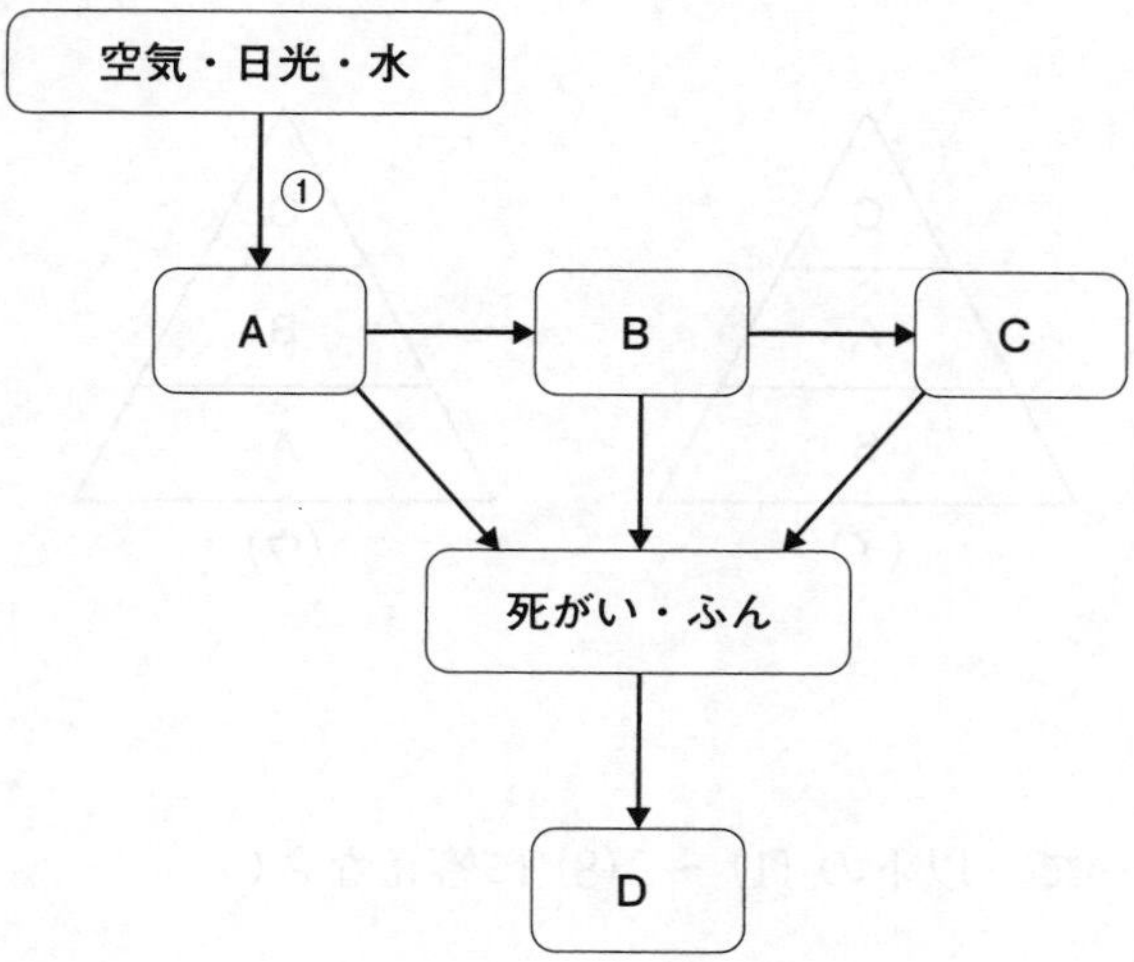

(1) 図のような「食べる・食べられる」の関係を何といいますか。

(2) 図の矢印①は、Ａの生物が空気・日光・水を使って養分をつくるはたらきを示しています。このはたらきを何といいますか。

(3) (2) のはたらきを行う生物を何といいますか。

(4) 次の（ア）～（ウ）は、図のＢ～Ｄの生物のはたらきを説明したものです。このようなはたらきを持つ生物をそれぞれ何といいますか。

（ア）Ｂの生物は、Ａの生物のつくった養分を直接利用する。
（イ）Ｃの生物は、Ａの生物のつくった養分を間接的に利用する。
（ウ）Ｄの生物は、ほかの生物の死がいやふんを栄養分として利用する。

(5) 図のＡ～Ｄに当てはまる生物を、次の（ア）～（ク）からそれぞれ２つずつ選び、記号で答えなさい。

（ア）バッタ　（イ）カエル　（ウ）クヌギ　（エ）シイタケ
（オ）イネ　（カ）アオカビ　（キ）キツネ　（ク）ウサギ

(6)「食べる・食べられる」のつり合いが保たれている地域では、Ａ～Ｃの生物の個体数はどのようになっていますか。最も ふさわしいものを次の（ア）～（エ）から１つ選び、記号で答えなさい。なお、（ア）～（エ）の図では、面積が大きいほど個体数が多いことを表しています。

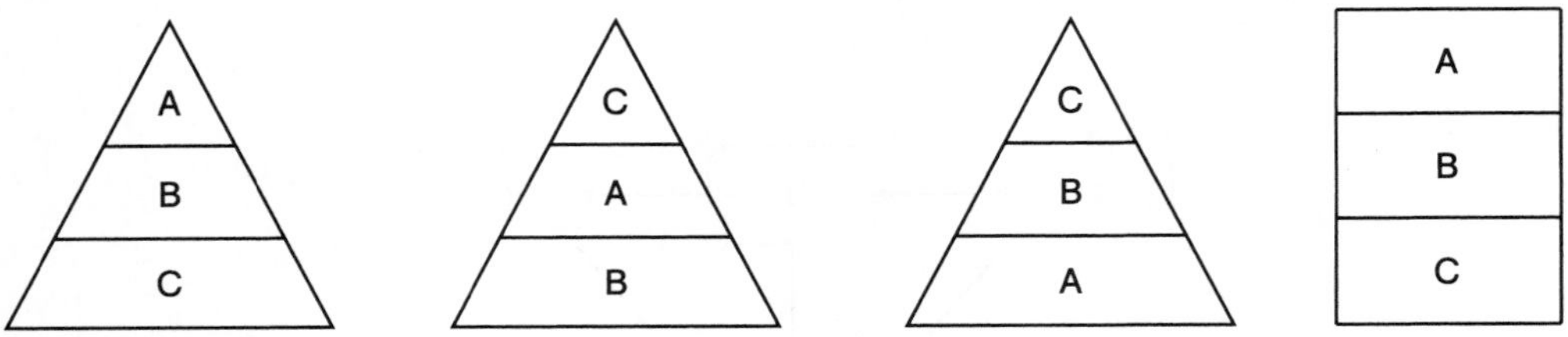

（ア）　（イ）　（ウ）　（エ）

2　次の①～⑩の岩石について、以下の（1）～（8）に答えなさい。

① ゲンブ岩	② アンザン岩	③ ギョウカイ岩	④ レキ岩	⑤ デイ岩
⑥ サ岩	⑦ カコウ岩	⑧ リュウモン岩	⑨ セッカイ岩	⑩ チャート

(1) 日本のようなプレートの沈《しず》み込《こ》み帯に多く存在する灰色の火山岩があります。①～⑩から１つ選び、番号で答えなさい。

(2) 基本的に白色～明灰色で、石英と斜長石《しゃちょうせき》が多く、他に角閃石《かくせんせき》などの有色鉱物が点々と認められる火山岩があります。①～⑩から１つ選び、番号で答えなさい。

(3) 降り積もった火山灰が押《お》し固められてできた岩石で、表面がガサガサした感じで、密度の小さな岩石があります。①～⑩から１つ選び、番号で答えなさい。

(4) 黒に近い色をして石英を含《ふく》まず、輝石《きせき》と斜長石が主な構成鉱物の岩石があります。①～⑩から１つ選び、番号で答えなさい。

(5) 二酸化ケイ素の殻《から》を持つプランクトンの死骸《しがい》が降り積もって形成され、非常に硬《かた》く、つるつるした表面が特徴《とくちょう》で、玉砂利《たまじゃり》などによく利用されている岩石があります。①～⑩から１つ選び、番号で答えなさい。

(6) 直径２㎜以上の粒《りゅう》子《し》が固まってできており、構成する粒子は、通常、角が取れて丸くなっていることが多い岩石があります。①～⑩から１つ選び、番号で答えなさい。

(7) 石英と長石（斜長石、カリ長石、またはその両方）を主体とする深成岩で、みかげ石とも呼ばれ、建材や墓石などによく使われている岩石があります。①～⑩から１つ選び、番号で答えなさい。

(8) 塩酸やクエン酸（レモン汁《じる》等）をかけると二酸化炭素の泡《あわ》を出しながら溶《と》けることで、他の岩石と容易に見分けられる岩石があります。①～⑩から１つ選び、番号で答えなさい。

3 棒や糸、バネの重さは考えないものとして、次の（1）～（6）に答えなさい。
図１はバネののびと重さの関係をグラフにしたものです。

《図１》

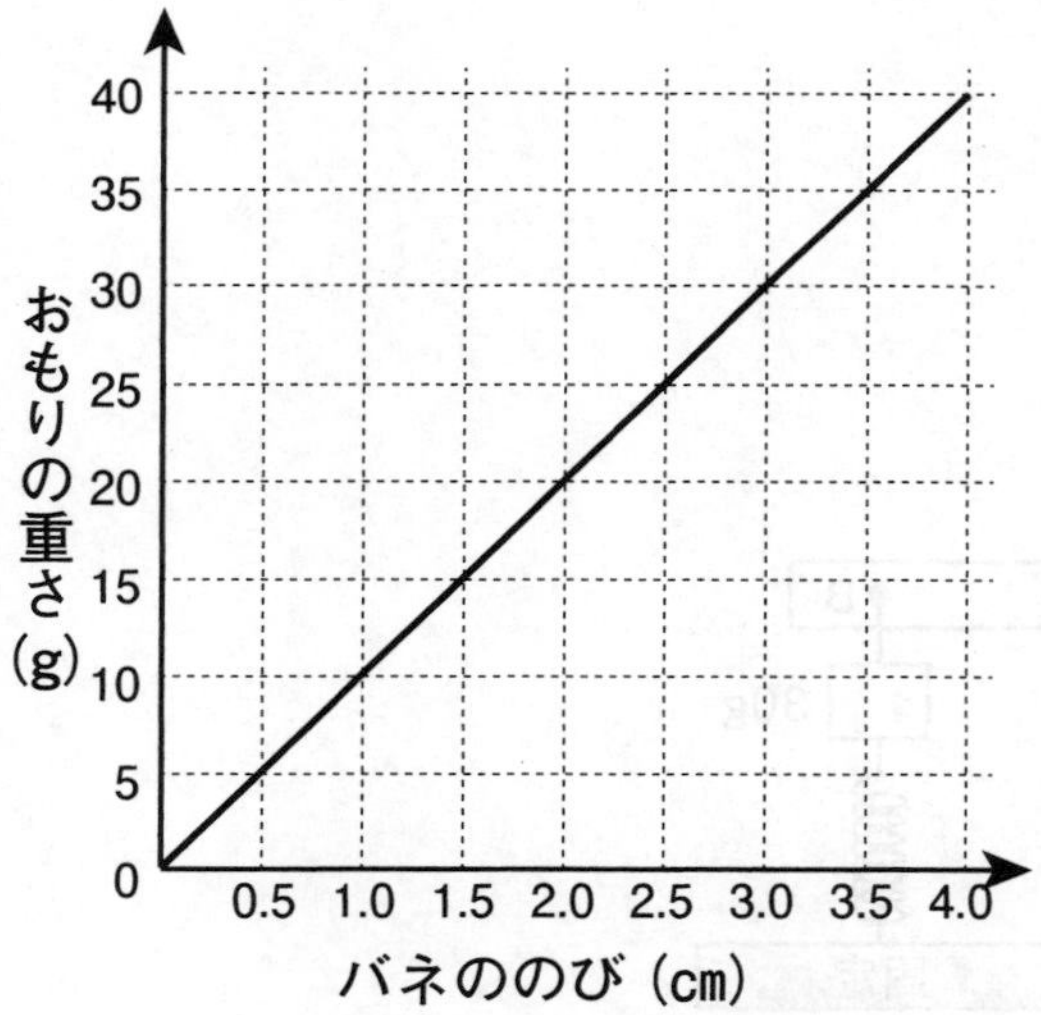

(1) このバネを使っておもりを下げたところ、バネののびは３.５㎝になりました。
おもりの重さは何ｇですか。

(2) このバネを使って１７ｇのおもりを下げたところ、バネは静止しました。
バネののびは何㎝ですか。

《図２》

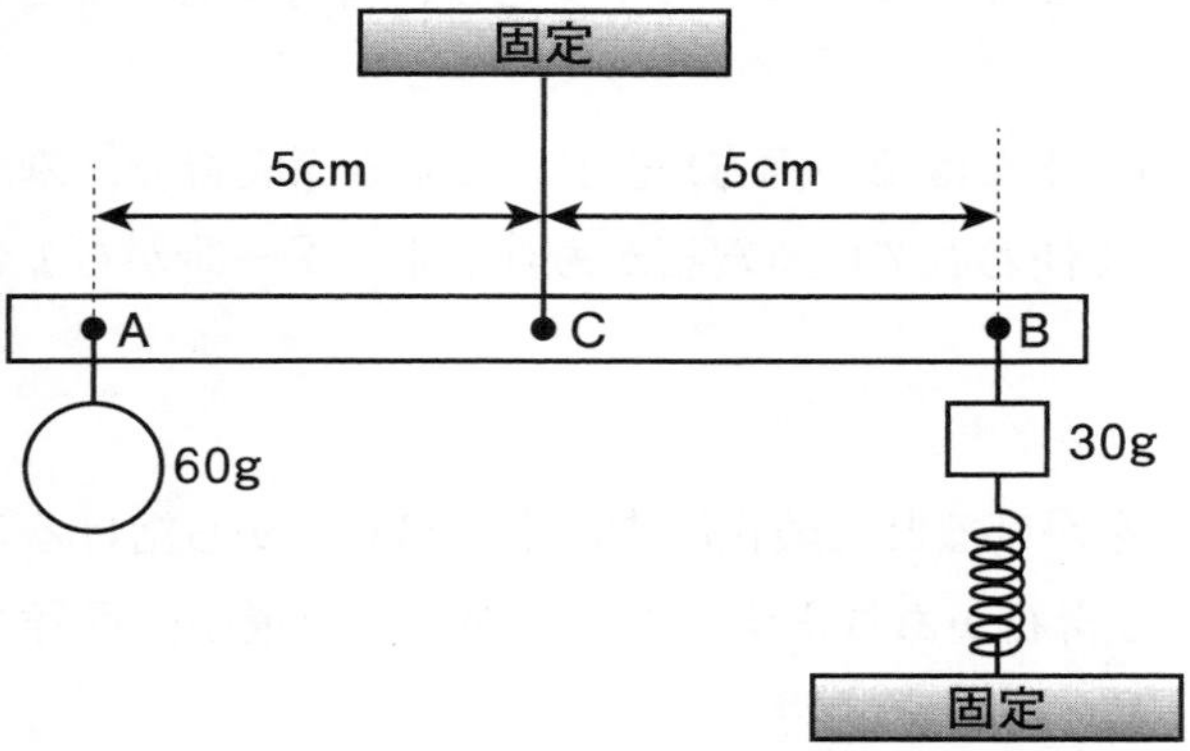

図１のバネを使って、図２のように棒が水平につり合うように上からつり下げました。

(3) 水平につり合う棒を支えている点Ｃを何といいますか。

(4) 図２のときのバネののびは何cmですか。

《図３》

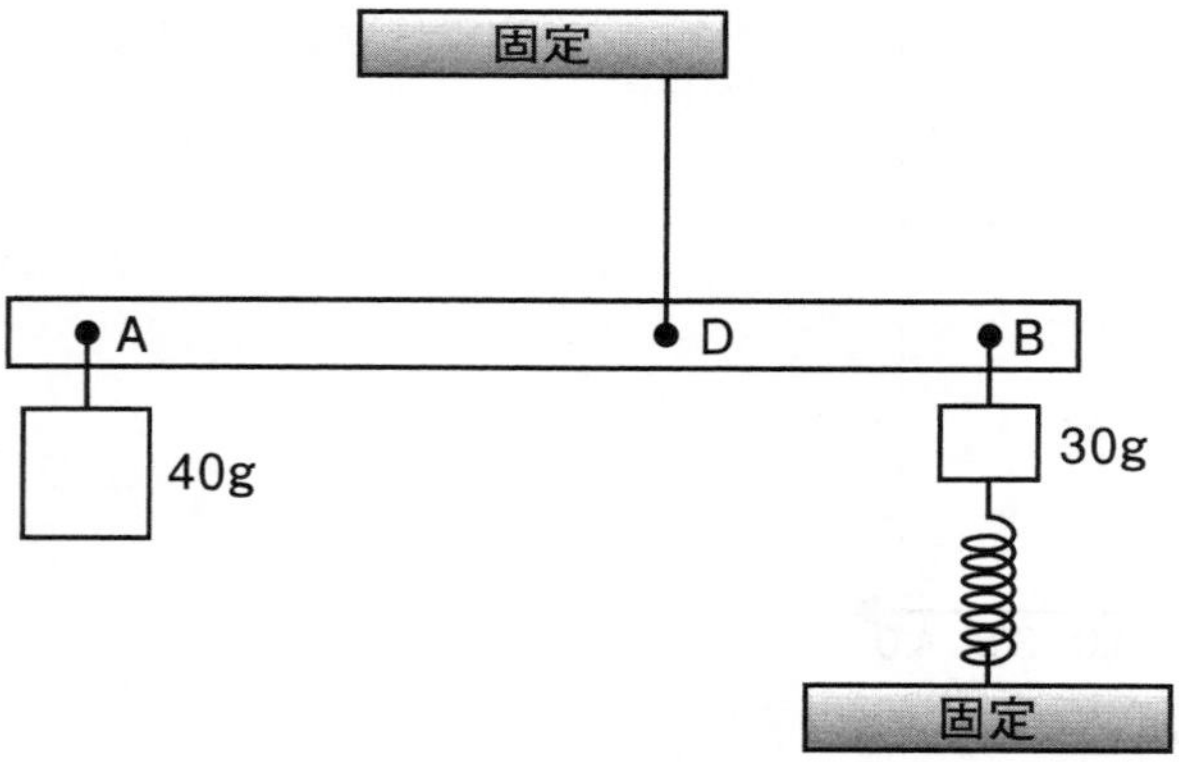

(5) 図２の棒を使って、おもりをつるした位置Ａ、Ｂとバネののびも、図２と同じにしました。Ａに４０ｇのおもりをつり下げ、図３のように水平につり合わせました。Ｄの位置はＡから何cmですか。

《図４》

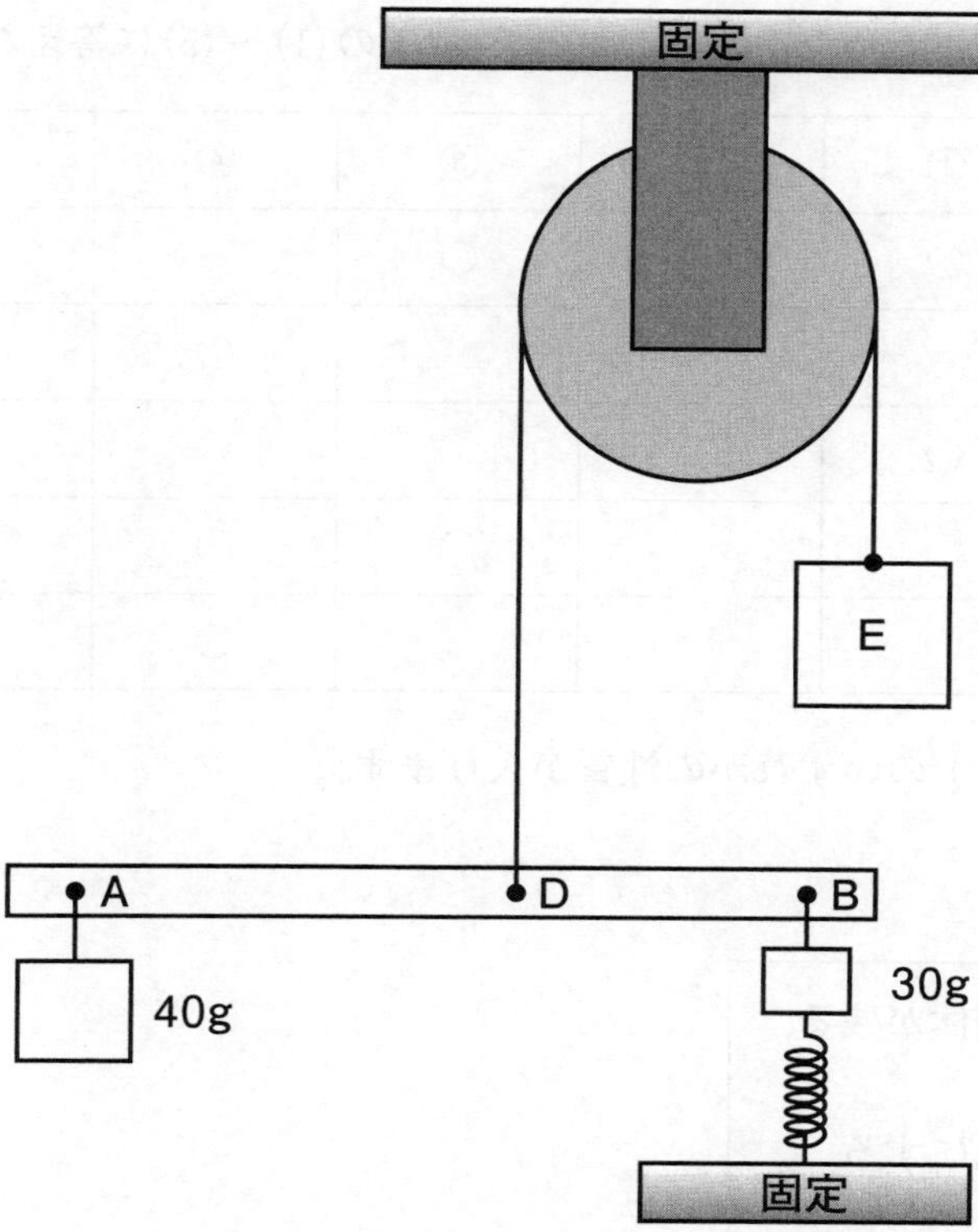

(6) 図３で上に固定してあったひもを、定かっ車を通しておもりＥにつなぎ、図４のように棒を水平につり合わせました。おもりＥは何ｇですか。

4 水溶液《すいようえき》の性質について、《Ⅰ》、《Ⅱ》に答えなさい。

《Ⅰ》いくつかの水溶液の性質をまとめた次の表について、以下の(1)～(5)に答えなさい。

水溶液＼性質	①	②	③	④	⑤
アンモニア水	○		○		○
砂糖水				○	
炭酸水	○	○			
水酸化ナトリウム水溶液	○		○	○	
水溶液Ｘ	○			○	

表の①～⑤には次の（ア）～（オ）のいずれかの性質が入ります。

【水溶液の性質】

（ア）水溶液を蒸発させると固体が残る
（イ）においがある
（ウ）緑色のＢＴＢ溶液を黄色にする
（エ）電流を通す
（オ）赤色リトマス紙を青色にする

また、表中の○印はその水溶液がその性質を持つことを表します。

(1) 炭酸水は何という物質が溶《と》けている水溶液ですか。物質名を答えなさい。

(2) 赤色リトマス紙を水酸化ナトリウム水溶液につけるとどのような様子を観察することができますか。次の（ア）～（ウ）から１つ選び、記号で答えなさい。

（ア）赤色のまま変化しない　（イ）黄色に変わる　（ウ）青色に変わる

(3) 表中の①、④にはどのような性質が入りますか。上の【水溶液の性質】の（ア）～（オ）からそれぞれ１つずつ選び、記号で答えなさい。

(4) 表中の水溶液Ｘとしてふさわしいものを、次の（ア）～（ウ）から１つ選び、記号で答えなさい。

（ア）石灰水　（イ）食塩水　（ウ）塩酸

(5) (4) では、どのように考えて答えを出しましたか。具体的に説明しなさい。

《Ⅱ》水溶液Ａ～Ｄを見分けるために、実験ａ～ｃを行いました。次の図はその作業の流れを表したものであり、図中の「はい」「いいえ」は実験で調べたことに対する結果を示しています。これについて以下の (6)、(7) に答えなさい。

ただし、水溶液Ａ～Ｄは「アンモニア水」「砂糖水」「炭酸水」「水酸化ナトリウム水溶液」のいずれかであり、また、実験ａ～ｃで調べたのは「緑色のＢＴＢ溶液が青色に変わるか」「においはあるか」「蒸発させると固体は残るか」のいずれかの事柄《ことがら》です。

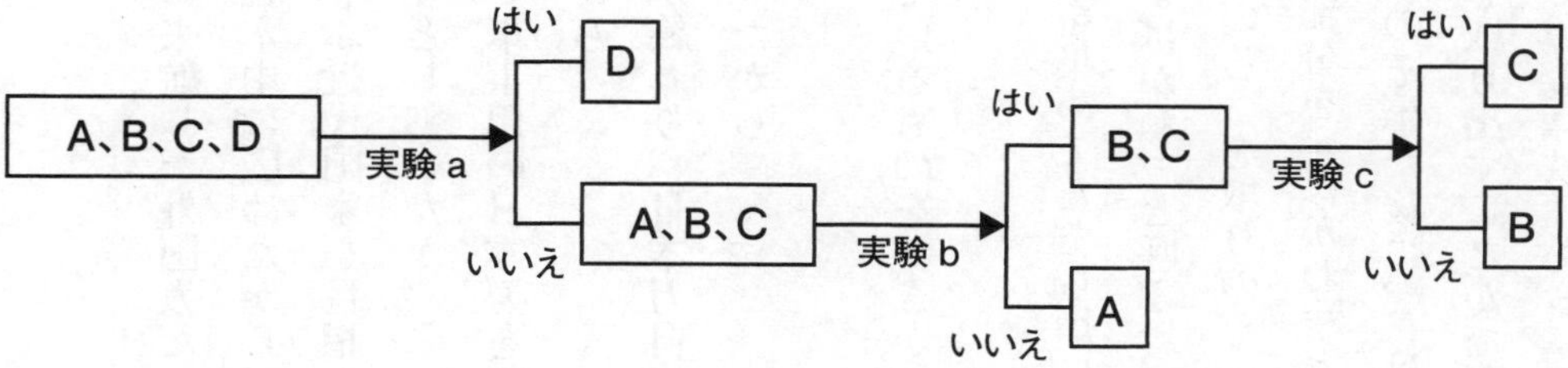

(6) 実験ａではどのようなことを調べましたか。次の（ア）～（ウ）から１つ選び、記号で答えなさい。

（ア）緑色のＢＴＢ溶液が青色に変わるか　（イ）においはあるか
（ウ）蒸発させると固体は残るか

(7) 水溶液Ｂは何ですか。次の（ア）～（エ）から１つ選び、記号で答えなさい。

（ア）アンモニア水　（イ）砂糖水
（ウ）炭酸水　（エ）水酸化ナトリウム水溶液

問七　――線⑥「日本古来の『たたら』を使った製鉄技術は、廃れることとなった」とありますが、このことの理由としてもっともふさわしいものをつぎから選び、記号で答えなさい。

ア　江戸時代末期に来航した外国人たちが、西洋式の大型炉を使ったすぐれた鉄を作る製鉄法を日本中に広めたから。

イ　日本は西洋に並ぶ近代国家を目指しており、そのためにさまざまな分野でたくさんの鉄を必要としていたから。

ウ　近代化が進み、軍事用の日本刀を作るにあたっても西洋式の大型炉が使われるようになったから。

エ　武士の世の中が終わり、日本刀自体がまったく不要なものとして捨てられるようになっていったから。

問八　本文の内容に合っているものをつぎから一つ選び、記号で答えなさい。

ア　「けら」の破片を集めてたたら炉に入れて熱し、そこから取り出したかたまりのことを「たまはがね」と呼ぶ。

イ　「けら」から「のろ」を取りのぞいたかたまりのうち、炭素量が少ない部分を「ずく」、多い部分を「はがね」と呼ぶ。

ウ　「のろ」を取りのぞいた後に、「けら」から「はがね」を、「はがね」から「たまはがね」を取り出すことができる。

エ　地中に埋まっている「鉄」から「はがね」だけを取り出す技術を初めて開発したのは、ヒッタイトという民族である。

問五　――線④「日本刀」とありますが、「たたら製鉄」にて「日本刀」ができあがるまでの具体的な作業はつぎのようになります。それぞれの作業を正しい順番に並べ直しなさい。

ア　台に乗せたかたまりを熱したり冷やしたりしながら「鍛える」。
イ　鉄以外の物質を取りのぞいた後、炉の温度を下げる。
ウ　「たまはがね」だけを選び出し、熱してかたまりにする。
エ　炉の底に残ったかたまりの中から「はがね」を選び出す。
オ　砂鉄と木炭を炉の中に入れて熱し、温度を上げる。

問六　――線⑤「西洋の製鉄技術」について、つぎのⅠ・Ⅱの問いに答えなさい。

Ⅰ「たたら製鉄」におとる部分を十五字以内で「～こと。」につながるように考えて答えなさい。

Ⅱ「たたら製鉄」よりもすぐれている部分をまとめたつぎの文の（　１　）～（　４　）に入れるのにふさわしい漢字二字の言葉を文中からぬき出しなさい。

つきっきりで砂鉄や木炭を入れたり、（　１　）調整をしたりといっためんどうな（　２　）をかけることなく、安い（　３　）で、（　４　）の鉄を生産することができる。

問三　――線②「『湯池穴』という穴」とありますが、この穴について説明したつぎの文の（　１　）～（　４　）に入れるのにふさわしい言葉を文中から三字以内でそれぞれぬき出しなさい。

「湯池穴」とは、たたら炉に空けられた、一五〇〇度よりも（　１　）温度で溶け出す物質が流れ出す穴を指す。これを利用して原料となる（　２　）から「のろ」と呼ばれる（　３　）にあたる物質を取りのぞく。そして炉の中に（　４　）と呼ばれるかたまりだけが残るようにする。

問四　――線③「特にバランスがよい構造になっている貴重な部位」とありますが、この構造になっていない部位を材料にして日本刀を作ったとしたらどうなりますか。つぎからもっともふさわしいものを選び、記号で答えなさい。

ア　加えられた力を分散して受け止めることにより、どれほどの力を加えたとしても決して折れない。

イ　加熱しようがどうしようが成形できない性質をもつことにより、相当の力を加えたとしても曲がらない。

ウ　炭素量が少ないために全体的に丈夫さにおいておとるものとなることにより、切れ味が悪くなる。

エ　力が加えられた時に特定の場所にだけ力が集中することにより、その場所から折れたり曲がったりする。

江戸《えど》時代末期に外国船が来航し、西洋式の大型炉を使った製鉄法が日本にも伝えられました。作り出せる鉄の品質は「はがね」に比べると格段に落ちます。しかし「たたら製鉄」とは違《ちが》い、めんどうな手間をかけることなく、安い費用で、大量の鉄を手にすることができます。明治時代となり、西洋に並ぶ近代国家を目指そうとした日本は、大量の鉄を必要としていました。日本刀になる良質の「たまはがね」を含んだ「はがね」よりも、たやすく大量に取り出せる鉄の方が重要だったのです。そして、西洋の製鉄技術への移行がどんどん加速していったのでした。武士がいなくなり、日本刀の所持が禁止されるようになった時期でもあるため、日本刀が不要となり、「たまはがね」の需要《じゅよう》自体がなくなったことも関係があるかもしれません。こうして、⑥日本古来の「たたら」を使った製鉄技術は、廃《すた》れることとなったのでした。

（本校国語科による）

問一 ――線①「大きな板を何度も踏み続けるという特殊な作業」とありますが、この作業の目的を、「〜という目的。」につながるように、文中から二十字でぬき出しなさい。

問二《 1 》〜《 4 》に入れるのにふさわしい言葉をつぎから選び、それぞれ記号で答えなさい。

ア　そこで
イ　なぜなら
ウ　しかし
エ　また

炉の底にできたかたまりを割り、材料となる「はがね」を集める際、その破片《はへん》の一つ一つを丁寧《ていねい》に確認《かくにん》し、割れた面が均一で、かつとてもなめらかに見える破片を選び出そうとしたのです。そうした特徴《とくちょう》が面に表れている破片があれば、その破片は構成する成分にばらつきが少なく、③特にバランスがよい構造になっている貴重な部位になることを知っていたからです。どの部分も同一の構造だということは、どんな形に成形したとしても、場所による強弱の差が生まれないということです。従って、力を加えた時に特定の場所にだけ力が集中せず、全体が力を分散して受け止めることにより相当の力にも耐《た》えられるということを意味します。「鉄」の中でもずば抜《ぬ》けた頑丈さを持っている限られた部分。これが「たまはがね」です。

この「たまはがね」を集めて熱し、かたまりにします。そのかたまりを台に乗せ、加熱してハンマーでたたき、水に入れて急速に冷却《れいきゃく》し、またすぐに熱してたたきます。この「鍛《きた》える」という作業を何度も繰り返すことで不純物を取りのぞきます。こうして、成分の均一さに支えられた「たまはがね」ならではの丈夫さを引き出すのです。できあがった細長い刃物。これがみなさんご存じの④日本刀です。

日本ならではの「たたら製鉄」は、⑤西洋の製鉄技術に比べて大量生産には向かないという欠点を持っています。小型の炉ですから、一度の製鉄で作り出せる量が限られます。しかも、つきっきりで木炭をくべたり、砂鉄を入れたり、微妙な温度調整をしたりという繊細《せんさい》で丁寧な作業が欠かせません。実際に、現代の製鉄工場が古代日本の「たたら炉」と同じ機能をもった大きなサイズの炉を作って製鉄を行い、「はがね」を取り出す試みをしたことがあります。その時、取り出した「はがね」は人件費も含めると一トンあたり約一千万円になったといいます。西洋の製鉄技術をもとにする現代の製鉄技術で作った「鉄鋼」が一トンあたり約五万円であることと比べれば、古代のたたら製鉄の生産コストがべらぼうに高いことがわかります。

置の名前が「たたら」でした。この装置の名前から、日本ならではの製鉄法のことを「たたら製鉄」と呼ぶようになったそうです。一つの「たたら炉」を使って一回製鉄をするには、十二トン近くもの大量の木炭が必要とされました。《 2 》、三十分ごとに木炭と砂鉄を足すというていねいな作業を繰《く》り返《かえ》すことが求められたと言われています。

火をつけてから約六時間が経過すると、どろどろのものが湯池穴から流れ出し始めます。鉄という物質は約一五〇〇度で溶《と》け出《だ》すとされます。しかし、炉の中がそれよりも低い温度の時にその変化は始まります。つまり、穴から流れ出すものは鉄とは異なる温度で溶ける性質を持った別の物質だということになります。原料となる砂鉄に含まれているいろいろな物質のうち、鉄以外のものが外に出ていくことで、炉の中には鉄だけが残ります。このとき湯池穴から流れ出たものを「のろ」と言います。

この「のろ」と呼ばれるものがすべて流れ出てしまった後、さらに炉の温度を上げ続けると、いよいよ鉄が溶け出す一五〇〇度になります。溶け出した鉄は湯池穴から流れ出ずに、炉の下に向かい炉の底にたまります。ここで熱するのをやめ温度が下がるのを待つと、「けら」と呼ばれる黒いかたまりになります。不純物を取りのぞいた鉄にあたるのがこれです。《 3 》、このかたまりは場所によってそれぞれ性質が異なります。《 4 》、同じ炉の中で熱せられたものではあっても、どの位置にあったか、どんな条件下だったかなどによって、含まれる炭素量が微妙《びみょう》に変わってくるからです。炭素量が多い部分は加熱しようが他の何かをしようが伸《の》ばすことができない鉄になり、逆に炭素量が少ない部分は加熱してたたけば伸びる鉄になります。前者を「ずく」、後者を「はがね」と呼びます。「ずく」は何の役にも立たないとされますが、成形が可能な「はがね」を材料に、色々な役に立つ道具が生み出されました。硬《かた》さと丈夫さを生かした刃物がその代表です。

日本人は、「はがね」から刃物を作るにあたって、もう一つ踏み込んだ作業をしました。

三　つぎの文章を読んで、あとの問いに答えなさい。

　スタジオジブリが作った『もののけ姫《ひめ》』という映画は、自然と人間との深い関係を描《えが》いたと言われるアニメ作品です。主人公のアシタカは、お城のような頑丈《がんじょう》な建物から成る村に行きます。その村では、何人もの女性たちが輪になって、それぞれが①大きな板を何度も踏《ふ》み続《つづ》けるという特殊《とくしゅ》な作業をしていました。舞台《ぶたい》となったのは室町《むろまち》時代ごろの鉄を作る村です。その作業場は作品の中では「たたら場」と呼ばれ、古き時代の日本でどのようにして鉄を作っていたのかをかなりリアルに想像することができます。

　鉄は金属の一つです。熱して溶《と》かせばどろどろの状態になり、それを成形して冷やせば硬《かた》くて丈夫《じょうぶ》な道具になり、研《と》いだり磨《みが》いたりすれば石器などとは比べものにならない鋭《するど》い刃物《はもの》にもなります。山や地下などに埋《う》まっていてそこから掘《ほ》り出《だ》されるようにも思えますが、実はそうではありません。掘り出されるのは鉄鉱石と呼ばれる鉄の成分を含《ふく》んだ岩のようなものに過ぎず、そのままでは鉄として使うことはできません。鉄鉱石から鉄だけを取り出すという技術を初めて開発したのは、古代西アジアのヒッタイトという民族でした。それがインド、中国、朝鮮《ちょうせん》へと伝わり、日本にも届けられました。日本では鉄鉱石があまりとれませんでした。≪　１　≫、その代わりに砂鉄を原料にして製鉄をするようになりました。

　製鉄をするためには、まず砂鉄を入れる炉《ろ》が必要です。古代日本では、上から見ると正方形もしくは長方形に見える大型の土製の容《い》れ物《もの》を作りました。これが「たたら炉」です。下の部分には②「湯池穴」という穴が空けられています。この「たたら炉」の中に大量の木炭を入れて火をつけ、炉の中の温度を少しずつ上げつつ砂鉄を加えます。一定の高温になった後は、温度が下がらないよう空気を送《おく》り込《こ》み続けることが欠かせません。『もののけ姫』で女性たちがしていた作業はこれにあたります。この空気を送り込む装

問六　——線④「『忙しくさせとけば、ね』とささやいた」とありますが、おばあちゃんが「ね」のあとに続けたかった内容としてふさわしくないものを一つ選び、記号で答えなさい。

ア　弟について心配して、ゆううつにならずにすむわ。

イ　家族がどうしているか気にして、落ちこまなくていいわ。

ウ　自分が長男だという自覚が出て、自信が持てるわ。

エ　自宅を離れてさびしいことを、忘れていられるわ。

問七　（　A　）に入れるのにもっともふさわしいものをつぎから選び、記号で答えなさい。

ア　三文判《さんもんばん》

イ　押切判《おしきりばん》

ウ　不評判《ふひょうばん》

エ　太鼓判《たいこばん》

問八　（　B　）に入れるのにふさわしい五字の言葉を文中からぬき出しなさい。

問九　（　C　）に入れるのにふさわしい十五字の言葉を文中からぬき出しなさい。

問十　（　D　）に入れるのにふさわしい四字の言葉を文中からぬき出しなさい。

問三　――線②「『お兄ちゃんだから』」とありますが、今回良則は「お兄ちゃんだから」どこで何をしなければならないのですか。十五字以上二十字以内で、考えて答えなさい。

問四　――線③「話が別だ」とありますが、このときの良則の気持ちの言いかえとしてもっともふさわしいものを選び、記号で答えなさい。

ア　満足だ
イ　不満だ
ウ　意外だ
エ　当然だ

問五　（　Ⅰ　）～（　Ⅴ　）に入れるのにふさわしいセリフをつぎから選び、それぞれ記号で答えなさい。ただし、どこにも当てはまらないものがあります。

ア　おもしろーい。僕がやりたい
イ　フランス料理なんて、僕食べたことないよ
ウ　よっちゃん、よく来たわねえ。さあ、入って入って
エ　よっちゃん、それは無理よ、どう考えても無理だわ
オ　よっちゃん、おじいちゃんとお風呂に入ろう
カ　まっかしといて。そうそう、いい物買っておいたんだ。じゃーん、見て？

た。そしたら、お家にいても（　D　）じゃない。唯ちゃんは赤ちゃんだからお家にいられるんだもん。お兄ちゃんになんて、なりたくなんかなかった！」

《　4　》、心の奥の方に閉じこめておいた言葉が一気に吹《ふ》き出《だ》してしまった。うつむいた良則のひざの上にぽた、ぽた、しずくが落ちる。

有香ちゃんが、がたんと立ち上がって、急ぎ足で良則のそばに寄って来た。

（本校国語科による）

問一　――線①「良則」とありますが、「良則」について説明したつぎの文から、正しくないものを一つ選び、記号で答えなさい。

ア　三人きょうだいの一番年上である。

イ　料理をすることに興味がある。

ウ　小学校二年生でゲームが好きである。

エ　ふだんは家族七人で暮らしている。

問二《　1　》～《　4　》に入れるのにふさわしい言葉をつぎから選び、それぞれ記号で答えなさい。同じ言葉を二度用いることはできません。

ア　ずっとずっと

イ　くつくつ

ウ　ぺこぺこ

エ　またまた

「それは、幼稚園《ようちえん》の頃《ころ》だよ。今は……。ちょっと考え中」

「そうなの？　じゃあよっちゃん、いっそお料理のプロになったら？　特技を生かしてさ」

「コックさん、ってこと？」

「うーん、もっとかっこよく、フランス料理のシェフ、っていうのはどう？」

「（　　V　　）」

「そうだよな。おじいちゃんだってまともなフランス料理、もう何十年も食べてないぞ。マナーとか、めんどくさいからなあ」

「えー、でもあたし、たまにはレストランで素敵《すてき》なフランス料理食べたいなあ。お父さん、連れてってよ。そうだ、よっちゃんがいる間にさ。お正月明けに四人で行かない？」

「フランス料理のお店だと、子どもには敷居《しきい》が高いんじゃないの？　よっちゃんがもう少し大きくなってからじゃないと無理かもしれないわねえ」

「だいじょぶよお。よっちゃんはそこらの一年生よりか、よっぽどしっかりしてるもん。色々お手伝いもできて、赤ちゃんたちのお世話もできる、立派なお兄ちゃんなんだから」

「うん、それはそのとおりだ。そうだな、行ってみようか」

「……僕ね」

盛《も》り上《あ》がっている三人からすっと顔を背《そむ》けて、良則が言った。

「僕、なりたくないものだったら、あるんだ」

「……何に、なりたくないの？」有香ちゃんが心配そうに尋《たず》ねる。

「（　　C　　）」

えっ、と、大人三人が息を呑《の》む。

「しっかりしてて立派なお兄ちゃんは、（　　D　　）なんだ。お母さんもお父さんも、おじいちゃんもおばあちゃんも、唯ちゃんや諭ちゃんのことが心配で、だから、僕は（　　D　　）だからお家にいちゃいけないんだ。僕だって、赤ちゃんだったら良かっ

だわ。おばあちゃん、感心しちゃった」

「家でも、よくお味噌汁《みそしる》作ってあげてるんだ。唯ちゃん用には、ちょっと味を薄《うす》くしたやつ。唯ちゃん、僕のお味噌汁好きなんだよ。おばあちゃん、今晩のお味噌汁、僕が作りたい。わかめとネギある？」

「あるわよ。是非《ぜひ》お願い。ホント、さすが（　　Ｂ　　）ねえ」

（　　Ｂ　　）は別に関係ないんだけどな。

夕飯に、良則は自慢《じまん》のお味噌汁を作って、おばあちゃんたちを大いに喜ばせた。お料理は楽しい。みんなに「おいしい」って言ってもらえるのは嬉しい。家では今日は誰《だれ》がお味噌汁を作っただろう。僕がいなくて唯ちゃんが寂《さび》しがってるんじゃないかな。手術前、なるべく泣かせないようにってお医者さんに言われている諭ちゃん、泣いていないかな。おかあさん、疲れちゃった、って言ってないかな。

「（　　　Ⅳ　　　）」

良則が有香ちゃんと夕飯のお皿を拭《ふ》きながらついぼんやり考えていると、おじいちゃんが声を掛《か》けてきた。二人でお風呂《ふろ》に入って、それからやっとリビングのソファでゆっくりゲームができた。おじいちゃんは新聞、おばあちゃんは編み物、有香ちゃんはパソコンに向かっている。ずっと欲《ほ》しくてクリスマスにやっと買ってもらえたゲームだったから、つい熱中していたら、もう九時。そろそろ寝《ね》る時間だ。

「よっちゃん、宿題やる暇《ひま》なかったね。明日必ずやろうね。作文って、何を書くの？」

パソコン越《ご》しに有香ちゃんが聞いてくる。

「『おとなになったら』って題。大人になったら何がしたいかを書けばいいみたい」

「あらあ、それじゃあ、よっちゃんはもう決まってるんでしょ。大きなトラックの運転手さんになりたいんでしょ？」

おばあちゃんが眼鏡《めがね》の奥《おく》でにこにこして言う。

「よっちゃん、おうちでもお台所手伝ったりしてるんでしょ？　これ使って、おせち作ろうよ」

「うん。僕《ぼく》、人参《にんじん》とか大根、上手に切れるようになったんだよ」

お昼を食べてから、良則はまたおじいちゃんの車に乗って有香ちゃんとおせちの材料の買い出しに行った。野菜や大きな肉のかたまりや、かずのこなんかを買いこんだ。帰ってきてからジュースを一杯《いっぱい》飲むなり、今度はおじいちゃんとガラス磨《みが》き。おじいちゃんが面白《おもしろ》いことばっかり言うから、けらけら笑いながら楽しくできた。様子を見に来たおばあちゃんがおじいちゃんに④「忙しくさせとけば、ね」とささやいたのは何でだか分からなかったけど。

「さてよっちゃん、今度はお煮染《にし》めを作ろう。よっちゃんには、たづなこんにゃくを作ってもらうね」

「はーい、有香ちゃん。たづなこんにゃくって何？」

「いーい、見ててね。まずこんにゃくをこのくらいの大きさに切りまーす。そしたら、真ん中に包丁で切れ目を入れるでしょ、そしてくるっとくぐらせて、ほらね。これがたづなこんにゃく」

「（　　Ⅲ　　）」

「だから頼《たの》むわ。あんまり切れ目を大きく入れすぎないようにね」

「わかった」

良則が作ったこんにゃくをゆがいて、野菜やシイタケや鶏肉《とりにく》と、有香ちゃんが《　３　》煮込《にこ》む。二人で大騒ぎをしてお砂糖やみりんを足して何度も味見をする。最後におばあちゃんが「うん、上出来よ」と（　Ａ　）を押《お》してくれた。

「よっちゃん、本当にお料理好きなのねえ。まだ小学校一年生だなんて思えない手つき

「病気自体は、赤ちゃんにはよくあるものらしいし、手術もそんなにむずかしいものじゃないんだそうだよ。ただ、入院はしなくちゃいけないし、唯《ゆい》ちゃんも目が離《はな》せないだろ。お母さんお父さんはもちろん、西谷のおじいちゃんおばあちゃんも疲《つか》れているからね。よっちゃんが大沢の家で楽しくお正月を過ごしてるってだけでも、みんな気が楽になるんだよ。だから、辛抱《しんぼう》してくれな。お兄ちゃんだからな、できるよな」

②『お兄ちゃんだから』。これもこの一、二年、何度言われてきただろう。去年、唯が生まれた。家中大騒《おおさわ》ぎだった。今年の十月に、今度は諭が生まれた。春先からお母さんの具合が良くなくて、生まれるまで《　２　》家中てんてこ舞《ま》いだった。そして諭は生まれて二ヶ月しか経《た》っていないのに、ヘルニアとかいう病気で、新年早々に手術をするんだそうだ。妹や弟が生まれることは、嬉《うれ》しくなくはない。だけどそのたびに『お兄ちゃんだから』と言われて色々なことを我慢《がまん》させられてきたのだ。大沢の家に遊びに行くのはいつだって楽しい。おじいちゃんおばあちゃんはやさしいし、お母さんの下の妹の有香ちゃんは大好きなおばちゃんだ。けれど、自分だけ家を離れて一人ぼっちで十日もお泊《と》まりさせられるのは③話が別だ、と良則はこっそり思った。

「（　Ⅰ　）」

　家に着くと、飛び出すようにおばあちゃんと有香ちゃんが迎えてくれる。

「すぐお正月でしょう？　お掃除《そうじ》とか、おせち料理作りとかで忙《いそが》しいから、よっちゃんが来てくれて助かるわー。色々お仕事させちゃうけど、頑張《がんば》ってくれるわね？」

「うん、お母さんからも、おばあちゃんと有香ちゃんのお手伝いするようにって言われてきたから。エプロンも持ってきた。有香ちゃんあのさあ、僕、冬休みの宿題の作文、書かなくちゃいけないんだよ。それ、手伝ってくれる？」

「（　Ⅱ　）」

　それは、子ども用の包丁だった。柄《え》の所に良則の好きなキャラクターが付いている。

問八　つぎの（　　）に入れるのにふさわしいひらがな二字の言葉を考えてそれぞれ答えなさい。なお、同じ言葉を二回用いることはできません。

１（　　）君が気に入ったのなら、それをあげよう。

２（　　）赤ちゃんのように小さな手だね。

３（　　）こんなことになるとは思わなかった。

二　つぎの文章を読んで、あとの問いに答えなさい。

「本当にすみません。ご迷惑《めいわく》おかけしますが、どうぞよろしくお願いします」

「いえいえ、迷惑なんて。十日くらいすぐですよ。こちらの皆《みな》さんも大変でしょう。お母さんもご心配ですよね。①良則《よしのり》は私どもでしっかり預かりますから、ご心配なく」

　玄関《げんかん》先で、大沢《おおさわ》のおじいちゃんと西谷のおばあちゃんがお互《たが》い《　１　》頭を下げあっている。勉強道具や大事なゲームなんかを入れた自分のバッグを持って、良則はその様子をぼんやり見ていた。『めいわく』。お父さんもお母さんもこの間から何度も電話とかでそう言っていたな。この言葉に思わずびくっとしてしまうのはなぜだろう。おじいちゃんの車が動き出す。振《ふ》り返《かえ》ると、おばあちゃんが大きく手を振っているのが見えた。

「よっちゃん、一度くらいお正月を大沢の家で迎《むか》えるのもいいだろう。おばあちゃんも有香子《ゆかこ》おばちゃんもよっちゃんが来るの、楽しみにしてるんだよ」

　運転しながらおじいちゃんが言う。

「うん……ねえ、おじいちゃん、諭《さとし》ちゃん、そんなに大変な病気なのかなあ？　生まれたばっかりなのに手術するなんて、大丈夫《だいじょうぶ》なのかな」

問五　つぎの慣用句の（　　）に共通して当てはまる言葉を答えなさい。

（　　）に小判

借りてきた（　　）

（　　）の子一匹いない

（　　）の手も借りたい

問六　つぎの語の組み合わせはどちらも対義語になります。（　　）に入る漢字一字をそれぞれ答えなさい。

1　収入―（　　）出

2　受動―（　　）動

問七　つぎの１～４の――部分のうち、はたらきのちがうものが一つあります。それはどれですか。番号で答えなさい。

1　白いぼうしはぼくのだ。

2　私の作ったプリンはおいしい。

3　あれは祖母の住んでいる家だ。

4　父は桜のさくころに帰ってくる。

問二　つぎの文には一字ずつまちがった字が使われています。それぞれ正しく直した字を書きなさい。

1　現在は戦争の体験を伝商することが大層困難である。

2　青少年の自発的な活動の推新が教育者の責務だ。

3　『平家物語』などの軍記にふれることも適切な機回となる。

4　平和な社会を創像するため国民が全員で努力しよう。

問三　つぎの――線部のカタカナにふさわしい漢字の組み合わせをあとから選び、それぞれ記号で答えなさい。

1　セイ作―セイ府　2　改セイ―セイ算　3　情セイ―セイ理

4　セイ潔―セイ書　5　セイ年―セイ座　6　セイ楽―セイ実

7　セイ長―セイ天　8　帰セイ―安セイ

ア　省―静	イ　制―政	ウ　声―誠	エ　勢―整
オ　成―晴	カ　青―星	キ　正―清	ク　清―聖

問四　つぎの四字熟語の意味を下から選び、それぞれ記号で答えなさい。

1　鶏口牛後

2　本末転倒

3　有象無象

ア　物事の根元とそうでないことを取りちがえる

イ　数は多いが種々雑多なろくでもない人やもの

ウ　物事をなしとげるための最後の大切な仕上げ

エ　大きな集団の末にいるより小さな集団の長になる方が良い

2023年度 女子聖学院中学校

【国　語】〈第一回試験〉（五〇分）〈満点：一〇〇点〉

一　つぎのそれぞれの問題に答えなさい。

問一　つぎの――部のカタカナは漢字に直し、漢字は読みをひらがなで答えなさい。

1　あの歌手は今人気のゼッチョウにいる。

2　デビュー曲は若者に大リュウコウした。

3　近年はハイユウとしても有名だ。

4　彼《かれ》の仕事はジュンチョウである。

5　次のしばいの主題は人間の尊厳だ。

6　駅前にプロモーション用の大きな看板が立った。

7　共演はすばらしい人ばかりだ。

8　多くの観衆がそのしばいを見に来るだろう。

2023年度

女子聖学院中学校

▶解説と解答

算　数　＜第１回試験＞（50分）＜満点：100点＞

解　答

1 (1) 191.5　(2) $\frac{13}{15}$　(3) 2.52　(4) 1　(5) $\frac{1}{3}$　(6) $1\frac{4}{5}$　(7) 31.4　(8) $1\frac{1}{2}$　2 (1) 81度　(2) 5個　(3) 7通り　(4) 16日間　(5) 12km　(6) 40円　(7) $y=5\times x$　(8) 25cm^2　3 (1) 2000円　(2) 60円　(3) 125個以上　4 (1) 25cm^2　(2) 14.25cm^2　(3) 64.25cm^2　5 (1) 18番目　(2) 12　(3) 218

解　説

1 四則計算，計算のくふう，逆算

(1) $202.3-10.8=191.5$

(2) $3\frac{1}{5}-2\frac{1}{3}=\frac{16}{5}-\frac{7}{3}=\frac{48}{15}-\frac{35}{15}=\frac{13}{15}$

(3) $0.25\times7\times0.36\times4=(0.25\times4)\times(7\times0.36)=1\times2.52=2.52$

(4) $\frac{8}{9}\times\left(\frac{3}{4}+1\frac{5}{16}\right)-\frac{5}{6}=\frac{8}{9}\times\left(\frac{12}{16}+\frac{21}{16}\right)-\frac{5}{6}=\frac{8}{9}\times\frac{33}{16}-\frac{5}{6}=\frac{11}{6}-\frac{5}{6}=\frac{6}{6}=1$

(5) $\frac{17}{189}\div\left\{1-\left(1-\frac{17}{63}\right)\right\}=\frac{17}{189}\div\left(1-1+\frac{17}{63}\right)=\frac{17}{189}\div\frac{17}{63}=\frac{17}{189}\times\frac{63}{17}=\frac{1}{3}$

(6) $2\frac{3}{5}-\frac{8}{21}\times0.75\div\frac{5}{14}=\frac{13}{5}-\frac{8}{21}\times\frac{3}{4}\times\frac{14}{5}=\frac{13}{5}-\frac{4}{5}=\frac{9}{5}=1\frac{4}{5}$

(7) $A\times B+A\times C=A\times(B+C)$であることを利用すると，$6\times3.14+8\times3.14-2\times6.28=6\times3.14+8\times3.14-2\times2\times3.14=6\times3.14+8\times3.14-4\times3.14=(6+8-4)\times3.14=10\times3.14=31.4$

(8) $\frac{1}{5}\times\left(6-\frac{2}{3}\times\square\right)-\frac{3}{8}=\frac{5}{8}$より，$\frac{1}{5}\times\left(6-\frac{2}{3}\times\square\right)=\frac{5}{8}+\frac{3}{8}=\frac{8}{8}=1$，$6-\frac{2}{3}\times\square=1\div\frac{1}{5}=1\times\frac{5}{1}=5$，$\frac{2}{3}\times\square=6-5=1$　よって，$\square=1\div\frac{2}{3}=1\times\frac{3}{2}=\frac{3}{2}=1\frac{1}{2}$

2 割合と比，整数の性質，場合の数，仕事算，速さ，分配算，文字式，相似，面積

(1) 108度の$\frac{3}{4}$の大きさは，$108\times\frac{3}{4}=81$(度)である。

(2) 4で割ると3余る整数は3，7，11，15，…であり，このうち5で割り切れる最も小さい整数は15である。また，4で割ると3余る整数は4ごとにあらわれ，5で割り切れる整数は5ごとにあらわれるから，両方に共通する整数は4と5の最小公倍数である20ごとにあらわれる。よって，1から100までには，15，35，55，75，95の5個ある。

(3) 最も軽い重さは，$1+2=3$(g)，最も重い重さは，$4+5=9$(g)である。この間の1gごとの重さはすべてはかることができるので，はかることができる重さは全部で，$9-3+1=7$(通り)ある。

(4) 6日間で全体の$\frac{3}{8}$の仕事が終わるから，1日にする仕事の量は全体の，$\frac{3}{8}\div6=\frac{1}{16}$となる。よって，すべて終わらせるのにかかる日数は，$1\div\frac{1}{16}=16$(日間)とわかる。

⑸　往復の平均の速さは，(往復の道のり)÷(往復にかかった時間)で求められる。片道の道のりを１とすると，往復の道のりは，$1\times2=2$となる。また，行きにかかった時間は，$1\div15=\frac{1}{15}$，帰りにかかった時間は，$1\div10=\frac{1}{10}$となるので，往復にかかった時間は，$\frac{1}{15}+\frac{1}{10}=\frac{1}{6}$とわかる。よって，往復の平均の速さは時速，$2\div\frac{1}{6}=12$(km)と求められる。

⑹　２人の所持金の和は，3000＋1560＝4560(円)であり，これはお金をわたした後も変わらない。したがって，好子さんが聖子さんにお金をわたした後のようすは右の図１のように表すことができる。図１で，②＋①＝③にあたる金額が4560円だから，①にあたる金額は，4560÷３＝1520(円)とわかる。よって，好子さんの初めの所持金は1560円なので，好子さんが聖子さんにわたした金額は，1560－1520＝40(円)と求められる。

図１
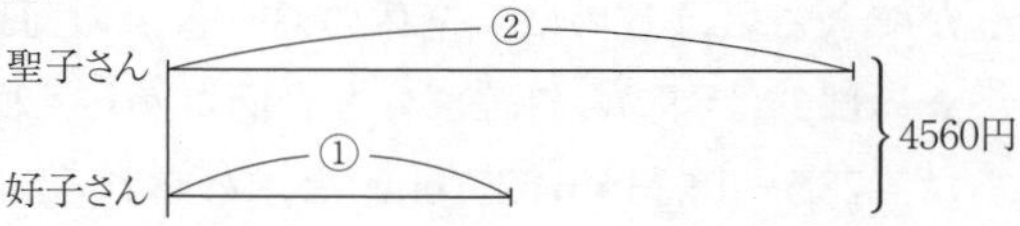

⑺　x％を分数で表すと$\frac{x}{100}$となるから，500円のx％は，$500\times\frac{x}{100}=5\times x$(円)となる。よって，式に表すと，$y=5\times x$となる。

⑻　右の図２で，三角形ABEと三角形FCEは相似であり，相似比は，BE：CE＝５：(７－５)＝５：２である。よって，面積の比は，(５×５)：(２×２)＝25：４なので，三角形ABEの面積は，$4\times\frac{25}{4}=25$(cm²)とわかる。

図２
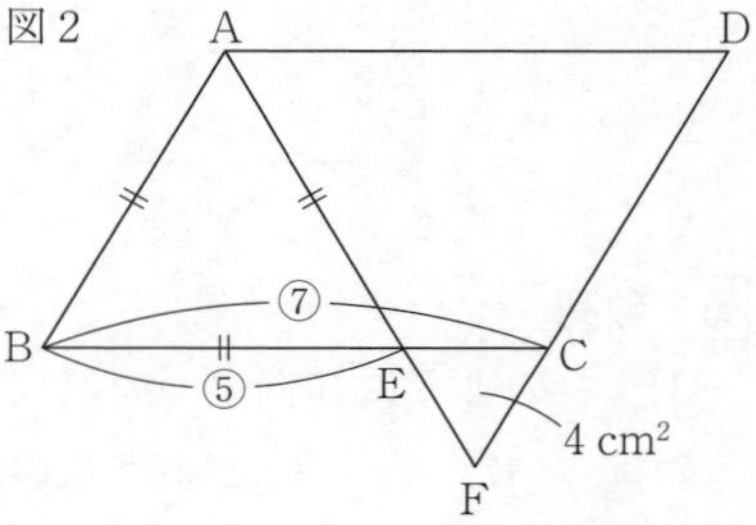

3　平均とのべ

⑴　最初の20個を超《こ》えた分の個数は，30－20＝10(個)だから，その分の料金は，50×10＝500(円)になる。よって，料金の合計は，1500＋500＝2000(円)とわかる。

⑵　最初の20個を超えた分の個数は，50－20＝30(個)なので，その分の料金は，50×30＝1500(円)となり，料金の合計は，1500＋1500＝3000(円)になる。よって，１個あたりの平均の値段は，3000÷50＝60(円)と求められる。

⑶　最初の20個は１個あたり，1500÷20＝75(円)と考えることができるから，１個あたりの平均の値段がちょうど54円になるときのようすを図に表すと，右のようになる。この図で，かげをつけた部分の面積と太線で囲んだ部分の面積は，どちらも全体の料金を表している。したがって，これらの面積は等しいので，アとイの長方形の面積も等しくなる。また，アとイの長方形のたての長さの比は，(75－54)：(54－50)＝21：４だから，横の長さの比は，$\frac{1}{21}:\frac{1}{4}=4:21$とわかる。よって，$□=20\times\frac{21}{4}=105$(個)と求められるので，１個あたりの平均の値段が54円以下になるのは，20＋105＝125(個)以上買うときとわかる。

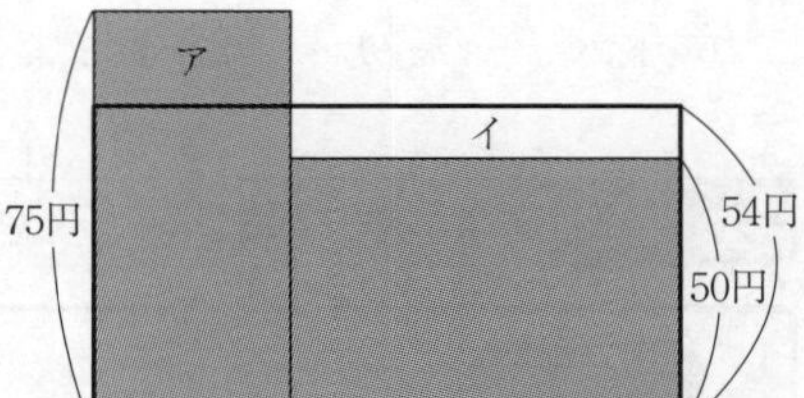

4　平面図形―面積

⑴　下の図①で，正方形の面積は，10×10＝100(cm²)である。斜線《しゃせん》部分の面積はこの正方形の面積の$\frac{1}{4}$だから，$100\times\frac{1}{4}=25$(cm²)とわかる。

(2)　下の図②の斜線部分の面積は，全体のおうぎ形の面積から☆の部分の面積をひいて求めることができる。はじめに，全体のおうぎ形の面積は，$10\times10\times3.14\times\frac{45}{360}=39.25$(cm^2)となる。また，☆の部分は図①の斜線部分と合同なので，面積は25cm^{2}である。よって，図②の斜線部分の面積は，$39.25-25=14.25$(cm^2)と求められる。

(3)　下の図③の斜線部分の面積は，全体のおうぎ形の面積から★の部分の面積をひいて求めることができる。はじめに，全体のおうぎ形の面積は，$10\times10\times3.14\times\frac{90}{360}=78.5$(cm^2)とわかる。また，★の部分は図②の斜線部分と合同だから，面積は14.25cm^{2}である。よって，図③の斜線部分の面積は，$78.5-14.25=64.25$(cm^2)と求められる。

図①

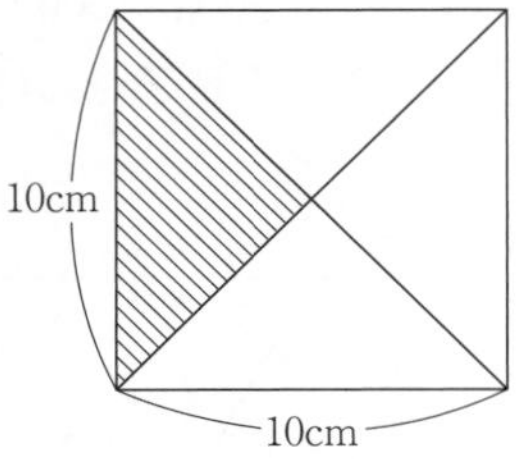

図②

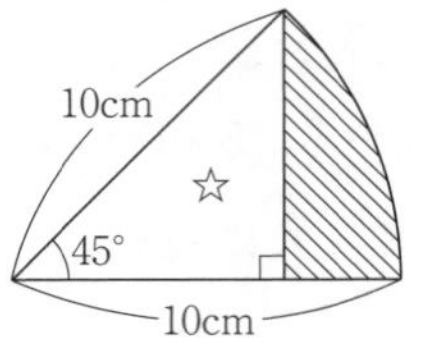

図③

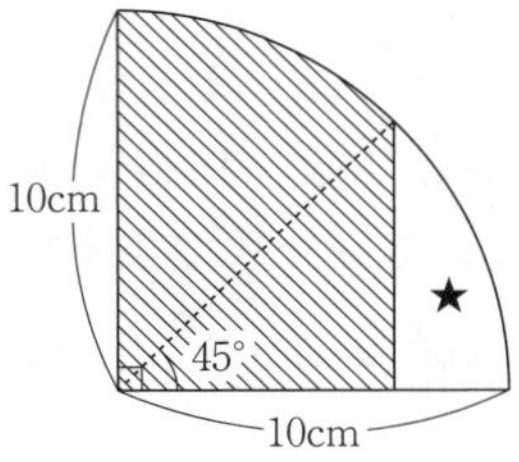

5　数列

(1)　右のように３個ずつの組に分けて考える。初めて８が出てくるのは，（６，７，８）という組の最後である。これは６組だから，初めて８が出てくるのは最初から数えて，$3\times6=18$(番目)とわかる。

１組　（１，２，３）→ 和は６
２組　（２，３，４）→ 和は９
３組　（３，４，５）→ 和は12
４組　（４，５，６）→ 和は15
⋮　　　　⋮

(2)　$32\div3=10$余り２より，最初から数えて32番目の数は，$10+1=11$(組)の２番目の数とわかる。また，11組は（11，12，13）なので，その数は12である。

(3)　１組の和は６，２組の和は９，３組の和は12，…のように，各組の和は３ずつ大きくなる。また，11組の和は，$11+12+13=36$だから，１組から11組までのすべての和は，$6+9+\cdots+36=(6+36)\times11\div2=231$と求められる。これには11組の最後の数である13が含《ふく》まれているので，これを除くと，最初から32番目までの和は，$231-13=218$とわかる。

社　会　＜第１回試験＞（30分）＜満点：100点＞

解　答

1　**問１**　(1)　福井県，23　(2)　岡山県，33　(3)　山梨県，17　(4)　滋賀県，24　(5)　鳥取県，31　**2**　**問１**　ウ　**問２**　対馬　**問３**　エ　**問４**　大陸だな　**問５**　銚子，③　**問６**　(1)　イ　(2)　(例)　赤潮の発生(津波(高波)による設備の破かい)　**問７**　(例)　ルールをつくって魚をとりすぎないようにする。(魚の養殖法を改良して水産資源を豊かにする。)　**3**　**問１**　行基　**問２**　④　**問３**　②→④→①→③　**問４**　(例)　キリスト教　**問５**　足利義満　**問６**　(例)　武士と百姓の身分のちがいをはっきりさせて，武士が世の中を支配する社会のしくみが整えられていった。　**問７**　(例)　オランダ　**問８**　伊能忠敬　**問９**　⑤　**問10**　シーボルト　**4**　**問１**　(1)　北条政子　(2)　大隈重信　(3)　明仁(上皇陛下）　⑷　市川房枝　**問２**　(1)→(2)→(4)→(3)　**5**　**問１**　1947(年)５(月)３(日)　**問２**　**ア**　平和　**イ**　戦争　**ウ**　武力　**エ**　自衛　**問３**　国際連合　**問４**　④　**問５**　公共の福祉　**問６**　**A**　④　**B**　③　**問７**　NGO

解　説

1　５つの都道府県についての問題

問１　⑴　昔，北陸地方の福井県東部は「越前の国」，富山県は「越中の国」，新潟県は「越後の国」とよばれていた。鯖江《さばえ》市では，雪で農作業ができない冬の副業としてめがねのわく(フレーム)の生産が始まり，国内生産量の９割以上を占《し》めるほどに成長した。2023年５月現在，福井県にある原子力発電所の中で，美浜原発３号機，大飯《おおい》原発３・４号機，高浜原発３・４号機が稼働《かどう》している。　⑵　1988年，本州四国連絡橋の１つとして，本州の岡山県倉敷市児島と四国の香川県坂出市を結ぶ瀬戸大橋が開通した。倉敷市には水島コンビナートが形成され，石油化学工業・鉄鋼業・自動車工業が発達している。また，岡山県はぶどうの都道府県別生産量が第３位で，マスカットの産地として知られている。統計資料は「令和３年産果樹生産出荷統計」などによる(以下同じ)。⑶　昔，山梨県は「甲斐《かい》の国」とよばれていた。日ごと・季節ごとの寒暖の差が大きく日照時間が長いという気象条件や，盆地にみられる水はけのよい扇状地という地形が果樹栽培に適していて，ぶどう・ももの生産量が日本一である。　⑷　昔，滋賀県は「近江の国」とよばれていた。日本一の広さの湖($669.3km^2$)である琵琶湖は，県の面積の約６分の１を占め，京都市・大阪市・神戸市(兵庫県)などの大都市に水を供給する「近畿の水がめ」としての役割をはたしている。琵琶湖の東岸には，16世紀に織田信長が築いた五層の天守閣を持つ安土城の跡《あと》がある。　⑸　鳥取砂丘は，不毛の地で農業には不向きとされていたが，戦後に研究や開発がすすみ，防砂林を植え，スプリンクラーなどのかんがい施設を整備したことで，らっきょう・すいか・長いもなどの栽培がさかんになった。大山《だいせん》は，中国地方最高峰の標高1729mで，「伯耆《ほうき》富士」とよばれる。

2　海や漁業についての問題

問１　千島海流は，千島列島に沿って南下し，日本列島の東側を房総半島付近まで流れることもある寒流である。海の生物の成長に欠かせない栄養塩やプランクトンが多く，育ての親のようであることから，「親潮」ともよばれる。

問２　対馬海流は，対馬海峡を通って日本海を日本列島の沿岸に沿って北上する暖流で，日本海側の気候に影響《えいきょう》を与《あた》えている。

問３　潮目は，暖流の黒潮と寒流の親潮がぶつかるところで，海の中の栄養分がまきあげられてプランクトンが集まり，寒流系の魚も暖流系の魚も多く生息している。日本近海では，三陸海岸沖の潮目が知られ，世界有数の漁場となっている。

問４　大陸だなとは，海岸線から水深200mくらいまでの，かたむきがゆるやかな海底をいう。陸地から流れ込《こ》む栄養分や日射量が多く，魚のえさとなる海草やプランクトンが豊富であることから好漁場となり，漁業がさかんに行われている。

問５　銚子港(千葉県)は，沖合に大陸だなが広がり，さまざまな漁業が行われているため，サバ，マイワシ，サンマ，カツオ，マグロ，ヒラメなど200種類近くの魚が水揚げされ，2020年の水揚げ量が第１位となっている。なお，①は釧路《くしろ》港(北海道)，②は石巻港(宮城県)，④は焼津《やいづ》港(静岡県)，⑤は境港(鳥取県)。

問６ (1) 排他的経済水域(EEZ)は，沿岸から200海里(約370km)までの，領海をのぞいた海域をいい，沿岸国には海域内の水産資源や海底資源の主権的権利が認められている。日本は1996年に排他的経済水域を設定し，世界で６番目に広い水域を有している。 (2) 解答例のほか，寒波や強風によって設備が破かいされるとき，記録的な猛暑《もうしょ》や厳冬によって生育不良となるとき，野生生物が漁具を破かいするとき，ほかの野生生物に食べられてしまうとき，菌《きん》やウイルスによって病気になってしまうときなどが考えられる。

問７ 解答例のほか，海洋プラスチックごみを減らすこと，海の酸性化を防ぐこと，海洋環境に配《はい》慮《りょ》した漁業で獲《と》れた水産物や育てられた水産物に与えられる認証《にんしょう》マークのついた魚介類を買うことなどを考えていく必要がある。

3 **日本の地図の歴史を題材とした問題**

問１ 奈良時代に活躍《かつやく》した僧である行基は，各地で池や橋をつくったり都に税を運ぶ農民のために布施屋《ふせや》を設けたりしたが，上流階級のものであった仏教を庶民《しょみん》に広めたことで，朝廷から活動を禁じられた。しかし，朝廷は民衆に人気のあった行基の力が大仏づくりのために必要であるとしてこれを公認し，行基も民衆を率いて協力した。

問２ 奈良時代に平城京を中心に栄え，唐(中国)の影響を受けた国際色豊かな仏教文化を，聖武天皇のころの年号である天平にちなんで，天平文化という。『唐招提寺鑑真和上像』や『興福寺阿修《あしゅ》羅《ら》像』は，この文化を代表する彫刻《ちょうこく》である。なお，①は鎌倉時代，②は室町時代，③は平安時代に栄えた文化について説明した文章。

問３ ①の豊臣秀吉が小田原攻めを行ったのは1590年(安土桃山時代)，②の坂上田村麻呂が胆沢《いさわ》城を築いたのは802年(平安時代初め)，③の戊辰戦争が起こったのは1868年(明治時代初め)，④の奥州藤原氏が源頼朝によって滅ぼされたのは1189年(平安時代末)のできごとなので，古い順に並べると②→④→①→③となる。

問４ 解答例のほか，ビスケット・カステラ・鉄砲・火薬・毛織物・金平糖《こんぺいとう》・時計・めがね・ガラス・せっけん・カルタ・カッパ・ボタン・カボチャ・ジャガイモ・タバコなどが，ポルトガルやスペインから伝えられたといわれる。

問５ 室町幕府の第３代将軍を務めた足利義満は，朝鮮・中国沿岸を荒《あ》らしていた倭寇の取りしまりを求めてきた明(中国)に応じ，15世紀初めに明との貿易を開始した。この貿易には，正式な船とそうでない船とを区別するために勘合が用いられたため，「勘合貿易」ともよばれる。

問６ 豊臣秀吉は，農民から確実に年貢を徴収するために検地を，農民から武器を取り上げるために刀狩を行った。これにより，武士と農民の区別を明らかにする兵農分離がなされ，武士が世の中を支配するしくみが整えられていった。

問７ 江戸幕府は，1613年に全国にキリスト教の禁止令を出し，1624年にスペイン船の来航を，1639年にポルトガル船の来航を禁止し，鎖国体制に入った。しかし，長崎ではオランダと中国との交易，対馬藩(長崎県)を通して朝鮮との交易が認められていた。

問８ 伊能忠敬は，50歳のときに江戸に出て測量や天文観測について学んだあと，1800年から1816年まで全国各地を測量した。忠敬の死後の1821年，その成果は弟子たちが「大日本沿海輿地《よち》全図」として完成させた。

問９　①はポルトガル，②はスペイン，③はフランス，④はイギリス，⑤はオランダ，⑥はデンマーク，⑦はドイツ，⑧はポーランド，⑨はイタリア，⑩はギリシャである。

問10　シーボルトは，19世紀前半にオランダ商館の医師として来日し，長崎に診療所《しんりょうじょ》を兼《か》ねた学び舎《や》である鳴滝塾《なるたきじゅく》をつくって博物学や医学を教えた。1828年に帰国するとき，「大日本沿海輿地全図」のうつしを国外に持ち出そうとしたため，国外追放の処分を受けた。

４　歴史上の人物についての問題

問１　(1)　北条政子は，鎌倉幕府を開き「鎌倉殿」とよばれた源頼朝の妻で，幕府の政治に深く関わり，影響力を持った。第２代将軍頼家，第３代将軍実朝の母で，実朝を暗殺した公暁《くぎょう》の祖母にあたる。　(2)　大隈重信は，肥前(佐賀県)出身の政治家で，1882年にイギリス式の議会政治を唱えて立憲改進党を設立した。１度目に総理大臣となった1898年に日本初の政党内閣を組織し，２度目に総理大臣となった1914年に第一次世界大戦に参戦した。　(3)　明仁《あきひと》(上皇陛下《へいか》)は，昭和天皇の死去にともなって1989年に即位し，天皇の生前退位が一代限りで認められる法律の施行にともない，2019年に退位して上皇という立場になった。　(4)　市川房枝は，1920年に平塚らいてうとともに新婦人協会を設立し，1925年に25歳以上の男性に選挙権を認める普通選挙法が成立したあとも女性の参政権を求める運動の中心人物となり，戦後には国会議員として活躍した。

問２　古い順に並べると，(1)(平安時代)→(2)(江戸時代)→(4)(明治時代)→(3)(昭和時代)となる。

５　日本国憲法に関する問題

問１　日本国憲法は，1946(昭和21)年11月３日に公布され，1947(昭和22)年５月３日に施行された。現在11月３日は文化の日，５月３日は憲法記念日としてそれぞれ国民の祝日になっている。

問２　平和主義をかかげた日本国憲法第９条では，１項で「日本国民は，正義と秩序を基調とする国際平和を誠実に希求し，国権の発動たる戦争と，武力による威嚇《いかく》又は武力の行使は，国際紛争を解決する手段としては，永久にこれを放棄《ほうき》する」，２項で「前項の目的を達するため，陸海空軍その他の戦力は，これを保持しない。国の交戦権は，これを認めない」と定められている。日本国憲法には集団的自衛権についての規定がなく，個別的自衛権以外は行使できないと解釈《かいしゃく》されてきたが，2014年７月，日本国民に明白な危険があるなどの場合，集団的自衛権の行使を認めることが閣議決定された。

問３　国際連合は，1945年10月に51か国の加盟で発足し，現在は193か国が加盟している。総会，安全保障理事会，経済社会理事会，信託統治理事会，国際司法裁判所，事務局の６つの主要機関と，さまざまな基金や計画などからなる。国際連合の目的や主要機関などについては，国際連合憲章に定められている。

問４　日本国憲法第73条により，外国と条約を結ぶ仕事を担うのは内閣と定められ，内閣の独断を防ぐために国会の承認が必要とされている。

問５　社会全体の共通の利益のことを公共の福祉といい，これをさまたげない場合に個人の人権が保障されること，国民は基本的人権をみだりに利用せず，常に公共の福祉のために利用することが日本国憲法で規定されている。

問６　日本国憲法第96条１項では，「この憲法の改正は，各議院の総議員の３分の２以上の賛成で，国会が，これを発議し，国民に提案してその承認を経なければならない。この承認には，特別の国民投票又は国会の定める選挙の際行はれる投票において，その過半数の賛成を必要とする」と定められている。

問７　NGO（非政府組織）は，各国政府や国際連合から独立して活動している市民がつくった団体で，収益をあげることを目的とせず，平和や人権，環境などの問題について国際協力や支援《しえん》を行っている。

理　科　＜第１回試験＞（30分）＜満点：100点＞

解　答

1　(1)　食物連さ　　(2)　光合成　　(3)　生産者　　(4)　(ア)　一次消費者　　(イ)　二次消費者　　(ウ)　分解者　　(5)　**A**　(ウ)，(オ)　　**B**　(ア)，(ク)　　**C**　(イ)，(キ)　　**D**　(エ)，(カ)　　(6)　(ウ)

2　(1)　②　　(2)　⑧　　(3)　③　　(4)　①　　(5)　⑩　　(6)　④　　(7)　⑦　　(8)　⑨

3　(1)　35g　　(2)　1.7cm　　(3)　支点　　(4)　3cm　　(5)　6cm　　(6)　100g

4　(1)　二酸化炭素　　(2)　(ウ)　　(3)　①　(エ)　　④　(ア)　　(4)　(イ)　　(5)　(例)　水溶液Xは，②より酸性の水溶液ではなく，③よりアルカリ性の水溶液でもないから，中性の食塩水がふさわしい。　　(6)　(イ)　　(7)　(イ)

解　説

1　生物のつながりについての問題

(1)　生物どうしは「食べる・食べられる」という関係で結びついており，この関係を食物連さという。

(2)　Aの生物は，空気（二酸化炭素）・日光・水を使って養分（デンプン）を作り出すことができる植物である。植物が行うこのはたらきを光合成といい，このとき酸素も生じる。

(3)　Aの生物（植物）は，光合成によって養分を作り出していることから，生物のつながりの中では「生産者」と呼ばれる。

(4)　(ア)　他の生物を食べることで養分を得る生物を消費者と呼ぶ。Bの生物は，Aの生物（植物）を食べる草食動物にあたり，Aの生物が作った養分を直接取り入れるので一次消費者という。　(イ)　Cの生物は，Bの生物を食べる肉食動物にあたり，Aの生物が作った養分を間接的に取り入れるので二次消費者という。　(ウ)　Dの生物は，A～Cの生物の死骸《しがい》やふんを分解し，栄養分として利用するので分解者という。

(5)　Aの生物は植物なので，クヌギとイネが選べる。Bの生物には草食動物のバッタとウサギが，Cの生物には肉食動物のカエルとキツネがそれぞれあてはまる。アオカビのようなカビのなかまと，シイタケのようなキノコのなかまはDの生物である。

(6)　食物連さでは，食べる側の生物の個体数よりも，食べられる側の生物の個体数の方が多い。よって，最も面積が大きくなるのはAの生物，最も面積が小さくなるのはCの生物なので，(ウ)のようになる。

2　岩石の分類と特徴《とくちょう》についての問題

(1)，(2)　①～⑩の中で火山岩はゲンブ岩，アンザン岩，リュウモン岩である。岩石にふくまれる鉱物の種類やその割合にちがいがあるため，ゲンブ岩は黒っぽい色，アンザン岩は灰色っぽい色，リュウモン岩は白っぽい色をしている。

(3)　ギョウカイ岩はたい積岩の一種で，火山灰などの火山噴《ふん》出物が降り積もり，押《お》し固められてできた岩石である。

(4)　ゲンブ岩は，有色鉱物である輝《き》石やかんらん岩などを多くふくむため，黒っぽい色をしている。

(5)　チャートは，大昔に生息していたホウサンチュウなどの二酸化ケイ素の殻《から》を持つ生物の死骸がたい積してできた岩石で，非常に硬《かた》い。

(6)　川に流された土砂が海底などでたい積してできた岩石は，ふくまれる粒子《りゅうし》の大きさによって，主にレキ(直径２mm以上)でできたレキ岩，砂(直径0.06～２mm)でできたサ岩，泥《どろ》(直径0.06mm以下)でできたデイ岩に分けられる。これらの岩石にふくまれる粒子は，川に流されているため角が取れて丸みを帯びている。

(7)　カコウ岩は白っぽい色をした深成岩である。みかげ石とも呼ばれ，石材として多用されている。

(8)　セッカイ岩は主成分が炭酸カルシウムであるため，塩酸のような酸性の水溶液《すいようえき》と反応し，二酸化炭素を発生させながら溶《と》ける。

３　力のつり合いについての問題

(1)　図１より，おもりの重さとバネののびは比例していて，おもりの重さが10ｇのときのバネののびは1.0cmであることがわかる。したがって，バネののびが3.5cmのとき，おもりの重さは，$10\times\frac{3.5}{1.0}=35$(ｇ)である。

(2)　おもりの重さが17ｇのとき，バネののびは，$1.0\times\frac{17}{10}=1.7$(cm)になる。

(3)　棒を支えている点Ｃを支点という。

(4)　図２で，AC間とBC間の長さはどちらも５cmで等しい。つまり，位置Ａと位置Ｂは支点からの距離《きょり》が等しく，棒は水平につり合っているので，位置Ａと位置Ｂにかかる力の大きさも等しい。位置Ａには60ｇのおもりがつり下げられていて，位置Ｂには30ｇのおもりがつり下げられているので，バネを上向きに引く力の大きさは，60－30＝30(ｇ)である。よって，バネののびは，$1.0\times\frac{30}{10}=3$(cm)となる。

(5)　図３で，位置Ａには40ｇ，位置Ｂには(図２と同じ)60ｇの力がかかっている。このとき，位置Ａと位置Ｂにかかる力の大きさの比が，40：60＝２：３なので，AB間をその逆比の３：２に分ける点を支点Ｄにすると，棒が水平につり合う。AB間は，５＋５＝10(cm)なので，支点Ｄの位置はＡから，$10\times\frac{3}{3+2}=6$(cm)のところである。なお，位置Ａを支点と見なしたときのつり合いを考えると，(位置Ｂにかかる力の大きさ)×(AB間の距離)＝(支点Ｄにかかる力の大きさ)×(AD間の距離)より，60×10＝(40＋60)×(AD間の距離)，(AD間の距離)＝600÷100＝６(cm)と求めてもよい。

(6)　定かっ車は，力の向きを変えることができるが，かかる力の大きさを変えることはできない。よって，支点Ｄにかかる力の大きさは，40＋60＝100(ｇ)なので，おもりＥの重さも100ｇである。

４　水溶液の性質についての問題

(1)　炭酸水は，気体の二酸化炭素が溶けた水溶液である。

⑵ 赤色リトマス紙はアルカリ性の水溶液に反応して青色に変わり，青色リトマス紙は酸性の水溶液に反応して赤色に変わる。水酸化ナトリウム水溶液はアルカリ性の水溶液なので，赤色リトマス紙をつけるとリトマス紙の色が青色に変わる。

⑶ 水溶液Ｘをのぞく４つの水溶液について考えると，(ア)には固体が溶けている砂糖水と水酸化ナトリウム水溶液の２つ，(イ)にはアンモニア水の１つ，(ウ)には酸性である炭酸水の１つ(BTB溶液は酸性で黄色，中性で緑色，アルカリ性で青色を示す)，(エ)にはアンモニア水，炭酸水，水酸化ナトリウム水溶液の３つ，(オ)にはアルカリ性であるアンモニア水と水酸化ナトリウム水溶液の２つがそれぞれあてはまる。これらのことをまとめると，①は(エ)，②は(ウ)，③は(オ)，④は(ア)，⑤は(イ)とわかる。

⑷，⑸ 水溶液Ｘは，②より酸性の水溶液ではなく，③よりアルカリ性の水溶液でもないから，中性の水溶液とわかる。よって，石灰水はアルカリ性，食塩水は中性，塩酸は酸性なので，水溶液Ｘは食塩水である。なお，③よりアルカリ性の水溶液(石灰水)ではなく，④より固体の溶けた水溶液だから(塩酸ではないといえるから)，水溶液Ｘは食塩水だと決めることもできる。

⑹ BTB溶液が青色に変わるのはアルカリ性のアンモニア水と水酸化ナトリウム水溶液の２つ，においがあるのはアンモニア水の１つ，蒸発させると固体が残るのは固体が溶けている砂糖水と水酸化ナトリウム水溶液の２つである。実験ａでは４つの水溶液を，あてはまる１つとそうでない３つに分けているので，ここではにおいがあるかを調べたといえる。なお，これより水溶液Ｄはアンモニア水と決まる。

⑺ 実験ｂでは残った３つの水溶液を，あてはまる２つとそうでない１つに分けている。よって，蒸発させると固体が残るかについて調べたとわかり，水溶液Ａは炭酸水と決まる。そして，実験ｃでは緑色のBTB溶液が青色に変わるかについて調べたので，青色に変わった水溶液Ｃは水酸化ナトリウム水溶液，変わらなかった水溶液Ｂは砂糖水となる。

国　語　＜第１回試験＞（50分）＜満点：100点＞

解　答

一　**問１**　**１～４**　下記を参照のこと。　**５**　そんげん　**６**　かんばん　**７**　きょうえん　**８**　かんしゅう　**問２**　**１**　承　**２**　進　**３**　会　**４**　造　**問３**　**１**　イ　**２**　キ　**３**　エ　**４**　ク　**５**　カ　**６**　ウ　**７**　オ　**８**　ア　**問４**　**１**　エ　**２**　ア　**３**　イ　**問５**　猫　**問６**　**１**　支　**２**　能　**問７**　１　**問８**　**１**　（例）　もしも　**２**　まるで　**３**　（例）　まさか　二　**問１**　ウ　**問２**　**１**　ウ　**２**　エ　**３**　イ　**４**　ア　**問３**　（例）　一人自宅を離れ大沢の家に十日も泊まること　**問４**　イ　**問５**　Ⅰ　ウ　Ⅱ　カ　Ⅲ　ア　Ⅳ　オ　Ⅴ　イ　**問６**　ウ　**問７**　エ　**問８**　お兄ちゃん　**問９**　しっかりしてて立派なお兄ちゃん　**問10**　めいわく　三　**問１**　温度が下がらないよう空気を送り込み続ける(という目的。)　**問２**　**１**　ア　**２**　エ　**３**　ウ　**４**　イ　**問３**　**１**　低い　**２**　砂鉄　**３**　不純物　**４**　けら　**問４**　エ　**問５**　オ→イ→エ→ウ→ア　**問６**　Ⅰ　（例）　作り出せる鉄の品質が落ちる(こと。)　Ⅱ　**１**　温度　**２**　手間　**３**　費用　**４**　大量　**問７**　イ　**問８**　ウ

●漢字の書き取り

一　問1　1　絶頂　2　流行　3　俳優　4　順調

解　説

一　漢字の読みと書き取り，誤字の訂正《ていせい》，同音異字の知識，四字熟語の知識，慣用句の完成，対義語の完成，助詞の知識，副詞の呼応

問1　1　のぼりつめたところ。一番上のところ。　2　一時的に世の中に広まること。　3　演劇や映画・テレビなどで，役を演じることを仕事にしている人。　4　ものごとが調子よく進むようす。　5　おごそかで尊いこと。　6　あつかう商品や店の名前などを書き，目につきやすいようにかかげたもの。　7　映画や演劇などにいっしょに出演すること。　8　しばいやスポーツなどを見ている多くの人々。

問2　1　「商」を「承」に直す。「伝承」は，後世に伝えていくこと。　2　「新」を「進」に改める。「推進」は，ものごとを推《お》し進めること。　3　「回」を「会」とする。「機会」は，チャンス。　4　「像」を「造」に直す。「創造」は，新しいものをつくり出すこと。

問3　1　「制作」は，芸術作品をつくること。「政府」は，国の政治を行うところ。　2　「改正」は，よくないところをよくすること。「清算」は，きまりをつけること。　3　「情勢」は，なりゆき。ありさま。「整理」は，かたづけること。　4　「清潔」は，よごれのないようす。「聖書」は，キリスト教の教えを書いた書物。　5　「青年」は，二十歳《さい》前後の人。「星座」は，星の集まりを動物や神などに見立てて名前をつけたもの。　6　「声楽」は，人の声による音楽。「誠実」は，まじめで真心がこもっているようす。　7　「成長」は，人や動物が育つこと。「晴天」は，きれいに晴れた天気。　8　「帰省」は，ふるさとに帰ること。「安静」は，静かに休んでいること。

問4　1　「鶏口《けいこう》牛後」は，大きな集団の末にいるより，小さな集団でも先頭にいたほうがよいという意味。「鯛《たい》の尾《お》より鰯《いわし》の頭」が同じような意味の言葉である。　2　「本末転倒《てんとう》」は，大事なことをおろそかにして，つまらないことにこだわること。「主客転倒」が似た意味の言葉になる。　3　「有《う》象《ぞう》無象」は，数は多いが役に立たないものや人の集まり。近い意味の言葉には「烏《う》合《ごう》の衆」がある。

問5　「猫《ねこ》に小判」は，価値のわからない者には，価値の高いものを与《あた》えても意味がないということ。「借りてきた猫」は，ふだんとちがっておとなしいようすのたとえ。「猫の子一匹《いっぴき》いない」は，全く人がいないこと。「猫の手も借りたい」は，たいへんいそがしいことのたとえ。

問6　1　お金を受け取って自分のものとすることをいう「収入」の対義語は，お金をはらうことをいう「支出」である。　2　受け身という意味の「受動」の対義語は，自分からはたらきかけることをいう「能動」になる。

問7　1は「もの」という体言の代わりに使われているが，1以外は「が」と言いかえられ，2は「作った」，3は「住んでいる」，4は「さく」に対する主語を示すはたらきをする格助詞である。

問8　1　後にある仮定条件を表す「なら」と呼応し，「もし」という意味になる「もしも」があてはまる。なお，「かりに」でもよい。　2　後にあるたとえを表す「ように」と呼応し，よく似ているという意味を表す「まるで」がよい。　3　後に打ち消しの言葉をともなって“いくらなんでも”といった意味になる「まさか」が入る。なお，「よもや」でもよい。

二 **出典は本校国語科作成の物語文による。**赤ちゃんが生まれて大変だからと，正月を家族と離《はな》れて過ごさせられることになった良則《よしのり》は，「お兄ちゃん」のつらさにたえられなくなる。

問１　空らんＡに続くおばあちゃんの言葉から，よっちゃん（良則）は小学校一年生であることがわかる。よって，「小学校二年生」だとあるウがふさわしくない。

問２　**１**　「（頭を）下げあって」にかかる言葉が入るので，頭をしきりに下げるようすをいう「ぺこぺこ」が合う。　　**２**　去年，唯《ゆい》が生まれたときも家中大騒《おおさわ》ぎだったが，今年，諭《さとし》が生まれるまでも家中が再びてんてこ舞《ま》いになったのだから，同じことがくり返されるようすを表す「またまた」がよい。　　**３**　お煮染《にし》めを「煮込《こ》む」にかかる言葉が入るので，煮え立つ音を表す「くつくつ」があてはまる。　　**４**　ぼう線②の後に，妹や弟が生まれるたびに「お兄ちゃんだから」といろいろなことを我慢《がまん》させられてきたことを良則が思い起こす場面がある。「お兄ちゃんになんて，なりたくなんかなかった！」という言葉は，良則が「ずっとずっと」心の奥《おく》に閉じこめておいたものだったのである。「ずっと」は，長い間。

問３　直前のおじいちゃんの言葉や，ぼう線③をふくむ文から，今回良則は自宅を離れて大沢《おおさわ》の家で，一人で十日も泊《と》まることをしなければならないことがわかる。

問４　大沢の家に遊びに行くのは楽しいが，自分一人家を離れて大沢の家に十日も泊まるとなると「話が別」とは，条件がちがうのでいつものようにただ楽しいわけではないという意味になる。いろいろ我慢させられてきたとも良則は思っており，「不満」な気持ちが強いのである。

問５　**Ⅰ**　良則を迎《むか》えに出たおばあちゃんたちの言葉なので，歓待《かんたい》しているウがよい。　　**Ⅱ**　宿題の作文を手伝ってほしいと言う良則に対する返事である。また，この後，良則に子ども用の包丁をプレゼントしているので，手伝いを引き受け，包丁を見てほしいと言っているカが合う。　　**Ⅲ**　たづなこんにゃくのつくり方を教わった良則の言葉である。この後，改めてたづなこんにゃくをつくってほしいと頼《たの》まれているので，おもしろいからやってみたいとあるアがふさわしい。　　**Ⅳ**　直後に，声をかけてきたおじいちゃんと良則はいっしょにお風呂《ふろ》に入ったことがわかるので，「おじいちゃんとお風呂に入ろう」とあるオがよい。　　**Ⅴ**　フランス料理のシェフになることを提案された良則の返事なので，「フランス料理なんて，僕《ぼく》食べたことないよ」とあるイが入る。

問６　まだ小学校一年生の良則が，家族から一人だけ離れて十日も大沢の家に泊まることで，おばあちゃんは良則がさびしく感じないかを気にしていると考えられる。よって，家族のことを心配するひまがなくなるというアとイ，さびしさを忘れられるというエは正しい。

問７　「太鼓判《たいこばん》を押《お》す」は，“品質などがまちがいなく良いことを保証する”という意味。

問８　今晩のお味噌汁《みそしる》は自分がつくる，と言い出した良則に感心したおばあちゃんがかけた言葉が入る。空らんＶの後に，有香ちゃんも良則をほめて「色々お手伝いもできて，赤ちゃんたちのお世話もできる，立派なお兄ちゃん」だと言っていることに注意する。

問９　良則が「なりたくないもの」としてあげた空らんＣの内容を聞いた大人たちは息を呑《の》んでおどろいているが，良則は続いて「お兄ちゃん」になりたくない理由を話している。空らんＣを受けた言葉の最初にある，「しっかりしてて立派なお兄ちゃん」があてはまる。

問10　本文の最初の部分で，父母や祖父母が何度も「めいわく」という言葉を使ったことに良則が気づいていることが書かれている。「お兄ちゃん」だからと家を離れさせられたが，自分は家族にとって「めいわく」なのだと良則はつらく感じているのである。

三 **出典は本校国語科作成の説明文による。**日本古来の「たたら製鉄」の工程や長所と短所，なぜ廃《すた》れたのかを説明している。

問１　ぼう線①は，『もののけ姫《ひめ》』で女性たちがしていた作業のことだと最初の段落からわかる。三番目の段落には，「『もののけ姫』で女性たちがしていた作業」について，「温度が下がらないよう空気を送り込み続ける」という目的であることが述べられている。

問２　**１**　前には，日本では鉄鉱石があまりとれなかったと書かれている。後には，鉄鉱石の代わりに砂鉄を原料にして製鉄をするようになったと述べられている。よって，前のことがらを受けて，そこから導かれることがらに移るときに用いる「そこで」が入る。　**２**　前には，一つの「たたら炉《ろ》」を使って一回製鉄をするには，大量の木炭が必要だったとある。後には，三十分ごとに木炭と砂鉄を足す作業も必要だったそうだとある。いずれも，「たたら製鉄」で必要なことがらについて述べられているので，あることがらに次のことがらをつけ加える働きの「また」が合う。**３**　不純物をのぞいた鉄である「けら」というかたまりは炉の底にたまると前にある。後には，「けら」は場所によって性質が異なると続く。よって，前のことがらを受けて，それに反する内容を述べるときに用いる「しかし」がよい。　**４**　後に理由を表す「から」があるので，これと呼応し，理由を導くときに使う「なぜなら」が選べる。

問３　**１**　四番目の段落の最初の部分に，約一五〇〇度より「低い」温度で，湯池穴からどろどろの物質が溶《と》け出すと書かれている。　**２**　二番目の段落に，鉄鉱石があまりとれない日本では「砂鉄」を原料として製鉄をしたと書かれている。四番目の段落にも，たたら製鉄の原料となるのは「砂鉄」だとある。　**３**　製鉄作業で出る「のろ」は鉄以外の物質なので，「不純物」にあたる。　**４**　五番目の段落に，「のろ」が流れ出た後，炉の底にたまるのは「けら」というかたまりだと書かれている。

問４　続く二文に注目する。どの部分も同一の構造なら，場所による強弱の差が生まれず，力を加えたときに特定の場所にだけ力が集中することはなく，相当の力にも耐《た》えられると書かれている。逆に，場所によって構造が異なれば，力を加えたときに特定の場所にだけ力が集中して耐えきれなくなり，そこから折れたり曲がったりすると考えられる。よって，エがふさわしい。

問５　製鉄の工程については，三番目の段落から順を追って説明されている。三番目の段落にオ，四，五番目の段落にイ，六，七番目の段落にエ，八番目の段落にウに続いてアの内容が述べられる。

問６　Ⅰ　十番目の段落に注目する。西洋の製鉄技術では，「たたら製鉄」で作り出す「はがね」に比べて，作り出せる鉄の品質が落ちることが「おとる部分」にあたる。　Ⅱ　**１**　九番目の段落に，「たたら製鉄」では砂鉄や木炭を入れたり，「温度」調整をしたりといった作業が必要になると書かれている。　**２**，**３**，**４**　十番目の段落に，西洋の製鉄技術では，「たたら製鉄」とはちがってめんどうな「手間」をかけることなく，安い「費用」で，「大量」の鉄を生産できると述べられている。

問７　ぼう線⑥の直前の「こうして」は“こういうわけで”といった意味なので，同じ段落の前の部分に注目する。明治時代の日本は西洋に並ぶ近代国家を目指すため大量の鉄を必要としており，西洋の製鉄技術への移行が加速したとあるので，イが合う。本文に「日本刀が不要とな」ったとは書かれているが，捨てられたのではないので，エは誤り。

問８　「たたら炉」に入れて熱するのは木炭や砂鉄であり，「けら」ではないことが三番目の段落に，また，「たまはがね」は「はがね」の破片から選ばれたものであることが七番目の段落に書かれていることから，アは誤り。イも，「けら」の炭素量が少ない部分が「はがね」，多い部分が「ずく」になると，六番目の段落にあることから誤り。ウは，五〜七番目の段落に同じ内容が書かれているので，合う。エは，ヒッタイト民族が初めて開発したのは，鉄鉱石から鉄だけを取り出す技術だと二番目の段落に述べられていることから，誤り。

2023年度 女子聖学院中学校

【算　数】〈スカラシップ試験〉(50分)〈満点：100点〉

※円周率は，3.14159265……と，どこまでも続いて終わりのない数です。計算には，必要なところで四捨五入あるいは切り上げをして用いますから，問題文をよく読んでください。

※問題を解くときに，消費税のことは考えないものとします。

1　つぎの□にあてはまる数を答えなさい。

(1)　$3.67+20.43=\square$

(2)　$1\frac{1}{2}+2\frac{1}{3}-3\frac{1}{4}=\square$

(3)　$2\times1.25\times4\times3.14=\square$

(4)　$\frac{2}{9}\times\left(\frac{7}{8}+\frac{1}{16}\right)-\frac{1}{12}=\square$

(5)　$6\frac{2}{5}\times1\frac{1}{2}\div3\frac{1}{5}-3=\square$

(6)　$7.34\times2.58+73.4\times1.742=\square$

(7)　$\left(\frac{1}{3}+3\right)\times\frac{3}{16}+\left(1-\frac{1}{5}\right)\times\frac{3}{16}=\square$

(8)　$\left(\square\times6-0.75\right)\div5\frac{1}{4}=3$

2　つぎの（　　）にあてはまる数を答えなさい。

(1)　（　　）円の $\frac{3}{5}$ は９６０円です。

(2)　りんご４２個とみかん１０５個の両方をそれぞれ余りなく等分します。できるだけ多くの人に分けるとき、（　　）人に分けることができます。

(3)　Ａ，Ｂ，Ｃ，Ｄ，Ｅの５人の中から図書委員を２人選ぶとき、全部で（　　）通りの組み合わせができます。

(4)　聖子さんと好子さんの２人で仕事をすると１２日間で仕上がる仕事があります。この仕事を聖子さん１人ですると２０日間かかり、好子さん１人ですると（　　）日間かかります。

(5)　原価２００円の品物に２割の利益を見込んで定価をつけました。昨日は定価で３００個売れましたが、今日は定価の１割引きで売ったところ、６００個売れました。２日間の利益の合計は（　　）円です。

(6)　現在母は３６才，子どもは１２才です。子どもの年齢《ねんれい》が母の年齢の $\frac{7}{11}$ になるのは今から（　　）年後です。

(7)　時速 x km で３０秒間に進む道のりが y m であるとき、$y=$（　　）$\times x$ です。

(8)　つぎの図のように長方形の紙テープを折ると、あの角は（　　）度です。

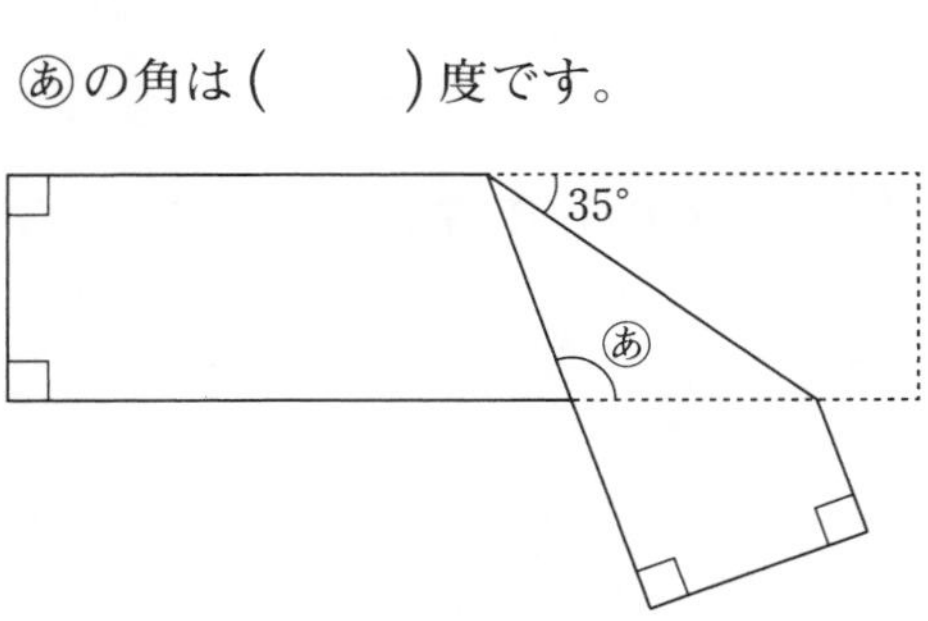

3　長さ１２３０ｍの鉄橋が東西の方向にかかっています。東から長さ９０ｍの列車Ａが秒速２５ｍで西に向かって進み、西から長さ７４ｍの列車Ｂが秒速１６ｍで東に向かって進んでいます。列車Ａと列車Ｂが同時に鉄橋を渡り始め、鉄橋の途《と》中《ちゅう》で出会いました。

つぎの問いに答えなさい。

(1)　列車Ａと列車Ｂが出会ったのは、鉄橋を渡り始めてから何秒後でしたか。

(2)　列車Ａと列車Ｂが出会ったのは、鉄橋の東端《はし》から何ｍのところでしたか。

(3)　列車Ａと列車Ｂが完全にすれ違ってから、列車Ｂが鉄橋を渡り終えるまでに何秒かかりますか。

4　下の図のような三角形ＡＢＣがあり、面積は５６cm^2です。点Ｄは辺ＢＣを３cmと１１cmに分ける点で、点Ｅは辺ＡＣを１０：１７の比に分ける点です。

また、ＡＤとＢＣは垂直で、ＡＤの上にＦＤ＝２cmとなる点Ｆをとりました。

つぎの問いに答えなさい。

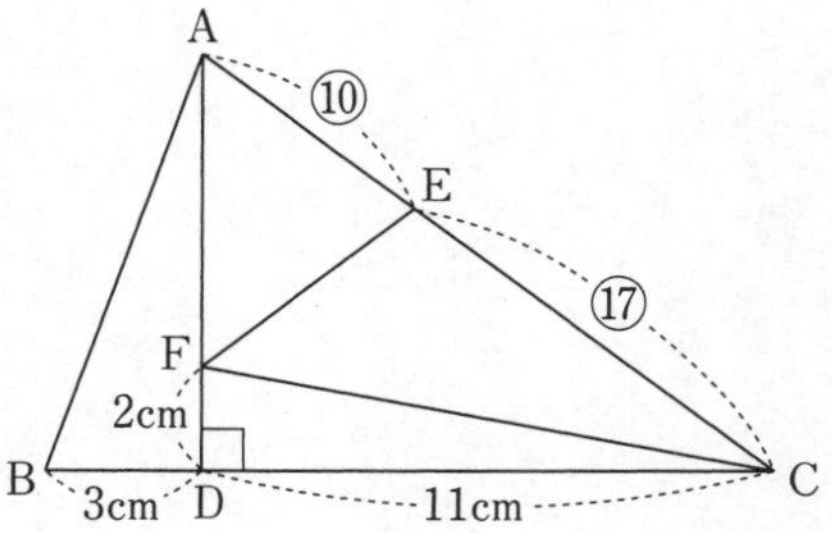

(1)　ＡＤの長さは何cmですか。

(2)　三角形ＡＦＣの面積は何cm^2ですか。

(3)　三角形ＡＦＥの面積は何cm^2ですか。

5 $\frac{1}{2}$, $\frac{3}{4}$, $\frac{5}{6}$, $\frac{7}{8}$, ・・・のように分数がある規則《きそく》で並んでいます。この分数の列では、後ろにいけばいくほど分数は大きくなっていきますが、1以上になることはありません。

つぎの問いに答えなさい。

(1) 最初から数えて7番目の分数は(㋐)で、その分数と1との差は(㋑)です。

㋐, ㋑ にあてはまる数をそれぞれ答えなさい。

(2) 1との差が初めて $\frac{1}{21}$ よりも小さくなるのは、最初から数えて何番目の分数ですか。

(3) 1との差が初めて $\frac{5}{234}$ よりも小さくなるのは、最初から数えて何番目の分数ですか。

式や考え方も書きなさい。

問六 ――線③「『契約の内容を知らないから、合意していない』というタツルくんの主張を認めることはできない」とありますが、その理由を「〜から」につながるように文中から二十五字でぬき出しなさい。

問七 本文で説明されている「契約」にあたる具体例として、ふさわしくないものをつぎから二つ選び、それぞれ記号で答えなさい。

ア 荷物を送るために宅配便サービスを利用すること

イ 決まった時間に起きられるように目覚まし時計を設定すること

ウ 会社を立ち上げる目的で銀行から借金をすること

エ 裁判所に訴えて相手に損害賠償を請求すること

オ 「遊園地に行こう」と誘《さそ》われ「いいよ」と返事をすること

カ 限定商品をインターネットで予約注文すること

問八 つぎのそれぞれの文について、本文の内容に合うものには「○」を、合わないものには「×」を答えなさい。

ア 契約を結び、それを守ることで私たちはモノやサービスをより安く、より便利に利用することができる。

イ 買い手による申込みと売り手による承諾とがあってはじめて、契約を成立させることができる。

ウ すべての鉄道会社は、二時間以上の遅れがあった場合に、運賃の払い戻しをしなければならないという法律がある。

問三 《 1 》～《 4 》に入れるのにふさわしい言葉をつぎから選び、それぞれ記号で答えなさい。

ア まず
イ もし
ウ つまり
エ しかし

問四 ――線②「契約は、契約を結ぼうとする人が自由にその内容を決めることができます」とありますが、これについて説明したつぎの文の（ 1 ）～（ 4 ）に入れるのにふさわしい言葉を、それぞれ文中からぬき出しなさい。

市民革命以降、（ 1 ）を持つようになった市民は、誰にも指図されずに自由な売買をすることが可能となった。契約内容に関しても（ 2 ）どうしが自由に決められるという（ 3 ）が生まれた。こうした自由な経済活動の中で（ 4 ）の発展がもたらされた。

問五 つぎの文が本文からぬけています。**ア**～**エ**のどこに入るのがもっともふさわしいですか。その場所を記号で答えなさい。

なぜ契約書をつくることがあるかというと、トラブルを防いだり、裁判になったときに証拠《しょうこ》にしたりするためです。

たものとするという考え方がとられています。きみも電車に乗るとき、実は知らないうちに契約をしているのです。

このように考えていくと「電車に乗るときに契約書にサインしていないから、契約していない」とか③「契約の内容を知らないから、合意していない」というタツルくんの主張を認めることはできないでしょう。 エ

(『法は君のためにある　みんなとうまく生きるには?』小貫　篤　による)

◎本文を一部省略しています。また、表記を変更しているところがあります。

問一　――線①「わたしたちが電車に乗るとき、鉄道会社と契約を結んでいる」とありますが、どのような内容の契約ですか。文中から三十字で探し、そのはじめとおわりの五字をそれぞれ答えなさい。

問二　(　Ａ　)・(　Ｂ　)に入れるのにふさわしい言葉をつぎから選び、それぞれ記号で答えなさい。

ア　義務
イ　契約
ウ　理由
エ　権利

そして所有権を持つ自由で平等な市民が、ものを自由に売ったり買ったりすることで、資本主義は発展してきました。そのようなプロセスのなかで、「だれと、どのように、どんな内容の契約を結ぶか（結ばないか）」を当事者どうしが自由に決めることができる原則が生まれました。この原則のことを「契約自由の原則」と言います。契約自由の原則は、自分が考えたとおりに「自分らしく生きる（自由）」という法の基本的な価値を実現しようとしている考え方と言えるでしょう。**ア**

この考え方は社会を維持《いじ》していくうえで、とても大切です。≪　2　≫契約という考え方がなかったらどうなるのでしょう。安心してものを売ったり買ったりすることができません。契約を結び、守ることでいろいろなモノやサービスを便利により安く手に入れることができるのです。また、きみが将来会社をつくりたいと考えたとき、仲間と約束して会社を立ち上げたり、銀行からお金を借りたりするかもしれません。これらも契約という考え方がなかったら実現できません。このようにわたしたちは、他者と契約を結ぶことで、自分のやりたいことを実現していくことができるのです。つまり、社会がうまくまわっていくために契約は不可欠なのです。**イ**

タツルくんは、「電車に乗るときに契約書にサインしていないから、契約していない」とか、「契約の内容を知らないから、合意していない」と言うかもしれません。≪　3　≫、「契約に契約書は必ず必要なのか」を考えてみます。契約をする人たちの申込みと承諾があれば、口約束でも契約は成り立ちます。**ウ**

次に、「契約の内容を知らないから契約は成り立たないのか」を考えてみます。たしかに、鉄道会社がホームページなどで示している約款をすべて読んでいる人は少ないでしょう。そこに何が書かれてあるかも知らないのがふつうです。≪　4　≫、電車やバスに乗るときや、ホテルに泊《と》まるとき、宅配便を利用するときのように、多くの人と会社との間で契約が結ばれる場合、一人ひとりと契約を結んでいては時間や手間がかかります。そこで、そのような場合は原則として、契約をする人の間に約款に従う意志があっ

り立つと、お互《たが》いに権利と義務が生まれます。売り手には百円をもらう（　A　）と、コーラを渡《わた》す（　B　）があります。買い手にはコーラをもらう（　A　）と、百円をはらう（　B　）があります。いったん契約を結んだら、義務を果たさなければなりません。義務が果たされない場合は、裁判所に訴《うった》えて義務を果たすように強制することを求めたり、損害賠償《ばいしょう》を請求《せいきゅう》したりすることができます。

タツルくんが電車に乗るときに結んだ契約は、鉄道会社がお金と引きかえにお客さんをある駅から別の駅まで運ぶというものです。この契約では、電車の遅れについてはどのようになっているのでしょうか。鉄道会社のホームページに載《の》っているルール（ここでは※約款《やっかん》とよばれます）を見てみましょう。

たとえば、ある鉄道会社の約款には、「電車が二時間以上遅れて駅に着いたときには、責任をとって運賃を払《はら》い戻《もど》しします。」とあります。ここに書かれていること以外について、鉄道会社は電車が遅れたからといって責任をとる必要はないのです。《　1　》、電車が十五分遅れたからといって鉄道会社は義務を果たしていないとは言えません。（中略）

契約という考え方は、歴史的に出てきたものです。②契約は、契約を結ぼうとする人が自由にその内容を決めることができます。どのような契約をするか（契約内容）、だれと契約をするか（契約相手）、どのような形式で契約をするのか（契約形式）、そもそも契約を結ぶのかどうか（契約締結《ていけつ》）といったことはすべて自由です。

これは当たり前のようですが、昔は自由に職業を選んだり、自由に経済活動をしたりすることができませんでした。市民革命以降《いこう》、市民は自由にものを売ったり買ったりすることを求めるようになりました。その根底には、自分が持っているものや自分で手に入れたものは自分のものであるという考え方があります。この考え方を所有と言い、その権利を所有権と言います。所有権を持っていれば、だれにも指図されずに自由に自分のものを売ったり貸したりすることができます。

※**約款**　約束事を文章にしてまとめておいたもの

三 つぎの文章を読んで、あとの問いに答えなさい。

四月、中学三年生になったばかりのタツルくんは、電車で学校に通っています。家の最寄《もよ》り駅から二つ隣《となり》の駅まで電車に乗ります。ある日うっかり目覚まし時計をかけずに寝《ね》てしまいました。翌日、起きるとなんと始業四十分前です。急げば家のドアから学校の教室まで三十分で行くことができます。ギリギリ間に合うと思って走りましたが、駅に着くと電車が十五分遅《おく》れています。結局、教室についたのは授業がはじまって二十分後でした。

運の悪いことに一時間目は、きびしいハルカ先生の授業でした。ハルカ先生はやっぱり「なんで遅れたの！」と怒《おこ》っています。タツルくんは、「電車が遅れなければ間に合っていました。僕《ぼく》のせいではなく電車の遅れが原因なので、遅刻《ちこく》をなかったことにしてほしいんですが……」と言いました。すると、ハルカ先生に「そんなの理由にならないでしょ！　電車は遅れることがあるんだから、早く家を出なさい！」とますます怒られてしまいました。タツルくんは「すみません……」と言ってその場をやりすごしましたが、「学校に遅れたのは、電車のせいじゃん……。遅刻をなかったことにしてほしいよなぁ」と納得《なっとく》できず、もやもやしたまま一日を過ごしました。

鉄道会社は、時間どおりにお客さんを運ばなければならないのでしょうか。また、電車が遅れたことを理由に遅刻をなかったことにできるのでしょうか。

（中略）

実は、①わたしたちが電車に乗るとき、鉄道会社と契約《けいやく》を結んでいるのです。契約は、約束を結ぼうとする人たちの意思表示（考えを表すこと）が合致《がっち》することで成立する約束のことです。たとえば、買い手が「コーラを百円で買いたい」といい、売り手が「いいよ」といえば契約が成り立ちます。「コーラを百円で買いたい」というのを申込《もうしこ》みといい、「いいよ」という返事のことを承諾《しょうだく》といいます。申込みと承諾によって契約が成

問八　――線③「幸せのにおい」とありますが、パウンドケーキが焼けるにおいが良則には「幸せ」に感じられる理由として、ふさわしくないものをつぎから一つ選び、記号で答えなさい。

ア　パウンドケーキは、お母さんとの思い出がつまっているから
イ　パウンドケーキは、家族と一緒に食べた記憶《きおく》が鮮《あざ》やかだから
ウ　パウンドケーキは、自分の家での暮らしを思い出させるから
エ　パウンドケーキは、良則が初めて自分で作ったケーキだから

問九　――線④「嫌なこととか、心配なこととか」とありますが、このくわしい内容としてふさわしくないものをつぎから一つ選び、記号で答えなさい。

ア　良則が自宅を離れて過ごさなければならないこと
イ　諭のヘルニアの手術が無事に終わるのかどうかということ
ウ　有香ちゃんが良則の話を真剣《しんけん》に聞いてくれないこと
エ　唯が良則の不在を寂しがって泣いているかもしれないこと

問十　――線⑤「パウンドケーキ」とありますが、今回良則たちが作ったケーキの材料のうち三つをぬき出して並べました。つぎから正しい組み合わせを選び、記号で答えなさい。

ア　卵・バター・クルミ　　イ　バター・お酒・ドライフルーツ
ウ　卵・お酒・ドライフルーツ　　エ　クルミ・バター・水

問五　(　Ⅰ　)〜(　Ⅴ　)に入れるのにふさわしいセリフをつぎから選び、それぞれ記号で答えなさい。ただし、どこにも当てはまらないものがあります。

ア　うん。ケーキはたぶんできると思う。けど、作文ができるかはわかんないや
イ　もちろんだよ。僕の得意技なんだから
ウ　なあに？
エ　この、バターの焼ける香り、たまらないわねえ
オ　よっちゃん。よっちゃんてば
カ　……ねえ、有香ちゃん

問六　――線②「手が止まってるよ」とありますが、良則が手を止めてしまった理由としてもっともふさわしいものをつぎから選び、記号で答えなさい。

ア　弟や母が気がかりで作業に集中できなかったから
イ　本当はケーキづくりなどしたくなかったから
ウ　お母さんの病気が心配でたまらないから
エ　飾り付けが難しくて思うようにいかないから

問七　(　C　)に入れるのにふさわしい十字以上十五字以内の言葉を考えて答えなさい。「、」も字数に数えます。

問一 ――線①「ほんの数日顔を見ていない」とありますが、このことを説明したつぎの文の（　　）に入れるのにふさわしい内容を十五字以上二十字以内で考えて答えなさい。「、」も字数に数えます。

良則は数日前から（　　　　）いるため母親の顔を見ていない。

問二 （ A ）に入れるのにふさわしい言葉を文中から十九字でぬき出しなさい。

問三 《 1 》～《 4 》に入れるのにふさわしい言葉をつぎから選び、それぞれ記号で答えなさい。

ア ふんわりと
イ うらうらと
ウ すうっと
エ さっくりと

問四 （ B ）に入れるのにもっともふさわしい言葉をつぎから選び、記号で答えなさい。

ア 気軽そう
イ 気難しそう
ウ 気ぜわしそう
エ 気づかわしそう

「わあ、本当に良くできているわねえ。とってもおいしそう」

「よっちゃん、おじいちゃんに大きく切ったやつ、食わしてくれよな」

パウンド型をオーブンに戻《もど》す。焼き上がりまでもうちょっとだと有香ちゃんが言った。みんな鼻をくんくんいわせながらリビングに引き返す。良則はまた作文用紙の前に座《すわ》る。

「（　　　　Ｖ　　　　）」

「んー？」有香ちゃんがパソコンから目を離《はな》さずに生返事をする。

「お菓子を作るコックさんのことなんて言うんだっけ？　パ、パ……」

「パティシエ？」

「それ。あのさあ、その、パ、パティシエになるのって、大変なのかな」

「うーん。まずは高校出てから専門の学校に行って勉強するんじゃないかな。フランス語も勉強して、フランスに留学とかして、有名なお店で修業《しゅぎょう》しなくちゃいけないんじゃない？　力もいるし、何よりセンスのいい人じゃないとなれないと思うな。お菓子って、見た目もすごく大事だからね」

「……僕さあ、パティシエになってみたいな、なんて、ちょっと思った、ん、だけど」

「あら」有香ちゃんが、パソコンから目を離してまともに良則を見る。

「このさあ、お菓子の焼けるにおい、僕大好き。ほわーんって気持ちになるよね。③幸せのにおいっていうか。④嫌《いや》なこととか、心配なこととか、ちょっと忘れられるじゃない？　お菓子作る人になったら、いつもこんな幸せのにおいの中にいられるでしょ。そういうのすごくいいなって、思っちゃった」

「よっちゃん、作文に書くこと、あったじゃない」有香ちゃんがにっこりする。

オーブンがチンと鳴った。できた。懐《なつ》かしい、お母さんの香りの⑤パウンドケーキ。心のしこりがやわらかくほどけていくのを、良則は全身で感じていた。

（本校国語科による）

「……そうだけど。でもさあ、『おとなになったら』なんて、何で今考える必要があるのかなあ？　大人になったときのことは大人になってから考えればいいのにさ」

「あはは、確かにね。まあね、先生が、よっちゃんが大人になったら何したいか知りたがってるんだから、教えてあげたら？」

リビングではおばあちゃんが編み物をし、おじいちゃんが碁盤《ごばん》に向かっていた。

「どう、よっちゃん、ケーキ、上手にできそう？」

「（　　Ⅲ　　）」

「宿題なんだからしかたないさ。ちゃちゃっと書いちゃえよ」

「おじいちゃんたら、簡単に言わないでよ。僕、作文は苦手なんだよ」

仕方なくテーブルに作文用紙を広げたけれど、やっぱり書くことを何も思いつかない。代わりに良則の頭の中には、お母さんや諭ちゃんの姿が浮《う》かんでくる。諭ちゃん、今頃手術受けてるかな。お母さんとお父さん、きっと病院ではらはらしながら待ってるだろう。お医者さんが手術を失敗したらどうしよう。諭ちゃんが、もし（　　C　　）。

「あー、いい香りがしてきたわねえ」

おばあちゃんが《　4　》大きく息を吸い込む。おじいちゃんも有香ちゃんも、良則もまねをする。床暖房《ゆかだんぼう》で暖かいリビングが、一層暖かくなったように感じる。

「（　　Ⅳ　　）」

「よっちゃん、焼け具合を見て、上から溶《と》き卵《たまご》を塗ろうよ。艶《つや》が良くなるから」

「知ってるよ。前もそうやったもん。僕に塗らせてね」

どきどきしながらオーブンを開けると、甘い香りは優《やさ》しく良則を包み込んだ。胸がほっこりしてくる。良則は溶き卵を刷毛《はけ》で塗っていく。「丁寧《ていねい》にね」って、お母さんの声がしたみたいな気がした。そう、丁寧に、丁寧に。お母さんに褒《ほ》めてもらえるように。おばあちゃん、おじいちゃんまでキッチンに見物に来る。

ちへ持って帰ったらどうかな」

「わ、やってみたい！　幼稚園《ようちえん》の頃《ころ》、お母さんが作るの見てたことあるんだ」

一時間後、二人はエプロン姿でキッチンに立っていた。

「さて、始めようか。まずバターを計って、ボウルに入れまーす。よっちゃんはボウルをしっかり押《お》さえててね。あたしが木べらでこねこねするから」

「うん、……有香ちゃん、大丈夫《だいじょうぶ》？　バター柔《やわ》らかくするの、力がいるでしょ」

「だ、大丈夫。……ほら、だんだんクリームっぽくなってきた。よっちゃん、ちょっと交代して？　あたしお砂糖を計るから」

柔らかくなったバターに砂糖を擦《す》るように混ぜる。バターが《　２　》レモン色のクリーム状になる。

それから良則はボウルに卵を割り入れたり、ドライフルーツやクルミを刻んだりと忙《いそが》しく働いた。有香ちゃんがふるった小麦粉をボウルに入れる。良則が刻んだフルーツに粉をまぶして生地に《　３　》混ぜる。パウンド型にバターを塗《ぬ》って粉をふり付け、そこへ生地《きじ》を流し入れる。

「さ、よっちゃん、上にフルーツを飾《かざ》ってね」

良則は残しておいたドライフルーツを彩《いろど》りよく飾り付ける。そうだ。この前同じことをしたとき、良則の横でにこにこしていたのはお母さんだった。よっちゃん、こういうお仕事上手よねってお母さんが言ってくれたんだ。お母さん、どうしてるかな。ちゃんとご飯食べられてるかな。心配事があるとご飯食べられなくなるんだから、お母さんは。

「……よっちゃん、どうしたの？　②手が止まってるよ。パウンド型、オーブンに入れようよ」

「……あ、ごめん。飾り、これでいい？」

「うん、とってもきれい。よし、あとは待つだけね。あたしは仕事しようっと。よっちゃん、作文まだなんじゃなかった？」

一月五日。昨日諭ちゃんは入院して、今日手術を受ける。生まれてまだ二か月の赤ちゃんなのに。お母さんもお父さんも、「ヘルニアって、赤ちゃんにはよくある病気なんだって。簡単な手術で治っちゃうから心配ないんだって」と、繰《く》り返《かえ》し言ってくれたけれど、良則はやっぱり心配せずにはいられなかった。入院にはお母さんもお父さんもついて行っている。やっと一歳《いっさい》の唯ちゃんは、お母さんがいないから泣くだろう。僕もいないからきっと寂《さび》しがってる。唯ちゃんが泣きやまなくて、おばあちゃん、困ってるかもしれない。

「(　　　　Ⅰ　　　　)」

「あ、なに、有香ちゃん？」

「ぼーっとして、どうしたの？　あら、またその本見てたのね」

実は手元に広げていてもちゃんと見てはいなかった。良則はあわててページをめくる。何度見ても飽《あ》きない、おいしそうなケーキの写真がたくさんある、使《つか》い込《こ》まれた本。

「その本ね、姉さんが結婚《けっこん》前に使ってたのよ。お菓子《かし》作りはレシピに忠実にやらないと駄目《だめ》だからって、何か作るたびにその本と首っ引きだったわ」

「知ってるよ。同じ本、うちにもあるもん。唯ちゃんが生まれる前は、お母さん、よくお菓子作ってくれたんだ」

「よっちゃんのお料理上手はお母さん譲《ゆず》りね、きっと。あー、そうだ。いいこと考えちゃった」

「(　　　　Ⅱ　　　　)」

「あのねえ、これからお買い物に行って材料買ってきてね、この本に載《の》ってるケーキで、お母さんの大好きなのを二人で作らない？　ほら、ここのページのパウンドケーキ。姉さんみたいに上手にできるか分からないけど、やってみようよ。うちにパウンド型が二つあるの。一つはおじいちゃんたちと食べてさ、もう一つをよっちゃんがお土産《みやげ》におう

二　つぎの文章を読んで、あとの問いに答えなさい。

「……うん、うん、僕《ぼく》は元気だよ。ちゃんとおばあちゃんや有香《ゆか》ちゃんのお料理のお手伝いしたし、おじいちゃんが車洗うのも手伝った。宿題も大体終わったよ。あとは作文だけ。お年玉いっぱいもらっちゃった。諭《さとし》ちゃんは平気？ 泣いてない？ そっか。唯《ゆい》ちゃんに、僕が帰ったらまたおいしいお味噌汁《みそしる》作ってあげるって言っといてね。……うん、わかった。じゃあね」

受話器を置くと、胸がきゅっとする。①ほんの数日顔を見ていないだけなのに、お母さんの声がひどくなつかしく、いつまでも耳の奥《おく》に残る。電話のところでぼんやりしていたら、有香ちゃんが声をかけてきた。

「よっちゃん、初詣《はつもうで》に行こうよ。（　A　）って、お祈《いの》りしに行こう」

有香ちゃんの声は、お母さんと似ている。お母さんの妹だからかな。

「うん。おじいちゃんおばあちゃんも一緒《いっしょ》に行ってくれない？ みんなでお祈りしたら、きっと諭ちゃん早く元気になるよ」

「それがいいわね。四人で行きましょう」おばあちゃんが言って、おじいちゃんも「よし、車出そうな」と、ソファから立ち上がる。

《　1　》晴れた元日の昼過ぎ。氷川様《ひかわさま》は大変な人混みだった。延々と並んで賽銭《さいせん》箱《ばこ》の前までたどり着いて、自分の財布《さいふ》から五十円玉を箱に入れ、良則《よしのり》はおじいちゃんと並んで手を合わせる。

『諭ちゃんの手術が無事に終わりますように。僕が早くおうちに帰れますように』

一心にお祈りする良則を有香ちゃんやおばあちゃんが（　B　）に見ているのに、良則は気付かなかった。

問七　つぎの1～4の――部のうち、はたらきのちがうものが一つあります。それはどれですか。番号で答えなさい。

1　明日の朝には、大型で強い台風が紀伊《きい》半島に上陸するそうだ。
2　とつぜん予定が変更《へんこう》となったため、いろいろと迷ったそうだ。
3　英語を話すのは得意なのに、日本語を話すのは苦手だそうだ。
4　さっき習ったばかりのかんたんな作業だが、もう忘れそうだ。

問八　つぎの1～4の文のうち、主語がないものを一つ選び、番号で答えなさい。

1　母の　エプロンは　兄からの　誕生日の　プレゼントだ。
2　かわいい　孫の　顔すら　思い出せないくらい　年老いた。
3　コロナの　ワクチン接種こそが　感染《かんせん》防止の　切り札らしい。
4　ウクライナでの　できごとは　日本にも　大きく　かかわる。

問四　つぎの（　）に漢字一字を入れて、それぞれ四字熟語を完成させなさい。

1　公平無（　）

2　傍若無（　）

3　無（　）夢中

問五　つぎの1～4のことわざ・慣用句の（　）には、どれも同じ言葉が入ります。その言葉を答えなさい。また、それぞれの意味としてもっともふさわしいものを下から選び、記号で答えなさい。

1　（　）と油

2　（　）を得た魚

3　魚心あれば（　）心

4　立て板に（　）

ア　止まることなく話す。

イ　互《たが》いに性格が合わない。

ウ　相手の出方に合わせる。

エ　生き生きとしている。

問六　つぎの熟語の組み合わせは、すべて対義語になっています。（　）に入る漢字一字をそれぞれ答えなさい。

1　快楽　―　（　）痛

2　本業　―　（　）業

3　内政　―　外（　）

4　先天的　―　（　）天的

問二　つぎの文には一字ずつまちがった字が使われています。それぞれ正しく直した字を書きなさい。

1　来日する幹光客が大量に減ったことにより、旅館の経営への逆風が倍増した。
2　血液研査の結果が不安な祖父は、塩分とカロリーを減らした定食を注文する。
3　加燃性の高い布でできた服を着たまま、公園で花火をするのは非常に危険だ。
4　警察署の正面にある黄色の建物には、台風の時に必要な道具が補管されている。

問三　つぎの――部分のカタカナにふさわしい漢字と同じ漢字が使われている文をあとから選び、それぞれ記号で答えなさい。

1　さまざまなソウ意工夫《くふう》が見られる作品だ。
2　移動中も車ソウからの景色を楽しむ。
3　「世界平和」という理ソウをかかげる。
4　あの事件の真ソウはだれにもわからない。

ア　ばく大な遺産をソウ続する。
イ　小学校の同ソウ会に出席する。
ウ　ソウ別会で司会を担当する。
エ　小説の読書感ソウ文を書く。
オ　ソウ理大臣になることを目指す。
カ　ソウ立記念日は休校になる。

2023年度

女子聖学院中学校

【国　語】〈スカラシップ試験〉（五〇分）〈満点：一〇〇点〉

一　つぎのそれぞれの問題に答えなさい。

問一　つぎの――部分のカタカナは漢字に直し、漢字は読みをひらがなで答えなさい。

1　スナをかき集めて山を作る。
2　犬のカい主をさがす。
3　カクセイ器を使って連絡《れんらく》する。
4　公園でナワとびをする。
5　三十人の集団を率いる。
6　税金を納める。
7　持久走を行う。
8　遊歩道を歩く。

2023年度

女子聖学院中学校

▶解　答

※　編集上の都合により，スカラシップ試験の解説は省略させていただきました。

算　数　＜スカラシップ試験＞（50分）＜満点：100点＞

解　答

[1] (1)　24.1　(2)　$\frac{7}{12}$　(3)　31.4　(4)　$\frac{1}{8}$　(5)　0　(6)　146.8　(7)　$\frac{31}{40}$　(8)　$2\frac{3}{4}$
[2] (1)　1600円　(2)　21人　(3)　10通り　(4)　30日間　(5)　21600円　(6)　30年後
(7)　$y=8\frac{1}{3}\times x$　(8)　110度　[3] (1)　30秒後　(2)　750m　(3)　47.5秒　[4] (1)
8 cm　(2)　33cm²　(3)　$12\frac{2}{9}$cm²　[5] (1)　㋐　$\frac{13}{14}$　㋑　$\frac{1}{14}$　(2)　11番目　(3)
24番目

国　語　＜スカラシップ試験＞（50分）＜満点：100点＞

解　答

[一] 問1　1～4　下記を参照のこと。　5　ひき　6　おさ　7　じきゅうそう　8
ゆうほどう　問2　1　観　2　検　3　可　4　保　問3　1　カ　2　イ
3　エ　4　ア　問4　1　私　2　人　3　我　問5　言葉…水　意味…1　イ
2　エ　3　ウ　4　ア　問6　1　苦　2　副　3　交　4　後　問7　4
問8　2　[二] 問1　（例）　諭の手術のため，祖父の家にあずけられて（いるため）　問2
諭ちゃんの手術が無事に終わりますように　問3　1　イ　2　ア　3　エ　4　ウ
問4　エ　問5　Ⅰ　オ　Ⅱ　ウ　Ⅲ　ア　Ⅳ　エ　Ⅴ　カ　問6　ア　問7
（例）　死んじゃったりしたらどうしよう　問8　エ　問9　ウ　問10　ア　[三] 問1
鉄道会社が～駅まで運ぶ　問2　A　エ　B　ア　問3　1　ウ　2　イ　3　ア
4　エ　問4　1　所有権　2　当事者　3　原則　4　資本主義　問5　ウ　問
6　契約をする人の間に約款に従う意志があったものとする（から）　問7　イ，エ　問8
ア　○　イ　○　ウ　×

●漢字の書き取り

[一] 問1　1　砂　2　飼　3　拡声　4　縄

Memo

2023年度 女子聖学院中学校

【算　数】〈第３回試験〉（50分）〈満点：100点〉

※円周率は，3.14159265……と，どこまでも続いて終わりのない数です。計算には，必要なところで四捨五入あるいは切り上げをして用いますから，問題文をよく読んでください。

※問題を解くときに，消費税のことは考えないものとします。

1 つぎの計算をしなさい。

(1) $101.25 + 99.87 = \square$

(2) $4.08 - 3\frac{2}{5} = \square$

(3) $8.75 \div 3\frac{1}{4} \times 2.6 = \square$

(4) $\left(\frac{1}{3} - \frac{1}{18}\right) \div \frac{5}{36} - 2 = \square$

(5) $\left(\frac{1}{2} - \frac{1}{3}\right) - \left(\frac{1}{4} - \frac{1}{5}\right) + \frac{1}{12} = \square$

(6) $(4.96 - 1.82) \times 11 - (15.3 + 16.1) \times 0.1 = \square$

(7) $1\frac{1}{2} + 3.6 \times 3\frac{1}{3} - \frac{7}{8} \div 1.75 = \square$

(8) $\frac{1}{2} + \frac{1}{\square} - \frac{1}{18} = \frac{7}{9}$

2　つぎの（　　）にあてはまる数や漢字を答えなさい。

(1)　ある年の１２月１日は金曜日で、その年の１２月２５日は（　　）曜日です。

(2)　姉の聖子さんと弟の学くんの歩く速さの比は３：２です。学くんが１時間４５分かかる距離《きょり》を聖子さんは（　　）時間（　　）分で歩きます。

(3)　１本５０円の鉛筆と１本８０円のボールペンを合わせて１３本買い、７７０円払いました。このとき、買った鉛筆は（　　）本です。

(4)　長さが１２ｍあるテープの重さが０.３kgであるとき、このテープ１ｍあたりの重さは（　　）gです。

(5)　現在、母の年齢《ねんれい》は３２才で子どもの年齢は５才です。母の年齢が子どもの年齢の４倍になるのは（　　）年後です。

(6)　好子さんはこれまでに算数のテストを（　　）回受けて、平均点が８６.５点でした。今回９１点を取ったので、平均点は８７点になりました。

(7)　時計の長針がx分間に動く角度の大きさがy度であるとき、$y=$（　　）$\times x$です。

(8)　２つの立方体Ａ,Ｂがあって、１辺の長さの比は４：３でした。Ｂの体積が２７cm^{3}であるとき、Ａの体積は（　　）cm^{3}です。

3　姉と妹が家を同時に出発し、１.２km 離《はな》れた公園に向かって、姉は分速８０m，妹は分速７０m で歩きました。姉は公園に着いてすぐに折り返したところ、公園に向かう妹に出会いました。

つぎの問いに答えなさい。

(1)　２人が出会うまでに歩いた道のりの合計は何 m ですか。

(2)　２人が出会ったのは、家を出てから何分後ですか。

(3)　２人が出会った地点は、公園から何 m 離れていますか。

4　下の図のような、縦《たて》の長さが７cm の長方形ＡＢＣＤがあります。図のように、長方形の辺の上には点Ｅと点Ｆがあって、ＥＤとＤＦの長さはどちらも５cm です。点Ｅと点Ｆを通る直線と辺ＢＣを延長した直線とが交わる点をＧとすると、三角形ＡＧＥの面積は２１cm^2です。また、点Ａと点Ｇを結ぶ直線と辺ＤＣとが交わる点をＨとします。

つぎの問いに答えなさい。

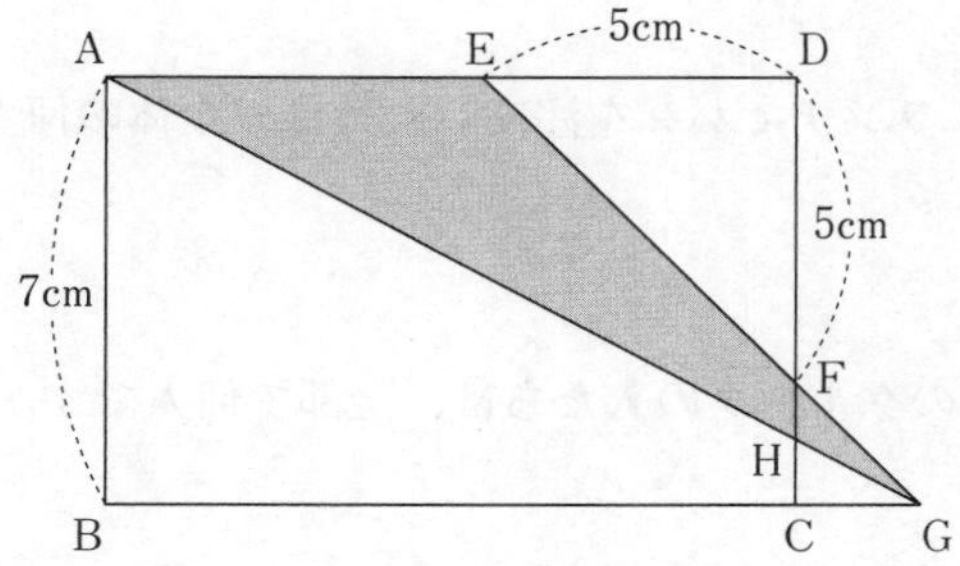

(1)　ＡＥの長さは何 cm ですか。

(2)　ＣＧの長さは何 cm ですか。

(3)　ＨＦの長さは何 cm ですか。

5　あるグループの人たちが、つぎの方法でお弁当を注文しました。

〈お弁当の注文方法〉

・Ａランチと Ｂランチのどちらか１つだけを選ぶ

・パンとライスのどちらか１つだけを選ぶ

Ａランチと Ｂランチを選んだ人の数の比は５：２で、パンとライスを選んだ人の数の比は２：３でした。Ａランチでパンを注文した人は全体の３０％で、Ｂランチでライスを注文した人よりも８人多かったといいます。

このとき下の表を利用して、つぎの問いに答えなさい。

	Ａランチ	Ｂランチ	合　計
パ　ン			
ライス			
合　計			

(1)　ライスを注文した人は、全体の何％に当たりますか。

(2)　Ｂランチでパンを注文した人は、全体の何％に当たりますか。

(3)　このグループの人たちは、全部で何人ですか。式や考え方も書きなさい。

【社　会】〈第３回試験〉（30分）〈満点：100点〉

1　次の（1）～（5）の各文章は、ある都道府県のことを説明したものです。説明されている都道府県名を漢字で答えなさい。ただし、「都」「道」「府」「県」のどれかを正しくつけて書きなさい。また、下の地図から、その都道府県の位置をそれぞれ選んで番号で答えなさい。

(1) 海に面していない内陸県です。南部の紀伊山地で育てられている杉は、「吉野杉《よしのすぎ》」として全国に知られています。昔は「大和《やまと》の国」とよばれました。

(2) 東部に阿武隈《あぶくま》高地があり、中央部に猪苗代湖《いなわしろこ》があります。会津若松《あいづわかまつ》市には「会津塗《あいづぬり》」という伝統工芸があります。

(3) 有明海沿岸では、江戸時代から干拓《かんたく》が行われていました。今では、のりの養殖《ようしょく》がさかんです。有田《ありた》町の伝統工芸の磁器《じき》・「有田焼《ありたやき》(伊万里焼《いまりやき》)」は、よく知られています。

(4) 仙台平野では「ひとめぼれ」などの米づくりがさかんです。かきの養殖などの沿岸の水産業は、２０１１年３月の東日本大震災で大きな被害《ひがい》を受けました。

(5) みかんと柿《かき》と梅《うめ》の栽培《さいばい》がさかんなことで知られています。高野山《こうやさん》には、空海が開いた金剛峯寺《こんごうぶじ》があります。近くを流れる日本海流（黒潮《くろしお》）の影響《えいきょう》で、冬でも温暖です。

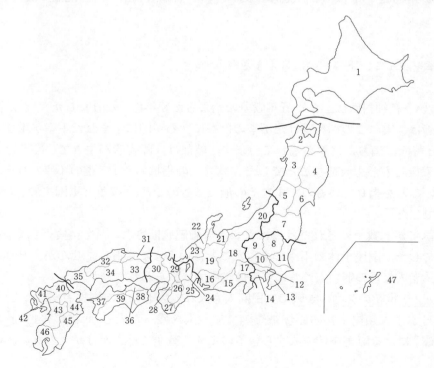

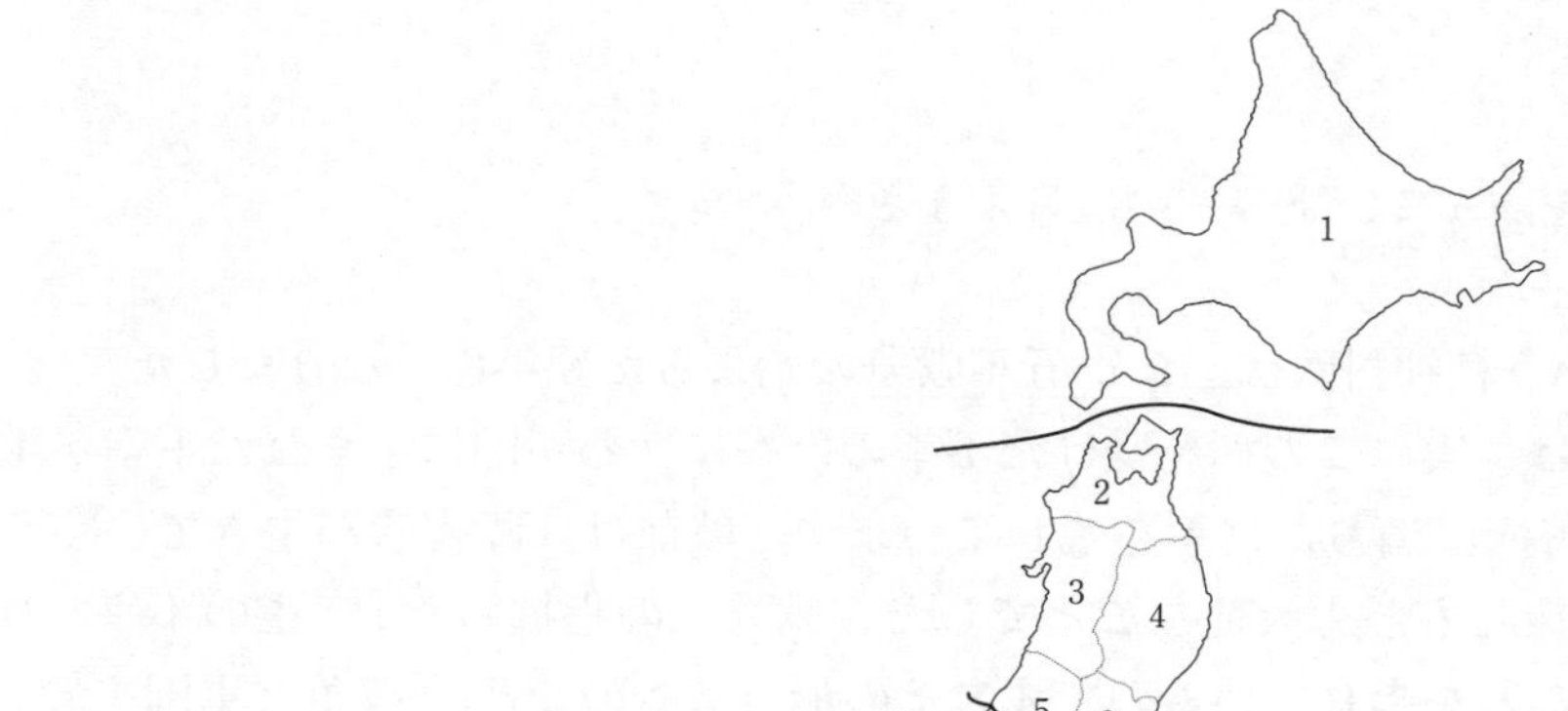

2　次の（1）～（5）の条件にあてはまる地形を、語群より一つ選んで記号で答えなさい。

（1）東京都に属する島

【語群】ア．与那国島《よなぐにじま》　イ．南鳥島《みなみとりしま》　ウ．屋久島《やくしま》　エ．小豆島《しょうどしま》

（2）太平洋にそそぐ川

【語群】ア．石狩川　イ．最上川　ウ．天竜川　エ．信濃川

（3）「日本アルプス」にふくまれない山脈

【語群】ア．木曽山脈　イ．赤石山脈　ウ．鈴鹿山脈　エ．飛驒山脈

（4）本州にある平野

【語群】ア．讃岐《さぬき》平野　イ．出雲《いずも》平野　ウ．十勝《とかち》平野　エ．筑紫《つくし》平野

（5）太平洋側にある半島

【語群】ア．男鹿半島　イ．志摩半島　ウ．津軽半島　エ．能登半島

3　次の文章を読んで、下の問いに答えなさい。

呉秀三《くれしゅうぞう》という精神科医は、（1）十五年戦争の始まった翌年亡《な》くなりました。「わが国十何万の精神病者は、実にこの病を受けた不幸のほかに、わが国に生まれた不幸が重なったというべき」と苦痛に満ちた言葉を残しています。戦前は、障害者が生きていくことは、本人も含《ふく》めて家族ともども大変なことでした。呉秀三の指摘《してき》した「二重の不幸」のその一つは、それらのことを指しているのです。その最たるものこそ、「戦争と軍国主義」の暗い時代の暮らしでした。

国民のすべてが、戦争にどれだけ役にたつかで価値判断され、「徴兵《ちょうへい》検査」は差別・選別そのものでした。国民全体の不幸であったことはいうまでもありませんが、とりわけ障害者・病人・老人などの弱い人たちに不幸は集中的にあらわれました。

人類は、（2）２０世紀の２度の大戦で、民間人も入れて数千万人の犠牲者《ぎせいしゃ》をだしています。なかでも、日本は人類史上初の原爆被爆《ひばく》国です。生き残った人も（3）被爆後遺症《こういしょう》に苦しみ、胎内《たいない》被爆＊による障害を持つ人すらいるのです。戦争こそ、かけがえのない人の尊い

命を奪《うば》い、そればかりか、多くの障害者をつくりだしてきたのです。アジア・太平洋戦争下での障害者やその家族の痛ましい生活の一部分を紹介《しょうかい》しましょう。

作家の住井すゑ《すみいすえ》は、「牛久沼のほとり」という随筆《ずいひつ》に、近所に住むタケちゃんという青年のことを書いています。タケちゃんは小児麻痺《しょうにまひ》*でした。戦時下ですから彼にも⑷ 徴兵検査の通知がきました。兵隊に向かない体なんだから、役場の兵事係にいえば検査場に行かなくてもすむのではと、住井さんはすすめたのです。が、検査官がハンコを押してはじめて兵役免除《へいえきめんじょ》になるとかで、おっかさんは「タケこと、はじをしのんで検査場へ連れていくよ」と涙《なみだ》をふきました。リヤカーに乗せて片道１０kmの道を急ぎました。検査官には、まるで「非国民」のように扱《あつか》われ、それでもおっかさんは、「おらも、これで大役がすんだ」と、ぽたり、ぽたり涙をこぼしました。これに類した話は、青年期の障害者の数と同じ数だけあったでしょう。

「（　ア　）に　行かれぬ男の子　穀《ごく》つぶし*と　後ろ指《ゆび》さされる　口惜《くちお》しき母」

脳性麻痺の子のお母さんの歌です。非国民・国賊《こくぞく》・穀つぶしとののしられました。配給の食料がもらえなかったり、血液型も書いてある名札を皆《みな》つけていたのですが、障害者には名札はいらないとされていました。その人たちの命をどう考えていたのでしょう。

日本で手術をした⑸ ベトナムのベトちゃん・ドクちゃんのことはよく知られています。⑹ ベトナムでの長い戦争で苦戦を強《し》いられた米軍は、非人道的な兵器を開発し使用しました。ジャングルに大量散布された「枯葉剤《かれはざい》」がその一つです。毒性の強い（　イ　）が多量に含まれています。敵・味方を問わずその被害《ひがい》が報告されています。直接に薬剤を浴びた人たちばかりでなく、その子孫にも影響《えいきょう》が及ぶと心配されているのです。

ベトナム以外でも各地で、民族紛争や大きな利益をめぐって大国による干渉や侵攻《しんこう》が起きています。新兵器ではありませんが、安価で製造できることから、「貧者の武器」といわれる「（　ウ　）」の被害も深刻です。どれほど多くの子どもたちがその手足を奪われたことでしょう。戦争はあらゆる種類の犠牲者を生み出す不幸の源です。

平和のなかでこそ、子どもたち・高齢者《こうれいしゃ》・障害者は守られています。平和のなかでこそ、権利としての福祉《ふくし》が輝くのです。

（保坂和雄　「障害者と戦争」より）

＊胎内被爆《たいないひばく》：母の腹の中で、原爆の放射線にさらされたこと
＊小児麻痺《しょうにまひ》：ウイルスの感染によってせきずいに変化がおこり、手足が麻痺する病気
＊穀《ごく》つぶし：食べるだけは一人前で、役に立たない人を、ののしって言う言葉

問１．下線部 (1) は、１９３１年から１９４５年まで日本が行った戦争です。
１９４５年の敗戦までに多くの国と戦いましたが、日本が交戦した期間が最も長い国と最も短い国を、次の①～④からそれぞれ選んで番号で答えなさい。

①イギリス　②ソ連　③アメリカ　④中国

問２．下線部 (2) で、二度とも負けた国は、下の世界地図中のどの国ですか。地図から選んで番号で答えなさい。

問３．下線部 (3) の原因としてふさわしくないものを、次の①～④から一つ選んで番号で答えなさい。

①熱線　　②放射線　　③毒ガス　　④爆風

問４．下線部 (4) の制度は、明治時代につくられました。その時、何歳《さい》以上の男子が対象となりましたか。数字で答えなさい。

問５．空らん (ア) に入る最もふさわしい語句を漢字２字で答えなさい。

問６．下線部 (5) は、下の世界地図中のどの国ですか。地図から選んで番号で答えなさい。

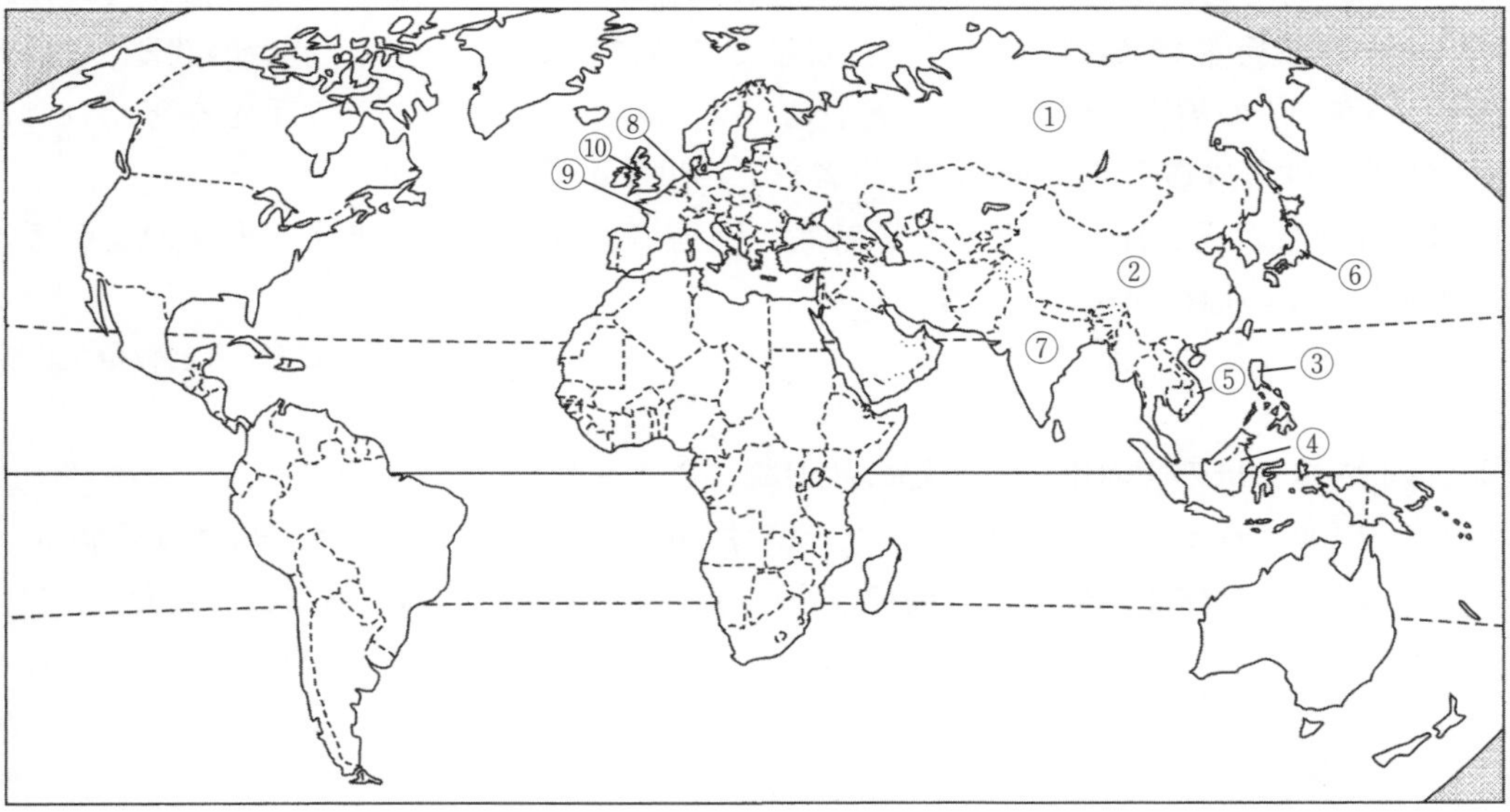

問７．下線部 (6) がこの時利用した日本の米軍基地は、現在のどの都道府県に最も多くありますか。都道府県名を漢字で答えなさい。

問８．空らん (イ) に入る最もふさわしい物質を、次の①～③から一つ選んで番号で答えなさい。

①ダイオキシン　　②有機水銀　　③カドミウム

問９．空らん (ウ) に入る最もふさわしい武器の名を、次の①～④から一つ選んで番号で答えなさい。

①風船爆弾　　②地雷《じらい》　　③焼《しょう》夷《い》弾《だん》　　④魚雷《ぎょらい》

4　次の (1) ～ (4) の各文について、下の問いに答えなさい。

(1) 壇《だん》ノ浦《うら》で平家をほろぼした私は、その後、兄と対立して平泉《ひらいずみ》（いまの岩手県）に逃げ、そこで討《う》たれました。

(2) 平成よりも長く続いた元号は、６４年まであった昭和、４５年まであった明治、３５年まであった応永《おうえい》です。応永元年に将軍を辞《や》めた私は、応永４年に金閣をたてはじめました。

(3) 私が、３０年近く摂政をしているあいだに、中国では隋がほろび唐にかわりました。

(4) 私は２７歳《さい》の時に自分はオランダ人だとウソをついて長崎の出島に入り、医学の知識と技術を認められ、鳴滝《なるたき》に医学塾《じゅく》を開くことを許されました。

問１．各文の「私」とは誰《だれ》のことですか。人名を答えなさい。ただし、(1) ～ (3) は漢字で書きなさい。

問２．(1) ～ (4) の「私」を、年代の古い順に番号で並べなさい。

5　次の文章は１９４７年に当時の文部省が発行した『あたらしい憲法のはなし』という本に書かれている一節です。文章を読んで、問いに答えなさい。

民主主義は、国民が、みんなでみんなのために国を治めてゆくことです。しかし、国民の数はたいへん多いのですから、だれかが、国民ぜんたいに代わって国の仕事をするよりほかはありません。この国民に代わるものが「(1) 国会」です。まえにも申しましたように、国民は国を治めてゆく力、すなわち主権をもっているのです。この主権をもっている国民に代わるものが国会ですから、国会は国でいちばん高い位にあるもので、これを「最高機関」といいます。「機関」というのは、ちょうど人間に手足があるように、国の仕事をいろいろ分けてする役目のあるものという意味です。国には、いろいろなはたらきをする機関があります。あとでのべる(2) 内閣も、(3) 裁判所も、みな国の機関です。しかし国会は、その中でいちばん高い位にあるのです。それは国民ぜんたいを代表しているからです。

国の仕事はたいへん多いのですが、これを分けてみると、だいたい三つに分かれるのです。その第一は、国のいろいろの規則をこしらえる仕事で、これを「(　ア　)」というのです。第二は、争いごとをさばいたり、罪があるかないかをきめる仕事で、これを「(　イ　)」というのです。ふつうに裁判といっているのはこれです。第三は、この「(　ア　)」と「(　イ　)」とをのぞいたいろいろの仕事で、これをひとまとめにして「(　ウ　)」といいます。国会は、この三つのうち、どれをするかといえば、(　ア　)をうけもっている機関であります。(　イ　)は、裁判所がうけもっています。(　ウ　)は、内閣と、その下にある、たくさんの役所がうけもっています。

国会は、(　ア　)という仕事をうけもっていますから、国の規則はみな国会がこしらえるのです。国会のこしらえる国の規則を「法律」といいます。みなさんは、法律ということばをよくきくことがあるでしょう。しかし、国会で法律をこしらえるのには、いろいろ手つづきがいりますから、(4) あまりこまごました規則までこしらえることはできません。そこで憲法は、ある場合には、国会でないほかの機関、たとえば内閣が、国の規則をこしらえることをゆるしています。これを「命令」といいます。

しかし、国の規則は、なるべく国会でこしらえるのがよいのです。なぜならば、国会は、国民がえらんだ議員のあつまりで、国民の意見がいちばんよくわかっているからです。そこで、あたらしい憲法は、国の規則は、ただ国会だけがこしらえるということにしました。これを、国会は「唯一《ゆいいつ》の(　ア　)機関である」というのです。「唯一」とは、ただ一つで、ほかにはないということです。(　ア　)機関とは、国の規則をこしらえる役目のある機関ということです。そうして、国会以外のほかの機関が、国の規則をこしらえてもよい場合は、憲法で、一つ一つきめているのです。また、国会のこしらえた国の規則、すなわち法律の中で、これこれのことは命令できめてもよろしいとゆるすこともあります。国民のえらんだ代表者が、国会で国民を治める規則をこしらえる、これが民主主義のたてまえであります。

　しかし国会には、国の規則をこしらえることのほかに、もう一つ大事な役目があります。それは、内閣や、(5) その下にある、国のいろいろな役所の仕事のやりかたを、監督《かんとく》することです。これらの役所の仕事は、まえに申しました「(　ウ　)」というはたらきですから、国会は、(　ウ　) を監督《かんとく》して、まちがいのないようにする役目をしているのです。これで、国民の代表者が国の仕事を見はっていることになるのです。これも民主主義の国の治めかたであります。

問１．(1) 国会について、日本の国会には２つの議院がありますが、それぞれなんというか漢字で答えなさい。

問２．(2) 内閣について、以下のうちそのはたらきとしてふさわしくないものを一つ選んで番号で答えなさい。

①国の決算を認める
②最高裁判所長官を指名する
③国の予算を作って国会に提出する
④外国と条約を結ぶ

問３．(3) 裁判所がもつ権限で、法律などが憲法に違反《いはん》していないか判断する権限をなんというか漢字で答えなさい。

問４．空らん (ア) ～ (ウ) に入るもっともふさわしい語句を、それぞれ漢字２字で答えなさい。

問５．空らん (ア) ～ (ウ) について、これらの仕事が、それぞれ別の機関によって行われることで、それぞれの機関の力がたがいにけん制されるしくみのことをなんといいますか。漢字４字で答えなさい。

問６．下線部 (4) に関連して、地方公共団体で作られ、その地域だけで通用する法のことをなんというか、漢字で答えなさい。

問７．下線部 (5) に関連して、内閣のもとにおかれる各府省庁の長などを担《にな》う国務大臣の過半数は、どんな人々でなければならないと憲法で定められているか、答えなさい。

【理　科】〈第３回試験〉（30分）〈満点：100点〉

1 図１のＡ～Ｄは、いろいろな昆虫《こんちゅう》の頭のつくりを示しています。また、図２は昆虫のからだのつくりを表しています。次の（1）～（6）の問いに答えなさい。

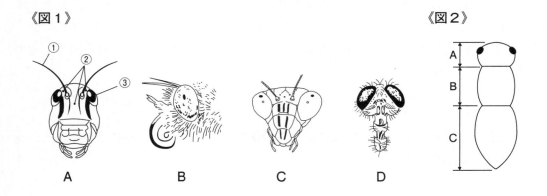

《図１》

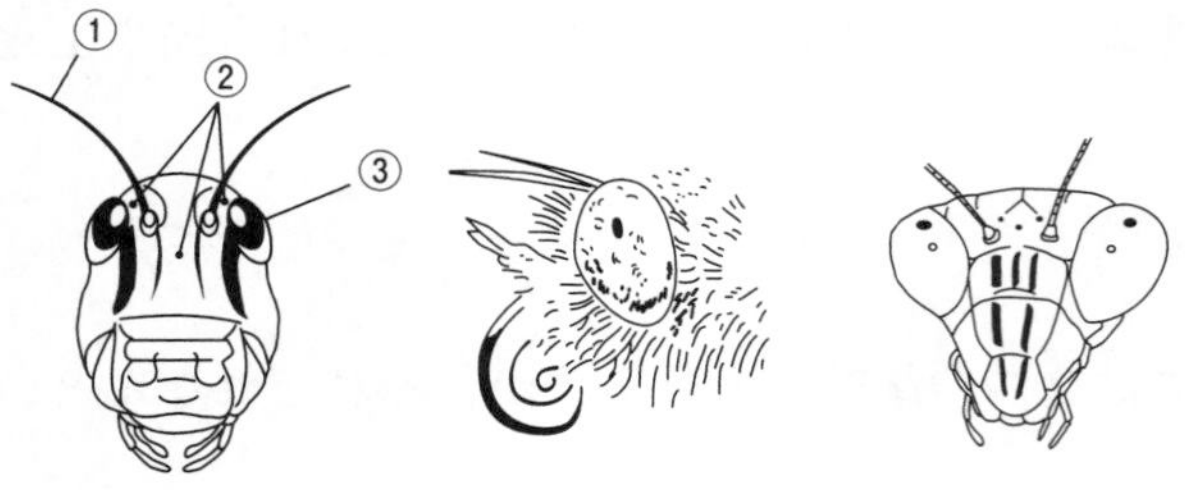

A　　B　　C　　D

《図２》

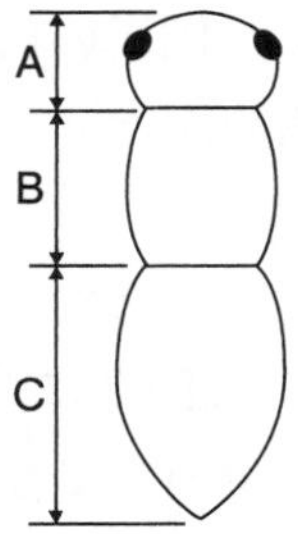

(1) 図１のＡはバッタの頭のつくりを示しています。①～③の名称《めいしょう》を次の（ア）～（ウ）からそれぞれ１つ選び、記号で答えなさい。

（ア）単眼　　（イ）複眼　　（ウ）触角《しょっかく》

(2) 図１のＡの①～③は、それぞれどのようなはたらきをしますか。次の（ア）～（ウ）からそれぞれ１つ選び、記号で答えなさい。

（ア）においを感じる
（イ）明るさを感じる
（ウ）ものの形や色を感じる

(3) 昆虫の口は、いろいろな形になっています。次の①～③のようなはたらきをする口を持つ昆虫は、図１のＢ～Ｄのうちどれですか。あてはまるものをそれぞれ１つ選び、記号で答えなさい。

① ほかの昆虫などをかんで食べる
② ストローのようになっていて、花のみつを吸う
③ くさりかけた果物や肉のしるなどをなめる

(4) 図２について、昆虫のあしのつき方を正しく説明しているものを、次の（ア）～（ウ）から選び、記号で答えなさい。

（ア）６本のうち、４本はＢの部分、２本はＣの部分についている
（イ）６本のうち、２本はＢの部分、４本はＣの部分についている
（ウ）６本のあしは、すべてＢの部分についている

(5) さなぎの時期がある昆虫の育ち方を何といいますか。

(6) (5) で答えた育ち方をするものを、図１のＡ～Ｄからすべて選び、記号で答えなさい。

2 地形を形づくる様々なはたらきについての文章を読み、次の (1) ～ (5) に答えなさい。

地表付近の岩石を長い時間をかけてぼろぼろにしていく作用を風化作用といいます。風化作用には物理的風化と化学的風化の２つがあります。

物理的風化としては、気温の変化にともなって岩石が膨張《ぼうちょう》、収縮を繰《く》り返して割れていくものなどがあります。その割れ目にしみこんだ水が（ ① ）したりすると、さらに岩石の破壊《はかい》が進んでいきます。

また、代表的な化学的風化としては二酸化炭素を含《ふく》んだ水が（ ② ）を溶《と》かす現象があります。その作用によって長い年月をかけてカルスト地形と呼ばれる地形が作り上げられ、その地下には鍾乳洞《しょうにゅうどう》と呼ばれる洞《どう》くつができます。

流水が地表におよぼす作用には侵食《しんしょく》作用、運搬《うんぱん》作用、堆積《たいせき》作用があります。いずれの作用も場所によってそのはたらき方が異なります。

侵食作用について考えると、A川の上流では流速が速いので、川の（ ③ ）が削《けず》られ、中・下流では流速が遅《おそ》いので川の（ ④ ）が削られます。

運搬・堆積作用については、上流から中流に入った地域で急激に流速が衰《おとろ》えるので、B大量の（ ⑤ ）が山間部と平野部の境目に堆積します。C河口部では流速がさらに衰えて、（ ⑥ ）を堆積します。

また、過去に氷河があった場所には、その侵食によって独特な地形が見られます。氷河は硬《かた》くて重いので普通《ふつう》の河川よりも侵食力がはるかに大きいためです。D特に山岳《さんがく》氷河の移動によって谷は激しく削られます。

海水も陸地の地形を変えるはたらきを持っています。E海の波の侵食力は海面付近で最も大きく、海岸の岩を削っていきます。

土地の隆《りゅう》起《き》や沈降《ちんこう》、火山活動、造山運動など、「地表のおおよその地形」を作る現象のおおもとの原因は（　⑦　）にあります。それに対して、上に見てきたような「地表の細かい部分の地形」を形づくる様々なはたらきは、水の大循環《じゅんかん》や気温の変化など、おおもとの原因が（　⑧　）にあるものと、潮の満ち引きなど、おおもとの原因が（　⑨　）にあるものによるところが大きいと言えます。

(1) 空欄《くうらん》①、②にあてはまる言葉を次の（ア）～（エ）からそれぞれ1つずつ選び、記号で答えなさい。

（ア）蒸発　（イ）凍結《とうけつ》　（ウ）アンザン岩　（エ）セッカイ岩

(2) 空欄③、④にあてはまる言葉の組み合わせとして適当なものを次の（ア）～（エ）から1つ選び、記号で答えなさい。

（ア）③ 底面　④ 側面　（イ）③ 側面　④ 底面
（ウ）③ 底面　④ 底面　（エ）③ 側面　④ 側面

(3) 空欄⑤、⑥にあてはまる言葉の組み合わせとして適当なものを次の（ア）～（エ）から1つ選び、記号で答えなさい。

（ア）⑤ 砂や泥《どろ》　⑥ れき　（イ）⑤ れき　⑥ 砂や泥
（ウ）⑤ れき　⑥ れき　（エ）⑤ 砂や泥　⑥ 砂や泥

(4) 下線部A～Eに関わりの深い地形を、次の（ア）～（カ）からそれぞれ1つずつ選び、記号で答えなさい。

（ア）扇状《せんじょう》地《ち》　（イ）三角州　（ウ）V字谷
（エ）U字谷　（オ）海食崖《かいしょくがい》　（カ）干潟

(5) 空欄⑦～⑨にあてはまる言葉として適当なものを次の（ア）～（ウ）からそれぞれ1つずつ選び、記号で答えなさい。

（ア）太陽の熱
（イ）太陽や月の引力
（ウ）地球内部のエネルギー

3 光の性質について、次の (1) ～ (7) に答えなさい。

図１は、光が鏡に当たってはね返っているところを表しています。矢印は光の進む方向を示しており、点線は反射面に垂直な直線です。

《図１》

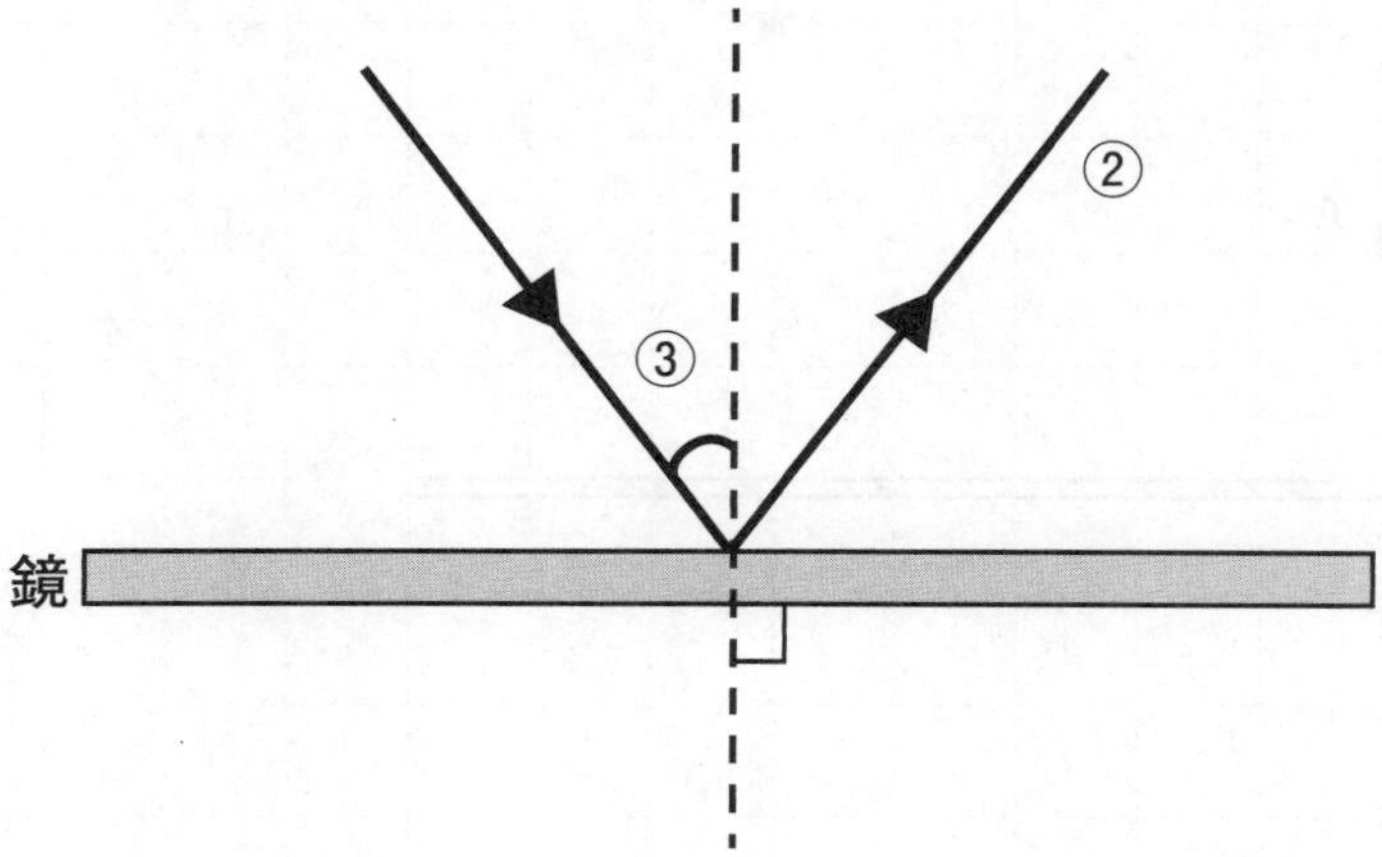

また、次の文章は光の性質について説明したものです。

光が鏡や水面などの物体に当たってはね返ることを、光の（　①　）という。図１のように物体に入っていく光を入射光といい、物体からはね返った光を（　②　）という。反射面に垂直な直線と入射光がなす角を（　③　）、反射面に垂直な直線と（　②　）がなす角を反射角という。（　③　）と反射角は、（　④　）。

(1) 空欄《くうらん》（　①　）～（　③　）にあてはまる言葉を答えなさい。ただし、図１の②、③は文章の空欄（　②　）（　③　）と同じものを指しています。

(2) 空欄（　④　）にあてはまる説明を、次の (ア) ～ (ウ) から１つ選び、記号で答えなさい。

(ア) 大きさが等しい
(イ) 反射角の方が大きい
(ウ) 反射角の方が小さい

図２は、鏡とその鏡を見る場所（○観測点）ア～オ、物体（★）を置く場所Ａ、Ｂを表しています。

《図２》

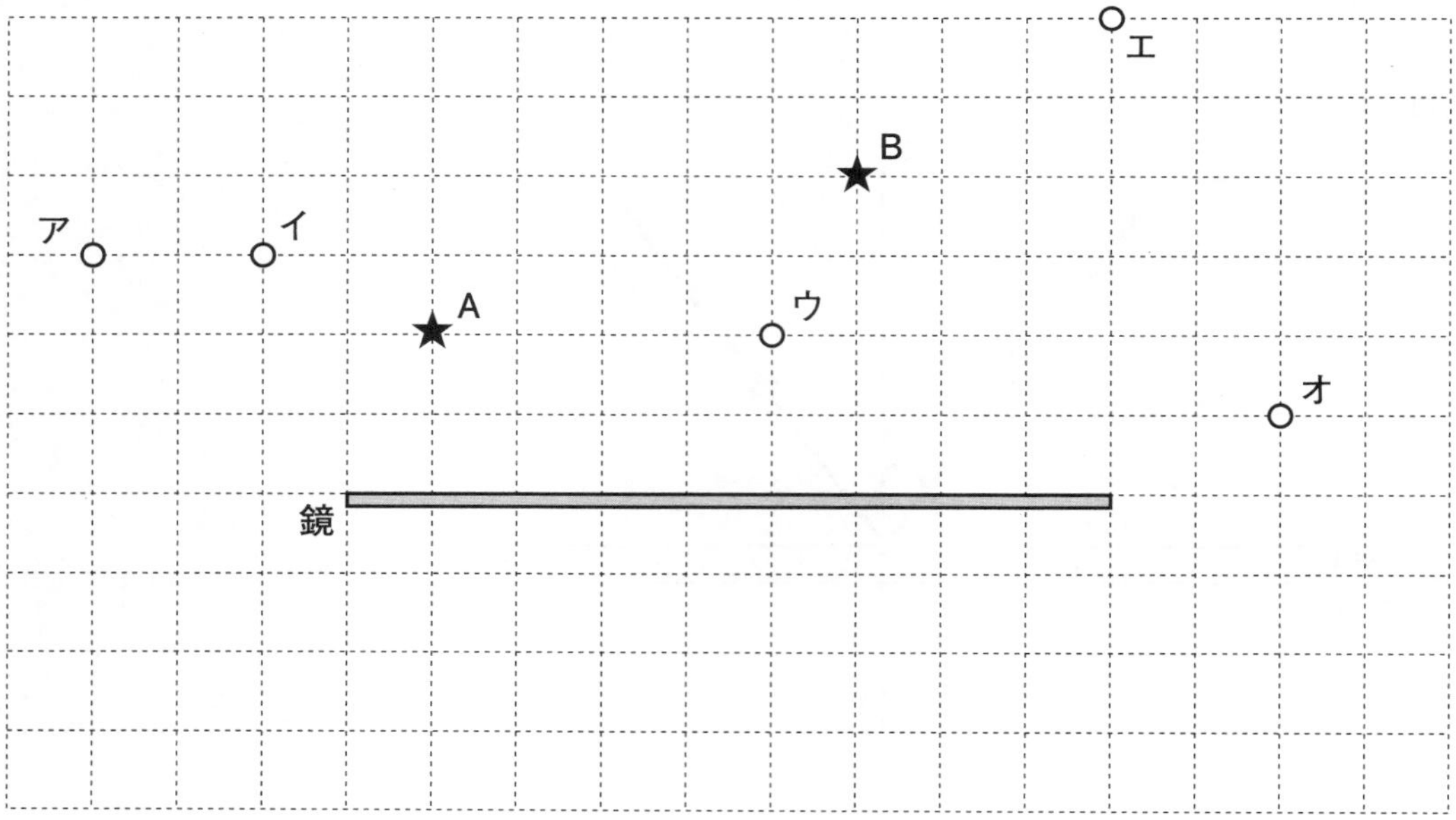

(3) 物体を図２のＡの位置に置き、観測点ウから鏡を見たとき、物体の像はどこにあるように見えますか。解答用紙の図に●をつけなさい。

(4) 物体を図２のＢの位置に置いたとき、鏡の中に物体が見える観測点はどれですか。ア～オから全て選び、記号で答えなさい。

図３は、光が空気から水に向かって入射するところを表しています。

《図３》

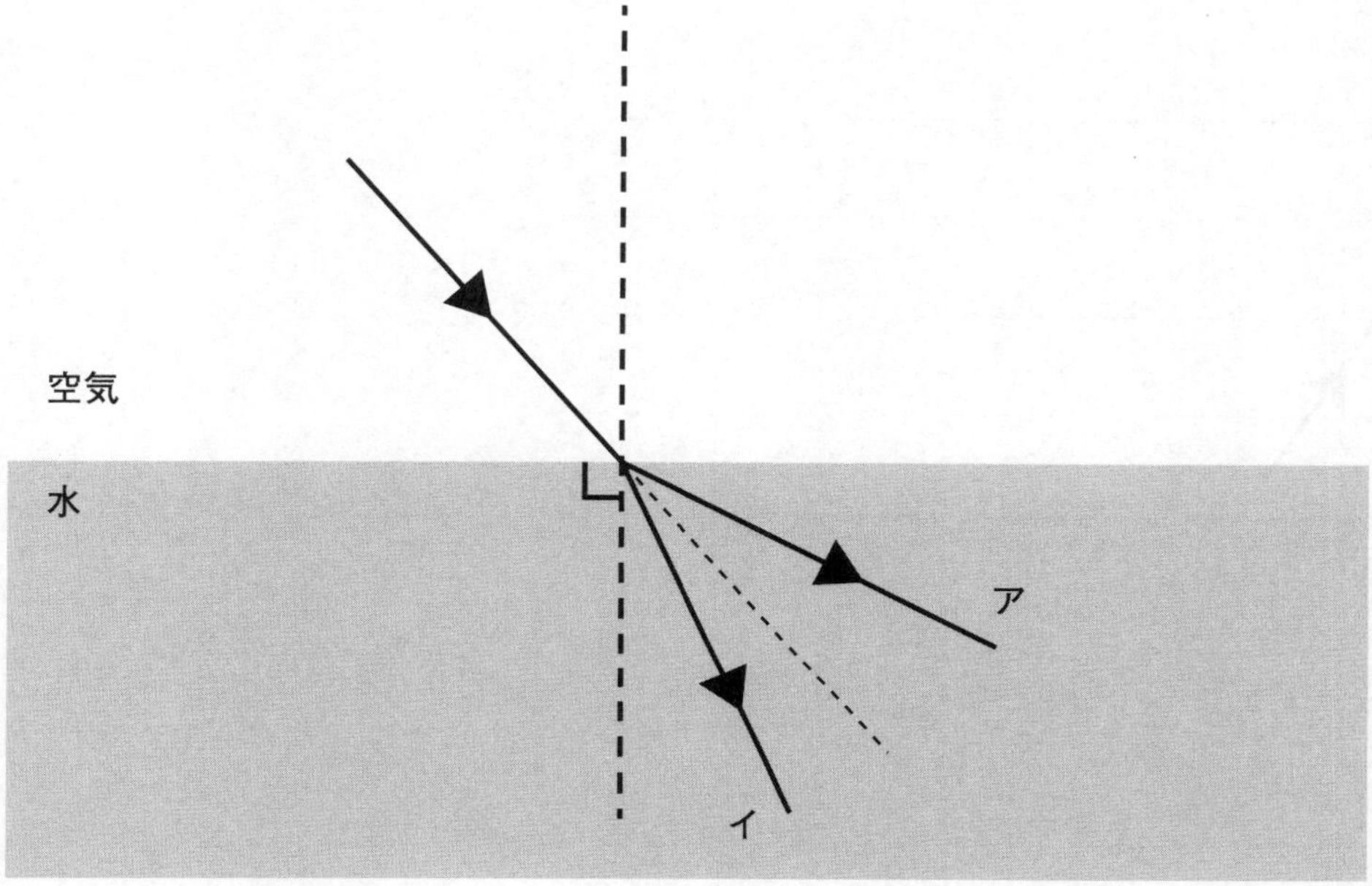

(5) 光が異なる物質に斜めに入射するとき、その境界面で一部ははね返り、残りは折れ曲がって進みます。このように光が折れ曲がる現象を何といいますか。

(6) 図３で折れ曲がった入射光は、ア、イどちらの方向に進みますか。記号で答えなさい。ただし、ななめの点線は入射光の延長線です。

(7) 図４は、水中にいる魚からはね返った光が、空気中の目に届くところを表しています。この位置で魚を観察している目からは、魚はどこにいるように見えますか。次の（ア）～（エ）から選び、記号で答えなさい。

《図４》

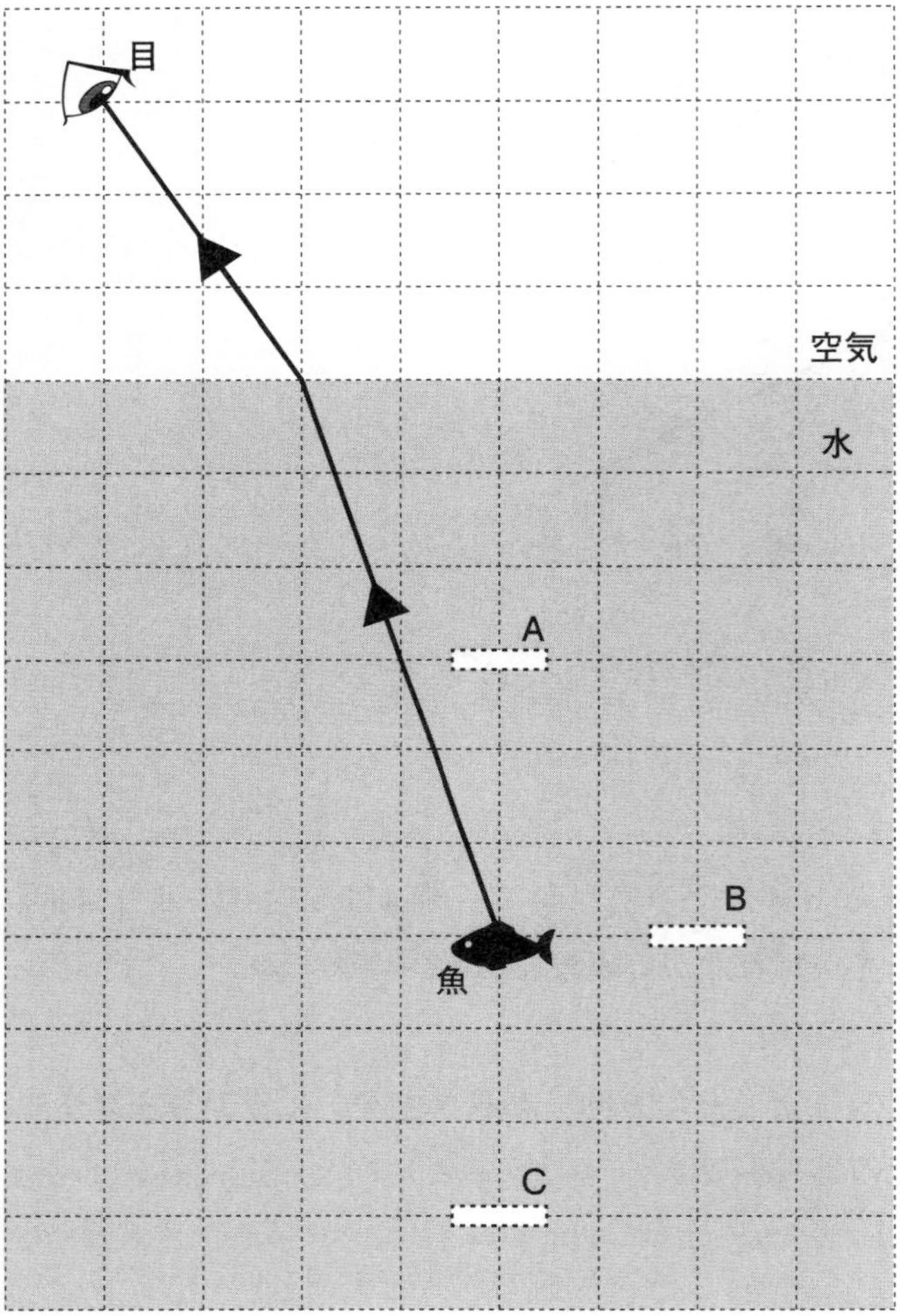

（ア）実際に魚がいる位置

（イ）Aの位置

（ウ）Bの位置

（エ）Cの位置

4　５種類の気体Ａ～Ｅの作り方や特徴《とくちょう》を記した文章を読み、次の (1) ～ (6) に答えなさい。

気体Ａ：石灰石を強熱するか、または酸を加えて作る。
気体Ｂ：水素と気体Ｃを反応させて作る。水によく溶《と》け、アルカリ性を示す。
気体Ｃ：空気の約８０％をしめる気体で、ほかの物質と化学反応をおこしにくい。
気体Ｄ：亜鉛《あえん》に硫酸《りゅうさん》や硝酸《しょうさん》などの酸を加えると発生する。
気体Ｅ：水素と塩素を反応させて作る。水によく溶け、酸性を示す。

(1) 下の図は気体の捕集《ほしゅう》方法を表したモデル図です。気体Ｂの捕集方法として適当な図を選び、記号で答えなさい。また、選んだ理由を２０字以内で答えなさい。

《気体捕集法のモデル図》

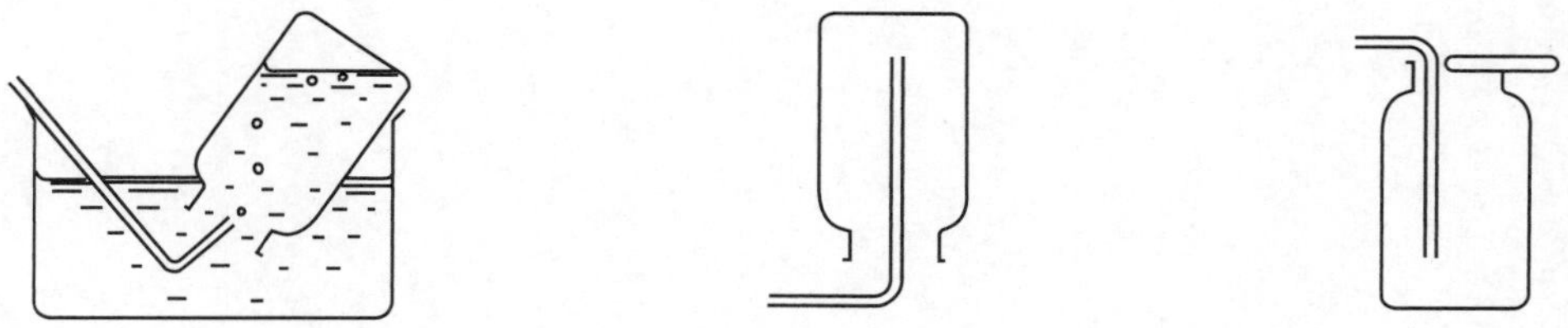

（ア）　　（イ）　　（ウ）

(2) 気体Ａについて以下の①～③に答えなさい。

① 気体Ａは何ですか。気体名を答えなさい。
② 気体Ａを確認するために用いる水溶液《すいようえき》は何ですか。答えなさい。
③ ②で答えた水溶液に気体Ａを吹き込んだときに見られる変化を答えなさい。

(3) 気体Ｅを水に溶かした溶液は何ですか。名称を答えなさい。

ある濃度の気体Ｅの水溶液を、水溶液Ｘとします。水溶液Ｘに亜鉛を加えたところ、気体Ｄが発生しました。下の表は、亜鉛１．３ｇにいろいろな量の水溶液Ｘを加えたときに発生した気体Ｄの体積を記録したものです。

水溶液Ｘ（mL）	１０	３０	５０	７０
気体Ｄの体積（mL）	１１０	３３０	４４０	４４０

(4) 気体Ｄは何ですか。気体名を答えなさい。

(5) ちょうど亜鉛が溶けてなくなるのに必要な水溶液Ｘは何ｍＬですか。

(6) 水溶液Ｘ ２０ ｍＬに亜鉛１．０ ｇを加えたとき、溶け残った亜鉛は何ｇですか。小数点第２位まで求めなさい。

問八　（　Ｂ　）に入れるのにふさわしい言葉をつぎから選び、記号で答えなさい。

ア　女性政治家を教育しなければならないのか

イ　男性政治家を増やさなければならないのか

ウ　女性政治家を増やさなければならないのか

エ　男性政治家を教育しなければならないのか

問九　つぎから本文の内容と合うものを一つ選び、記号で答えなさい。

ア　コロナウィルス感染症の拡大は、急激に環境を変化させたため、今までの自分の生活を立ち止まって考える余裕《よゆう》などはなかった。

イ　人と会えないという環境の変化で、ネットの活用について学ぶ必要性ができた反面、デジタルディバイドの問題が浮《う》き彫《ぼ》りとなった。

ウ　電気や水道は私たちの生活に欠かせない設備やサービスであるが、ネット環境は私たちの生活に欠かせない基盤ではない。

エ　大人はオンラインの環境に慣れるのに時間がかかったが、子どもたちはすぐに慣れることができた。

問四　――線③「オンライン授業」をすべての子どもたちが受けられるようにするために、必要なことを三つ、「～こと」につながる形で文中からぬき出しなさい。

問五　――線④「影響を与える」とありますが、そのような影響を与える理由を説明したつぎの文の（　1　）～（　4　）に入れるのにふさわしい言葉を、それぞれ文中からぬき出しなさい。

普段の学校生活では、一緒に学ぶ（　1　）がいることで、まわりの人の（　2　）を感じ、ちょっと隣をのぞいてみたり、話しかけたりすることができるので、勉強が（　3　）するが、オンラインではそうした環境が（　4　）されてしまうから。

問六　（　A　）に入れるのにふさわしい言葉をつぎから選び、記号で答えなさい。

ア　競争　　イ　共感　　ウ　経済　　エ　適応

問七　――線⑤「特有の問題」とありますが、どういう意味ですか。つぎの中からもっともふさわしいものを選び、記号で答えなさい。

ア　手術により女性としての特徴を失ったと、精神的にダメージを受けること。
イ　手術をしても再発の可能性が高いことで、精神的に不安定になってしまうこと。
ウ　手術をすることで肉体的なハンデを背負い、生活に不便を感じること。
エ　手術をしても、治療には長い時間がかかるので経済的な負担が大きいこと。

問二　《　1　》～《　4　》に入れるのにふさわしい言葉をつぎから選び、それぞれ記号で答えなさい。

ア　しかも

イ　やがて

ウ　そして

エ　一方で

問三　――線②「『デジタルディバイド』の問題」とありますが、これに当てはまるものをつぎから二つ選び、それぞれ記号で答えなさい。

ア　ネット環境の脆弱な学生が、講義の途中で映像や音声が途切れて、参加できなくなること。

イ　オンライン会議システムを使ったことのない人に使い方を教える人が不足していること。

ウ　小中学生が、家にネット環境がないために学校で配布されるタブレットを使用できないこと。

エ　ネットで動画を見ることのない高齢の方々に、ネット配信の動画を届ける方法がないこと。

オ　ネットの環境に慣れるにつれて、高校生や先生方がグループ学習などを勝手に始めるようになること。

治療《ちりょう》が長く続くことで仕事を干されたり、解雇《かいこ》に追《お》い込《こ》まれたりする場合があるそうです。特に後者のようなことが一人親家庭に起こったらどうでしょう。深刻な問題です。このときカナダからの参加者が、同国の充実《じゅうじつ》した傷病手当制度等の話をしてくれました。

　こういった制度が日本にも必要だと思ってそれを実現するためには、政策決定に反映させることのできる国会議員自身が、その意義を理解できるかどうかにかかっています。この理解は（　Ａ　）からはじまるといってもよいでしょう。弱い立場の人、困難を抱《かか》えている人に寄《よ》り添《そ》って考え、その背後にある社会の問題を明らかにし、解決しようと行動に移す力が必要です。なぜ（　　　Ｂ　　　）。その理由がストンと腑《ふ》に落ちる経験でした。

（『ＡＩの時代を生きる』　美馬　のゆり　による）

◎本文を一部省略しています。

問一　――線①「予定になかった新しいこと、できるようになったこともあります」とありますが、その内容としてふさわしくないものをつぎから一つ選び、記号で答えなさい。

ア　大学の授業がすべてオンラインになったこと。

イ　必要に迫られ、新しいツールを使えるようになったこと。

ウ　感染防止のため不要な外食をしなくてよくなったこと。

エ　授業の内容を見直して新しい方法で実施できたこと。

います。

　プロのクラシックの演奏家たちは、演奏会がすべて中止になり、アンサンブル（合奏）の練習もできないという制限された状況で、音楽、職業、生活について深く考えることになりました。その結果生まれたのがリモートでのアンサンブルでした。この話はテレビのドキュメンタリーとして放映され、書籍《しょせき》にもなるほど話題になりました。

　買い物や外食、人と交流する機会が減り、生活のリズムを保つことが難しくなった中、芸術のような文化的活動は、心を※安寧《あんねい》に保ち、豊かにしてくれる※エッセンシャルなものといえるでしょう。

　最近、日本だけでなく世界にある美術館や博物館が、オンラインで展示物を公開するようになってきています。なかには、バーチャルリアリティー技術を使って、まるでその会場にいるような感覚で鑑賞《かんしょう》できるものがあります。作品を拡大したり、背後や底面から見たりできるという意味では、リアルではできない体験です。今後は作品だけでなく、作者の存在やその生きた時代、鑑賞場所に居合わせた人の気配や息づかいが感じられるようなＡＩ技術が登場してくるかもしれません。

（　Ａ　）力を高めるために普段からできることとして、ちょっとしたことに気づくこと、まわりを見渡《みわた》してみることが大切だとお話ししてきました。それは旅に出てみることだったり、感染症によるパンデミックのように突然《とつぜん》環境が変わることだったり。そのようなときに立ち止まって考えることができます。弱い立場の人について考えるということでは、自分が病気や怪我《けが》をした時にもその機会は訪《おとず》れます。

　少し前に乳がんに関するオンラインイベントに出席した時のことです。他のがんと比べ、乳がんには⑤特有の問題があることを知りました。女性の体の特徴的《とくちょうてき》な部位であるため、人によっては精神的な影響が大きいことです。また他の病気でもいえますが、

※安寧　おだやかで平和なこと
※エッセンシャル　きわめて重要な

ちは、経済的にも困窮《こんきゅう》している場合が多いのです。タブレットを配布されても、ネット環境が家にないため、使用することができないといった小中学生の例もありました。またネット環境が※脆弱《ぜいじゃく》な状態でオンライン授業を受けた学生たちの中には、途中《とちゅう》で講義の映像や音声が途切《とぎ》れたり、システムの不具合から講義に参加できなかったりした人も多く存在しました。

ネットや機材の問題だけではありません。③オンライン授業は、ネットにつながる環境なら、どこからでも授業を受けられ、習熟度に合わせて教材を操《く》り返《かえ》し見ることもでき、《　4　》通学の時間もかからないのでいいことずくめというわけではなく、私たちの心に④影響《えいきょう》を与《あた》えることもわかってきたのです。普段《ふだん》の学校での生活を考えてみてください。一人で学んでいるようですが、それだけではありません。勉強が長続きする一番の秘訣《ひけつ》は、一緒《いっしょ》にやる仲間がいること。まわりの人の気配を感じ、ちょっと隣《となり》をのぞいてみたり、話しかけたりすることもできる。そんな環境があったのです。

現代ではネット環境は、電気や水道と同様な社会インフラ（私たちの生活に欠かせない基盤《きばん》となる設備やサービス）です。健康で文化的な生活を送る権利は、すべての人にあるべきものです。子どもたちには、オンラインでも等しく教育を受ける権利があります。この権利を保障するのは大人の責務です。地域によってネット環境に差がないようにすること、パソコンやタブレットを自由に使える環境にすること、困ったときには助けてくれる人がいることも重要でしょう。場合によってはそれが学校の先生でなくても、信頼《しんらい》のおける地域の人でも、ネット越《ご》しに聞くことができる環境でも良いでしょう。

二〇二〇年から二一年は、人と会うことが制限された状況《じょうきょう》が続く中、そのつながりの意味が際立《きわだ》って見えてきた年でした。何が自分の生活や人生にとって重要なのか、自分が他の人のためにできることは何か、デジタル技術を使って何か新しい活動やつながりを持てないかなど、いつもと異なる状況になったときに、新しいアイデアが生まれて

※脆弱　もろくて弱いこと

三　つぎの文章を読んで、あとの問いに答えなさい。

新型コロナウィルス感染症《かんせんしょう》の拡大で、二〇二〇年にできなかったことはたくさんありました。一年前から準備していた、海外の人たちとの研究会や、国内外の学会への参加も断念しました。会食、外食の回数も格段に減りました。その一方で、①予定になかった新しいこと、できるようになったこともあります。大学の授業がすべてオンラインになったことで、必要に迫《せま》られ、新しいツールを使えるようになりました。授業の内容を見直し、新しい方法で実施《じっし》することができました。

人と会えないという急激な環境《かんきょう》の変化は、私たちの生活や仕事、《　1　》心に大きな圧力をかけ、新しい環境への適応を促《うなが》しました。国内外でもリモートワークやオンライン会議、講演会が始まりました。

一三年間続けてきている市民活動の「はこだて国際科学祭」は、これまで市内各所で実施してきましたが、二〇二〇年はオンライン開催《かいさい》となりました。そこには予想を超《こ》えた多くの困難がありました。いままでオンライン会議システムを使ったことのない人や、ネットで配信される動画を見ることのなかった高齢《こうれい》の方々に届ける方法を考えることから始まりました。困難を乗《の》り越《こ》えることを可能にしたのは、新たな出会いと学びたいという人々の思いでした。

《　2　》高校などでオンライン会議システムを利用し始めたこともあり、高校生や先生方もネットでの参加に慣れてきて、グループ活動など様々に工夫《くふう》した手法が出てくるようになりました。きっと日本中、いや世界中で否応《いやおう》なく、ネット活用について学ぶ必要ができたと同時に、新たな可能性を見出《みいだ》したに違《ちが》いありません。

《　3　》②「デジタルディバイド」の問題もあります。インターネットなどの情報通信技術を利用できる人とできない人との間の格差のことです。情報弱者と呼ばれる人た

問五　――線④「『うらやましい』って、こんなに痛い言葉だったんだな」とありますが、奈々が感じた痛みについてまとめたつぎの文の（　１　）～（　３　）に入れるのにふさわしい二字の言葉を文中からそれぞれぬき出しなさい。また、（　４　）に入れるのにふさわしい言葉をあとから選び、記号で答えなさい。

奈々は、先生二人からつきっきりでソロの練習を見てもらえるほどのフルートの（　１　）があり、自分よりも恵《めぐ》まれた（　２　）で育った菜穂に対してうらやましいと思っていた。しかし、菜穂の（　３　）を聞いたことで自分よりも菜穂の「うらやましい」のほうがはるかに重くて深く、自分の「うらやましい」という思いが（　４　）であると気がついたということ。

ア　もっとも　　イ　あさはか

ウ　まちがい　　エ　ありがち

問六　つぎのそれぞれの文について、本文の内容に合うものには「〇」を、合わないものには「×」を答えなさい。

ア　菜穂の両親は、小学校の部活を続けることに反対している。

イ　小野先生は部活の顧問《こもん》の先生で、いつも菜穂に付きっきりで練習を見ている。

ウ　奈々は、きれいではきはきしている部長の永野先輩にあこがれている。

エ　奈々は、病気で休んだ菜穂を心から心配してプリントを届けた。

オ　菜穂は、幼いころからピアノとフルートの個人レッスンに通っている。

問三　（　Ⅰ　）～（　Ⅳ　）に入れるのにふさわしいセリフをつぎから選び、それぞれ記号で答えなさい。ただしどこにも当てはまらないものがあります。

ア　そうしたいとは、思っている、んです、けど

イ　えへへ。ありがとと

ウ　鈴木さん、そこまで一緒に帰ろうよ

エ　え！まさか！どうして？

オ　とにかくさ、何言われても気にしないでね

カ　……ありがと

問四　――線③「菜穂の背中を、奈々はただ黙って抱きしめるしかなかった」とありますが、このときの奈々の気持ちとしてふさわしいものをつぎから二つ選び、それぞれ記号で答えなさい。

ア　菜穂が音楽部をやめてしまう理由は川田先輩にあると思い、強い怒りを感じている。

イ　ずっと一緒にやってきた菜穂が音楽部をやめてしまうことが悲しくて、どう声をかけたら良いかわからず戸惑《とまど》っている。

ウ　プロの奏者になりたいという菜穂の本当の気持ちを知ることができ、その夢を応援したいと思っている。

エ　菜穂はみんなと音楽をつくりあげたいのに、それとは逆のことをしないといけないのだという事情を知り、驚《おどろ》いている。

スンしたって、ちっとも楽しくないよ……」

ぎゅうっと膝《ひざ》の上で握《にぎ》ったこぶしに後から後から涙が落ちる。③しゃくりあげて泣く菜穂の背中を、奈々はただ黙って抱きしめるしかなかった。菜穂の体が小さく震《ふる》えているのが直《じか》に伝わってくる。

④「うらやましい」って、こんなに痛い言葉だったんだな。

（本校国語科による）

問一 ――線①「うっすらと顔を赤くして下を向いている」とありますが、このときのナオの様子を説明した文としてもっともふさわしいものをつぎから選び、記号で答えなさい。

ア 先輩をさしおいてソロに選ばれてしまい、困惑《こんわく》と緊張《きんちょう》が入り混じっている様子。

イ まじめに練習に取り組まないのに選ばれ、どうしようと焦《あせ》っている様子。

ウ 自分こそソロに選ばれるのにふさわしいのだと、いい気になっている様子。

エ 選ばれることのなかった周りの人のことを考えて、悲しくなっている様子。

問二 ――線②「うわ、先輩怒ってる」とありますが、どうして先輩は怒っているのですか。その理由を「ソロ・最後・下級生」という言葉を使って「～から」につながるように考えて答えなさい。

「音大のね、附属《ふぞく》中学に入らなくちゃならないから、受験勉強があるの。あとね、来年その大学がやってるジュニアコンクールがあって、それに出なくちゃならないから、もう部活でフルート吹いているひまがないんだ」

「……」

「お父さんもお母さんも、あたしをプロのフルート奏者にしようとしてるの。あたしもレッスンは頑張《がんば》りたい。でも、あたし部活大好きなんだ。塚本先生も永野先輩も、川田先輩も大好き。だけど今後のことを考えたら、小学校の部活で満足してちゃ駄目《だめ》だって、お父さんが言うの。塚本先生そのこと知ってるから、今回あたしにソロ吹かせてくれようとしてるんだ。あたし、ソロなんかどうでもいい。そのために川田先輩に嫌《いや》な思いさせたくなんかない。みんなと音楽部で楽しく演奏してたいのに……」

菜穂の目から、涙《なみだ》があふれ出る。奈々は呆然《ぼうぜん》としてしまって言葉が出てこない。ただ、菜穂の顔を見つめることしかできなかった。

「本当はね、お父さん、そもそもあたしが部活に入るの、反対だったんだ。南小の音楽部がレベル高いのは知ってる。塚本先生がすごい先生なのも分かってる。だけど、あたしはあくまでもプロの音楽家を目指さなくちゃならないんだって言うの。お母さんが、みんなで合奏する機会を持つのも大事だからって取りなしてくれて、やっと入部許してもらったんだけど、それも今回までだって言うの」

「……ナオが、部からいなくなるなんて、あたし、そんなの嫌だ」

「あたしだって嫌だよ！　どうして？　どうしてあたしはみんなと楽しくフルート吹いちゃいけないの？　小さい頃《ころ》から先生と一対一でレッスンしてきて、それが当たり前になってた。だけど、部に入って、みんなとひとつになって曲作り上げていくってこんなに楽しいんだって、分かった……。あたし、うらやましい。ナナがうらやましい。これからも先生や先輩たちやみんなと、一緒に楽器吹いていられるんだもん。ひとりぼっちでレッ

「大井さんは大井さんで、一人で悩《なや》んでいると思うな。話、聞いてあげてね」

確かにナオは自分の悩みなんか簡単に人に話さないだろうな。話聞くったって、なんて切り出せばいいんだろう。交差点で永野先輩が手を振って別れて行くのをぼんやり見ながら、奈々はため息をついた。

翌日、菜穂が学校を休んだ。お腹《なか》が痛いと言っているらしい。担任の先生から急ぎのプリントを届けてあげてと頼《たの》まれて、奈々は部活の後、菜穂の家に向かった。今日は川田先輩の仏頂面《ぶっちょうづら》を見なくて済んだ、と、後ろめたい気持ちとちょっと晴れ晴れした気持ちとを半々に抱《だ》きながらチャイムを押《お》すと、菜穂が自分で出てきた。

「大丈夫《だいじょうぶ》？　まだ痛むの？」

玄関先《げんかんさき》でプリントを渡《わた》しながら、奈々は青白い顔をしている菜穂を気遣《きづか》った。

「うん、まだちょっと具合悪いけど、お医者さんに行って薬もらったから」

すぐ帰ろうとした奈々を菜穂は引き留めた。必死、という面持《おもも》ちだ。

「ナナにね、話をしたいこと、あるんだ。今日、お父さんもお母さんもまだ帰ってないんだけど、少しだけあがってって？」

「具合悪いのに、一人でいたの？」

「病院にはお母さんと行ったよ。けど、お母さんも今日は大事なリハーサルがあるから」

菜穂がジュースをついでくれて、並んでソファに座《すわ》る。きちんと片付いたおしゃれな部屋なのに、素敵《すてき》なシャンデリアもあるのに、何だかよそよそしい雰囲気《ふんいき》なのは気のせいかな。

「ナオ、本当に大丈夫なの？」

「……あのね。ナナ、あたしね……。今度のコンクールが終わったら、部、やめなくちゃいけないんだ」

「（　Ⅳ　）」

ルートのパー練はいつもはもっと和《なご》やかなのに、今回は空気がひりひりするみたいで居《い》心地《ごこち》が悪い。川田先輩は口では何にも言わないけれど、菜穂のことを明らかに無視しようとしている。六年の他の先輩たちも、どんな顔をして菜穂を見ていいか分からないみたいだ。奈々たち五年生も、だからどんな顔をしていいか分からない。そんな中、淡々《たんたん》と自分のパートを練習しているのが菜穂なのだった。

その日は、フルートの練習を見てくれる小野《おの》先生の来る日だった。一通り全員の練習を見てくれた後、菜穂を別に呼んで、ソロパートの部分を教えていた。川田先輩がむすっと黙りこくって、菜穂の後ろ姿をにらみつけている。奈々は菜穂を励《はげ》ましたい気持ちと、川田先輩に同調したい気持ちとの間でぐらぐら揺《ゆ》れている自分を感じないわけにはいかなかった。全体の練習が終わった後も、塚本先生と小野先生が二人がかりで菜穂の練習を見ている。奈々は今日は一人で体育館を出ながら思ってしまった。何か、やっぱり不公平だな。

「(　Ⅱ　)」

昇降口を出ようとしてびっくりして振《ふ》り向《む》くと、部長の永野先輩がいた。クラリネットなので普段《ふだん》余り話すチャンスがないけれど、多くの五年生同様、奈々も永野先輩にはあこがれていた。先輩はきれいで、はきはきしていて、楽器もとても上手だ。直接話しかけられて、どきどきする。先輩はさっさと歩き出す。奈々もあわててついて行く。

「フルートのみんな、ぎくしゃくしているみたいだね」

「……そうです。ナオの実力はみんな分かっているんだけど、やっぱり複雑って言うか……」

「無理もないとは思うけどね。聡美《さとみ》にはあたしからもよく言っておくよ。せめて鈴木《すずき》さんだけは、大井さんの味方でいてあげて欲《ほ》しいなあ」

「(　Ⅲ　)」

すっごい。六年の先輩《せんぱい》たちをさしおいて、コンクールでソロの部分吹くなんて。先生もやっぱり菜穂の力認めてるんだなあ。奈々は思わず菜穂の横顔をじっと見つめてしまった。菜穂は①うっすらと顔を赤くして下を向いている。はっと気付く。一番パートの川田先輩も菜穂のことを見つめてる。というか、にらんでる？

帰りに奈々と菜穂が一緒《いっしょ》に靴《くつ》を履《は》き替《か》えていたら、川田先輩が近づいてきた。薄暗《うすぐら》い昇降口《しょうこうぐち》の中に、先輩の白い顔が浮《う》かび上《あ》がる。②うわ、先輩怒《おこ》ってる。顔、引きつってる。

「……あんまりいい気にならないようにね」

菜穂は黙《だま》っていた。奈々も黙っていた。何と言っていいか分からなかった。

「あんな言い方して、川田先輩感じ悪いよね。でもナオが上手なのは、誰《だれ》でも知ってることなんだから、気にすることないよ。先輩だって本当は分かっているんだって」

「でも、先輩にしたら面白《おもしろ》くないよ。小学校で最後のコンクールだもん。ソロのところ、吹きたかったはずだよ。怒るの、当然だよ」

「それはそうだろうけどさあ、先生が決めたことなんだもん。ナオ、やっぱりすごいよ。がんばりなよー。あたしは応援《おうえん》してるからさ」

「（　Ⅰ　）」

ぽつんと言って黙《だま》り込《こ》んでしまった菜穂。奈々は、うつむいて歩く菜穂の横顔を見ながら内心、川田先輩の気持ち、分かるなあと思ってしまっていた。あたしなんか、六年になってもきっとソロを任されることはないだろう。ナオがいる限り、あたしはナオのかげにいることになるんだろうな。勿論《もちろん》、もっともっと練習しなくちゃナオには追いつけないんだけど。いいなあ、ナオ。あたしもナオみたいに音楽一家に生まれたかったな。当然こんなこと、ナオには言えない。だから二人とも黙って歩いた。

コンクールの曲の練習が本格的に始まった。まずは楽器ごとにパート練習をする。フ

問八　つぎの１～３の（　）内の言葉をそれぞれ指定の字数で敬語にしなさい。

１　お客様のご用件を（聞く　四字）。

２　校長先生が生徒の発表を（見る　五字）。

３　友達の家で晩ご飯を（食べる　四字）。

二　つぎの文章を読んで、あとの問いに答えなさい。

「ナオ、ここのところ、ちょっと吹《ふ》いてみてくれない？　いまいち指使いがうまくいかないんだ」

「あ、そこはあたしも難しいなと思った……こんな感じかな」

「さすがあ。ナオは天才だねー」

「違《ちが》うよ。実はこないだの個人レッスンの時、先生に教えてもらっといたんだ」

「いいよねえ、部活だけじゃなくて、個人で先生についてレッスンもしてるんだもん」

奈々《なな》は菜穂《なお》がうらやましい。菜穂は三歳《さい》からピアノ、八歳からフルートを始めている。お父さんは海外でも活躍《かつやく》中の有名な指揮者、お母さんはピアニスト。ごく普通《ふつう》のサラリーマン家庭育ちの自分とは訳が違うのだとわかっていても、六年生以上にフルートがうまい菜穂をうらやんでしまう。当の菜穂はいつもにこにこしてちっとも自分の実力をひけらかさない。当然一番パートを吹けるはずなのに三番パートを楽しそうに吹いている。だから六年生たちも本音はともかく、菜穂には一目置かざるを得ないのだった。

その日、塚本《つかもと》先生がコンクールでやる曲の楽譜《がくふ》をみんなに配った。そして、言った。

「練習番号Ｄのフルートのソロは、大井《おおい》に任せる」

問五　つぎの慣用句の（　　）に共通して当てはまる言葉を答えなさい。

（　　）花を散らす

（　　）の消えたよう

（　　）の車

（　　）に油を注ぐ

問六　つぎの熟語の組み合わせはどちらも対義語になります。（　　）に入る漢字一字をそれぞれ答えなさい。

1　許可 ― （　　）止

2　仮想 ― （　　）実

問七　つぎの１～４の――部分のうち、はたらきのちがうものが一つあります。それはどれですか。番号で答えなさい。

1　台風の影響《えいきょう》で一晩中吹《ふ》き続《つづ》けた風は、明け方には静かになっていた。

2　初めて訪《おとず》れた場所だったために道に迷い、近くにいた男性にたずねた。

3　インターネットテクノロジーのおかげで、私たちの生活は便利になった。

4　暇《ひま》になるとスマートフォンを見てしまう生活を、見直していきたい。

問二　つぎの文には一字ずつまちがった字が使われています。それぞれ正しく直した字を書きなさい。

1　ライト兄弟は世界で初の有人飛行を成効させ、人類史に大きな実績を残した。

2　一九世紀ごろから船は鋼鉄で製造され、安全に人や物を運べるようになった。

3　馬は食料として飼育され、その身体能力により輪走や戦いに用いられた。

4　蒸希機関の誕生によって乗り物の進化は加速し、文明が発展していった。

問三　つぎの――線部のカタカナにふさわしい漢字の組み合わせをあとから選び、それぞれ記号で答えなさい。

1　トウ論―均トウ　　2　トウ録―列トウ　　3　トウ票―伝トウ

4　トウ点―トウ校　　5　短トウ―トウ選　　6　街トウ―トウ洋

7　トウ台―トウ手　　8　政トウ―果トウ

ア　登―島	イ　読―登	ウ　頭―東	エ　投―統
オ　党―糖	カ　討―等	キ　灯―投	ク　刀―当

問四　つぎの四字熟語の意味を下から選び、それぞれ記号で答えなさい。

1　晴耕雨読　　　ア　運を天にまかせて大勝負をすること

2　行雲流水　　　イ　自然のまま、なりゆきにまかせて行動すること

3　東奔西走　　　ウ　あちこち忙《いそが》しく走りまわること

　　　　　　　　エ　心おだやかに暮らすこと

2023年度

女子聖学院中学校

【国　語】〈第三回試験〉（五〇分）〈満点：一〇〇点〉

一　つぎのそれぞれの問題に答えなさい。

問一　つぎの――部分のカタカナは漢字に直し、漢字は読みをひらがなで答えなさい。

1　古い建物のホキョウを行う。

2　ジシャクのように引き寄せられる。

3　限りあるシゲンを大切にする。

4　ウチュウには多くの星がある。

5　友人と市営のプールに泳ぎに行く。

6　秘湯を求めて九州を旅行する。

7　今年も暖冬の予報だ。

8　今日は駅に臨時列車が停車する。

2023年度

女子聖学院中学校　▶解　答

※　編集上の都合により，第３回試験の解説は省略させていただきました。

算　数　＜第３回試験＞（50分）＜満点：100点＞

解　答

1 (1) 201.12　(2) $\frac{17}{25}$　(3) 7　(4) 0　(5) $\frac{1}{5}$　(6) 31.4　(7) 13　(8) 3
2 (1) 月曜日　(2) 1時間10分　(3) 9本　(4) 25 g　(5) 4年後　(6) 8回　(7) $y=6\times x$　(8) 64cm^3
3 (1) 2400m　(2) 16分後　(3) 80m
4 (1) 6 cm　(2) 2 cm　(3) $\frac{12}{13}$cm
5 (1) 60%　(2) 10%　(3) 70人

社　会　＜第３回試験＞（30分）＜満点：100点＞

解　答

1 (1) 奈良県，26　(2) 福島県，7　(3) 佐賀県，41　(4) 宮城県，6　(5) 和歌山県，27
2 (1) イ　(2) ウ　(3) ウ　(4) イ　(5) イ
3 **問１**　**最も長い国**…④　**最も短い国**…②　**問２**　⑧　**問３**　③　**問４**　20　**問５**　(例)　戦争(兵隊)　**問６**　⑤　**問７**　沖縄県　**問８**　①　**問９**　②
4 **問１**　(1) 源義経　(2) 足利義満　(3) 聖徳太子　(4) シーボルト　**問２**　(3)→(1)→(2)→(4)
5 **問１**　衆議院，参議院　**問２**　①　**問３**　違憲(立法)審査権(法令審査権)　**問４**　**ア**　立法　**イ**　司法　**ウ**　行政　**問５**　三権分立(権力分立)　**問６**　条例　**問７**　国会議員

理　科　＜第３回試験＞（30分）＜満点：100点＞

解　答

1 (1) ① (ウ)　② (ア)　③ (イ)　(2) ① (ア)　② (イ)　③ (ウ)　(3) ① C　② B　③ D　(4) (ウ)　(5) 完全変態　(6) B，D
2 (1) ① (イ)　② (エ)　(2) (ア)　(3) (イ)　(4) **A** (ウ)　**B** (ア)　**C** (イ)　**D** (エ)　**E** (オ)　(5) ⑦ (ウ)　⑧ (ア)　⑨ (イ)
3 (1) ① 反射　② 反射光　③ 入射角　(2) (ア)　(3) 下の図　(4) ア，イ，ウ，エ　(5) 屈折　(6) イ　(7) (イ)

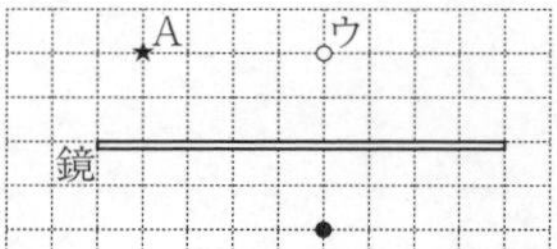

4 (1) **図**…(イ)　**理由**…(例)　空気より軽く，水に溶けやすいから。　(2) ① 二酸化炭素　② 石灰水　③ 白くにごる。　(3) 塩酸　(4) 水素　(5) 40mL　(6) 0.35 g

国　語　＜第３回試験＞（50分）＜満点：100点＞

解　答

一　**問１**　**１～４**　下記を参照のこと。　**５**　しえい　**６**　ひとう　**７**　だんとう　**８**　りんじ　**問２**　**１**　功　**２**　紀　**３**　送　**４**　気　**問３**　**１**　カ　**２**　ア　**３**　エ　**４**　イ　**５**　ク　**６**　ウ　**７**　キ　**８**　オ　**問４**　**１**　エ　**２**　イ　**３**　ウ　**問５**　火　**問６**　**１**　禁　**２**　現　**問７**　２　**問８**　**１**　うかがう　**２**　ご覧になる　**３**　いただく　二　**問１**　ア　**問２**　（例）　小学校最後のコンクールでソロを下級生に取られてくやしかった（から）　**問３**　Ⅰ　カ　Ⅱ　ウ　Ⅲ　ア　Ⅳ　エ　**問４**　イ，エ　**問５**　**１**　実力　**２**　家庭　**３**　悩み　**４**　イ　**問６**　**ア**　×　**イ**　×　**ウ**　○　**エ**　×　**オ**　○　三　**問１**　ウ　**問２**　**１**　ウ　**２**　イ　**３**　エ　**４**　ア　**問３**　ア，ウ　**問４**　（例）　地域によってネット環境に差がないようにする（こと）／パソコンやタブレットを自由に使える環境にする（こと）／困ったときには助けてくれる人がいる（こと）　**問５**　**１**　仲間　**２**　気配　**３**　長続き　**４**　制限　**問６**　イ　**問７**　ア　**問８**　ウ　**問９**　イ

●漢字の書き取り

一　**問１**　**１**　補強　**２**　磁石　**３**　資源　**４**　宇宙

2022年度　女子聖学院中学校

〔電　話〕　(03)3917－２２７７
〔所在地〕　〒114－8574　東京都北区中里３－12－２
〔交　通〕　JR山手線・東京メトロ南北線 ―「駒込駅」より徒歩７分
JR京浜東北線 ―「上中里駅」より徒歩10分

【算　数】〈第１回試験〉（50分）〈満点：100点〉

※円周率は，3.14159265……と，どこまでも続いて終わりのない数です。計算には，必要なところで四捨五入あるいは切り上げをして用いますから，問題文をよく読んでください。
※問題を解くときに，消費税のことは考えないものとします。

１　つぎの□にあてはまる数を答えなさい。

(1)　$20.22-5.23=\square$

(2)　$5\frac{1}{4}-4\frac{1}{5}=\square$

(3)　$4\times0.375\times2.5\times2=\square$

(4)　$6\div\left(\frac{1}{8}-\frac{1}{14}\right)+44=\square$

(5)　$\left(\frac{1}{3}-\frac{1}{4}\right)-\left(\frac{1}{5}-\frac{1}{6}\right)+\frac{9}{10}=\square$

(6)　$3.14\times4-3.14\times2+6.28\times4=\square$

(7)　$1\frac{3}{4}\times7\frac{1}{2}\div2\frac{1}{2}-5\frac{1}{7}=\square$

(8)　$\left(\frac{1}{2}-\square\right)\times\frac{3}{4}\div0.25+\frac{1}{6}=\frac{2}{3}$

2　つぎの（　　　）にあてはまる数を答えなさい。

(1)　２桁《けた》の整数のうち、３でも５でも割り切れるものは（　　　）個あります。

(2)　（　　　）円で仕入れた品物に、２割５分の利益を含《ふく》めて定価をつけて売ったので、利益は１２０円でした。

(3)　秒速５０ｍで走っている長さ２４０ｍの列車は、長さ（　　　）ｍのトンネルを通過するのに３２秒かかります。

(4)　１２００円を姉と妹で８：７に分けました。その後、妹が（　　　）円を姉に渡《わた》したので、姉の持っているお金は妹の２倍になりました。

(5)　聖子さんは国語の点数が７５点、算数の点数が６２点、理科の点数が５９点でした。社会の点数が（　　　）点のとき、４科目の平均点が７０点になります。

(6)　１０円硬貨《こうか》と５０円硬貨と１００円硬貨を使って２００円を支払うには、（　　　）通りの方法があります。ただし、それぞれの硬貨はたくさんあり、１枚も使わない硬貨があってもよいものとします。

(7)　ある本を全体の $\frac{4}{9}$ だけ読み終わりました。この本の残りのページ数を x ページ、読み終わったページ数を y ページとすると、$y=$（　　　）$\times x$ となります。

(8)　１辺１０cmの２枚の正方形が図のように重なっています。図の影《かげ》をつけた部分の面積は（　　　）cm^2 です。

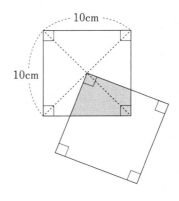

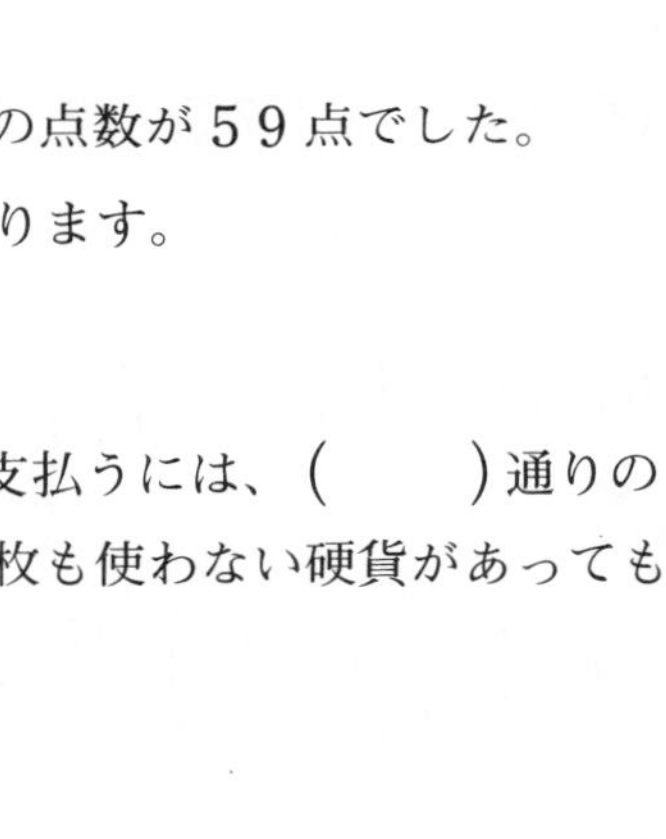

3　ある水槽《すいそう》に、Ａ管とＢ管のふたつの管から水を入れます。この水槽をＡ管だけでいっぱいにするには６時間、Ｂ管だけでいっぱいにするには４時間かかります。

つぎの問いに答えなさい。

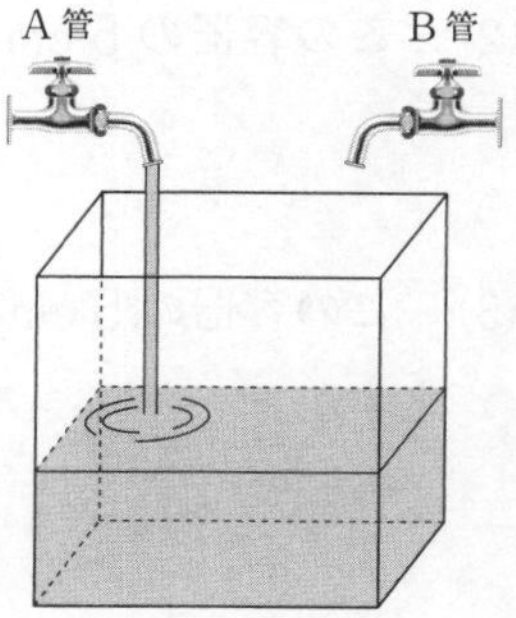

⑴　Ａ管だけで３０分間水を入れると、いっぱいにしたときの量の $\frac{(\qquad)}{(\qquad)}$ だけ水が入ります。（　　）にあてはまる数を答えなさい。

⑵　Ａ管とＢ管を両方同時に使うと、水槽をいっぱいにするには何時間何分かかりますか。

⑶　Ａ管だけで２時間水を入れた後、Ｂ管だけで１時間３０分水を入れました。さらに、Ａ管とＢ管の両方を使って水槽をいっぱいにするには、あと何分かかりますか。

4　下の図のように、直方体の形をした容器の中に円すいの形をした鉄の立体を入れました。立体の底面は、容器の底面にぴったりはまっていて、容器も立体も高さは１０cmです。

つぎの問いに答えなさい。ただし、円周率は３.１５とします。

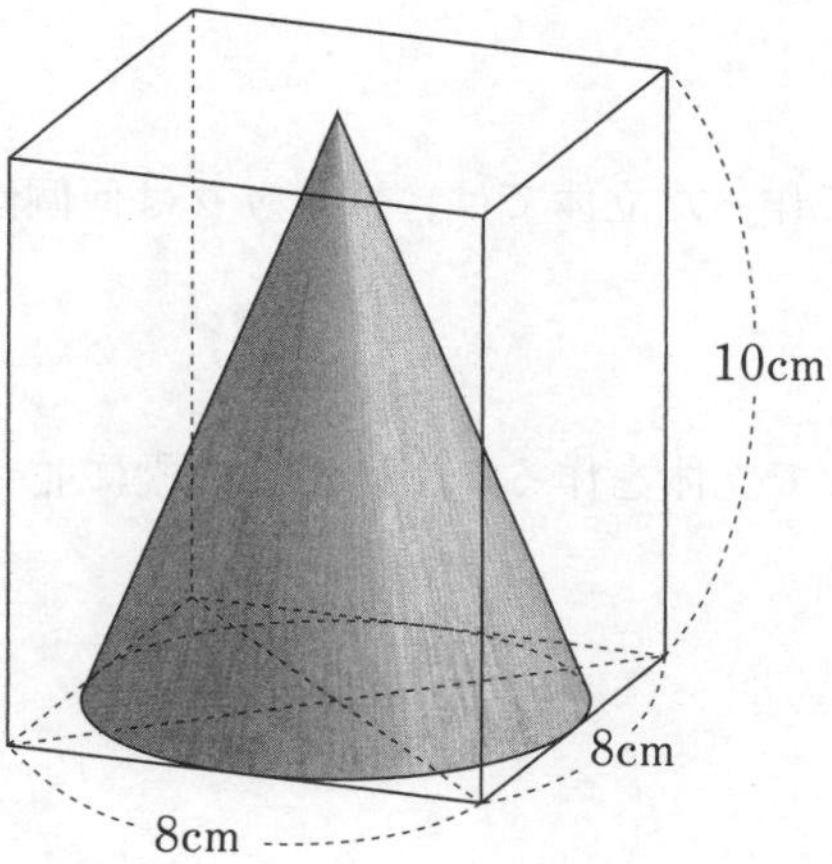

⑴　鉄の立体の体積は何cm^3ですか。

(2)　この容器の５ cm の深さまで水を入れたとき、水面の面積は何 cm^2 になりますか。

(3)　この容器の５ cm の深さまで水を入れたとき、容器に入っている水の量は何 cm^3 になりますか。

5　右のような縦《たて》１０ cm，横１０ cm，高さ５ cm の直方体をした木製のブロックがたくさんあります。

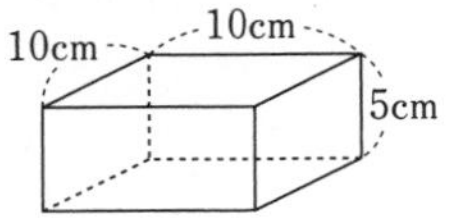

これらを１段，２段，３段，… と段を増やして積み、下の図のように立体を作っていきます。

つぎの問いに答えなさい。

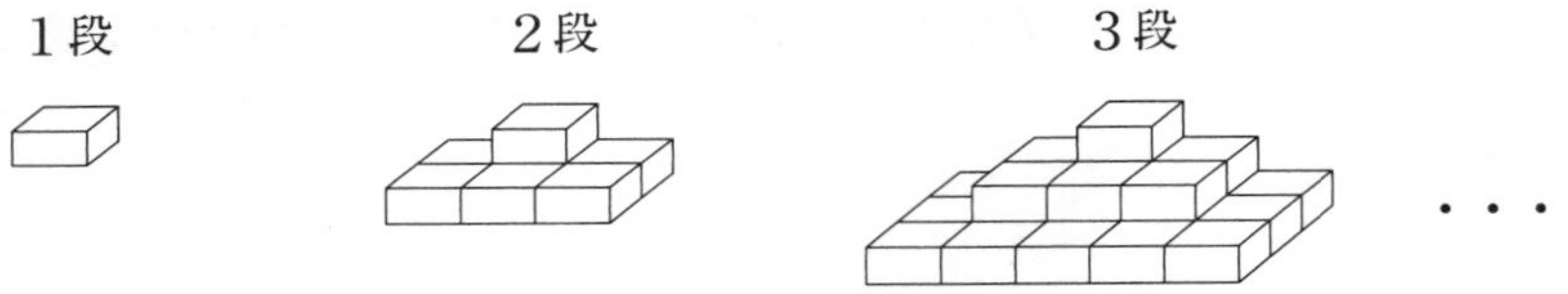

(1)　このブロックを３段積んで作った立体では、ブロックは何個使われていますか。また、この立体の表面積は何 cm^2 ですか。

(2)　このブロックを４段積んで作った立体では、ブロックは何個使われていますか。

(3)　このブロックを３０段積んで立体を作ると、一番下の段に並べるブロックは何個になりますか。

【社　会】〈第１回試験〉（30分）〈満点：100点〉

1　次の（1）～（5）の各文章は、ある都道府県のことを説明したものです。説明されている都道府県名を漢字で答えなさい。ただし、「都」「道」「府」「県」のどれかを正しくつけて書きなさい。また、下の地図から、その都道府県の位置をそれぞれ選んで番号で答えなさい。

(1) 三河湾《みかわわん》をはさむ知多《ちた》半島と渥美《あつみ》半島では、用水路の整備によって農業がさかんになりました。三河湾に面する岡崎平野の北東部には、自動車工業で有名な豊田《とよた》市があります。

(2) 日本海に突《つ》き出た能登《のと》半島の輪島《わじま》市には、伝統工芸の輪島塗《ぬり》があります。南部の加賀市にある九谷焼《くたにやき》も伝統工芸として知られています。

(3) 西部の男鹿《おが》半島では、伝統行事の「なまはげ」が今でも行なわれています。半島の付《つ》け根《ね》にある八郎潟干拓《かんたく》地では米作りがさかんです。

(4) 土佐《とさ》湾の東には、室戸《むろと》岬《みさき》があります。平野部では、なすやピーマンなどのハウス栽培《さいばい》がさかんで、南西部の四万十川《しまんとがわ》は清流として有名です。

(5) 日本海とつながる宍道湖《しんじこ》では、しじみ漁《りょう》がさかんです。石見銀山遺跡《いわみぎんざんいせき》は、世界文化遺産に登録されています。

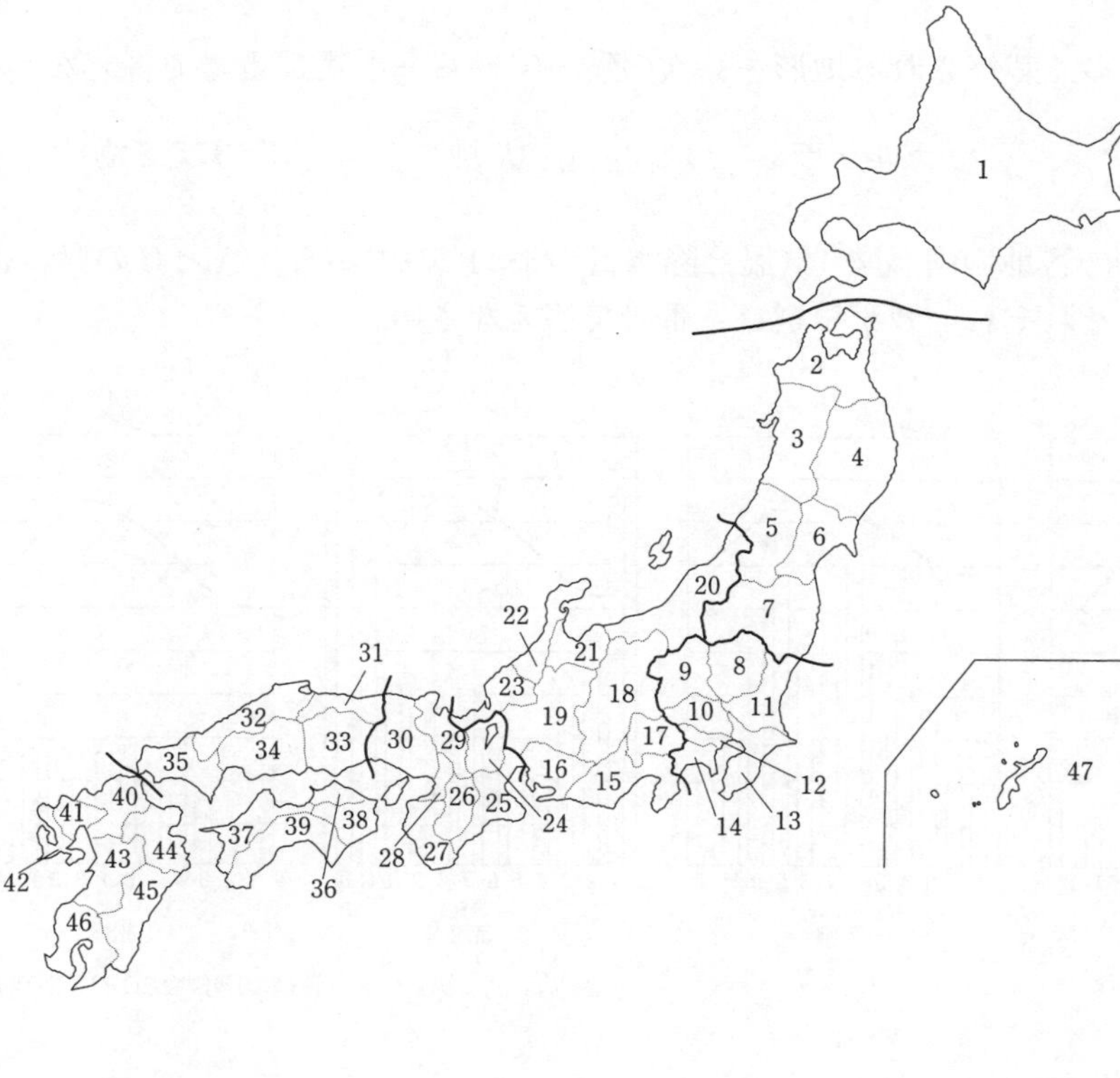

2 次の表は、日本国内における果実の収穫量《しゅうかくりょう》（２０１９年度）の都道府県別順位をあらわしたものです。表を見て、問いに答えなさい。

	ア	イ	ウ	うめ	りんご
第１位	A	B	山梨	A	D
第２位	愛媛	千葉	C	群馬	C
第３位	静岡	鹿児島	山形	三重	岩手
第４位	熊本	香川	岡山	宮城	山形
第５位	B	愛媛	福岡	神奈川	福島

（『データでみる県勢－日本国勢図会地域統計版２０２１』より作成）

問１．表中のア～ウにあてはまる果実名を次の①～④からそれぞれ一つずつ選び、番号で答えなさい。

① いちご　　② ぶどう　　③ びわ　　④ みかん

問２．表中のＡとＤにあてはまる県名をそれぞれ漢字で答えなさい。

問３．表中のＡ～Ｄの中に、海に面していない県が一つあります。それを記号で答えなさい。

問４．表中のＡ～Ｄの中で、海岸線がもっとも長い県を記号で答えなさい。

問５．表中のウが多く栽培《さいばい》される地形を、次の①～④から一つ選び番号で答えなさい。

① 三角州《さんかくす》　　② カルデラ　　③ 扇状地《せんじょうち》　　④ リアス海岸

問６．次の①～④の各地の雨温図（気温と降水量の平均）の中から、ＡとＣの県にあてはまるものをそれぞれ一つずつ選び、番号で答えなさい。

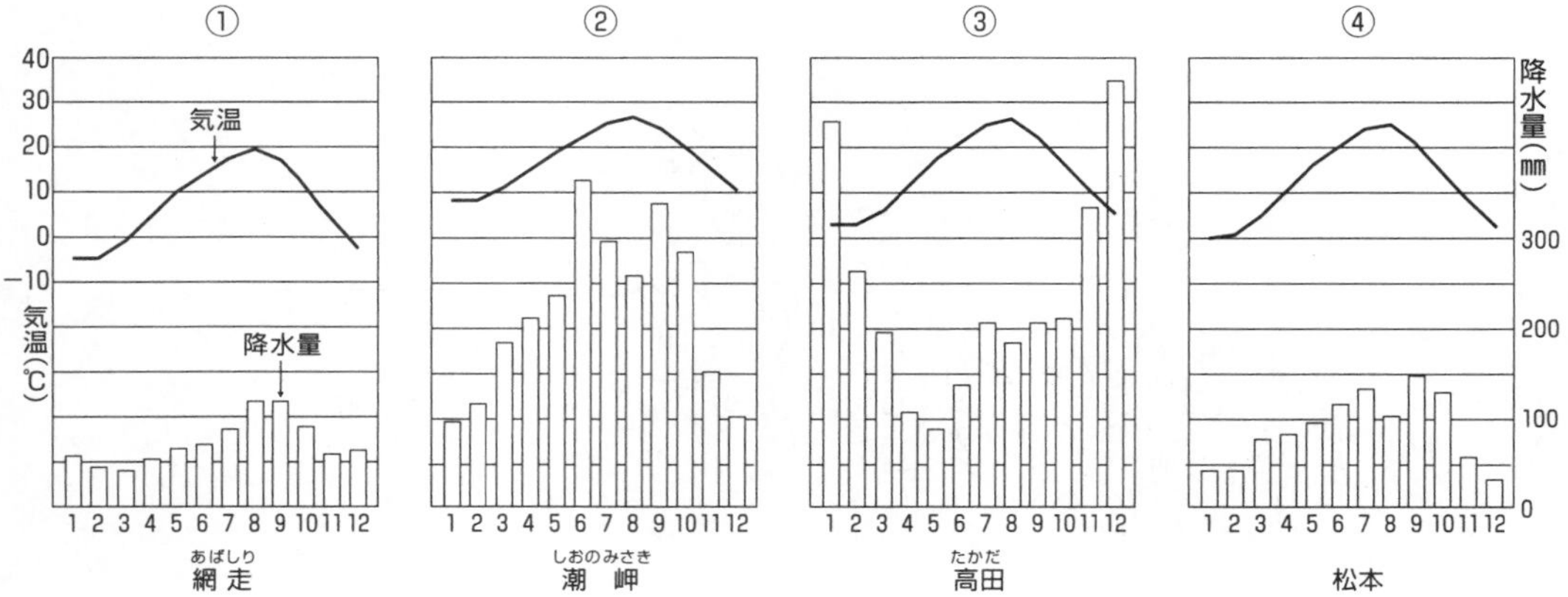

（『日本国勢図会2021／22』より）

3　次の文章を読んで、問いに答えなさい。

小学校に桜の木が多く植えられるようになったのは、(1) 日清戦争（１８９４～９５年）、(2) 日露戦争（１９０４～０５年）以降のことです。だいたいが２０世紀の産物です。

重要なのは、小学校の入学式を彩《いろど》る桜の種類は、ソメイヨシノであることです。近世までの物見遊山《ものみゆさん》の対象としての桜は、葉と花が同時に萌《も》え出るヤマザクラでした。

ソメイヨシノは(3) 幕末《ばくまつ》にエドヒガシとオオシマザクラを交配して生み出されたものです。したがってソメイヨシノが植えられている場所は、近代の景観ということになります。

ソメイヨシノは小学校だけでなく、旧制中学校や女学校のほか、城跡《しろあと》の公園や軍隊の練兵場、軍人墓地、工事の完成を記念した堤防《ていぼう》などにも植樹されました。地域社会の中で公共性のある場所、記憶《きおく》すべき場所に植えられたのです。

対外戦争の戦勝記念のほかにも、皇太子の結婚式《けっこんしき》、天皇の即位《そくい》といった皇室のお祝いを通じても、ソメイヨシノは全国的に植えられるようになりました。

１９１０年の韓国併合《へいごう》後になると、植民地の朝鮮《ちょうせん》にも桜が植樹されてゆきます。日本海軍の軍港や、ソウルの昌慶苑《しょうけいえん》は桜の名所として戦前から有名でした。

ではなぜ、(4) ２０世紀になって桜が重視され、地域社会や国家の重要な場所に植えられるようになったのでしょうか。

それは、日清・日露戦争とナショナリズムの高まりの中で、桜が国花《こっか》となっていったからです。

桜の歴史を前近代からふりかえってみましょう。

中世には(5) 貴族に愛された花であった桜は、近世には庶民《しょみん》や女性の花となってゆきました。また明治初期までは梅も重要な花でした。しかし日清戦争の中で桜は日本的なものとして重要視され、(6) 中国文化の梅は軽視されていきます。あたかも１０世紀に唐風《とうふう》文化から(7) 国風文化に移行する際、御所《ごしょ》の庭の唐風文化を象徴《しょうちょう》した梅が軽んじられ、桜に植え替《か》えられたことを連想します。

そして近代において桜は、王朝時代以来の女性的なものから、男性的なものへ、武士の散りぎわと桜を重ねるイメージに転換《てんかん》してゆきます。本来、感情の自然な表現が、国体《こくたい》を表す桜への賛美とねじまげられ、増幅《ぞうふく》してゆくのが近代です。

テレビ時代劇の「遠山《とおやま》の金《きん》さん」で、悪玉《あくだま》を追いつめる金四郎《きんしろう》が、もろ肌《はだ》を脱《ぬ》いで桜吹雪《さくらふぶき》の入れ墨《ずみ》を見せるクライマックスがあります。しかし江戸時代の桜はなよなよとした女性的なもので、「遠山の金さん」は今でいえばチューリップの彫《ほ》り物を見せるようなものです。桜の武士道に重なる雄々《おお》しさ、男性性は、２０世紀のイメージなのです。

教育の現場での、桜＝国花観の浸透《しんとう》をみますと、１９１８年に発行された第三期国定《こくてい》教科書『尋常《じんじょう》小学　国語読本』には「ハナ」として桜の絵がはじめて登場します。(8) １９３３年の第四期国定教科書からは、「サイタ　サイタ　サクラ　ガ　サイタ」で尋常小学校１年生の春がはじまるのです。

高木博志「桜とナショナリズム」(西川長夫・渡辺公三編『世紀転換期の国際秩序と国民文化の形成』柏書房) より

問１．⑴ 日清戦争の清は今のどの国ですか。下の世界地図中から選んで番号で答えなさい。

問２．⑴ 日清戦争の講和条約について、**誤っているもの**を次の①～④から一つ選んで番号で答えなさい。

① 清は、朝鮮の独立を認めた。
② 清は、日本にリアオトン（遼東）半島・台湾をゆずった。
③ 清は、日本に２億両の賠償金《ばいしょうきん》を支払うことになった。
④ 条約締結《ていけつ》直後に、ロシア・イギリス・フランスがリアオトン（遼東）半島を清に返すよう、日本に強くせまった。

問３．⑵ 日露戦争のロシアは、下の世界地図中のどの国ですか。番号で答えなさい。

問４．⑵ 日露戦争の講和条約について、**誤っているもの**を次の①～④から一つ選んで番号で答えなさい。

① ロシアは、日本の韓国指導権を認めた。
② ロシアは日本に樺太《からふと》（サハリン）の南部と南満州の鉄道をゆずった。
③ アメリカの仲介《ちゅうかい》で、講和が結ばれた。
④ 条約締結後、日本では内容に不満を持つ人々により、自由民権運動が起こった。

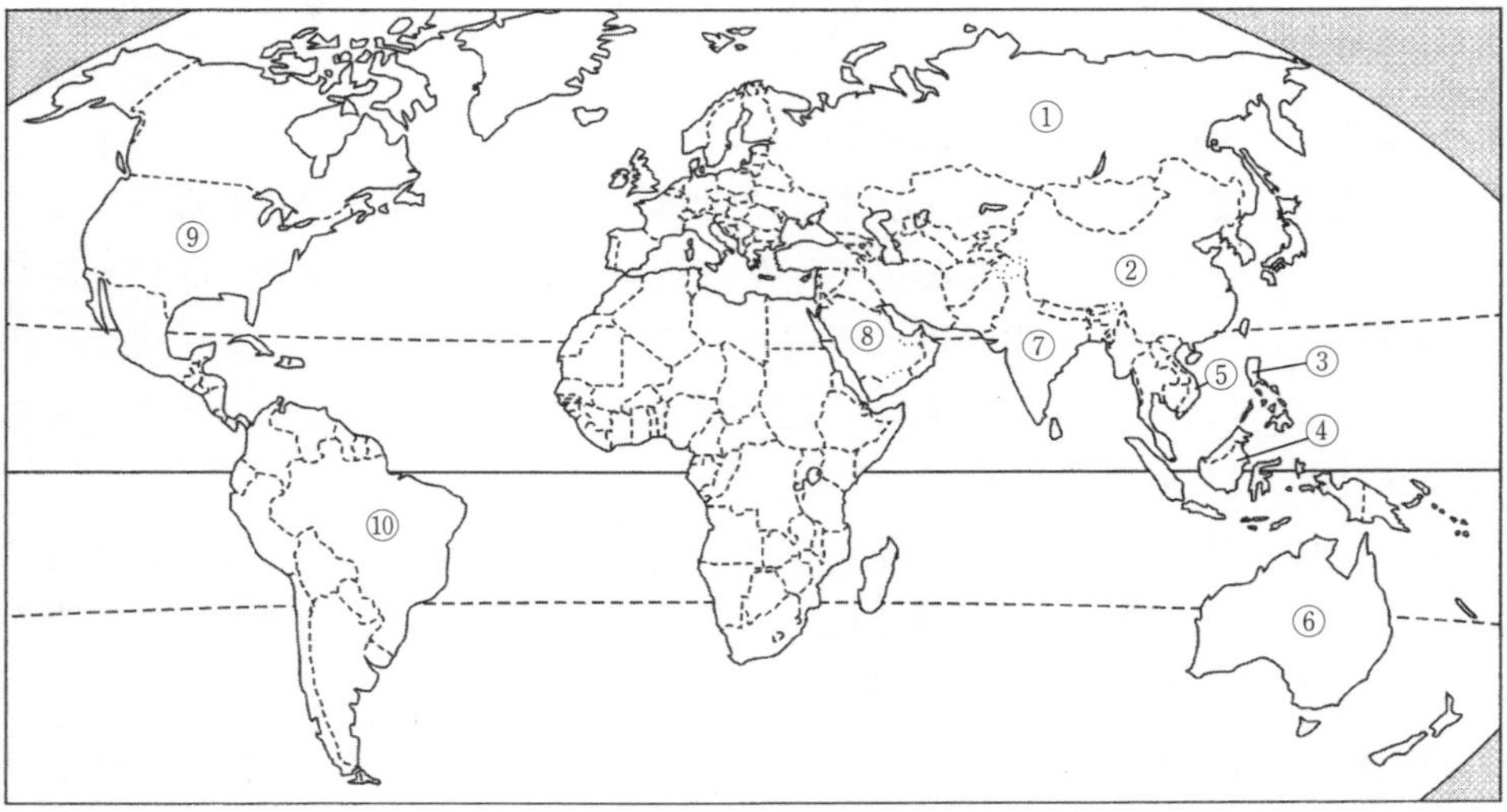

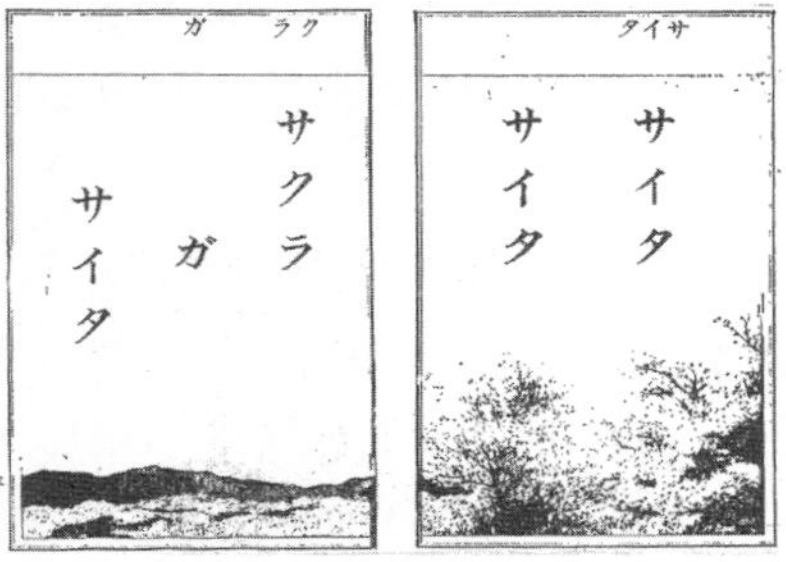

（左）図１　「小学国語読本」第一（1933年）
（右）図２　1915年春の弘前城天守閣（『弘前』1、津軽書房）

問５．(3) 幕末《ばくまつ》に起こった次の①～④の出来事を、年代の古い順に番号で並べなさい。

① 徳川慶喜が、政権を朝廷に返した。
② 長州藩が、４カ国との戦争に敗れた。
③ 薩摩藩と長州藩が、同盟を結んだ。
④ 日本が開国し、欧米《おうべい》の国々と貿易を始めた。

問６．(4) ２０世紀は西暦《せいれき》何年から何年までの１００年間ですか。数字で答えなさい。

問７．中臣鎌足に始まり、朝廷で最も大きな勢力を持つことになる (5) 貴族は何氏ですか。漢字で答えなさい。

問８．朝鮮半島の百済《くだら》経由で日本に入り、日本に定着した (6) 中国文化の例を一つ答えなさい。

問９．(7) 国風文化の例を一つ答えなさい。

問10．(8) １９３３年の２年前に、日本が中国東北部で始めた戦争を漢字で答えなさい。

４　次の (1) ～ (4) の各文について、下の問いに答えなさい。

(1) 私のいとこ尾高惇忠《おだかじゅんちゅう》は富岡製糸場の最初の場長《じょうちょう》（工場長）ですが、私は日本最初の銀行「第一銀行」の頭取《とうどり》（社長）を４０年以上つとめました。

(2) 私のいとこ木曽義仲《きそよしなか》（源　義仲《みなもとのよしなか》）は京都をうまく治めることができずにほろびましたが、私は京都の朝廷を警戒《けいかい》して関東地方に幕府を開きました。

(3) 私のいとこ豊臣秀頼《ひでより》は大阪城でほろびましたが、私は参勤交代の制度を定めて、祖父が開いた江戸幕府を安定させることに力をつくしました。

(4) 私のいとこはナバルス博士《はかせ》とよばれるキリスト教の学者ですが、私はキリスト教をアジアに広めることに情熱をかたむけ、日本に布教した後に中国で生涯《しょうがい》を終え、私の遺体《いたい》はいまインドに安置《あんち》されています。

問１．各文の「私」とは誰《だれ》のことですか。人名を答えなさい。
ただし、(1) ～ (3) は漢字で書きなさい。

問２．(1) ～ (4) の「私」を、年代の古い順に番号で並べなさい。

5　次の文章は、井上ひさしさん（１９３４年生まれ）と、いわさきちひろさん（１９１８年生まれ）による絵本『子どもにつたえる日本国憲法』（講談社）の「はじめに」に書かれたものです。文章を読んで、問いに答えなさい。

いまでは信じられないことですが、昭和２０年（１９４５年）の日本人男性の平均寿命《じゅみょう》は、たしか２３．９歳《さい》でした。戦地では兵士たちが戦って死ぬ（あとでわかったのですが、戦死者の３分の２が餓死《がし》でした）、⑴ 内地《ないち》では空襲《くうしゅう》で焼かれて死ぬ、病気になれば薬がないので助かる命が助からぬ、栄養不足の母親を持った幼児たちは栄養失調《しっちょう》で死ぬ。そこで大勢《おおぜい》が若死《わかじ》にしたのです。女性の⑵ 平均寿命も、３７．５歳だったはずです。

そんな時代ですから、私たち国民学校の生徒も先生たちから、「きみたちも長くは生きられないだろう」と言い聞かされていました。「兵士となって戦地へ行くのか、防衛戦士として本土で戦うのか、それはわからないが、とにかく２０歳《はたち》前後というのが、きみたちの寿命だ」。

ところがあの⑶ ８月１５日を境《さかい》に、なにもかも変わった。「きみたちは３０、４０まで生きていいのです」というのですから、頭の上から重石《おもし》がとれたようで、しばらく呆《ぼう》としていました。この状態を大人たちは「解放感」というコトバで言いあらわしておりましたが。

その呆とした気持ちがシャンとなったのは、⑷ 敗戦の翌年、日本国憲法が公布されたときです。「きみたちは長くは生きられまい」と悲しそうにしていた先生が、こんどはとても朗《ほが》らかな口調《くちょう》で「これから先の生きていく目安《めやす》が、すべてこの百と三つの条文に書いてあります」とおっしゃった。とりわけ、日本はもう二度と戦争で自分の言い分を通すことはしないという覚悟《かくご》に、体がふるえてきました。

⑸ 二度と武器では戦わない。——これは途方《とほう》もない生き方ではないか。勇気のいる生き方ではないか。日本刀《にほんとう》をかざして敵陣《てきじん》へ斬《き》り込《こ》むより、もっとずっと雄々《おお》しい生き方ではないか。度胸《どきょう》もいるし、智恵《ちえ》もいるし、とてもむずかしい生き方ではないか。そのころの私たちは、ほとんどの剣豪伝《けんごうでん》(注) を諳《そら》んじていましたが、武芸の名人達人《たつじん》たちがいつもきまって山中に隠《かく》れたり政治を志《こころざ》したりする理由が、これでやっとわかったと思いました。剣よりも強いものがあって、それは⑹ 戦わずに生きること。このことを剣豪たちはその生涯《しょうがい》の後半で知るが、いま、私たちはそれと同じ境地《きょうち》に立っている。なんて誇《ほこ》らしくて、いい気分だろう。

この子どものときの誇らしくていい気分を、なんとかしていまの子どもたちにも分けてあげたいと思って、私はこの本を手がけました。

(注) 剣豪伝…剣術の名人の物語

問１．下線部 (1) に関して、昭和２０年に空襲《くうしゅう》を受けた都市の名を一つ、漢字で答えなさい。

問２．下線部 (2) は、今では男性が８１．４歳《さい》、女性が８７．５歳となっています。一方、子どもの数が減っているので日本では「少子○○化」が問題になっています。○○にあてはまる語句を、次の①～④から選び番号で答えなさい。

① 老人　　② 老齢《ろうれい》　　③ 高年　　④ 高齢《こうれい》

問３．下線部 (3) の正午に終戦を国民に知らせるラジオ放送があったので、この日は「終戦記念日」といわれています。次の (A) (B) に答えなさい。

(A) ラジオで説明をしながら、終戦を国民に知らせた人はだれですか。

(B) この放送の中で、連合国の「共同宣言」を受け入れて戦争をやめる、という説明がありました。これは何という宣言ですか。次の①～④から選び番号で答えなさい。

① ポツダム宣言　　② サンフランシスコ宣言　　③ 世界人権宣言
④ ヤルタ宣言

問４．下線部 (4) に関して、次の (A) (B) に答えなさい。

(A) 日本国憲法の三原則を答えなさい。

(B) 日本国憲法が公布されたとき、井上ひさしさんは今でいうと何年生でしたか。次の①～④から選び番号で答えなさい。

① 小学１年生　　② 小学６年生　　③ 中学３年生　　④ 高校３年生

問５．下線部 (5) の考え方が書かれている日本国憲法第９条は、日本国民が国際平和を誠実に求め、争いごとを解決するために武力を使うことは永久にしないと述べた後、次のように述べています。条文の空らん (ア) (イ) にあてはまる語句を、それぞれ漢字２字で答えなさい。

「前項《ぜんこう》の目的を達《たっ》するため、陸海空軍その他の（　ア　）は、これを保持《ほじ》しない。国の（　イ　）権は、これを認めない。」

問６．下線部 (6) を国と国との対立と考えたとき、戦わないためには、どのような立場の人が、どのような行動をおこすことができますか。あなたの考えを書きなさい。

【理　科】〈第１回試験〉（30分）〈満点：100点〉

1　ヒトは、外からの刺激《しげき》を感じとる器官をもっています。そのような器官について以下の（1）～（7）に答えなさい。図１はヒトの目のつくり、図２はヒトの耳のつくりを表しています。

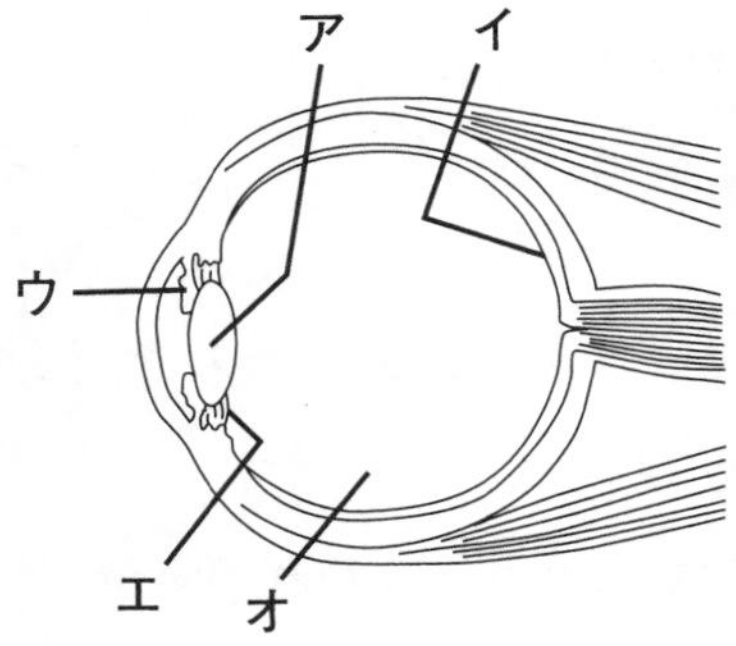

《図１》

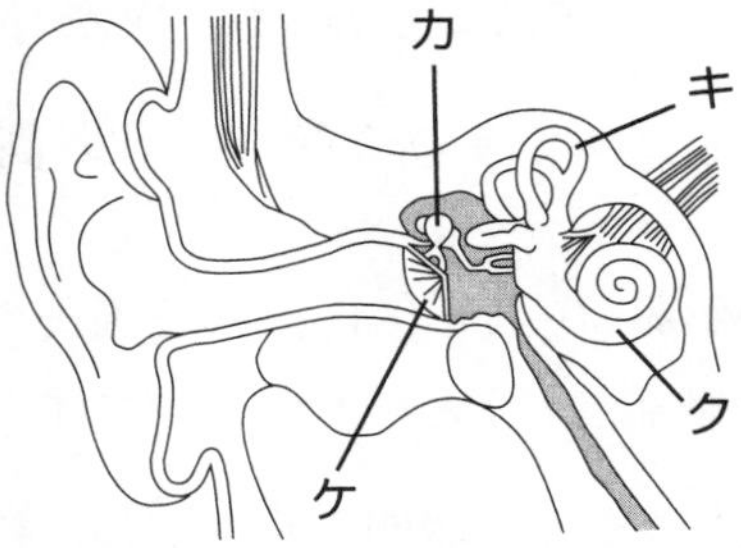

《図２》

(1) 次の①～③は、ヒトの目のつくりについて説明した文です。①～③にあてはまるつくりを、図１のア～オからそれぞれ選び、記号で答えなさい。

① 目に入る光の量を調節する部分
② 光がくっ折する場所であり、厚さをかえることでピントを合わせる部分
③ 像が映《うつ》る部分

(2) (1) の①～③のつくりを、それぞれ何といいますか。

(3) 次の①、②は、ヒトの耳のつくりについて説明した文です。①、②にあてはまるつくりを、図２のカ～ケからそれぞれ選び、記号で答えなさい。

① 音によって最初にしん動する部分
② 体のかたむきや回転を感じる部分

(4) (3) の①、②のつくりを、それぞれ何といいますか。

(5) 目や耳のように、外からの刺激を感じとる器官を何といいますか。

(6) ヒトがにおいを感じとる器官は何ですか。

(7) 皮ふが感じとる刺激を１つ答えなさい。

2 次の①～⑩の岩石について、以下の (1) ～ (8) に答えなさい。

① カコウ岩	② アンザン岩	③ ギョウカイ岩	④ レキ岩	⑤ デイ岩
⑥ 石灰岩	⑦ ハンレイ岩	⑧ ゲンブ岩	⑨ 大理石	⑩ サ岩

(1) ①～⑩のうち、ハワイ島などで見られる黒っぽい岩石はどれですか。１つ選び、番号で答えなさい。

(2) ①～⑩のうち、マグマがゆっくりと冷えて固まってできている岩石はどれですか。すべて選び、番号で答えなさい。

(3) ①～⑩のうち、サンゴやフズリナの死がいなどが固まってできている岩石が、マグマの熱などで変成してできた岩石はどれですか。１つ選び、番号で答えなさい。

(4) ①～⑩のうち、火山灰などが固まってできている岩石はどれですか。１つ選び、番号で答えなさい。

(5) ①～⑩のうち、続成作用によってできているたい積岩はどれですか。すべて選び、番号で答えなさい。

(6) (5) の岩石のうち、ねんどが固まってできている岩石はどれですか。１つ選び、番号で答えなさい。

(7) ①～⑩のうち、炭酸カルシウムの殻《から》をもつ生き物の死がいが固まってできている岩石はどれですか。１つ選び、番号で答えなさい。

(8) ①～⑩のうち、浅間山や桜島をつくる岩石で、色が灰色のものはどれですか。１つ選び、番号で答えなさい。

3　てこや輪じく、ひもの重さは考えないものとして、以下の (1) ～ (5) に答えなさい。

《図１》

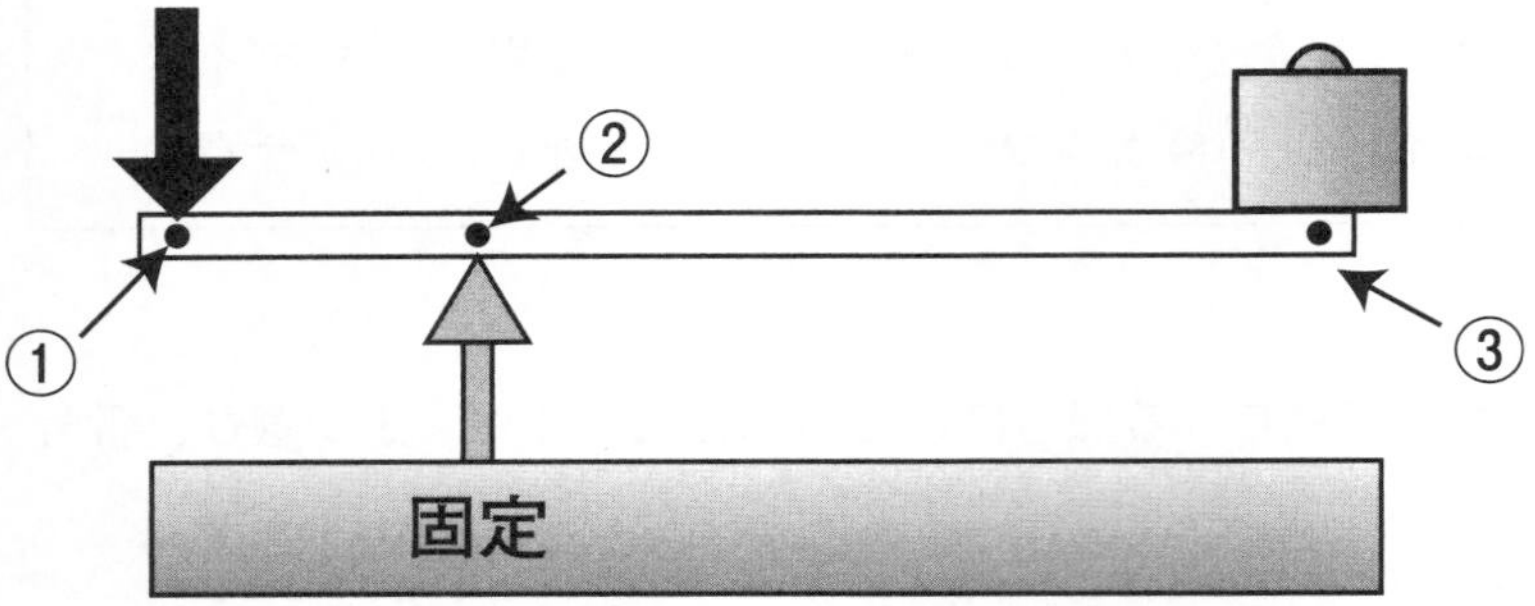

(1) 次の文はてこの３点に関するものです。(い) ～ (は) に適する言葉を (ア) ～ (オ) の中から１つずつ選び、記号で答えなさい。

図１の①は力点といい、てこに外から力を加えるところです。②は（ い ）といい、（ ろ ）の中心となるところです。③は（ は ）といい、おもりを持ちあげるところです。

(ア) 引力点　(イ) 支点　(ウ) ねじれ点　(エ) 作用点　(オ) 回転

《図２》

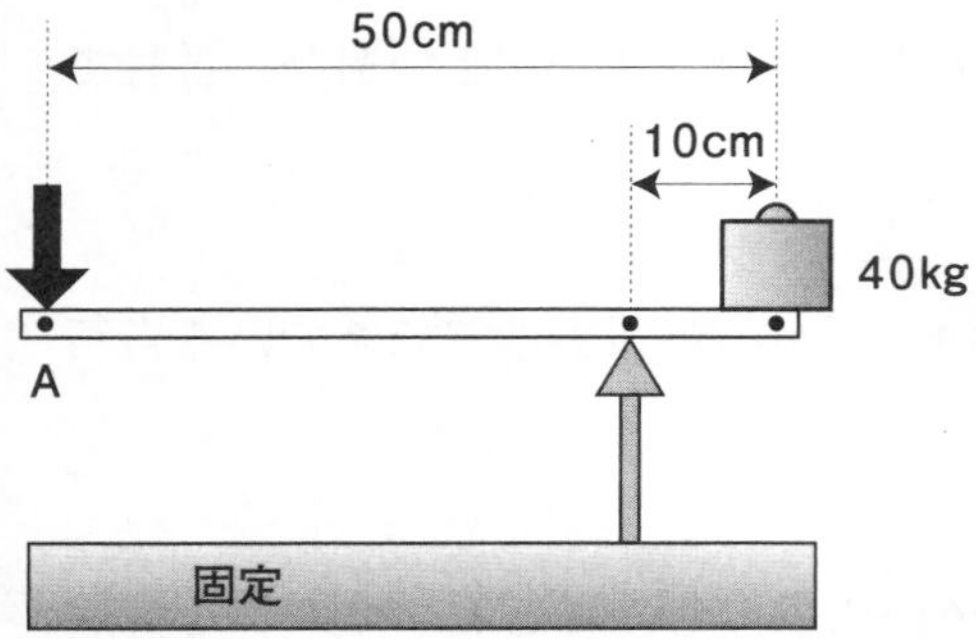

《図３》

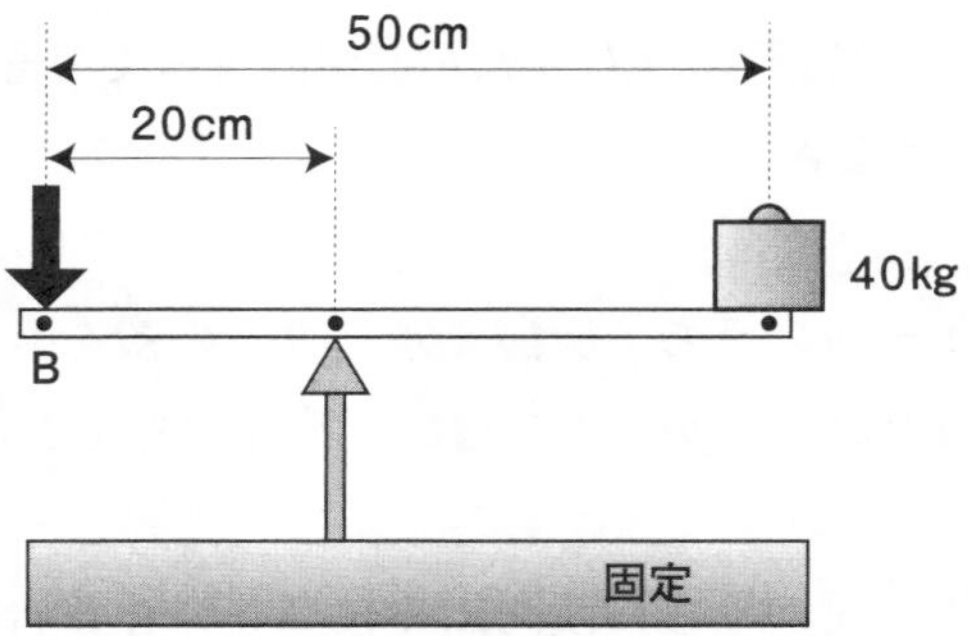

(2) 図２のように、てこを使ってつり合うようにするには、Aに何kgの力を加えればよいですか。

(3) 図２の支点を左に移動させ、図３のようにてこをつり合うようにするには、Bに何kgの力を加えればよいですか。

《図４》

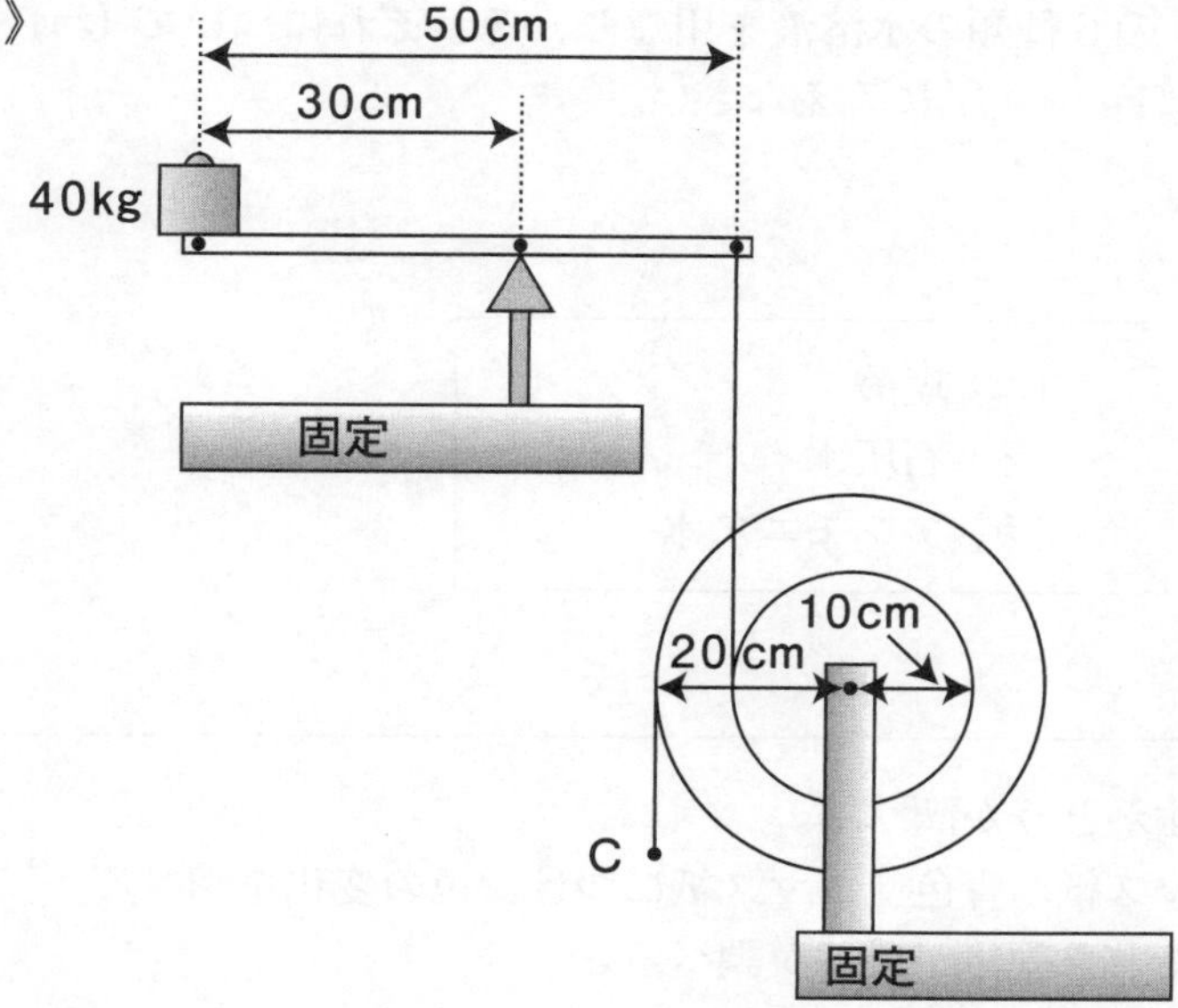

(4) 図４のように輪じくを用いてつり合うようにするには、Ｃに何kgのおもりを下げればよいですか。

《図５》

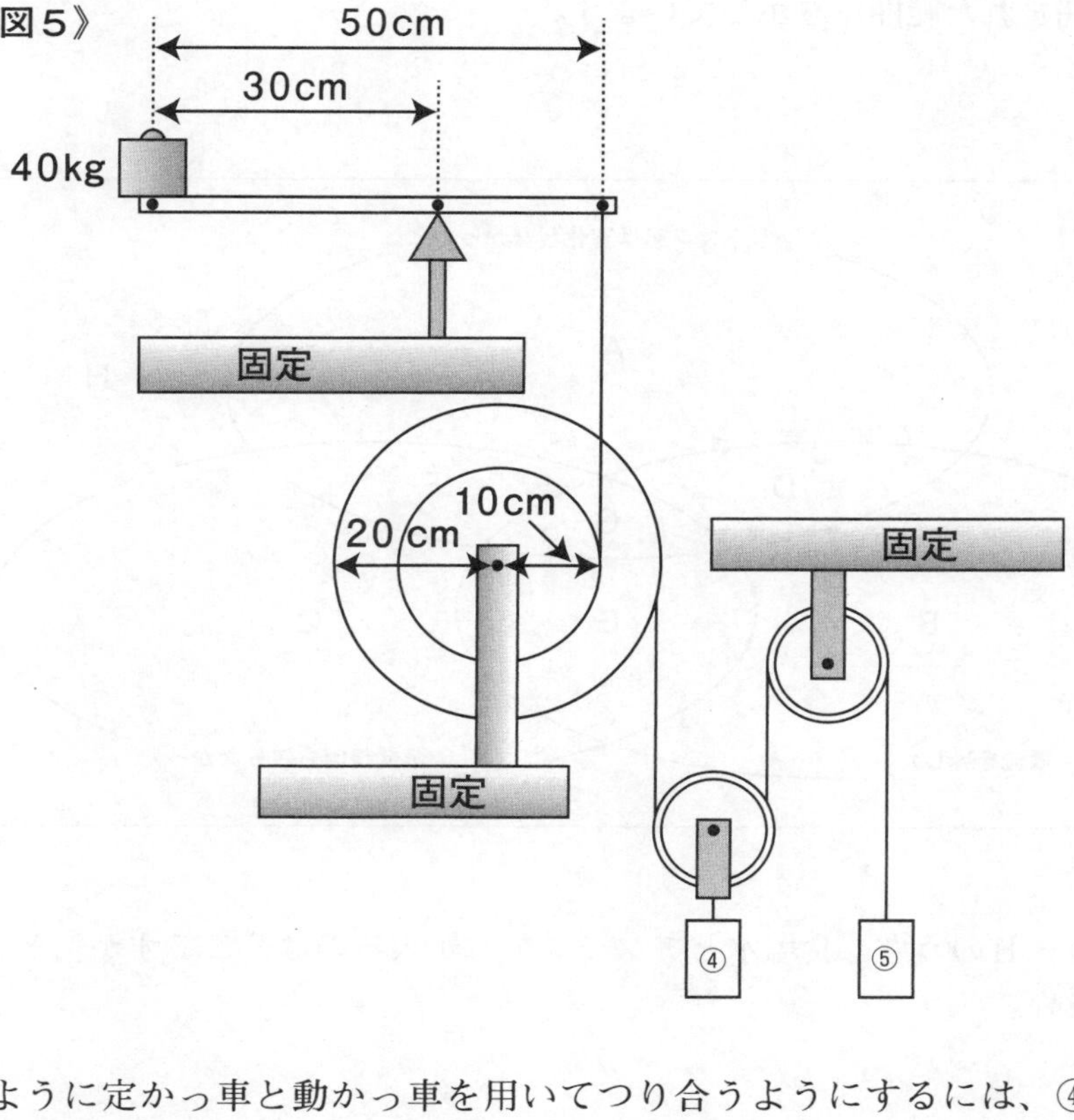

(5) 図５のように定かっ車と動かっ車を用いてつり合うようにするには、④と⑤に何kgのおもりを下げればよいですか。

4 次の（ア）～（カ）の６種類の水溶液《すいようえき》を用意し、それぞれについて（ハ）～（ヘ）の実験を行いました。(1)～(4)に答えなさい。

水溶液

（ア）食塩水　　（エ）塩酸
（イ）砂糖水　　（オ）石灰水
（ウ）炭酸水　　（カ）アンモニア水

実験

（ハ）電流を通すかどうか調べる。
（ヒ）赤色リトマス紙、青色リトマス紙につけ、色の変化を調べる。
（フ）蒸発させたとき固体が残るか調べる。
（ヘ）においがあるかどうか調べる。

［Ⅰ］実験（ハ）、（ヒ）、（フ）の結果を図１のようにまとめました。A～Hは「図中の場所」（線で囲まれた範囲）を示しています。

《図１》

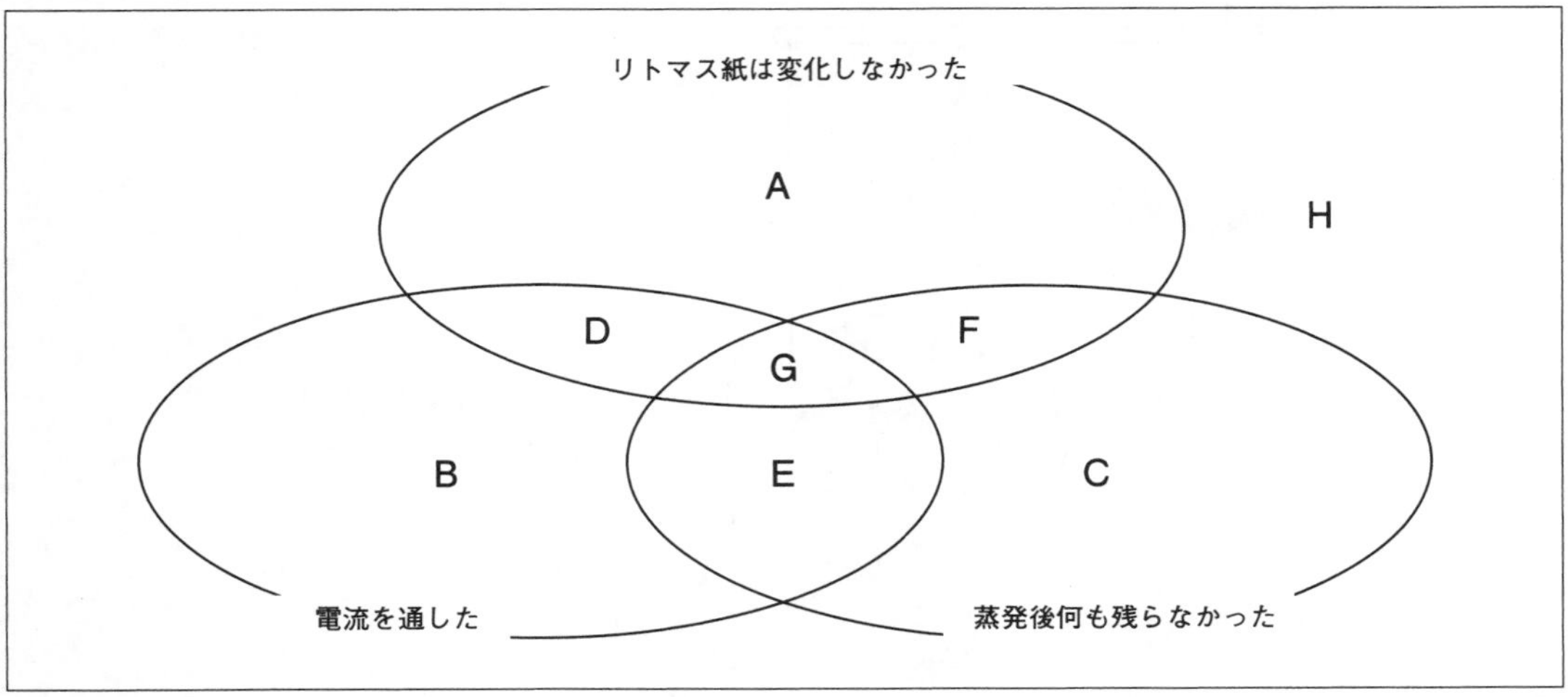

(1) 図中の場所A～Hのうち、食塩水とアンモニア水が入るのはどこですか。それぞれ記号で答えなさい。

(2) 図中の場所Ａ～Ｈには、３種類の水溶液があてはまるところが１か所ありますが、それはどこですか。記号で答えなさい。

(3) 図中の場所Ａ～Ｈには、どの水溶液もあてはまらないところが４か所ありますが、それはどこですか。記号で答えなさい。

［Ⅱ］実験の結果を図２のようにまとめなおしました。（ア）～（カ）はその場所にあてはまる水溶液を表しています。

《図２》

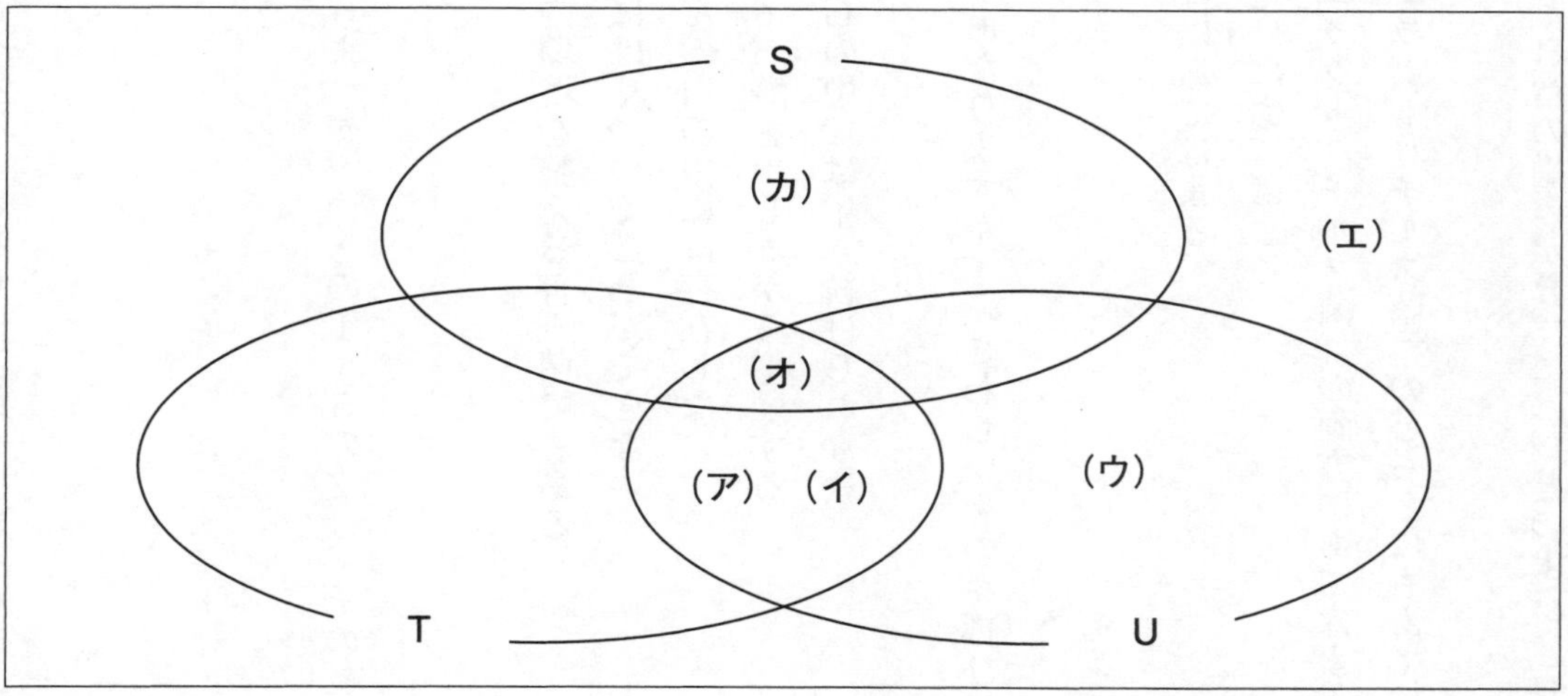

(4) 図２のＳ、Ｔ、Ｕにはそれぞれどのような実験結果が入りますか。次の①～⑧からそれぞれ選び、番号で答えなさい。

① 電流を通した。
② 電流を通さなかった。
③ 赤色リトマス紙が青くなった。
④ 青色リトマス紙が赤くなった。
⑤ 蒸発後固体が残った。
⑥ 蒸発後何も残らなかった。
⑦ においがあった。
⑧ においがなかった。

問四　《 1 》～《 4 》に入れるのにふさわしい言葉をつぎから選び、それぞれ記号で答えなさい。

ア　ところが　　イ　また　　ウ　なぜなら　　エ　つまり

問五　――線④「二つの菌」とありますが、つぎの1～5の文は、その二つの菌に関連した内容の文です。

1　乳酸菌の一種であり、腸内環境を整える善玉菌でもある。
2　表面がつるつるしたものにはくっつくことができない。
3　生まれたばかりの赤ちゃんの口の中には存在しない。
4　栄養となる糖分を分解して、酸を出しながら増殖する。
5　歯垢の中で増えるが、歯石の中では生き続けられない。

1～5の説明はつぎのどれにあたりますか。ふさわしいものを選び、それぞれア～エの記号で答えなさい。

ア　「ミュータンス菌」だけにあてはまる。
イ　「ラクトバチルス菌」だけにあてはまる。
ウ　「ミュータンス菌」と「ラクトバチルス菌」の両方にあてはまる。
エ　「ミュータンス菌」と「ラクトバチルス菌」のどちらにもあてはまらない。

問六　――線⑤「歯ブラシを使った日常の歯みがき」には、どのような有効性がありますか。「～こと」につながるように、文中から二十字以内でぬき出しなさい。

問二　――線②「口の中にいる悪い菌が歯にくっついて歯を溶かす」とありますが、具体的にはどのような過程をとりますか。つぎのア～オの文を正しい順番に並《なら》べ替《か》えなさい。

ア　破壊された組織が「自動修復」され、もとの状態に近づく。
イ　修復される以上に破壊が進み、歯の奥の組織まで破壊される。
ウ　菌が出した酸が、歯の表面のエナメル質の組織を破壊する。
エ　食事をしたことで、たくさんの糖分が口の中に入ってくる。
オ　菌が糖分を分解してエネルギーに変え、それに伴《ともな》い酸を出す。

問三　――線③「再石灰化作用」とありますが、この「作用」について説明したつぎの文の（１）～（６）に入れるのにふさわしい言葉を、それぞれ指定の字数で文中からぬき出しなさい。

（　１　七字　）が増殖することによって（　２　二字　）が強い環境となった口の中では、歯の表面から（　３　二字　）と（　４　五字　）とが溶け出す。しかし、（　５　二字　）の働きによって（　２　）の弱い環境に戻されると、それらが歯の表面に戻ってきて（　６　二字　）し、もとどおりになるということ。

ではの専門家の力を借りる必要は、ここから生まれます。虫歯がなくとも数ヶ月おきに歯医者に行くのはそのためです。専門の機器と薬剤を使って口の中と歯と歯茎《はぐき》の状態を確認してもらいます。そして、自分では取り除けない場所にある汚れを残さず除去してもらうのです。

「私は歯医者ですが、歯を治すことはできません。」は、たとえ歯医者であっても虫歯になった歯を健康な歯に戻すことはできない、という意味の言葉です。虫歯は削るしかありません。削った部分はもはや生えてきません。削れば削るほど歯が小さくなるだけです。いつかは削る部分がなくなってしまいます。詰《つ》めたりかぶせたりして穴をふさぎますが、五～七年でその人工物は劣化《れっか》するそうです。削ったために表面のつるつるがなくなり、かえって虫歯になるきっかけを与《あた》えているとも言われています。

　削らずに済むようにする。そのために虫歯にならないように努める。まずは患者《かんじゃ》さん本人がそう自覚して、歯みがきなどの習慣を続けてほしい。この歯医者さんは、こうした考えに立った「予防歯科」に力を入れようとしているのです。

（本校国語科による）

問一　――線①「歯を治すことはできません」とありますが、これはどのような意味ですか。つぎからもっともふさわしいものを選び、記号で答えなさい。

ア　虫歯を削ることしかできず、虫歯にならない歯にすることはできない。
イ　虫歯を作り出す菌を殺すことしかできず、歯の治療はできない。
ウ　虫歯を削ることしかできず、健康な歯に戻すことはできない。
エ　虫歯の痛みを止めることしかできず、いつかまた痛むようになる。

口の中の糖分とラクトバチルス菌を洗い流すためには、歯ブラシを使った歯みがきという習慣が有効で確実です。《　１　》、そのような歯みがきの習慣を欠かさない人が虫歯に悩《なや》まされているというケースも少なくありません。人によって歯の性質や唾液の量が異なるため、とも言えますが、その奥《おく》には、虫歯というもののもつ難しさが隠《かく》れています。

　その難しさはミュータンス菌の性質に由来します。実は、生まれたばかりの赤ちゃんの口の中にはミュータンス菌は存在しません。親などの口の中にいた菌が、同じスプーンをつかって食べさせるなどの行為《こうい》をとおして移動し、新たに口の中に住みつきます。このミュータンス菌はラクトバチルス菌とは異なり、歯のつるつるした表面も苦にしません。ワインの栓抜《せんぬ》きのようならせん状の形をしたフックをもっており、このフックをねじ込《こ》んで歯の表面にがっちりとくっつきます。その強さは、歯ブラシを使った歯みがき程度では外せないレベルとされます。《　２　》、歯みがきによって口の中のミュータンス菌をゼロにすることは不可能だということになります。歯みがきによって口の中の食べかすを減らすことでその増殖を止めるだけで精一杯《せいいっぱい》なのです。

《　３　》、歯みがきにはどうしてもみがき残しが生まれます。《　４　》口の中では歯ブラシの動きが制限される上、並んだ歯が複雑な形をしているからです。そのみがき残した部分に歯垢《しこう》（プラーク）と呼ばれるものがこびりつきます。ミュータンス菌と食べ物のかすとが混ざったねばねばした物質です。ここで菌が増殖し歯の表面が溶かされるという営みがずっと続けられます。この歯垢は、ある程度の時間が経《た》つと固い歯石へと変質します。歯の間やすきまにセメントのように固まった歯石は、もはや歯ブラシなどではびくともしません。歯石の表面はざらざらしています。従ってラクトバチルス菌にとってくっつきやすい場所となります。その結果、④二つの菌が協力して歯を溶かす工事現場となってしまうのです。⑤歯ブラシを使った日常の歯みがきとは別の、歯科医なら

すると、歯の表面から唾液の中に溶けだしたリンとカルシウムが、再び歯の表面に戻《もど》ってきて定着するのです。これを再石灰《せっかい》化作用と言います。唾液の持つこの働きのおかげで、ミュータンス菌が働いてもすぐには虫歯にならないでいられるのです。

では、どのような場合にそこで止まらずに「虫歯」へと進んでいくのでしょうか。

一つ目は、食後も口の中に多くの糖分が残された状態が続く場合です。歯みがきをしないため歯と歯の間に食べかすが残ったままであったり、食事時間ではない時間に小さな飴《あめ》を口に入れ続けたり、糖分を含んだジュースを飲んだりしたときがそれにあたります。残ったり追加されたりした糖分にミュータンス菌が長い間群がり、増殖を繰《く》り返《かえ》します。そうなるともう③再石灰化作用では追いつきません。同じ場所で大量の酸の放出が続けられ、その酸にずっと触《ふ》れ続《つづ》ける箇所《かしょ》が溶け出します。少しずつ少しずつ深いへこみとなり、ついには穴になっていくそれは、立派な虫歯と言えます。

二つ目は、ラクトバチルス菌が加わり、虫歯の進行を加速させた場合です。ラクトバチルス菌は乳酸菌の一種です。人間の腸内にもたくさんいて、腸内環境を整える善玉菌とされています。いろいろな食べ物に含まれているので、食事のたびに口の中に入ってきます。もしこのラクトバチルス菌が口の中にたくさんいる状態になったとしても、単独であったなら何も問題はありません。この菌は、歯のエナメル質のようなつるつるした表面にはくっつくことができないからです。しかし、歯を溶かす犯人にあたるミュータンス菌といっしょになると話が変わります。ミュータンス菌が出す酸によって溶かされた歯は、もともとのつるつるした性質を失い、その表面には細かいでこぼこが作られます。こうなるとラクトバチルス菌も歯にくっつくことが可能です。もともとミュータンス菌よりもけた違《ちが》いに数が多いのがラクトバチルス菌です。その大量の菌がミュータンス菌と同じように、糖分を分解し酸を出しながら増殖するという働きを始めます。こうして虫歯の進行を大きく加速させるのです。

三　つぎの文章を読んで、あとの問いに答えなさい。

「私は歯医者ですが、①歯を治すことはできません。」

ある歯科医院の待合室に、このような言葉が書かれたポスターが貼《は》ってありました。

②口の中にいる悪い菌《きん》が歯にくっついて歯を溶《と》かす。溶けてできた穴が次第《しだい》に大きくなる。穴が歯の真ん中にある神経にまで届くと痛みを覚える。そこで歯医者さんに行き治療《ちりょう》してもらう。穴の周りを削《けず》り、詰《つ》め物《もの》をして穴をふさぐ。穴がふさがり痛みが取れれば治療は終わり……。虫歯ができるまでの流れとその治療には、多くの人がこんなイメージを持っているのではないかと思います。

歯を溶かすという困ったことをするのは、ミュータンス菌という細菌《さいきん》です。この菌は人間の口の中にいて、糖分を栄養として生きています。人間が食事をすると、口の中は糖分がたくさんある状態になります。チョコやケーキなどの甘《あま》いものを食べた時だけではありません。ごはんやパンなどの炭水化物も糖分の集まりですし、牛乳などにも乳糖と呼ばれる糖分が含《ふく》まれています。ミュータンス菌はこれらの糖分を分解してエネルギーに変え増殖《ぞうしょく》します。その時に歯を溶かす性質を持つ酸を出します。酸は歯の一番外側にあたるエナメル質の組織を破壊《はかい》します。そして、エナメル質の成分であったリンとカルシウムが口の中に溶け出すことになります。

でも、この段階ではまだ「虫歯」ではありません。人間が食事をした直後の三十〜四十分間に、溶けた表面の自動修復が行われ、もとどおりになるからです。その修復を担《にな》っているのが唾液《だえき》です。唾液は二つの働きをします。まずは、糖分や菌を口の中から食道の方向へと流し出す働きです。これによって、糖分が分解され菌が増殖するというサイクルが止まります。これに加え、ミュータンス菌の出した酸のおかげで酸性が強い環境《かんきょう》となった口の中を中和し、酸性が弱まった環境へと変えるという働きをします。

ア　うわさなどを片はしから否定していく人のこと
イ　ささいなことをおおげさに言って歩く人のこと
ウ　他人のことをあれやこれやと言いふらす人のこと
エ　うわさを大げさにあちこちにふれてまわる人のこと

問七　――線⑥「明日香のように勘ぐる声」とありますが、明日香は何を勘ぐっているのですか。「～ということ。」につながるように答えなさい。

問八　――線⑦「とにかく手紙は届けた」について、つぎのⅠ・Ⅱに答えなさい。

Ⅰ　この日は何曜日でしたか。「（　　）曜日」の（　　）に入る漢字一字を答えなさい。

Ⅱ　このときのリサの気持ちをまとめたつぎの文の（　１　）～（　３　）に入れるのにふさわしい言葉をあとから選び、それぞれ記号で答えなさい。また《　４　》に入れるのにふさわしい言葉を文中から十四字でぬき出しなさい。

押しつけられてしまった手紙を、（　１　）に突《つ》き返《かえ》すことも、（　２　）に手渡すこともできず、断り切れなかったのだから仕方がない、と（　３　）、野口家のポストにその手紙を入れたが、《　４　》な気持ちになっている。

ア　みどり　　イ　サトル　　ウ　サトシ　　エ　明日香
オ　投げやりな思いにまかせて　　カ　ありったけの愛情をこめつつ
キ　自分を無理やり納得させて　　ク　心からの反省を口にしながら

イ　小さい頃からの親友だもん

ウ　やっぱ、混んでるねー。中は座れそうもないかも。外に出よっか

エ　ふうん。ねえ、お買い物すんだ？　だったら一緒にアイス食べない？

問三　――線②「こういうところ」とありますが、その説明としてもっともふさわしいものをつぎから選び、記号で答えなさい。

ア　自己主張の強い人がいると、その人のマネをしてしまうところ

イ　自分がやりたいことがあると、それを人に押しつけてしまうところ

ウ　自分の気が進まなくても、その気持ちを相手に伝えられないところ

エ　自分がリードしようとしているのに、相手に仕切られてしまうところ

問四　――線③「リサはというと、この手の話は苦手なのだった」とありますが、この後、明日香の話を聞かされ続けたリサはどのような気持ちになりましたか。文中から六字でぬき出しなさい。

問五　――線④「やり手だったんだね」とありますが、「やり手だ」は、リサがどのような人であることについて向けられた言葉ですか。「〜人」につながるように、二十字以内で答えなさい。

問六　――線⑤「金棒引き」の意味としてふさわしくないものをつぎから一つ選び、記号で答えなさい。

ことをしているみたいで嫌《いや》だった。だけど、⑦とにかく手紙は届けたんだから。

角を曲がった瞬間、誰かとぶつかりそうになってびくっとする。

「あれ、杉本《すぎもと》じゃん。こんなとこで、何してんだお前？」

最悪。サトル本人と会っちゃった。そうか、今日サトルはレッスンの日だっけ。

「な、何でもないよ。何でもない。じゃあねっ」

何か言われる前に、一目散に逃《に》げる。これじゃ、本当に悪いことしているみたいじゃない、明日香ったらもう。自宅に向かって走りながら今更《いまさら》ながら明日香に腹がたった。

本当の災難は、その次の日に起こった。

（本校国語科による）

問一　――線①「明日香の大きな目がきらりとした」とありますが、その理由と言えそうな内容をまとめたつぎの文の（　１　）～（　３　）に入れるのにふさわしい言葉を、それぞれ指定の字数で文中からぬき出しなさい。

　みどりの誕生日は、その双子《ふたご》のきょうだいである（　１　三字　）の誕生日でもある。それならその日に、（　１　）に（　２　五字　）を渡して（　３　二字　）するチャンスかもしれない――。明日香はそのように考えた。

問二　（　Ⅰ　）～（　Ⅳ　）に入れるのにふさわしいセリフをつぎから選び、それぞれ記号で答えなさい。

ア　ええー、ホントかなあ？　サトルと並んでピアノ弾いちゃって、すごくいい雰囲気《ふんいき》だったよ？

めてしまった。くりくりした大きな目に、長いまつげ。浅黒いすべすべした頬《ほお》。みどりとはまた違《ちが》った意味で明日香はきれいだと思う。ただし黙《だま》っていれば、だけれど。

「金曜日、サトルも誕生日なんだよね？　プレゼント持ってくるから、渡してよ」

「そんな、無理だよ。あたし、渡せないんだったら、みどりに頼《たの》めば？」

「駄目《だめ》。あたし、あの子苦手なの。頭良くて美人で、気が強いじゃない？　みどりにはあたしの気持ち知られたくないんだ。リサは何であのみどりと仲良くできるの？」

「（　　Ⅳ　　）」

「リサとみどりじゃ、性格全く逆なのにね。ねえ、プレゼントが無理なら、手紙。手紙ならこっそり渡しやすいでしょ？　手紙書いてくるから、渡してよ、ねっ？」

無理だってば、とリサが言い出す前に明日香は立ち上がり、リサを見下ろして、「頼んだからねっ！　バイバイ」と言うなり、ぱっと走り去っていってしまった。呆然《ぼうぜん》としているリサを置き去りにして。

　翌朝教室で顔を合わせたとき、明日香が何もなかったように「おはよ、リサ」と声を掛《か》けてきて、リサは思わず身構えた。が、その日は何事もなし。火曜日の終礼で「さようなら」と言った瞬間《しゅんかん》明日香はくるりと振り返ってリサに茶封筒《ちゃぶうとう》を押しつけ、「これだから。ちゃんと渡してね。お願いねっ」と、あっという間に教室を走り出てしまった。リサはなすすべもなく、茶封筒を持ったまま立ちすくんだ。

　それから二日間、誰にも何も相談できないまま、リサは茶封筒の中身を渡す手立てを考えた。さんざん迷った末、もう仕方ない、と自分を納得《なっとく》させる。塾《じゅく》の帰りに野口家へ向かう。どうか誰にも会いませんように。会いませんように。あたりは真っ暗で門柱にぼうっと明かりがついている。あたりをそろっとうかがい、人気がないのを見定め、大急ぎで明日香の手紙を新聞受けの夕刊の上に押《お》し込《こ》んで、駆《か》けだした。なんだか悪い

うんざりしたと言っていた。リサも今、みどりに心から同意したい気持ちだった。あの三送会の発表以来、色々な子から「すごかったね」「かっこよかったよ」と声をかけられて喜んでいた自分が馬鹿《ばか》だった気がしてくる。⑥明日香のように勘《かん》ぐる声もあって当然だったのだ。

「ねえ、リサ、本当の本当にどっちのこともどうも思ってないの？」

「思って、ない。本当だよ」

しつこいなあ。

「……そう。……じゃあさあ……」

明日香が口ごもるなんて、珍《めずら》しい。思わず顔を見てしまう。明日香はうつむき加減でコーンをかじっている。変に顔が赤い。どうしたんだろう。

「あたしねえ、あのね……」

「うん？」

「内緒《ないしょ》にしといてね。あたしね、サトル、のこと、好きなんだ」

ええー！　内心でリサは大声を上げる。そうなんだ……。

「小学校の頃《ころ》から、いいなって思ってたんだ。去年同じクラスで、サトル、合唱コンクールの伴奏《ばんそう》したでしょ。ピアノ弾《ひ》いてるサトル、かっこいいなあって思って……。だけど、アイツのこと好きな子ってたくさんいるじゃん？　告白するか、ずっと迷ってたんだ。ねえ、リサ、リサならあたしの味方してくれるよね？」

「味方って言われても……」

「お願い、お願い！　ねっ、協力してよねっ」

「無理だってば。明日香なら、直接サトルに告白するなんて簡単にできそうじゃない？」

「できない！　直接言うなんて、できないよ……」

明日香でも言えないことなんてあるんだ。リサは改めてびっくりして明日香の顔を眺《なが》

局つきあうことにしたらしいよ」

「ねえ、明日香って、どうしてそんなにいろんなこと知ってるの？」

「そりゃあ、見てればわかるでしょ。あと、うち、お店やってるじゃない？　だから学校のいろんな話は入ってきやすいかも」

　明日香の家は学校のすぐ近くの、かなり大きな文房具屋《ぶんぼうぐや》なのだ。生徒たちも利用するし、学校からの注文も多いのだという。

「うちのクラスの美佳《みか》はねえ、西谷に告白しようか迷ってるんだよ。小学校の時から好きだったらしいよ。で、リサはどうなのよ？」

「どうって、何が？」

　いきなり振られてびっくりする。

「野口覚《さとる》と西谷諭《さとし》。うちらの学年のイケてる男子二人と仲良くしちゃってさ。リサ的にはどっちが本命なの？」

「本命って……、別にそんなんじゃないよ」

「またまたあ。※三送会でユニット組んで以来、すっかり学年中で噂《うわさ》になってるよ。リサってば、おとなしそうに見えて、④案外やり手だったんだねってさ」

「あのねえ、サトルとは幼稚園《ようちえん》からの腐《くさ》れ縁《えん》で、同じピアノ教室に通ってるってだけ。サトシの方はサトルと仲が良くて、たまたま、たまたま一緒に三送会に出ることになっただけ。サトルとは昔から仲なんか良くなかったよ。みどりのきょうだいだから、顔合わせることも多かったけど、本当にそれだけだってば」

「（　　　Ⅲ　　　）」

「だから、そんなんじゃないんだってばあ……」

『⑤金棒引き』。みどりの声が聞こえた気がした。『明日香みたいな子のことそう呼ぶんだって、ママが言ってた』。みどりは明日香が嫌《きら》いだ。小六の時同じクラスになって、

※三送会　三年生を送る会

　正直リサは気乗りがしなかった。プレゼントを奮発してしまったので、もう今月のお小遣《こづか》いは余裕《よゆう》があまりない。それに明日香と一緒《いっしょ》か。リサが迷うのに気づきもせず、「行こ」と明日香はどんどん歩き出す。リサは仕方なく後について歩く。②こういうところがあたしはだめなんだな。

　四月の半ば、日曜日の午後。ショッピングモールのフードコートは混雑していた。アイスクリームにも長い列ができている。リサはますます気乗りがしなくなったが、「混んでるね。まあ、仕方ないよね。いま、ダブルコーンは割引してるから」と明日香は全く意に介《かい》さず列に並んでしまった。またしても仕方なくリサも後ろに並ぶ。さあ、来るぞ来るぞ。

「ね、知ってる？　理科の相澤《あいざわ》先生って、音楽の松井《まつい》先生のこと好きなんだって。あ、あとねえ、生徒会長の高橋さんが書記の大塚《おおつか》さんに告白したんだけど、振《ふ》られちゃったんだって。それとねえ」

　うわー、やっぱり。明日香が早口でとめどなく繰《く》り出《だ》してくる、繰り出してくる。それも全部「誰々《だれだれ》が誰々と」的な話だ。明日香はこの手の話の情報通で、そして③リサはというと、この手の話は苦手なのだった。

「（　　Ⅱ　　）」

　アイスを手にしたものの、席が見つからなかった二人はショッピングモールを出た。よく晴れた日、広場も人出が多かったが、隅《すみ》っこに小さいベンチがあいていた。明日香がさっさと座って食べ始める。しかたなくリサも横に座って、自分のをなめた。

「リサ、ダブルにすればよかったのに。三十円もお得だったのにさ」

「うーん。あたし食べるの遅《おそ》いからダブルって苦手なんだよね。食べるより先にどんどん溶《と》け出《だ》しちゃうんだ」

「あはは、リサらしいね。ねえねえ、それでね、三組の鷲澤《わしざわ》と一組のひろちゃんは、結

問八　つぎの文の（　）に入れるのにふさわしい言葉をあとから選び、それぞれ記号で答えなさい。なお、同じ記号を二回選ぶことはできません。

1　駅に着いた。（　）ホームに入ってきた電車に乗った。
2　新車を買った。（　）銀行の預金がゼロになった。
3　ころんでうでの骨を折った。（　）大事なメガネがこわれた。
4　動物園に行こうか。（　）水族館に行こうか。

ア　そのため　　イ　その上　　ウ　それとも　　エ　そして

二

つぎの文章を読んで、あとの問いに答えなさい。


「リサ、ねえ、リ、サってば」

ぼんやり棚《たな》のキャラクター商品を見ていたリサは、ふと我に返って振《ふ》り向《む》いた。教室で今リサの前に座《すわ》っている島崎《しまざき》明《あ》日《す》香《か》が、にこりと笑って立っていた。

「お買い物？　何買ったの？」

こちらになります、と店員さんに渡《わた》されたリボンのかかった包みを受け取りながら、

「みどりの誕生日プレゼントなんだ」と返す。

へえ、と言った①明日香の大きな目がきらりとしたのは気のせいだったろうか。

「みどりの誕生日っていつなの？」

「今度の金曜日」

「（　Ｉ　）」

問五　つぎの１～５のことわざ・慣用句の（　）に入れるのにふさわしい言葉を下から選び、それぞれ記号で答えなさい。

１　言わぬが（　）
２　うわさをすれば（　）
３　さわらぬ（　）にたたりなし
４　住めば（　）
５　ぬかに（　）

ア	くぎ
イ	都
ウ	神
エ	花
オ	かげ

問六　つぎの熟語の組み合わせは、すべて対義語になります。（　）に入る漢字一字をそれぞれ答えなさい。

１　不作　―（　）作
２　従属　―（　）配
３　臨時　―（　）例

問七　つぎの１～４の――部のうち、はたらきのちがうものが一つあります。それはどれですか。番号で答えなさい。

１　食べ切ることができない大盛りのやきそば。
２　水やりがされていない近所の公園の花だん。
３　古びている上にペンキがはげた目立たない看板。
４　それほどめずらしくないデザインのカバン。

3　出席停止の期間は、オンラインで授業に参科し、課題を提出した。

4　海外旅行に出かけて留守にした間に空き巣が入り、現金と希金属をぬすまれた。

問三　つぎの――部分のカタカナにふさわしい漢字と、同じ漢字が使われている文をあとから選び、それぞれ記号で答えなさい。

1　神奈川《かながわ》の県チョウは横浜にある。

2　港は満チョウ時刻をむかえた。

3　室内の明るさをチョウ節する。

4　復興のため一チョウ円の予算を用意する。

ア　あの異常な空の色は、地震《じしん》が起きる前チョウかもしれない。

イ　気象チョウの発表によれば、明日は大雨になるそうだ。

ウ　あのアイドルは、人気絶チョウの時期に引退してしまった。

エ　コンサート会場の中は、最高チョウの盛り上がりとなった。

オ　あの事件の真相について、今もチョウ査が続けられている。

カ　地図チョウを開いて、行き先にあたる地点にしるしをつける。

問四　つぎの三つの四字熟語の（　）にあてはまるそれぞれの漢字を並べ直すと、三字熟語ができます。その熟語を漢字で答えなさい。

自給自（　）　順風（　）帆　（　）慨無量

二〇二二年度 女子聖学院中学校

【国　語】〈第一回試験〉（五〇分）〈満点：一〇〇点〉

一　つぎのそれぞれの問題に答えなさい。

問一　つぎの――部分のカタカナは漢字に直し、漢字は読みをひらがなで答えなさい。

1　助けてもらったので、オン返しをする。
2　ラクヨウジュは秋になると、赤や黄色に色づく。
3　海岸をはなれオキに出ると、たくさんの魚がいた。
4　柱に気づかずに、ヒタイを強くぶつけた。
5　その地域を開発する権限を、そこの自治体に委ねる。
6　災害時に備えて、たくさんの穀物をたくわえる。
7　幼なじみの男の子と、十年ぶりの再会を果たした。
8　逆上がりは、運動が苦手な私にとっては難易度が高い。

問二　つぎの文には、一字ずつまちがった字が使われています。それぞれ正しく直した字を書きなさい。

1　五階立ての校舎の北側には、演劇鑑賞にも式典にも適した木造の大講堂がある。
2　新型コロナの拡産を防ぐために、毎朝測定した体温を記録するよう通達した。

2022年度

女子聖学院中学校 ▶解説と解答

算　数 ＜第１回試験＞（50分）＜満点：100点＞

解　答

[1] (1) 14.99　(2) $1\frac{1}{20}$　(3) $7\frac{1}{2}$　(4) 156　(5) $\frac{19}{20}$　(6) 31.4　(7) $\frac{3}{28}$　(8) $\frac{1}{3}$　[2] (1) ６個　(2) 480円　(3) 1360m　(4) 160円　(5) 84点　(6) ９通り　(7) $y=\frac{4}{5}\times x$　(8) 25cm^2　[3] (1) $\frac{1}{12}$　(2) ２時間24分　(3) 42分　[4] (1) 168cm^3　(2) 51.4cm^2　(3) 173cm^3　[5] (1) **個数**…22個，**表面積**…4500cm^2　(2) 50個　(3) 1770個

解　説

[1] 四則計算，計算のくふう，逆算

(1) $20.22-5.23=14.99$

(2) $5\frac{1}{4}-4\frac{1}{5}=5\frac{5}{20}-4\frac{4}{20}=1\frac{1}{20}$

(3) $4\times0.375\times2.5\times2=4\times\frac{3}{8}\times\frac{5}{2}\times2=\frac{15}{2}=7\frac{1}{2}$

(4) $6\div\left(\frac{1}{8}-\frac{1}{14}\right)+44=6\div\left(\frac{7}{56}-\frac{4}{56}\right)+44=6\div\frac{3}{56}+44=6\times\frac{56}{3}+44=112+44=156$

(5) $\left(\frac{1}{3}-\frac{1}{4}\right)-\left(\frac{1}{5}-\frac{1}{6}\right)+\frac{9}{10}=\left(\frac{4}{12}-\frac{3}{12}\right)-\left(\frac{6}{30}-\frac{5}{30}\right)+\frac{9}{10}=\frac{1}{12}-\frac{1}{30}+\frac{9}{10}=\frac{5}{60}-\frac{2}{60}+\frac{54}{60}=\frac{57}{60}=\frac{19}{20}$

(6) $A\times B+A\times C=A\times(B+C)$となることを利用すると，$3.14\times4-3.14\times2+6.28\times4=3.14\times4-3.14\times2+3.14\times2\times4=3.14\times4-3.14\times2+3.14\times8=3.14\times(4-2+8)=3.14\times10=31.4$

(7) $1\frac{3}{4}\times7\frac{1}{2}\div2\frac{1}{2}-5\frac{1}{7}=\frac{7}{4}\times\frac{15}{2}\div\frac{5}{2}-5\frac{1}{7}=\frac{7}{4}\times\frac{15}{2}\times\frac{2}{5}-5\frac{1}{7}=\frac{21}{4}-5\frac{1}{7}=5\frac{1}{4}-5\frac{1}{7}=\frac{7}{28}-\frac{4}{28}=\frac{3}{28}$

(8) $\left(\frac{1}{2}-\square\right)\times\frac{3}{4}\div0.25+\frac{1}{6}=\frac{2}{3}$より，$\left(\frac{1}{2}-\square\right)\times\frac{3}{4}\div0.25=\frac{2}{3}-\frac{1}{6}=\frac{4}{6}-\frac{1}{6}=\frac{3}{6}=\frac{1}{2}$，$\frac{1}{2}-\square=\frac{1}{2}\times0.25\div\frac{3}{4}=\frac{1}{2}\times\frac{1}{4}\times\frac{4}{3}=\frac{1}{6}$　よって，$\square=\frac{1}{2}-\frac{1}{6}=\frac{3}{6}-\frac{1}{6}=\frac{2}{6}=\frac{1}{3}$

[2] 整数の性質，売買損益，通過算，分配算，平均とのべ，場合の数，文字式，面積

(1) ３と５の最小公倍数は，３×５＝15だから，２桁《けた》の15の倍数の個数を求めればよい。99÷15＝６余り９より，99以下の15の倍数の個数は６個とわかる。また，９以下の15の倍数はないので，２桁の15の倍数の個数は６個である。

(2) （仕入れ値）×0.25＝120(円)と表すことができるので，仕入れ値は，120÷0.25＝480(円)と求められる。

(3) 秒速50mで走る列車が32秒で走る距離《きょり》は，50×32＝1600(m)である。右の図１から，これは列車の長さとトンネルの長さの和にあたることがわかるから，トンネルの長さは，1600－240＝

図１

1360(m)と求められる。

(4)　妹が姉にあげた後も２人の合計は1200円のままなので，右の図２のように表すことができる。したがって，あげる前に姉が持っていた金額は，$1200\times\frac{8}{8+7}=640$(円)であり，あげた後に姉が持っている金額は，$1200\times\frac{2}{2+1}=800$(円)とわかる。よって，妹が姉にあげた金額は，$800-640=160$(円)である。なお，妹が姉にあげた金額は1200円の，$\frac{2}{2+1}-\frac{8}{8+7}=\frac{2}{15}$にあたるから，$1200\times\frac{2}{15}=160$(円)と求めることもできる。

図２

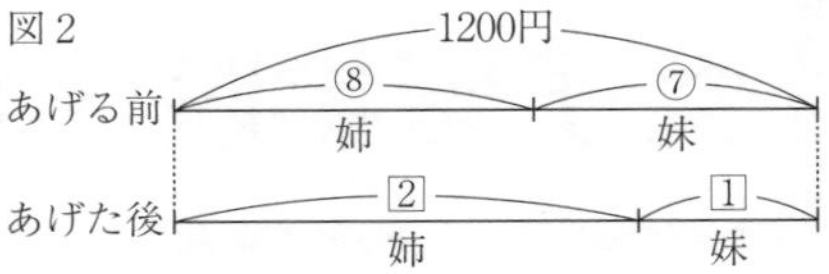

(5)　(平均点)＝(合計点)÷(科目数)より，(合計点)＝(平均点)×(科目数)となるので，４科目の合計点は，$70\times4=280$(点)とわかる。ここから，国語，算数，理科の点数をひくと，社会の点数は，$280-(75+62+59)=84$(点)と求められる。

(6)　100円硬貨《こうか》の枚数で分けて調べると，右の図３のようになる。よって，全部で，$5+3+1=9$(通り)とわかる。

図３

100円硬貨(枚)	0	0	0	0	0	1	1	1	2
50円硬貨(枚)	0	1	2	3	4	0	1	2	0
10円硬貨(枚)	20	15	10	5	0	10	5	0	0

(7)　全体のページ数を１とすると，読み終わったページ数yは，$1\times\frac{4}{9}=\frac{4}{9}$，残りのページ数$x$は，$1-\frac{4}{9}=\frac{5}{9}$となる。よって，読み終わったページ数は残りのページ数の，$\frac{4}{9}\div\frac{5}{9}=\frac{4}{5}$(倍)だから，$y=\frac{4}{5}\times x$と表すことができる。

(8)　右の図４の三角形OABと三角形OCDで，OAとOCの長さは等しく，角OABと角OCDの大きさも等しい(どちらも45度)。また，角AOB＝角AOC－角BOC，角COD＝角BOD－角BOCであり，角AOCと角BODの大きさはどちらも90度なので，角AOBと角CODの大きさは等しいことがわかる。よって，この２つの三角形は合同だから，影《かげ》をつけた部分の面積は三角形OACの面積と等しくなり，$10\times10\div4=25$(cm^2)と求められる。

図４

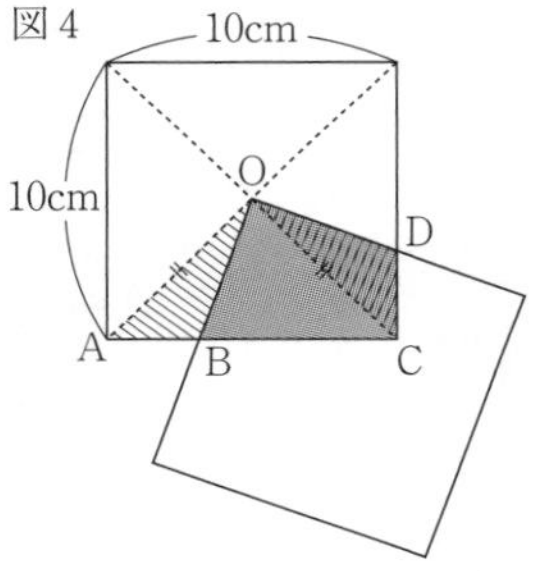

3　仕事算

(1)　水槽《すいそう》の容積を１とすると，Ａ管から１時間に入る水の量は，$1\div6=\frac{1}{6}$，１分間に入る水の量は，$\frac{1}{6}\div60=\frac{1}{360}$となる。よって，Ａ管から30分間で入る水の量は，$\frac{1}{360}\times30=\frac{1}{12}$であり，これはいっぱいにしたときの量の，$\frac{1}{12}\div1=\frac{1}{12}$にあたる。なお，６時間は30分の，$(60\times6)\div30=12$(倍)であることから，$1\div12=\frac{1}{12}$と求めることもできる。

(2)　Ｂ管から１時間に入る水の量は，$1\div4=\frac{1}{4}$，１分間に入る水の量は，$\frac{1}{4}\div60=\frac{1}{240}$となる。したがって，Ａ管とＢ管を同時に使うと１分間に，$\frac{1}{360}+\frac{1}{240}=\frac{1}{144}$の水が入るから，いっぱいになるまでの時間は，$1\div\frac{1}{144}=144$(分)と求められる。$144\div60=2$余り24より，これは２時間24分となる。

(3)　Ａ管で２時間(＝120分間)とＢ管で１時間30分(＝90分間)入れると，$\frac{1}{360}\times120+\frac{1}{240}\times90=\frac{17}{24}$の水が入る。残りの量は，$1-\frac{17}{24}=\frac{7}{24}$なので，これをＡ管とＢ管を同時に使って入れるには，$\frac{7}{24}$

÷$\frac{1}{144}$＝42(分)かかる。

4　水の深さと体積，相似

⑴　底面の円の半径は，８÷２＝４(cm)だから，底面積は，４×４×3.15＝50.4(cm^2)となる。よって，体積は，50.4×10÷３＝168(cm^3)と求められる。

図１

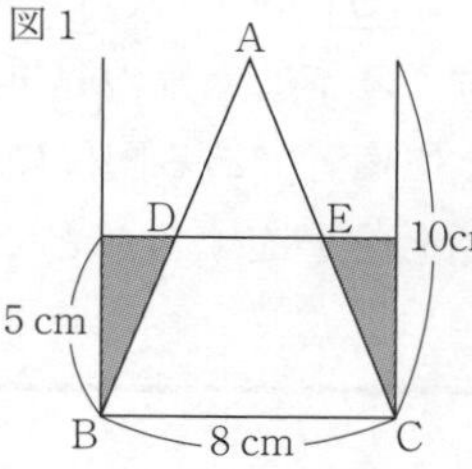

図２

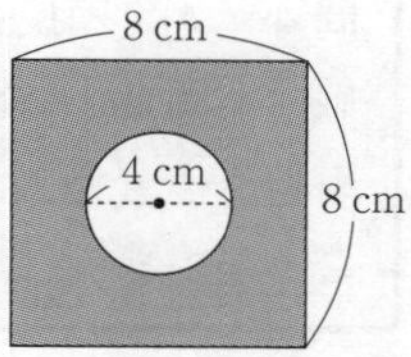

⑵　正面から見ると右の図１のようになる。図１で，三角形ABCと三角形ADEは相似であり，相似比は，10：(10－５)＝２：１なので，DEの長さは，８×$\frac{1}{2}$＝４(cm)とわかる。したがって，真上から見ると右上の図２のようになる。図２で，円の半径は，４÷２＝２(cm)だから，水面(影の部分)の面積は，８×８－２×２×3.15＝51.4(cm^2)と求められる。

⑶　図１で，水面よりも上に出ている鉄の体積は，２×２×3.15×(10－５)÷３＝21(cm^3)なので，水の中に入っている鉄の体積は，168－21＝147(cm^3)とわかる。また，容器の深さ５cm分の容積は，８×８×５＝320(cm^3)だから，容器に入っている水の体積は，320－147＝173(cm^3)と求められる。

5　立体図形―図形と規則，表面積，数列

⑴　上から１段目には１個，２段目には，２×３＝６(個)，３段目には，３×５＝15(個)使われているから，全部で，１＋６＋15＝22(個)使われている。次に，正面(および背面)から見ると，たて５cm，横10cmの長方形が，１＋３＋５＝９(個)見え，右横(および左横)から見ると，同じ長方形が，１＋２＋３＝６(個)見える。したがって，これらの面積の合計は，(５×10)×(９＋６)×２＝1500(cm^2)となる。また，真上(および真下)から見ると，１辺の長さが10cmの正方形が15個見えるので，これらの面積の合計は，(10×10)×15×２＝3000(cm^2)とわかる。よって，この立体の表面積は，1500＋3000＝4500(cm^2)である。

⑵　４段目には，たて方向に４個，横方向に，５＋２＝７(個)並べるから，４段目に使われている数は，４×７＝28(個)となる。よって，⑴と合わせると，22＋28＝50(個)と求められる。

⑶　たて方向には，１段目から順に，１個，２個，３個，…のように１個ずつ増やしながら並べるので，30段目は30個になる。また，横方向には，１段目から順に，１個，３個，５個，…のように２個ずつ増やしながら並べるから，30段目は，１＋２×(30－１)＝59(個)になる。よって，30段目に並べる数は，30×59＝1770(個)とわかる。

社　会　＜第１回試験＞（30分）＜満点：100点＞

解　答

1　⑴　愛知県，16　⑵　石川県，22　⑶　秋田県，３　⑷　高知県，39　⑸　島根県，32　**2**　**問１**　**ア**　④　**イ**　③　**ウ**　②　**問２**　**A**　和歌山(県)　**D**　青森(県)　**問３**　C　**問４**　B　**問５**　③　**問６**　**A**　②　**C**　④　**3**　**問１**　②　**問２**　④　**問３**　①　**問４**　④　**問５**　④→②→③→①　**問６**　1901(年から)2000(年まで)

問７　藤原氏　**問８**　(例)　儒教　**問９**　(例)　かな文字　**問10**　満州事変　**4**　**問１**　(1)　渋沢栄一　(2)　源頼朝　(3)　徳川家光　(4)　(フランシスコ・)ザビエル　**問２**　(2)→(4)→(3)→(1)　**5**　**問１**　(例)　東京　**問２**　④　**問３**　(A)　昭和天皇　(B)　①　**問４**　(A)　国民主権，基本的人権の尊重，平和主義　(B)　②　**問５**　**ア**　戦力　**イ**　交戦　**問６**　(例)　主権者である国民による選挙で選ばれた代表者は，自国だけでなく相手国の事情も十分考え，話し合いをすることで，「戦わずに生きる」ことにつながる政治的決断を下すことができる。

解　説

1　都道府県の特色についての問題

(1)　愛知県は中部地方の南西部に位置し，県の南西部の知多半島と南東部の渥美《あつみ》半島が三河湾をかかえるような形が特徴《とくちょう》となっている。渥美半島は，豊川用水が引かれたことによって日本有数の農業地帯に成長した。また，県中央部の豊田市には世界的な自動車メーカーの本社や多くの関連工場があり，自動車産業が発達している。　(2)　石川県は中部地方の北西部に位置し，北部で能登《のと》半島が日本海に突《つ》き出している。県内では，漆器《しっき》の輪島塗《ぬり》や陶磁器《とうじき》の九谷焼など，いくつもの伝統的工芸品がつくられている。　(3)　秋田県は東北地方の北西部に位置し，西部で男鹿《おが》半島が日本海に突き出している。男鹿半島のつけ根には，かつて全国で２番目に大きい湖であった八郎潟があったが，大規模な干拓によって大部分が陸地化された。また，男鹿半島では，ユネスコ(国連教育科学文化機関)の無形文化遺産にも登録されている伝統行事の「なまはげ」が行われている。

(4)　高知県は四国地方の南部に位置し，南で高知県の旧国名がついた土佐湾(太平洋)に面している。高知平野では，冬でも温暖な気候と，温室やビニールハウスなどの施設を利用したピーマンやなすなどの促成《そくせい》栽培がさかんに行われている。県西部を流れる四万十《しまんと》川は，流域に大規模な人工物がないことから，「日本最後の清流」とよばれる。　(5)　島根県は中国地方の北部に位置し，北東部には中海と宍道《しんじ》湖という２つの湖が広がっている。宍道湖は，全国有数のしじみの産地として知られている。また，県内の石見銀山遺跡は，ユネスコの世界文化遺産に登録されている。

2　日本の地形と気候，農業についての問題

問１，問２　和歌山県は果実の栽培がさかんで，うめ，みかん，かきの収穫《しゅうかく》量が全国で最も多い。みかんは暖かい地域の収穫量が多く，愛媛県や静岡県が上位に入る。よって，アにはみかんが，Ａには和歌山県があてはまる。また，りんごは，第１位の青森県と第２位の長野県で全国の収穫量の７割以上を占《し》めるので，Ｃに長野県，Ｄに青森県があてはまる。山梨県も果樹栽培がさかんで，ぶどうとももの収穫量が全国で最も多いが，ぶどうは長野県，ももは福島県が第２位となっている。よって，ウにはぶどうがあてはまる。いちごは，「とちおとめ」で知られる栃木県の収穫量が全国で最も多く，「あまおう」で知られる福岡県がこれにつぐので，イはびわだと判断できる。びわの収穫量は，Ｂの長崎県が全国第１位となっている。統計資料は『データでみる県勢』2021年版などによる(以下同じ)。

問３　Ｃの長野県は中部地方の中央部に位置する内陸県(海に面していない県)で，全国で最も多い８つの県と接している。

問４　Ｂの長崎県は，沿岸部に出入りの複雑なリアス海岸が発達している場所があることや，同県

に属する島の数が全国で最も多いことから，海岸線が北海道についで全国で2番目に長い。

問5　扇状地《せんじょうち》は，川が山間部から平地に出るところに，上流から運ばれた土砂が堆積《たいせき》してできた傾斜《けいしゃ》のある地形で，水はけと日当たりのよい斜面が果樹栽培に利用されることが多い。山梨県の甲府盆地は扇状地の代表としてよく知られ，ぶどうやももなどがさかんに栽培されている。

問6　和歌山県の南端，かつ本州の最南端に位置する潮岬《しおのみさき》は，梅雨や台風などの影響《えいきょう》を受けて夏の降水量が非常に多くなる。また，長野県中央部に位置する松本市は，内陸にあって海風や季節風の影響が小さいため，年間を通じて降水量が少なく，夏と冬の気温差が大きい。なお，網走《あばしり》は北海道，高田は新潟県にある。

3　**各時代の歴史的なことがらについての問題**

問1　清は17世紀に②の中国に成立した王朝で，19世紀にヨーロッパ諸国の侵略《しんりゃく》を受けておとろえると，20世紀初めの1911年に起こった辛亥《しんがい》革命で滅亡《めつぼう》した。

問2　1895年，日清戦争の講和条約として下関条約が結ばれ，日本は清からリアオトン(遼東)半島をゆずり受けた。しかし，日本の大陸進出を警戒《けいかい》したロシアがフランスとドイツをさそって三国干《かん》渉《しょう》を行い，半島の返還を日本にせまった。これらの国に対抗するだけの力がなかった日本は，賠《ばい》償《しょう》金の増額と引きかえに，半島を返還した。

問3　ロシアはユーラシア大陸の北部を占める世界で最も広い国で，かつてはロシア帝国として存在していたが，1917年のロシア革命でたおされ，ソビエト連邦(ソ連)が建国された。その後，1991年にソ連が解体され，再び国名がロシアとされた。なお，③はフィリピン，④はインドネシア，⑤はベトナム，⑥はオーストラリア，⑦はインド，⑧はサウジアラビア，⑨はアメリカ，⑩はブラジル。

問4　日露戦争(1904～05年)の講和条約であるポーツマス条約で，日本は賠償金を得ることができなかった。すると，これに不満を持った人々の一部が暴徒化し，日比谷焼き打ち事件を起こした。自由民権運動は，国会開設や憲法の制定などを求めて1874～90年にかけて行われた。

問5　①(大政奉還)は1867年，②(四国艦隊《かんたい》下関砲撃《ほうげき》事件)は1864年，③(薩長同盟の結成)は1866年，④(安政の五か国条約の締結《ていけつ》)は1858年のできごとなので，年代の古い順に④→②→③→①となる。

問6　世紀は西暦を100年ごとに区切ったもので，西暦1年から100年までを1世紀とするので，20世紀は1901～2000年の100年間にあたる。なお，最後の年の数字からゼロを2つ取ると，世紀を表す数字になる。

問7　中臣鎌足《なかとみのかまたり》は，645年に中大兄《なかのおおえの》皇子(のちの天智天皇)と協力して蘇我《そが》氏をほろぼし，大化の改新に貢献《こうけん》した。その後も天智天皇の政治を助けたことから，その功績を称《たた》えられ，亡くなる直前に「藤原」の姓をたまわって藤原氏の祖となった。

問8　百済《くだら》は4～7世紀の朝鮮半島南部にあった国で，日本と友好関係にあった。百済から日本に来た人によって，養蚕や機織り，須恵器《すえき》づくりなどの技術や，漢字，儒教《じゅきょう》，仏教などの文化がもたらされた。

問9　平安時代の894年に遣唐使が廃止されると，中国文化の影響が少なくなったこともあり，日本の風俗や習慣に合った日本風の文化である国風文化が栄えた。このころには，当時普及《ふきゅう》したかな文字を使って，優れた作品が数多く著された。また，寝殿《しんでん》造とよばれる大貴族の豪華な邸宅や，男性の衣冠《いかん》・束帯《そくたい》，女性の女房装束《にょうぼうしょうぞく》(十二単《ひとえ》)といった和装など，都の貴族をおもな担い手とする文化が発展した。

問10　1931年，満州(中国東北部)にいた日本軍が柳条湖《りゅうじょうこ》付近で南満州鉄道の線路を爆破し，これを中国のしわざとして軍事行動を開始した。こうして満州事変が始まり，日本軍は半年あまりで満州の大部分を占領すると，翌32年に満州国を建国してこれを植民地化した。

4　歴史上の人物についての問題

問１　(1)　渋沢《しぶさわ》栄一は埼玉県出身の実業家で，1873年に日本で最初の銀行である第一国立銀行を設立した。また，大阪紡績《ぼうせき》会社をはじめとする数多くの企業の創立や経営にたずさわったことから，「日本資本主義の父」とよばれる。　(2)　源頼朝は1180年から，根拠《こんきょ》地とした鎌倉で武家政権の基盤《きばん》づくりをすすめた。そして1185年に平氏をほろぼすと，全国に守護，荘園と公領ごとに地頭を置くことを朝廷から認められ，1192年には征夷《せいい》大将軍に任じられた。これによって，名実ともに鎌倉幕府が成立した。　(3)　江戸幕府の第３代将軍徳川家光は1635年に武家諸法度《しょはっと》を改定し，大名の参勤交代を制度化した。また，鎖国体制を固めるなどして，幕府による支配体制を強固なものにした。　(4)　フランシスコ・ザビエルはスペイン人のイエズス会宣教師で，1549年に鹿児島に来航してキリスト教を伝えた。ザビエルは２年ほど日本で布教活動を行ったあと，中国におもむき，そこで亡くなった。

問２　(1)の渋沢栄一は江戸～昭和時代，(2)の源頼朝は平安～鎌倉時代，(3)の徳川家光は江戸時代，(4)のザビエルは戦国時代の人物なので，年代の古い順に(2)→(4)→(3)→(1)となる。

5　日本国憲法についての文章をもとにした問題

問１　1944年にサイパン島の日本軍が全滅《ぜんめつ》し，アメリカ軍に占領されると，アメリカ軍による本土空襲《くうしゅう》が激化した。空襲では，大都市や軍事関連施設のある都市が標的とされ，特に1945年３月10日に行われた東京大空襲では，アメリカ軍のＢ29戦闘機による爆撃《ばくげき》で多くの命が失われた。

問２　65歳以上の高齢者が増え，総人口に占める割合が増えることを高齢化という。現在の日本では，高齢化と少子化が同時に進行する少子高齢化にともなって社会保障費が増えていることや，働く世代の減少・負担増などが問題となっている。

問３　(A)，(B)　1945年７月，アメリカ・イギリス・中国(のちにソ連も参加)の名で，日本に無条件降伏《こうふく》を求めるポツダム宣言が出された。日本は当初，これを無視していたが，広島・長崎への原爆投下やソ連の対日参戦を受けて戦争続行が不可能とさとり，同年８月14日にポツダム宣言の受け入れを連合国に伝えた。翌15日には，昭和天皇がラジオ放送で国民にこのことを伝えた(玉音放送)。

問４　(A)　日本国憲法は，国民主権・基本的人権の尊重・平和主義を三原則としている。　(B)　日本国憲法は1946年11月３日に公布され，翌47年５月３日に施行された。井上ひさしさんが生まれたのは1934年なので，公布された1946年には小学６年生だったと考えられる。

問５　平和主義の原則は憲法の前文と第９条に明記されており，第９条２項は「陸海空軍その他の戦力は，これを保持しない。国の交戦権は，これを認めない」と定めている。

問６　「国と国との対立」としての戦争は，歴史的には権力を持つ国の代表者の判断によって起こされてきた。日本をはじめ現代の世界においては，国の政治のあり方を決める最終的な権限が国民にあるという国民主権を採用している国が多い。そのため，国民が戦争を望まず，国民に選ばれた代表が国民の意見に耳をかたむけていれば戦争は起きないことになるが，相手側の国や地域の事情などを尊重せず，自国の利益のみを追求していると国と国との対立は深まってしまうと考えられる。「戦わずに生きる」ことを選ぶためには，国民がきちんと自らの意思でそうできる代表を選ぶことはもちろん，選ばれた代表も国民の気持ち，相手国の事情に十分配慮《はいりょ》して，話し合いによって対立を解消する政治的決断をすることが大切だといえる。

理　科　＜第１回試験＞（30分）＜満点：100点＞

解　答

1 (1) ① ウ　② ア　③ イ　(2) ① こうさい　② レンズ(水しょう体)　③ もうまく　(3) ① ケ　② キ　(4) ① こまく　② 三半規管　(5) 感覚器官　(6) 鼻　(7) (例) 痛み　**2** (1) ⑧　(2) ①，⑦　(3) ⑨　(4) ③　(5) ③，④，⑤，⑥，⑩　(6) ⑤　(7) ⑥　(8) ②　**3** (1) い (イ)　ろ (オ)　は (エ)　(2) 10kg　(3) 60kg　(4) 30kg　(5) ④ 60kg　⑤ 30kg　**4** (1) 食塩水…D　アンモニア水…E　(2) E　(3) C，F，G，H　(4) S ③　T ⑤　U ⑧

解　説

1 **ヒトの感覚器官についての問題**

(1)，(2)　図１で，アはレンズ(水しょう体)といい，目に入った光をくっ折させる。エの毛様体のはたらきでレンズの厚さをかえることで，光がくっ折する角度をかえ，ピントを合わせている。イはもうまくで，目に入った光はここで像を結ぶ。ウはこうさいといい，ひとみの大きさをかえて目の中に入る光の量を調節する。オはガラス体(しょう子《し》体)とよばれるとう明なつくりである。

(3)，(4)　図２で，耳の中に入ってきた音はケのこまくをしん動させる。そのしん動がカの耳小骨に伝わり，さらにクのうずまき管へと伝わって，ここから音の情報が脳に伝えられる。また，キは三半規管(半規管という輪のようなつくりが３つならんだつくり)といい，体のかたむきや回転などを感じる器官である。

(5)　目や耳のような，外からの刺激《しげき》を感じとる器官を感覚器官(感覚器)とよぶ。

(6)　鼻は，においを感じとるための感覚器官である。

(7)　皮ふには，ものがふれたことや，痛み，熱さ，冷たさなどの刺激を感じとるはたらきがある。

2 **岩石についての問題**

(1)　ハワイ島は地下のマグマがふん出したことでできた島で，島の各所には，ねばり気の小さい溶岩《ようがん》が冷えて固まってできた黒っぽいゲンブ岩が広がっている。

(2)　マグマがゆっくりと冷えて固まってできた岩石を深成岩といい，ふくまれる成分のちがいによりカコウ岩やハンレイ岩などに分けられる。

(3)　サンゴやフズリナの死がいなどが固まってできる岩石は石灰岩であり，石灰岩がマグマの熱などのえいきょうを受けてつくりが変化する(変成作用という)と，大理石となる。大理石のように，変成作用によってできる岩石を変成岩という。

(4)　ギョウカイ岩は，火山のふん火でふき出された火山灰が降り積もり，それが固まってできた岩石である。

(5)　土砂などが積もったあと，長い年月の間に固まって岩石になることを続成作用といい，続成作用によってできた岩石をたい積岩という。ここでは，ギョウカイ岩，レキ岩，デイ岩，石灰岩，サ岩があてはまる。なお，カコウ岩，アンザン岩，ハンレイ岩，ゲンブ岩はマグマが冷えて固まってできており，このような岩石を火成岩という。

(6)　たい積岩のうち，おもにレキ(小石)からできているものをレキ岩，砂からできているものをサ岩，ねんど(どろ)からできているものをデイ岩という。

(7)　サンゴやフズリナがもつ殻《から》はおもに炭酸カルシウムでできている。(3)で述べたように，これらの生き物によってできている岩石は，石灰岩である。

(8)　浅間山や桜島など日本にある火山の大部分は，ねばり気が比較的《ひかくてき》大きいマグマが地下からのぼってくるため，それが冷えて固まってできる灰色っぽい色のアンザン岩によって山ができている。

3　力のはたらきについての問題

(1)　図１で，①はてこに力を加える力点，②はてこの回転の中心となる支点，③はてこから物体に力がはたらく作用点である。

(2)　支点の左右で，(てこに加わる力の大きさ)×(支点からの距離《きょり》)が等しいとき，てこはつり合う。図２で，Ａに加える力を○kgとすると，てこがつり合うとき，○×(50－10)＝40×10となる。よって，○＝40×10÷40＝10(kg)とわかる。

(3)　図３で，Ｂに加える力を□kgとすると，てこがつり合うとき，□×20＝40×(50－20)となる。よって，□＝40×30÷20＝60(kg)と求められる。

(4)　図４で，てこの右はしと輪じくをつなぐひもには，40×30÷(50－30)＝60(kg)の力がかかっている。輪じくがつり合うのは，(大きい輪にかかる力の大きさ)×(大きい輪の半径)＝(小さい輪にかかる力の大きさ)×(小さい輪の半径)となるときだから，Ｃに下げるおもりの重さを△kgとすると，△×20＝60×10となる。よって，△＝60×10÷20＝30(kg)とわかる。

(5)　図５は，てこのつり合いも輪じくのつり合いも図４と同じなので，輪じくの大きい輪にかかっているひもには，(4)より，30kgの力が加わっている。このひもをたどると，動かっ車と定かっ車を通って⑤のおもりまでつながっているから，⑤のおもりは30kgとわかる。また，動かっ車の部分に着目すると，動かっ車にかかっている左右のひもは合わせて，30×２＝60(kg)の力で動かっ車を持ち上げているので，動かっ車の重さを考えないものとすると，④のおもりの重さは60kgとわかる。

4　水溶液の性質についての問題

(1)　食塩水は，電流を通し，中性であるためリトマス紙の色は変化しないので，あてはまるのはこれら２つの円が重なっている部分のＤかＧになる。さらに，水を蒸発させると食塩の固体が残るので，あてはまるのはＤと決まる。同様に考えると，アンモニア水の場合は，電流を通し，アルカリ性だから赤色リトマス紙を青く変化させ，水を蒸発させると何も残らないので，Ｅにあてはまる。

(2)　砂糖水は，電流を通さず，中性であるためリトマス紙の色は変化せず，水を蒸発させると固体が残るから，Ａにあてはまる。炭酸水と塩酸はどちらも，電流を通し，酸性だから青色リトマス紙を赤く変化させ，水を蒸発させると何も残らないので，Ｅにあてはまる。石灰水は，電流を通し，アルカリ性だから赤色リトマス紙を青く変化させ，水を蒸発させると固体が残るので，Ｂにあてはまる。以上より，⑴の結果と合わせて，Ｅには３種類の水溶液があてはまることがわかる。
⑶　⑴，⑵で述べたことから，Ｃ，Ｆ，Ｇ，Ｈの４か所にはどの水溶液もあてはまらない。
⑷　**Ｓ**　６種類の水溶液のうち石灰水とアンモニア水にだけあてはまるのは，水溶液がアルカリ性で，赤色リトマス紙を青く変えることである。　**Ｔ**　６種類の水溶液のうち食塩水，砂糖水，石灰水は固体がとけた水溶液であり，水を蒸発させると固体が残る。　**Ｕ**　食塩水，砂糖水，炭酸水，石灰水にはあてはまり，塩酸とアンモニア水にはあてはまらないことは，においがないこと(前の４種類はにおいがなく，あとの２種類はにおいがある)である。

国　語　＜第１回試験＞（50分）＜満点：100点＞

解　答

□一 **問１**　**1～4**　下記を参照のこと。　**5**　ゆだ　**6**　こくもつ　**7**　おさな　**8**　なんいど　**問２**　**1**　建　**2**　散　**3**　加　**4**　貴　**問３**　**1**　イ　**2**　エ　**3**　オ　**4**　ア　**問４**　満足感　**問５**　**1**　エ　**2**　オ　**3**　ウ　**4**　イ　**5**　ア　**問６**　**1**　豊　**2**　支　**3**　定　**問７**　４　**問８**　**1**　エ　**2**　ア　**3**　イ　**4**　ウ　□二 **問１**　**1**　サトル　**2**　プレゼント　**3**　告白　**問２**　**Ⅰ**　エ　**Ⅱ**　ウ　**Ⅲ**　ア　**Ⅳ**　イ　**問３**　ウ　**問４**　うんざりした　**問５**　(例)　イケてる男子たちにうまいこと近づいている(人)　**問６**　ア　**問７**　(例)　リサとサトルは特別に仲が良いのではないか(ということ。)　**問８**　**Ⅰ**　木　**Ⅱ**　**1**　エ　**2**　イ　**3**　キ　**4**　悪いことをしているみたいで嫌　□三 **問１**　ウ　**問２**　エ→オ→ウ→ア→イ　**問３**　**1**　ミュータンス菌　**2**　酸性　**3**　リン　**4**　カルシウム　**5**　唾液　**6**　定着　**問４**　**1**　ア　**2**　エ　**3**　イ　**4**　ウ　**問５**　**1**　イ　**2**　イ　**3**　ア　**4**　ウ　**5**　エ　**問６**　口の中の糖分とラクトバチルス菌を洗い流す(こと)

●**漢字の書き取り**

□一 **問１**　**1**　恩　**2**　落葉樹　**3**　沖　**4**　額

解　説

□一 **漢字の読みと書き取り，誤字の修正，同音異字の識別，四字熟語の完成，ことわざ・慣用句の完成，対義語の完成，助詞の識別，接続語の用法**

問１　**1**　「恩返し」は，人から受けた恵《めぐ》みに報いること。　**2**　秋の末になると葉が落ち，春になるとまた新しい葉を生ずる樹木。　**3**　海や湖で岸から遠くまではなれたところ。　**4**　音読みは「ガク」で，「金額」などの熟語がある。　**5**　音読みは「イ」で，「委員」などの熟語がある。　**6**　種実を食用とする農作物。米，麦，ヒエ，アワ，とうもろこし，豆などがある。　**7**　音読みは「ヨウ」で，「幼虫」などの熟語がある。「幼なじみ」は，幼いころ親しくしていた人。　**8**　難しさ，かんたんさの度合い。

問２　**1**　「～建て」は，「五階建て」「レンガ建て」のように，建築物や階数を表す語について，どのような特徴《とくちょう》の建物であるかを表す。　**2**　「拡散」は，広い範囲《はんい》に伝わっていくこと。　**3**　「参加」は，何らかの集まりに一員として加わること。　**4**　「貴金属」は，熱や酸などに強く，産出量が少ない金・銀・白金などの金属。ここでは，宝飾品《ほうしょくひん》の意味で使われている。

問３　１「県庁」「気象庁」の「庁」は，役所。　２「満潮」の「潮」は，海水の満ち引き。「最高潮」の「潮」は，高まったり静まったりするものごとの変化。　３「調節」の「調」は，ととのえること。「調査」の「調」は，しらべること。　４「一兆」の「兆」は，数の単位。「前兆」の「兆」は，ものごとが起こりそうな気配，きざし。

問４「自給自足」は，必要なものをみずからの生産でまかなうこと。「順風満帆《まんぱん》」は，船が順風(追い風)を帆《ほ》いっぱいに受けて快調に進むようす。そこから，ものごとが順調に運ぶ意味で使う。「感慨《かんがい》無量」は，身にしみて深く感じるようす。

問５　１　言わないところに趣《おもむき》があるという意味。めんどうをさけるためにも余計なことは言わないほうがよいというたとえ。　２　人のうわさをしていると，不思議と当人がそこへ来るものだということ。うわさは当人の耳に入りやすいという戒《いまし》め。　３　かかわらなければ災いを招かないという意味。めんどうなことや相手にはかかわるなというたとえ。　４　どんな所でも住み慣れれば居心地よくなるという意味。　５　ぬかにくぎを打ちこむように，手応えや効き目がないこと。

問６　１「不作」は，作物のできがよくないこと。「豊作」は，作物がよく実って，たくさんとれること。　２「従属」は，権力や勢いのあるものに依存《いそん》したり従ったりすること。「支配」は，自分の勢力下で相手を束縛《そくばく》すること。　３「臨時」は，一時的であること。「定例」は，定期的に行われること。

問７　４は，形容詞「めずらしい」を打ち消す補助形容詞。ほかは，動詞を打ち消す助動詞。

問８　１　駅に着いた後，電車に乗ったのだから，前のことがらを受けて，それに続いてつぎのことが起こる意味を表す「そして」が入る。　２　新車を買った結果，預金ゼロになったのだから，前のことがらを理由・原因として，後にその結果をつなげるときに用いる「そのため」が適する。　３　骨折だけでなく，メガネも壊《こわ》れたのだから，前のことがらを受けて，さらにあることがらをつけ加える働きの「その上」がよい。　４　動物園か水族館のどちらかを選ぼうとしているので，二者択一《たくいつ》の「それとも」が合う。

二　**出典は本校国語科作成の物語文による。**リサがショッピングモールで明日香《あすか》に声をかけられ，断りきれないまま一緒《いっしょ》にアイスを食べていたとき，さらに明日香から頼《たの》みごとをされる場面である。

問１　後のほうで，明日香がリサに打ち明けたこと，頼んだことに注目する。　１　今度の金曜日は「みどりの誕生日」で，明日香が「金曜日，サトルも誕生日なんだよね？」と言っている。つまり，みどりと「サトル」が双子《ふたご》である。「サトル」のフルネーム「野口覚《さとる》」でもよい。　２　明日香は，リサがみどりにプレゼントを渡《わた》すとき，自分からのサトルへの「プレゼント」も渡してくれと頼んでいる。　３　明日香はサトルのことを「小学校の頃《ころ》から，いいなって思ってたんだ」「告白するか，ずっと迷ってたんだ」と言っている。

問２　Ⅰ　リサは，お小遣《こづか》いの「余裕《よゆう》があまりない」と迷っている。つまり，明日香はお金が必要なことに誘《さそ》ったのだから，「一緒《いっしょ》にアイス食べない？」が入る。　Ⅱ　二人は「ショッピングモールを出た」のだから，「外に出よっか」が適する。　Ⅲ　リサが嫌《いや》がっても，明日香はサトルとリサの関係をしつこく聞き出そうとしている。このときも「サトルと並んでピアノ弾《ひ》いちゃって，すごくいい雰囲気《ふんいき》だったよ？」と言うのが合う。　Ⅳ　明日香から「リサは何であのみどりと仲良くできるの？」と聞かれたことへの返答なので，「小さい頃からの親友だもん」がよい。

問３　明日香にアイスを食べようと誘われた場面である。お小遣いの余裕がなく，「明日香と一緒」なのも嫌なのに，断れないところが「だめなんだな」と思っているので，ウが合う。

問４　誰《だれ》かと誰かがつきあっている，告白した，好きだといううわさ話を聞かされたリサは，みどりが「うんざりした」と言っていたのを思い出し，「心から同意」している。

問５　「やり手」は，ものごとをうまくこなす人。明日香は，リサが三年生を送る会で「イケてる男子二人」とユニットを組んだこと，その男子の一人が，自分が好きなサトルだったことをねたんで，伝聞をよそおいつつ「おとなしそうに見えて」男子と「仲良くしちゃってさ」と嫌味《いやみ》を言っている。つまり，この「やり手」には，イケてる男子たちとうまく仲良くなっている，いつのまにかイケてる男子とつきあっているといった，明日香のやっかみが入っているのである。

問６　「金棒引き」は，金属の輪をつけた棒を突《つ》きならしながら夜警をすること。そこから，おおげさにうわさを触《ふ》れ回る人を言うので，アがあてはまらない。

問７　「勘《かん》ぐる」は，かくしごとがあるのではと悪く推測する意味。明日香はリサに「野口覚と西谷諭《さとし》」のどっちが好きか，イケてる男子二人とユニットを組むなんて「やり手」だとしつこく言っており，この後，サトルが「好き」だとリサに打ち明けたことに着目する。明日香の関心はサトルにあるので，サトルはリサとつきあっているのかもしれないと勘ぐっていたのである。

問８　Ⅰ　「火曜日の終礼」の直後，リサは明日香から手紙を押《お》しつけられ，「それから二日間」考えて，「塾《じゅく》の帰り」に野口家まで行き，新聞受けに押しこんでいる。よって，この日は木曜である。　　Ⅱ　**１**，**２**　リサは「明日香」から「サトル」への手紙を押しつけられ，結局，野口家の新聞受けに押しこんだのだから，「明日香」に突き返すことも「サトル」に手渡《てわた》すこともできなかったのがわかる。　　**３**　二日間迷い続け，「もう仕方ない，と自分を納得《なっとく》させ」て行動しているので，キの「自分を無理やり納得させて」が合う。　　**４**　新聞受けに手紙を押しこんで駆《か》けだしたところに，「悪いことをしているみたいで嫌」という気持ちが描《えが》かれている。

三　**出典は本校国語科作成の説明文による。**どのようにして虫歯ができるのかを，ミュータンス菌《きん》やラクトバチルス菌の働きとともに説明し，自分で行う歯みがきと歯科医での検診《けんしん》による予防の大切さを語る。

問１　最後から二つ目の段落で，ぼう線①の歯科医の発言を説明している。歯医者でも「虫歯になった歯を健康な歯に戻《もど》すことはできない」という意味なので，ウである。

問２　続く五つの段落で説明されている。まず，「食事」をすると，口の中は「糖分」が多い状態になる。その糖分を「ミュータンス菌」が分解するとき「酸」を出す。その酸が歯の「エナメル質の組織を破壊《はかい》」する。しかし破壊されても，唾液《だえき》の働きで，食後数十分の間に「溶《と》けた表面の自動修復が行われ」て，もとに戻る。ところが，歯みがきをしなかったり，食事時間以外に糖分をとったりしていると，この自動修復が追いつかず，虫歯になる。以上から，初めに「食事」をする過程について述べたエ，次に菌が酸を出す過程について述べたオ，続いて「酸」が「エナメル質」を破壊する過程について述べたウ，「自動修復」について述べたア，「修復」される以上に「破壊」が進むことについて述べたイ，という順番になる。

問３　**１**，**２**　再石灰化前の口内環境《かんきょう》は，「ミュータンス菌」の増殖《ぞうしょく》で「酸性」が強い状態になっている。　　**３**，**４**　酸性の口の中で，歯の表面から溶け出すのは「リン」と「カルシウム」

である。　**5**　酸性の度合いを弱めるのは「唾液」である。　**6**　溶け出したリンやカルシウムが歯の表面に戻った後，「定着」してもとどおりになる。

問4　**1**　虫歯予防には歯みがきが有効だが，歯みがきを欠かさないのに虫歯に悩《なや》まされるケースが少なくないという文脈なので，前に述べたことがらを受けて，期待に反することがらを導く「ところが」が合う。　**2**　ミュータンス菌はつるつるした歯の表面にもがっちりとくっつくことを述べた後に，「歯みがきによって口の中のミュータンス菌をゼロにすることは不可能だ」という言いかえが続くので，前に述べた内容を“要するに”とまとめて言いかえるときに用いる「つまり」が入る。　**3**　歯みがきの弱点として，ミュータンス菌をゼロにできないことに続けてみがき残しが出ることを述べているので，あることがらに次のことがらをつけ加える働きの「また」でつなぐのがよい。　**4**　歯みがきにはみがき残しが出ることを述べ，その理由を説明する文脈なので，理由を導く「なぜなら」が適する。

問5　**1**，**2**　乳酸菌の一種で，表面がつるつるした歯にくっつけないのは「ラクトバチルス菌」である。　**3**　生まれたばかりの赤ちゃんの口の中に存在しないのは，「ミュータンス菌」である。　**4**　どちらも，糖分を分解して酸を出す。　**5**　歯石は「二つの菌が協力して歯を溶かす工事現場となってしまう」と，本文中で説明している。

問6　本文の中ほどに，「口の中の糖分とラクトバチルス菌を洗い流す」ためには，「歯ブラシを使った歯みがきという習慣が有効で確実」だとある。

2022年度　女子聖学院中学校

〔電　話〕　(03)3917－２２７７
〔所在地〕　〒114－8574　東京都北区中里３－12－２
〔交　通〕　JR山手線・東京メトロ南北線 ―「駒込駅」より徒歩７分
JR京浜東北線 ―「上中里駅」より徒歩10分

【算　数】〈第２回試験〉（50分）〈満点：100点〉

※円周率は，3.14159265……と，どこまでも続いて終わりのない数です。計算には，必要なところで四捨五入あるいは切り上げをして用いますから，問題文をよく読んでください。

※問題を解くときに，消費税のことは考えないものとします。

１　つぎの□にあてはまる数を答えなさい。

(1)　$2022-22.02=\square$

(2)　$2\frac{3}{4}-1\frac{2}{3}=\square$

(3)　$39\div0.78\times0.02=\square$

(4)　$(87+128\times0.5-39)\div17=\square$

(5)　$\left\{\frac{1}{3}-\frac{1}{8}\times\left(\frac{1}{2}-\frac{1}{3}\right)\right\}\div2\frac{1}{12}=\square$

(6)　$1.234\div11+2.341\div11+3.412\div11+4.123\div11=\square$

(7)　$(7-6.82)\times\left(7\frac{3}{10}-2\frac{4}{5}\right)\div0.18=\square$

(8)　$4\frac{3}{5}-\left(\square+3\div4\frac{1}{2}\right)\div1\frac{1}{4}=0.6$

2　つぎの（　　）にあてはまる数を答えなさい。

(1)　定価１５００円の品物を２８％引きにすると（　　）円になります。

(2)　小数第２位を四捨五入して１７になる最も小さい数は（　　）です。

(3)　ある数Ａの$\frac{2}{3}$とある数Ｂの７５％が等しいとき、ＡとＢの比を最も簡単な整数の比で表すと、（　　）：（　　）になります。

(4)　分速６０ｍで歩く人が６．３km の道のりを歩くと、（　　）時間（　　）分かかります。

(5)　Ａ町から４km 離《はな》れたＢ町まで自転車を使って往復《おうふく》しました。行きは時速１８km、帰りは時速１２km でした。このとき、平均の速さは時速（　　）km になります。

(6)　０，１，２，３の４つの数字を１回ずつ使って４桁《けた》の整数を作ると、全部で（　　）個の整数を作ることができます。

(7)　１５０人の生徒のうち x ％の人が電車を利用して通学しています。電車を利用しないで通学している生徒の数を y 人とすると、y ＝１５０－（　　）× x となります。

(8)　正三角形を図のように折り曲げたとき、㋐の角度は（　　）度です。

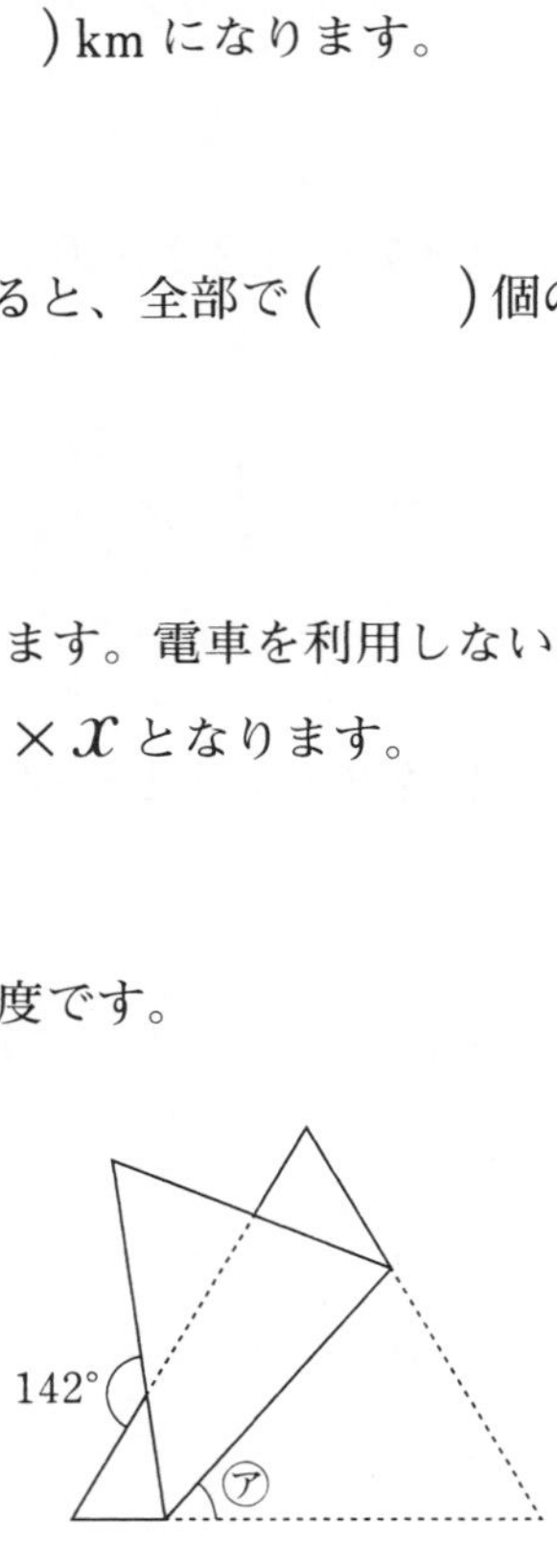

3　聖子さんと好子さんは階段《かいだん》でゲームをしています。ゲームのルールは、じゃんけんをして勝ったときは３段上がり、負けたときは１段上がり、あいこのときは移動しないというものです。

２人とも同じ段からスタートしたとして、つぎの問いに答えなさい。

(1)　１回じゃんけんをして聖子さんが勝ちました。ルールに従って移動すると、聖子さんは好子さんの何段上にいますか。

(2)　スタートから５回じゃんけんをして移動を終えたとき、聖子さんは好子さんより８段上にいました。あいこは何回ありましたか。

(3)　スタートから１５回じゃんけんをしたところ、そのうち３回はあいこでした。また、移動を終えたとき、聖子さんはスタート地点よりも１６段上にいました。聖子さんは何回じゃんけんに勝ちましたか。

4　半径4 cm、中心角９０°のおうぎ形ＯＡＢが図のように、直線 ℓ の上をすべることなく転がり、辺ＯＢが再び直線 ℓ 上にくるまで動きました。図の太線は、点Ｏが動いたあとの線です。

つぎの問いに答えなさい。ただし、円周率は３.１４とします。

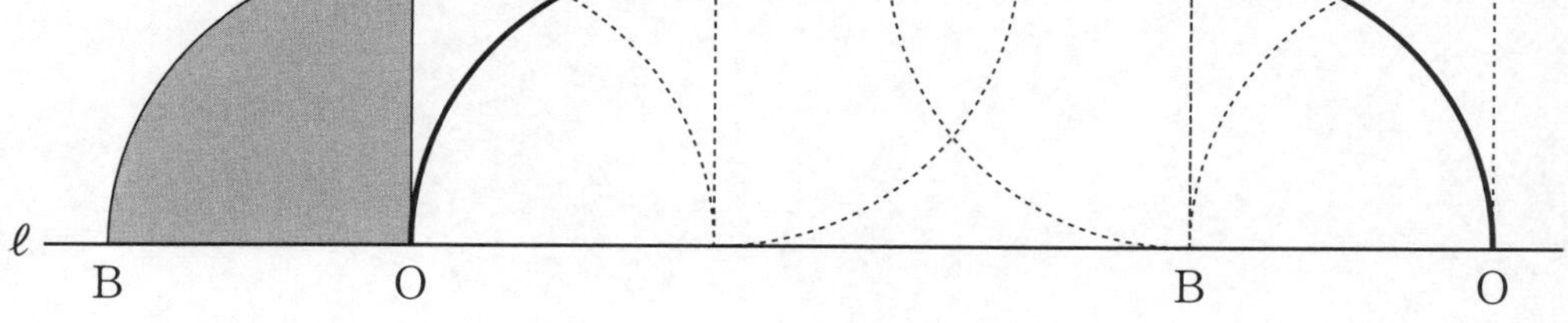

(1)　点Ｏが動いたあとの太線のうち、直線部分の長さは何 cm ですか。

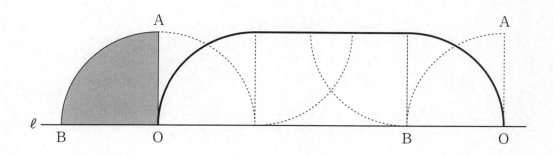

(2)　点Ｏが動いたあとの太線の長さは何 cm ですか。

(3)　点Ｏが動いたあとの線と直線 ℓ で囲まれた図形の面積は何 cm^2 ですか。

5　聖子さんの家族は、お父さん，お母さん，兄の学君，聖子さん，そして妹の好子さんの５人です。現在、学君と聖子さんの年齢《れい》の和は３１才で、聖子さんと好子さんの年齢の和は２４才です。お父さんとお母さんと聖子さん３人の年齢の合計は９６才です。

１５年前は、聖子さんはまだ生まれていませんでした。その時の家族３人の年齢の合計は５４才だったそうです。また、３８年前は、お父さんの年齢はお母さんの年齢のちょうど２倍でした。

つぎの問いに答えなさい。

(1)　学君は好子さんより何才年上ですか。

(2)　学君は聖子さんより何才年上ですか。

(3)　お母さんと学君の現在の年齢は、それぞれ何才ですか。

問八　――線③「客観的なモノの見方」とありますが、この文章においてもっともよくそれに当てはまるものをつぎから選び、記号で答えなさい。

ア　植物は人間に美しいと思ってもらいたくて紅葉するのだという人間中心主義的な見方

イ　植物は人間を認識し、戦略を練り、姿形を変えることなどできないという植物を見下した見方

ウ　人間は植物や自然を守る、植物にとって最重要なパートナーであるという見方

エ　人間が紅葉や自然の色を美しいと感じるのは、自然を破壊し自滅しないためかもしれないと考える見方

問九　つぎのそれぞれの文について、本文の内容に合うものには「○」を、合わないものには「×」を答えなさい。

ア　紅葉の色で動物にその木や果実の存在を知らせるのは、秋に実をつける植物にみられる生態である。

イ　紅葉は人間の感受性にうったえることで外敵から自身を保護する力を本能的に備えている。

ウ　葉が紅葉することについては様々な仮説があるものの、実際その鮮やかな色には意味がないとする考え方もある。

エ　紅葉がなぜ鮮やかなのかは、植物にとって多くの目的があるため答えを一つにしぼることはできないものである。

問四　――線①「紅葉の赤色でアピールできれば好都合だ」とありますが、ハゼノキにとって何が好都合なのですか。それを説明した文としてふさわしくないものをつぎから一つ選び、記号で答えなさい。

ア　野鳥に果実が熟したことを知らせることができること
イ　鮮やかな色で虫をおびきよせることができるということ
ウ　木の位置を野生生物に覚えてもらう効果があること
エ　鳥にタネを運んでもらえる確率が高くなること

問五　――線②「紅葉の盟主であるカエデ類にはこの仮説が当てはまらない」とありますが、それはどうしてですか。その理由を説明したつぎの文の（　ア　）～（　エ　）に入れるのにふさわしい漢字二字の言葉を、それぞれ文中からぬき出しなさい。

カエデ類は（　ア　）をつけるため、ウルシ類やマタタビ類のように（　イ　）に（　ウ　）してもらわずとも（　エ　）の拡大が可能だから。

問六　（　Ｄ　）に入れるのにふさわしい言葉をつぎから選び、記号で答えなさい。

ア　黄色　　イ　オレンジ色　　ウ　赤色　　エ　緑色

問七　（　Ｅ　）に入れるのにふさわしい言葉をつぎから選び、記号で答えなさい。

ア　サングラス　　イ　ヘルメット　　ウ　サンオイル　　エ　マスク

いう可能性を認めてこそ、③客観的なモノの見方ができると思うのだが。

なお、客観的に人間の感受性を考えると、こう言《い》い換《か》えることもできる。「人間は、自らが生き残るために、紅葉や自然の色を美しいと感じる本能と感性を備えている」と。自然の色を美しいと感じなければ、緑萌《も》える森林も、青々とした海も、澄《す》み切《き》った青空も、人類はもっと早くに破壊《はかい》して、とっくに自滅《じめつ》していたかもしれない。

(『葉っぱはなぜこんな形なのか? 植物の生きる戦略と森の生態系を考える』林 将之 による)

◎表記を一部変更しているところがあります。

問一 (A)に入れるのにふさわしい言葉を十字以内で考えて答えなさい。

問二 《 1 》~《 3 》に入れるのにふさわしい言葉をつぎから選び、それぞれ記号で答えなさい。

ア たとえば　イ でも　ウ さらに　エ まず

問三 (B)・(C)に入れるのにふさわしい言葉の組み合わせとして、正しいものをつぎから選び、記号で答えなさい。

ア (B 通説　C 新説)

イ (B 俗説《ぞくせつ》　C 解説)

ウ (B 伝説　C 自説)

エ (B 定説　C 仮説)

え方もある。特に、黄色の色素（カロテノイド）は光合成のためにもとから葉に存在しているので、少なくとも黄色の紅葉（黄葉《こうよう》）には意味がない可能性は高い。赤色の色素については、葉緑素が分解してできたタンパク質を葉から回収する際に、強い光から葉を守る（　Ｅ　）のような役割として生成されるとする説があり、この考え方だと、鮮やかさは関係なくて、色素としての役割はあることになる。カナメモチやモミジのように、若葉が赤く色づく樹種が多いのも、同じパターンと考えられるだろう（若葉が赤く色づくのは、若葉を紫外線《しがいせん》から守る目的や、害虫に見えにくい色のための説がある）。

　いずれにしても、何か一つの目的で紅葉の鮮やかさが説明できるのではなく、いくつかの目的や結果が絡《から》んで、紅葉は赤、オレンジ、黄色などのカラフルな色をしていると考えるのが妥当《だとう》かもしれない。

　最後に、僕の究極の仮説をもう一つ紹介《しょうかい》しておきたい。それは、「鮮やかな紅葉で人間に美しいと思わせて、植物や自然を守らせるため」という目的だ。現存する植物にとって、いくら虫や動物を惹きつけても、人間を惹きつけることができなければ、たちまち伐採《ばっさい》されるか、山ごと開拓《かいたく》されて絶滅《ぜつめつ》に追《お》い込《こ》まれる恐《おそ》れがあるのが現実である。植物が超現実《ちょうげんじつ》的に生き残る戦略をとっているとすれば、今の地球上で人間を味方につけておくことは、最重要事項《じこう》の一つだろう。

　ある講演会で、僕がこの持論を話したところ、年配の女性から意見をいただいた。「人間に美しいと思ってもらいたくて紅葉すると考えるのは、あまりにも人間中心主義的な考え方ではないか？」という、ごくまっとうなご指摘《してき》だ。けれどもよく考えると、その根底にこそ、人間中心主義的な意識がある可能性はないだろうか？　すなわち、「知能のない植物が、人間を認識し、戦略を練り、姿形を変えることなどできるはずがない」という、植物を見下す人間側の常識だ。「操《あやつ》られているのは人間の方かもしれない」と

芽吹《めぶ》きや紅葉の季節は、人間にとっても空中写真や橋上から特定の樹種を探すのに最適である。

ただ、②紅葉の盟主であるカエデ類にはこの仮説が当てはまらない。風で散布される※翼果《よくか》をつけるからである（鳥や獣がカエデの翼果を食べることはあるので、※動物散布がゼロではないと思うが）。では、ほかにも紅葉の色に意味があるのだろうか？

一般《いっぱん》に紅葉は、日当たりがよい葉（光合成が盛《さか》んで糖分が多い）ほど赤色が強く、気温や雨量なども色の鮮やかさに関係していることは知られている。それとは別に、現場で観察してわかることは、若い木ほど紅葉が赤くなる傾向《けいこう》が強いことだ。《　３　》コナラやミズナラの成木は、黄色く紅葉した後に褐色《かっしょく》化してオレンジ色っぽくなる（褐葉《かつよう》）が、樹高2～3メートルの若木では、赤系に紅葉した個体が多く見られる。さらに、樹高50センチ以下の幼木では、暗い林内でもかなり赤く紅葉した個体を見かける。赤色の色素（アントシアニン）は糖分から生成されるので、つまり、若い木ほど葉に糖分が多いと考えられる。

それと関連して、近年有名になった説が、「紅葉の色は害虫に対するシグナルで、その木の防御力《ぼうぎょりょく》の高さを示す」という、イギリスの進化生物学者の主張だ。その研究によると、北半球の樹木262種を調べたところ、赤く鮮やかに紅葉する木ほど、紅葉期に産卵《さんらん》に訪《おとず》れるアブラムシなどの害虫が少なかったという。なるほど、確かに赤く紅葉する木ほど糖分が多いから、栄養状態がよくて害虫に対する抵抗力《ていこうりょく》も高いことが予想できるし、アブラムシ類が黄色く弱った葉を好むことからも、この説は理解できる。ただ僕は、それが紅葉する最大の目的とは思えない。害虫の多い少ないは結果論かもしれないし、オオモミジやケヤキのように、個体によって紅葉の色が赤、オレンジ、黄色と異なる樹種もあるし、それらが（　Ｄ　）だけに※淘汰《とうた》されていくようには見えない。

もちろん、紅葉の色はたまたま美しく見えるだけで、その色に意味はない、という考

※**翼果**　一部がつばさ状になった果実で、風を受ける構造になっている。カエデ類の翼果は画像を参照。

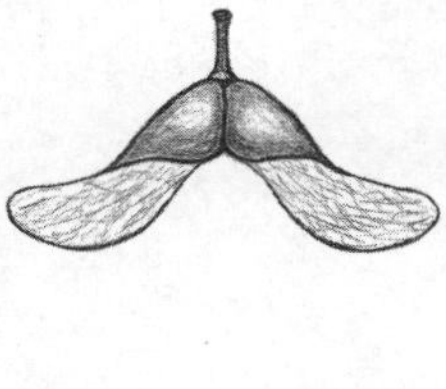

※**動物散布**　植物が動物によって種子や果実を遠くへ散布すること。

※**淘汰**　環境《かんきょう》・条件に適応するものが生き残り、それ以外は滅びること。

三　つぎの文章を読んで、あとの問いに答えなさい。

　秋は、人と樹木が最も近づく季節だと思う。なぜなら、人々は鮮《あざ》やかに紅葉した森に足を運び、樹上から舞《ま》い落《お》ちるカラフルな葉や、つややかな果実を手にできるからだ。

　ではなぜ、（　Ａ　）のだろう？　花や果実が美しいのはわかる。花粉を運んでもらう虫や、タネを運んでくれる動物を惹《ひ》きつけるためだ。《　１　》紅葉の場合、色づいた後は落葉するだけで、その鮮やかさに何の役割もないように見える。じつは科学的にも、紅葉が鮮やかな理由に（　Ｂ　）はない。紅葉図鑑《ずかん》を作ってきた僕《ぼく》にとっても長年の疑問だが、もちろん（　Ｃ　）は考えている。

《　２　》思いつくのは、紅葉の色で木や果実の存在を鳥や獣《けもの》に伝えていることだ。たとえばかぶれる木として有名なハゼノキは、秋にどの木よりもまっ赤に紅葉するので、僕は子どもの頃《ころ》から紅葉の色でその位置を覚えていた。赤色は鳥にもよく認識《にんしき》される色なので、秋～冬に熟す果実を鳥に知らせることができる。ハゼノキの果実は、ロウ分が豊富で高カロリーなので、多くの野鳥に好まれるが、ベージュ色で目立たないため、①紅葉の赤色でアピールできれば好都合だ。ちょうどマタタビ類が、葉の一部を白やピンク色に変えて花の存在をアピールするのと同じ理屈《りくつ》である。実際に、沖縄《おきなわ》や中国～東南アジアが原産といわれるハゼノキは、かつてロウ採取のために栽培《さいばい》された西日本を中心に、鳥にタネを運んでもらうことで広く野生化し、分布の拡大に成功している。

　この仮説は、ハゼノキを含《ふく》むウルシ科をはじめ、同じく赤系の紅葉が美しく、※鳥散布の果実を秋につける樹種にはすべて当てはまる。ナナカマド類、ガマズミ類、ニシキギ類、ブドウ類、スノキ類、タラノキ、カキノキ、ナンキンハゼなどがそうだ。一方、サクラ類やキイチゴ類のように初夏に果実をつける木でも、秋に鮮やかな紅葉を見せることで、あらかじめ木の位置を覚えてもらう効果は十分あるはずだ。葉色の違《ちが》いが顕著《けんちょ》な

※**鳥散布**　植物が鳥によって種子や果実を遠くへ散布すること。

問七　――線⑤「あたしはもっとしっかりしないと駄目だよね」とありますが、この後のリサの決意を表している一文を文中からぬき出しなさい。

問八　――線⑥「覚はぱっと顔を赤くした」とありますが、これは自分の言葉がどのような意味を持つと覚が気づいたからですか。「〜から」につながるように答えなさい。

問九　つぎのそれぞれの文について、本文の内容に合うものには「○」を、合わないものには「×」を答えなさい。

ア　明日香とリサとみどりの三人は同じクラスである。

イ　みどりはピアノ教室から帰ったときにリサを見た。

ウ　川俣先生はリサのピアノ教室の先生である。

エ　リサは直樹先生に前日あったことを全て話した。

問四　――線③「だいたいの事情」とありますが、その内容を説明したつぎの文の（　１　）～（　３　）に入れるのにふさわしい言葉の組み合わせをあとから選び、記号で答えなさい。

（　１　）が（　２　）から一方的に（　３　）への手紙を押しつけられた。

ア　１　明日香　　２　リサ　　３　みどり
イ　１　リサ　　２　明日香　　３　サトル
ウ　１　リサ　　２　みどり　　３　明日香
エ　１　明日香　　２　リサ　　３　サトル

問五　（　Ａ　）に入れるのにふさわしい言葉を文中から六字でぬき出しなさい。

問六　――線④「みんなの見ている前であんな言い方したら、島崎もお前も傷つくに決まってる」とありますが、「お前」はどうして傷つくのですか。その理由を説明したつぎの文の（　１　）～（　４　）に入れるのにふさわしい言葉をあとから選び、記号で答えなさい。

（　１　）と（　２　）の間には特別な（　３　）があると、みんなに（　４　）されるから。

ア　サトシ　　イ　サトル　　ウ　みどり　　エ　リサ　　オ　明日香
カ　誤解　　キ　信用　　ク　感情　　ケ　感覚　　コ　理解

問一　（　Ⅰ　）～（　Ⅳ　）に入れるのにふさわしいセリフをつぎから選び、それぞれ記号で答えなさい。

ア　だろ?
イ　あたしは、話すことなんかない
ウ　島崎、これ返す
エ　あたしだって、言うときは言うんだもん。あんまり頭にきちゃったから、さ

問二　――線①「明日香も覚も、ほかのみんなも、あっけにとられてリサを見つめる」とありますが、その理由としてもっともふさわしいものをつぎから選び、記号で答えなさい。

ア　リサがはっきりとサトルを振《ふ》ったから
イ　リサが怒りながら明日香を問いつめたから
ウ　リサが大きな声で自分の考えを言ったから
エ　リサが明日香に自分のまちがいを認《みと》めたから

問三　――線②「話があるんだ」とありますが、この話の中で、覚が伝えたいのはどういうことですか。つぎからふさわしくないものを選び、記号で答えなさい。

ア　なぜリサは土曜日にピアノのレッスンを休んだのかということ
イ　みどりがリサのことをとても心配しているということ
ウ　リサの言葉によって自分が傷ついてしまったということ
エ　リサに嫌な思いをさせたためあやまりたいということ

考えてみた。

「そうだね。⑤あたしはもっとしっかりしないと駄目だよね。今回のことで身にじみちゃった。いじけたモーツァルトなんて、考えたくもないよ。サトルの言うとおりだね」

「（　Ⅳ　）」

お互《たが》いをちらりと横目で見合う。そして二人で一緒にクスリと笑う。あ、笑えた。一週間ぶりで心の重しが取れた気がした。

分かれ道の交差点に着いたとき、覚は急にぴたりと足を止めた。

「でもさあ、いくら何でもあんな言い方しなくてもいいんじゃん？　しかもあんなフォルテッシモで。俺、結構傷ついちまった」

えっ、と思って顔を思わず見ると、⑥覚はぱっと顔を赤くした。「じゃあな。明後日はちゃんと学校来いよな」と言うなり、走って行ってしまった。え？　傷ついた？　サトルが？　リサはしばらくその場に立ちつくして、小さくなっていく覚の背中を見ていた。


月曜の朝、教室に入ると、明日香はもう自分の席にいた。

「おはよう、明日香」

思い切って声をかけて、後ろの自分の席に座《すわ》る。明日香はすっと目を横にそらしながらも、確かに小さく、「おはよ」と言った。

堂々としていよう。誰にどう思われてもいい。あたしは間違ったことはしていないのだから。明日香とはしばらくは気まずいだろうけれど、それならそれで仕方がない。大きく息を吸って背筋を伸《の》ばした。さあ、今週も頑張《がんば》ろう。クラスの誰よりも大きな声で「おはようございます」を言おう。

担任の先生が教室に入ってきた。ホームルームが始まる。


（本校国語科による）

「どうせあたしはダメダメですよ。アンタに言われなくたって、自分でよくわかってるんだから」

うわ、また涙が出そうになる。

「ダメダメなのは、俺もだよ。みどりにさんざんしかられた。④みんなの見ている前であんな言い方したら、島崎《しまざき》もお前も傷つくに決まってるだろう、馬鹿《ばか》じゃないかって」

「……」

「今回ばっかりは俺も言い返す言葉もなくてさ。『杉本にちゃんと謝《あやま》れ』って言われて、待ってたんだ。お前も今日のレッスンからっきしだったな。俺もだよ。先生にあきれられちゃった。やる気あるのかって。こんなピアノで音高行こうなんて、ちゃんちゃらおかしいってさ」

「……川俣先生、なんか最近厳しいよね」

「俺たちのこと、本気で考えてくれてるからだろ。音楽を専門にしていくのは、簡単なことじゃないんだって、俺たちに覚悟《かくご》させたいんだと思う。だから俺も余計な雑音入れたくなくてあんな言い方しちゃったんだ」

「こんなレッスンしかできないんなら、今日も休んじゃった方がよかったな」

「ほらまた逃《に》げ腰《ごし》になる。でもさ、お前でもあんなでかい声、出せるんだな」

リサは顔が熱くなってくるのを自覚しながら、

「（　Ⅲ　）」

自分のあのときの剣幕《けんまく》を思い出して、恥《は》ずかしくなる。確かにあんな声人前で出したのは初めてだったかも。でも、内緒《ないしょ》だけど、ちょっとすっとしたかも。

「言おうと思えばちゃんと言えるんだからさ、普段《ふだん》から、もうちょっと堂々としてろよ。言いたいことあるんならちゃんと言えよ。考えてみろよ。いじいじした気持ちで、モーツァルトやベートーヴェン、弾けると思うか？」

「……ゆうべはスマホ見なかったから」

「お前、木曜の夕方うちに来た時、玄関先にみどりがいたの気づかなかったんだろ」

「え、みどりが？」

「犬の散歩から帰って玄関入ろうとしたら気配がしたんで、そのまま見てたんだって。お前がさあっと走ってっちゃって、後ろから声かけたらしいけど、お前そのまま行っちゃったんだって」

「全然気づかなかった。もう暗くなってたし」

「みどり、お前を呼び止めるのをあきらめて夕刊とろうとして、あの手紙に気づいたんだ。それで③だいたいの事情はわかったわけ。絶対やばいことになると思ったから、昨日は休み時間全部お前のクラスに見張りに行ってたらしいぞ」

そういえば、昨日は休み時間ずっとみどりと一緒だった。クラスが違うんだからよく考えたらおかしい。昨日はみどりの誕生日だったから、昼休みにプレゼントを渡《わた》して、気に入ってもらえてうれしくて、そのことばっかり考えて、みどりが心配していることになんか全く気づかなかった。

「本当は俺にも、うかつなことするなって言いたかったらしいんだけど、手紙、見なかったふりをしていたんで、言えなかったんだって。終礼後すぐに三組に行こうとしたら、先生に呼び止められちゃって、俺のこと、止めに入れなかったらしいんだ。アイツが三組に来たときにはもうあの騒ぎになっちゃってて」

「……」

「お前さあ、（　A　）、って、どうしてはっきり言わないんだよ？」

「……言おうとしたもん。だけど明日香が強引《ごういん》で、どうしようもなかったんだもん」

「ピアノ弾《ひ》いてるときはあんなに堂々としていられるのに、不思議だよな。子どもの時からずっとそうだ。言いたいことあるはずなのに、いざとなったら黙《だま》っちゃうんだから」

もしないままだった。

　翌日は土曜日。午前中に塾《じゅく》があり、午後遅《おそ》くからピアノの日だ。のろのろと起き出して支度《したく》をした。ママが必死に声をかけてくるのを無視して塾に行った。今日はいつも以上にくだらないミスばかり繰《く》り返《かえ》してしまった。直樹《なおき》先生は探《さぐ》るような目をして、

「杉本さん、今日はなんだかおかしいよ？　学校で何かあったんじゃないの？」と聞いてきた。先生には全部話してしまいたい、愚痴《ぐち》を聞いてもらいたい、と思ったけれど、いざとなるとどう話せばいいのか、リサにはわからないのだった。それに、話したとしても直樹先生は言うだろう。「嫌《いや》なことは嫌ってちゃんと言わなくちゃ駄目《だめ》じゃないか」と。

　レッスンにも行ったけれど、川俣《かわまた》先生は「リサちゃん、あなたも今日は駄目だわ。全然ピアノに心が入ってないわね」と一刀両断だった。楽譜《がくふ》が全く目に入ってこない。つくづく嫌になる。

　うんざりするようなレッスンをなんとか終えて先生の家の玄関《げんかん》を出たら、そこに覚が立っていた。今日、覚のレッスンは午前中のはずだったのに。また一瞬《いっしゅん》カッと頭に血が上る。無理に横をすり抜《ぬ》けて帰ろうとしたが、覚に腕《うで》をつかまれた。

「待てよ、杉本。②話があるんだ」

「（　　Ⅱ　　）」

　つかまれた腕をふりほどく。

「怒《おこ》ってるのはわかるけど、ちょっと落ち着いて聞けよ。帰るんだろ。行こう」

　覚が歩き出す。しばらく後ろ姿をにらみつけていたけれど、途中まで帰り道が一緒《いっしょ》なので仕方がない。リサもうつむいて歩き出す。

「みどりが心配してる。アイツ、昨日の放課後、三組にお前を迎《むか》えに行こうとしていて、あの騒《さわ》ぎを見たんだ。ゆうべ何度もＬＩＮＥしたのに、一度も既読《きどく》がつかないって」

二　つぎの文章を読んで、あとの問いに答えなさい。

「（　Ｉ　）」

　低いけれどよく通る覚《さとる》の声に、箒《ほうき》を使っていたリサはびくっとして顔を上げた。黒板を拭《ふ》いていた明日香《あすか》に覚が突《つ》っ返《かえ》しているのは、間違《まちが》いなくあの手紙だ。明日香の顔色がさっと変わる。教室に残っていた生徒全員が固まった。

「俺《おれ》さ、音大付属を受けるから、いろいろ忙《いそが》しいんだ。それと、こんなことに杉本《すぎもと》を使うな。アイツも俺と同じ高校を受けるから忙しいんだ。じゃ」

　くるりときびすを返して立ち去ろうとする。

「なによっ、リサ、ひどいじゃないっ。なんとも思ってないなんて嘘《うそ》じゃないっ。同じ高校へ行こうって話になってるんじゃないっ！」

　明日香が目をつり上げてリサをまっすぐとらえ、きんきん声をぶつける。リサは全身の血液がぼわっと沸騰《ふっとう》したような錯覚《さっかく》を起こした。勝手に口が開いて大声が飛び出す。

「あたしが悪いんじゃない！　明日香が一方的にあたしに手紙押《お》しつけたんでしょ！　あたし、本当にサトルのことなんか、なんとも思ってないんだからっ！」

　①明日香も覚も、ほかのみんなも、あっけにとられてリサを見つめる。リサは箒を投げ出すと鞄《かばん》をひっつかみ、教室から走り出た。誰《だれ》かが声をかけたようだったが、立ち止まらなかった。家に向かって駆《か》けていく途中《とちゅう》、涙《なみだ》がどんどんあふれたけれど、ぬぐおうともしなかった。

　その日、リサはピアノのレッスンに行くことができなかった。今日のレッスンは覚と時間が前後する。覚に会いたくなかった。頭がずきずきして、何も考えられない。食事にも降りていかず、布団《ふとん》をかぶって縮こまっていた。ママが心配していろいろ聞き出そうとしたけれど、何も答えなかった。スマホが何回も着信を告げたけれど、手に取る気

（　）をはさむ　　　（　）から先に生まれる

（　）が軽い　　　（　）が減らない

問六　つぎの漢字の組み合わせはどちらも対義語になります。（　）に入る漢字一字をそれぞれ答えなさい。

1　保留 ―（　）定

2　注意 ― 油（　）

問七　つぎの1～4の――部のうち、はたらきのちがうものが一つあります。それはどれですか。番号で答えなさい。

1　父の言ったことは、大人になった私の心にいつまでも残っている。

2　テレビの天気予報では、今日から週末までずっと雨が続くらしい。

3　マスクが不要になったら、学校の友達と外で遊びたい。

4　健康のためには、栄養バランスを考えて食事をする必要がある。

問八　つぎの1～3の（　）内の言葉を指定の字数で敬語にし、ふさわしい形に変えて、それぞれひらがなで答えなさい。

1　明日はどちらに（ 行く　四字 ）ばよろしいでしょうか。

2　ボランティア活動をして感謝状を（ もらう　四字 ）た。

3　そんなことを（ 言う　五字 ）ないでください。

3　人気が加熱する商品は転売されないようにお店が管理するべきだ。

4　故郷から引越して、遠くの地域に異住することにした。

問三　つぎの――線部のカタカナにふさわしい漢字の組み合わせをあとから選び、それぞれ記号で答えなさい。

1　サイ能 ― 国サイ　　2　救サイ ― サイ害

3　サイ会 ― 野サイ　　4　サイ子 ― サイ用

5　サイ部 ― サイ断　　6　サイ国 ― サイ量

7　返サイ ― サイ判　　8　サイ覚 ― サイ園

ア　再―菜	イ　才―際	ウ　済―裁	エ　西―裁
オ　妻―採	カ　細―裁	キ　才―菜	ク　済―災

問四　つぎの四字熟語の意味を下から選び、それぞれ記号で答えなさい。

1　我田引水　　ア　自分の都合の良いように考えること

2　国士無双　　イ　いつまでも続いて絶えることがないこと

3　天長地久　　ウ　必要なものを自分で用意すること

エ　天下に二人とないほど優《すぐ》れていること

問五　つぎの慣用句の（　）に共通して当てはまる言葉を答えなさい。

二〇二二年度 女子聖学院中学校

【国語】〈第二回試験〉（五〇分）〈満点：一〇〇点〉

一 つぎのそれぞれの問題に答えなさい。

問一 つぎの――部分のカタカナは漢字に直し、漢字は読みをひらがなで答えなさい。

1 友人が出るエンゲキを見に行く。

2 コウコウとは父母に子供がつくすという意味だ。

3 あの雲は地震のチョウコウだと信じていた。

4 彼《かれ》は昔からの私のアイボウだ。

5 銀行の残高を確認《かくにん》する。

6 元気の源は母の作るごちそうだ。

7 規律があって自由が成り立つ。

8 大学で象形文字の研究をする。

問二 つぎの文には、一字ずつまちがった字が使われています。それぞれ正しく直した字を書きなさい。

1 路面電車の歴司は明治までさかのぼり、民衆に欠かせないものとなった。

2 飛行器内は持ちこみ制限があるために荷物を窓口に預けておく。

2022年度

女子聖学院中学校 ▶解　答

※　編集上の都合により，第２回試験の解説は省略させていただきました。

算　数　＜第２回試験＞（50分）＜満点：100点＞

解　答

[1] (1)　1999.98　(2)　$1\frac{1}{12}$　(3)　1　(4)　$6\frac{10}{17}$　(5)　$\frac{3}{20}$　(6)　1.01　(7)　$4\frac{1}{2}$　(8)　$4\frac{1}{3}$　[2] (1)　1080円　(2)　16.95　(3)　9 : 8　(4)　1時間45分　(5)　時速14.4km　(6)　18個　(7)　1.5　(8)　49度　[3] (1)　2段　(2)　1回　(3)　2回　[4] (1)　6.28cm　(2)　18.84cm　(3)　50.24cm²　[5] (1)　7才年上　(2)　3才年上　(3)　**お母さん**…40才，**学君**…17才

国　語　＜第２回試験＞（50分）＜満点：100点＞

解　答

[一] **問1**　**1〜4**　下記を参照のこと。　**5**　ざんだか　**6**　みなもと　**7**　きりつ　**8**　しょうけい　**問2**　**1**　史　**2**　機　**3**　過　**4**　移　**問3**　**1**　イ　**2**　ク　**3**　ア　**4**　オ　**5**　カ　**6**　エ　**7**　ウ　**8**　キ　**問4**　**1**　ア　**2**　エ　**3**　イ　**問5**　ロ　**問6**　**1**　決　**2**　断　**問7**　1　**問8**　**1**　うかがえ　**2**　いただい　**3**　おっしゃら　[二] **問1**　Ⅰ　ウ　Ⅱ　イ　Ⅲ　エ　Ⅳ　ア　**問2**　ウ　**問3**　ア　**問4**　イ　**問5**　嫌なことは嫌　**問6**　**1**　イ(エ)　**2**　エ(イ)　**3**　ク　**4**　カ　**問7**　堂々としていよう。　**問8**　(例)　リサのことが好きだという意味を持つと気づいた(から)　**問9**　**ア**　×　**イ**　×　**ウ**　○　**エ**　×　[三] **問1**　(例)　紅葉はこれほど美しい　**問2**　**1**　イ　**2**　エ　**3**　ア　**問3**　エ　**問4**　イ　**問5**　**ア**　翼果　**イ**　動物　**ウ**　認識　**エ**　分布　**問6**　ウ　**問7**　ア　**問8**　エ　**問9**　**ア**　×　**イ**　×　**ウ**　○　**エ**　○

●漢字の書き取り

[一] **問1**　**1**　演劇　**2**　孝行　**3**　兆候(徴候)　**4**　相棒

2025年度用
中学スーパー過去問

■編集人 声の教育社・編集部
■発行所 株式会社 声の教育社
〒162-0814 東京都新宿区新小川町8-15
☎03-5261-5061(代) FAX03-5261-5062
https://www.koenokyoikusha.co.jp

カコを追いかけ
ミライをつかめ

ストリーミング配信による入試問題の解説動画

2025年度用web過去問　ラインナップ

■ **男子・女子・共学（全動画）見放題**
36,080円（税込）

■ **男子・共学　見放題**
29,480円（税込）

■ **女子・共学　見放題**
28,490円（税込）

● 中学受験「声教web過去問（過去問プラス・過去問ライブ）」（算数・社会・理科・国語）

3〜5年間　**24校**

過去問プラス

麻布中学校	桜蔭中学校	開成中学校	慶應義塾中等部	渋谷教育学園渋谷中学校
女子学院中学校	筑波大学附属駒場中学校	豊島岡女子学園中学校	広尾学園中学校	三田国際学園中学校
早稲田中学校	浅野中学校	慶應義塾普通部	聖光学院中学校	市川中学校
渋谷教育学園幕張中学校	栄東中学校			

過去問ライブ

栄光学園中学校	サレジオ学院中学校	中央大学附属横浜中学校	桐蔭学園中等教育学校	東京都市大学付属中学校
フェリス女学院中学校	法政大学第二中学校			

● 中学受験「オンライン過去問塾」（算数・社会・理科）

3〜5年間　**50校以上**

東京	青山学院中等部	東京	国学院大学久我山中学校	東京	明治大学付属明治中学校	千葉	芝浦工業大学柏中学校	埼玉	栄東中学校
	麻布中学校		渋谷教育学園渋谷中学校		早稲田中学校		渋谷教育学園幕張中学校		淑徳与野中学校
	跡見学園中学校		城北中学校		都立中高一貫校 共同作成問題		昭和学院秀英中学校		西武学園文理中学校
	江戸川女子中学校		女子学院中学校		都立大泉高校附属中学校		専修大学松戸中学校		獨協埼玉中学校
	桜蔭中学校		巣鴨中学校		都立白鷗高校附属中学校		東邦大学付属東邦中学校		立教新座中学校
	鷗友学園女子中学校		桐朋中学校		都立両国高校附属中学校		千葉日本大学第一中学校	茨城	江戸川学園取手中学校
	大妻中学校		豊島岡女子学園中学校	神奈川	神奈川大学附属中学校		東海大学付属浦安中等部		土浦日本大学中等教育学校
	海城中学校		日本大学第三中学校		桐光学園中学校		麗澤中学校		茗溪学園中学校
	開成中学校		雙葉中学校		県立相模原・平塚中等教育学校		県立千葉・東葛飾中学校		
	開智日本橋中学校		本郷中学校		市立南高校附属中学校		市立稲毛国際中等教育学校		
	吉祥女子中学校		三輪田学園中学校	千葉	市川中学校	埼玉	浦和明の星女子中学校		
	共立女子中学校		武蔵中学校		国府台女子学院中学部		開智中学校		

web過去問 Q&A

過去問が動画化！
声の教育社の編集者や中高受験のプロ講師など、
過去問を知りつくしたスタッフが動画で解説します。

Q **どこで購入できますか？**

A 声の教育社のHPでお買い求めいただけます。

Q **受講にあたり、テキストは必要ですか？**

A 基本的には過去問題集がお手元にあることを前提としたコンテンツとなっております。

Q **全問解説ですか？**

A 「オンライン過去問塾」シリーズは基本的に全問解説ですが、国語の解説はございません。「声教web過去問」シリーズは合格のカギとなる問題をピックアップして解説するもので、全問解説ではございません。なお、「声教web過去問」と「オンライン過去問塾」のいずれでも取り上げられている学校がありますが、授業は別の講師によるもので、同一のコンテンツではございません。

Q **動画はいつまで視聴できますか？**

A ご購入年度２月末までご視聴いただけます。
複数年視聴するためには年度が変わるたびに購入が必要となります。

よくある解答用紙のご質問

01

実物のサイズにできない

拡大率にしたがってコピーすると，「解答欄」が実物大になります。配点などを含むため，用紙は実物よりも大きくなることがあります。

02

A3用紙に収まらない

拡大率164％以上の解答用紙は実物のサイズ（「出題傾向＆対策」をご覧ください）が大きいために，A３に収まらない場合があります。

03

拡大率が書かれていない

複数ページにわたる解答用紙は，いずれかのページに拡大率を記載しています。どこにも表記がない場合は，正確な拡大率が不明です。

04

１ページに２つある

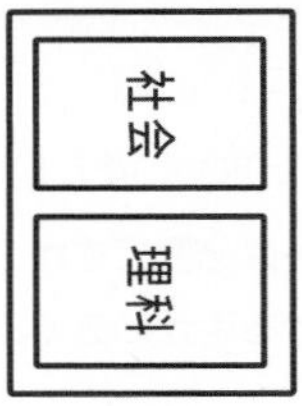

１ページに２つ解答用紙が掲載されている場合は，正確な拡大率が不明です。ほかの試験回の同じ教科をご参考になさってください。

女子聖学院中学校

【別冊】入試問題解答用紙編

解答用紙は本体からていねいに抜きとり、別冊としてご使用ください。

※　実際の解答欄の大きさで練習するには、指定の倍率で拡大コピーしてください。なお、ページの上下に小社作成の見出しや配点を記載しているため、コピー後の用紙サイズが実物の解答用紙と異なる場合があります。

●入試結果表

— は非公表

年度	回	項目	国語	算数	社会	理科	2科合計	4科合計	2科合格	4科合格
2024	第1回	配点(満点)	100	100	100	100	200	500(注)	最高点	最高点
		合格者平均点	65.8	74.9	79.0	68.0	140.7	—	185	426(注)
		受験者平均点	55.9	59.5	59.6	56.5	115.4	—	最低点	最低点
		キミの得点							128	324(注)
	スカラ	配点(満点)	100	100			200		最高点	
		合格者平均点	74.0	69.8			143.8		178	
		受験者平均点	65.7	58.0			123.7		最低点	
		キミの得点							138	
	第3回	配点(満点)	100	100			200		最高点	
		合格者平均点	74.4	60.4			134.8		162	
		受験者平均点	66.4	49.1			115.5		最低点	
		キミの得点							126	
2023	第1回	配点(満点)	100	100	100	100	200	500(注)	最高点	最高点
		合格者平均点	72.5	74.9	61.9	62.6	147.4	—	175	422(注)
		受験者平均点	65.3	65.3	54.6	57.9	130.6	—	最低点	最低点
		キミの得点							134	314(注)
	スカラ	配点(満点)	100	100			200		最高点	
		合格者平均点	83.2	73.5			156.7		182	
		受験者平均点	74.0	62.5			136.5		最低点	
		キミの得点							154	
	第3回	配点(満点)	100	100	100	100	200	500(注)	最高点	最高点
		合格者平均点	80.6	69.3	65.8	61.9	149.9	—	188	426(注)
		受験者平均点	75.2	60.6	58.2	57.3	135.8	—	最低点	最低点
		キミの得点							131	323(注)
2022	第1回	配点(満点)	100	100	100	100	200	500(注)	最高点	最高点
		合格者平均点	76.0	68.2	70.4	59.2	144.2	—	175	409(注)
		受験者平均点	67.6	55.6	61.9	48.2	123.2	—	最低点	最低点
		キミの得点							130	315(注)
	第2回	配点(満点)	100	100			200		最高点	
		合格者平均点	79.4	66.7			146.1		183	
		受験者平均点	72.3	52.5			124.8		最低点	
		キミの得点							143	

(注)　２科４科選択の合格者決定方法は、発表人数の約80％を２科目合計で判定し、残りの25％を４科目合計で判定する。また、４科目の判定方法は、各100点満点の４科目のうち、最高得点の科目を２倍にし、500点満点で判定を行う。

※　表中のデータは学校公表のものです。ただし、２科合計・４科合計は各教科の平均点を合計したものなので、目安としてご覧ください。

声の教育社

２０２４年度　女子聖学院中学校

算数解答用紙　第１回

番号		氏名		評点	/100

注意　4 の (3) のみ式や考え方を書きなさい。

1

(1)		(2)			
(3)		(4)		(5)	
(6)		(7)		(8)	

2

(1)	(　　　)円	(2)	(　)以上(　)未満
(3)	(　　　)	(4)	(　)時間(　)分
(5)	(　　　)曜日	(6)	(　　　)%
(7)	(　　　)cm^2	(8)	$y=($　　$)\times x$

3

(1)	(　　　)g
(2)	(　　　)%
(3)	(　　　)%

4

(1)	(　　　)cm^2	(2)	(　　　)cm^2
(3)	式や考え方		答え (　　)秒後 から (　　)秒後 まで

5

(1)	(　　　)本
(2)	(　　　)本
(3)	(　　　)個

（注）この解答用紙は実物を縮小してあります。179％拡大コピーをすると、ほぼ実物大の解答欄になります。

〔算　数〕100点(学校配点)

1 (1), (2)　各3点×2　(3)～(8)　各4点×6　2, 3　各4点×11　4 (1), (2)　各4点×2　(3) 6点　5　各4点×3

２０２４年度　女子聖学院中学校

社会解答用紙　第１回

番号	
氏名	

評点
／100

1

	都道府県名	番号
(1)		
(2)		
(3)		
(4)		
(5)		

2

問1 (1)			
A	B	C	D

問1 (2)			
A	B	C	D

問2 (1)		
A	B	C

問2 (2)	
甲府盆地	山形盆地

問3

3

問1			問2
A	B	C	1

問2			
2	3	4	5

問2		問3		
6	7	a	b	c

問4	問5	問6	問7

問8	問9	問10

4

問1			問2
a	b	c	

問3		問4	問5
①	②	③	

問6	問7	
	(A)	(B)

問7	
(C)	(D)

問8

（注）この解答用紙は実物を縮小してあります。175%拡大コピーをすると、ほぼ実物大の解答欄になります。

〔社　会〕100点(学校配点)

1 各２点×10　2 問１　各１点×８　問２, 問３　各２点×６　3 各２点×20　4 問１～問６　各１点×９　問７　各２点×４　問８　３点

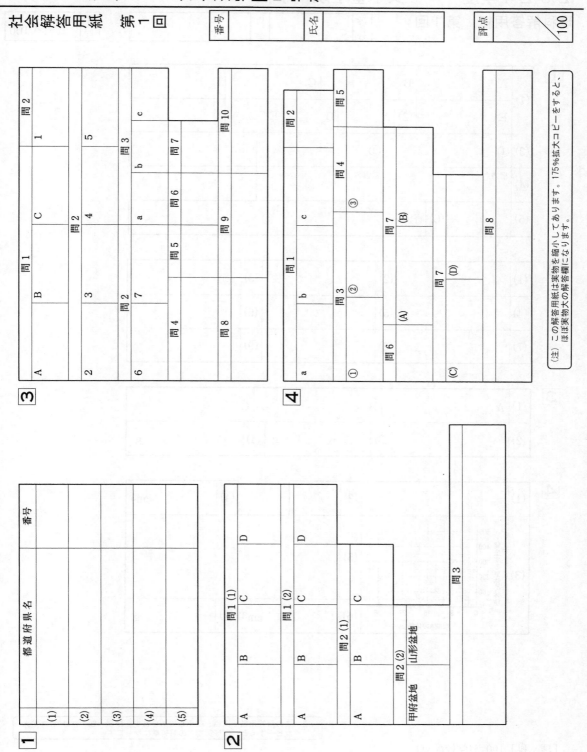

２０２４年度　　女子聖学院中学校

理科解答用紙　第１回

番号		氏名	

評点	／100

1

(1)	A	B		C		D	
	E	(2)	A	D	E		
(3)	①		②		③		
(4)	構造名		器官名				
(5)		(6)	①		②		

2

(1)		(2)		(3)	
(4)		(5)		(6)	
(7)		(8)		(9)	

3

(1)	A	B		C		
(2)		(3)	g	(4)	g	

4

(1)		(2)		(4)	cm^3
(3)	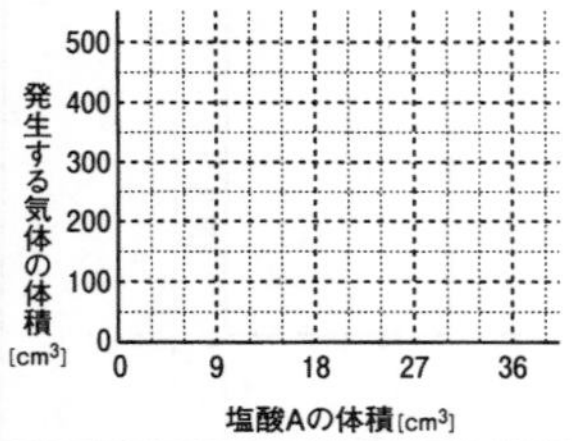	(5)			
		(6)	cm^3	(7)	g

（注）この解答用紙は実物を縮小してあります。Ｂ５→Ｂ４（141%）に拡大コピーすると、ほぼ実物大の解答欄になります。

〔理　科〕100点（学校配点）

1　(1)　各１点×５　(2)　各２点×３　(3)，(4)　各１点×８　(5)，(6)　各２点×３　2　(1)～(4)　各３点×４　(5)～(8)　各２点×５＜(7)は各２点×２＞　(9)　３点　3　(1)　各３点×３　(2)　４点　(3)，(4)　各６点×２　4　(1)～(4)　各４点×４　(5)～(7)　各３点×３

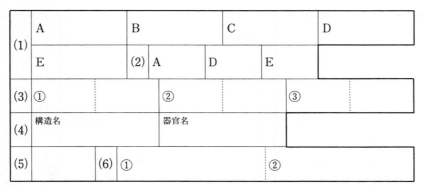

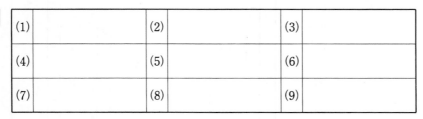

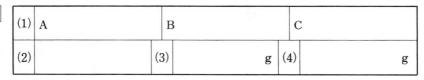

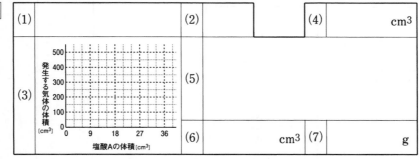

2024年度 女子聖学院中学校

国語解答用紙 第一回

番号 ／ 氏名 ／ 評点 ／100

一

問一 1 2 3 4 5 6 7 8

問二 1 2 3 4

問三 1 2 3 4 5 6 7 8

問四

問五

問六 1 2 3

問七

問八 1 2 3

二

問一 1 2 3 4

問二 Ⅰ Ⅱ Ⅲ Ⅳ

問三

問四 から。

問五

問六 最初 ～ 最後

問七

問八

問九

問十

問十一

三

問一 1 2 3 4

問二

問三

問四

問五 1 2

問六 1 2 3 4 5

問七

問八

（注） この解答用紙は実物を縮小してあります。189%拡大コピーをすると、ほぼ実物大の解答欄になります。

〔国　語〕100点(学校配点)

一 各１点×30 二，三 各２点×35

２０２４年度　女子聖学院中学校　スカラシップ

算数解答用紙

番号		氏名		評点	／100

注意　**4** の(3)のみ式や考え方を書きなさい。

1

(1)	(2)	
(3)	(4)	(5)
(6)	(7)	(8)

2

(1) (　　　) m	(2) (　　　) kg
(3) (　　　) 度	(4) (　　　) 年後
(5) (　　　) 歩 (　　　) 分 (　　　) 秒	(6) (　　　) 人
(7) (　　　) 点	(8) y = (　　　) × x

3

(1)	(　　　)
(2)	(　　　) 回転
(3)	(　　　)

4

(1) (　　　) cm	(2) (　　　) cm^2
(3) 式や考え方	答え (　　　) cm^2

5

(1)	(　　　) 目
(2)	緑色 (　　　) g，白色 (　　　) g
(3)	(　　　) 目 (　　　) 段

(注) この解答用紙は実物を縮小してあります。179%拡大コピーをすると、ほぼ実物大の解答欄になります。

〔算　数〕100点(学校配点)

1　(1)，(2)　各３点×２　(3)～(8)　各４点×６　2，3　各４点×11<2の(5)は完答>　4　(1)，(2)　各４点×２　(3)　６点　5　各４点×３<(2)，(3)は完答>

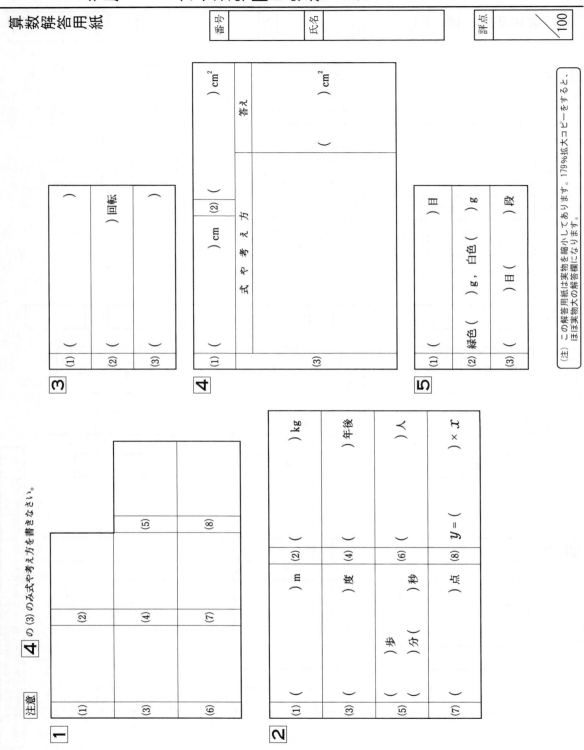

2024年度 女子聖学院中学校 スカラシップ

国語解答用紙

番号　　氏名　　評点 ／100

（注）この解答用紙は実物を縮小してあります。175％拡大コピーをすると、ほぼ実物大の解答欄になります。

一
問一 1 2 3 4 5 6 7 8
問二 1 2 3 4
問三 1 2 3 4 5 6 7 8
問四 1 2 3
問五
問六 1 2
問七
問八 1 2 3

二
問一 ということ。
問二 1 2 3 4
問三 Ⅰ Ⅱ Ⅲ Ⅳ Ⅴ
問四 A B
問五
問六
問七
問八
問九
問十

三
問一 という認識の変化。
問二
問三
問四 1 2 3 4
問五 ア イ ウ エ
問六
問七
問八 1 2 3
問九 → → → →

〔国　語〕100点（学校配点）

一 各1点×30　二，三 各2点×35＜三の問9は完答＞

2024年度 女子聖学院中学校

算数解答用紙 第3回

番号		氏名	

評点	/100

注意 **4** の(3)のみ式や考え方を書きなさい。

1

(1)		(2)			
(3)		(4)		(5)	
(6)		(7)		(8)	

2

(1)	(　　　　)	(2)	(　　　　) cm
(3)	(　　　　) %	(4)	(　　　　) km
(5)	(　　　　) %	(6)	(　　　　) 個
(7)	y = (　　　　) × x	(8)	(　　　　) 人

3

(1)	(　　　　) km
(2)	(　　　　) km
(3)	(　　　　) 時間 (　　　　) 分

4

(1)	(　　　　) cm^2	(2)	(　　　　) m
(3)	式 や 考 え 方		答え
			(　　　　) cm^2

5

(1)	(　　　　) 時 (　　　　) 分	チャイム	
(2)	(　　　　) 時 (　　　　) 分	チャイム	
(3)	(　　　　) 回		

（注）この解答用紙は実物を縮小してあります。179%拡大コピーをすると、ほぼ実物大の解答欄になります。

〔算　数〕100点(学校配点)

1 (1), (2) 各3点×2 (3)～(8) 各4点×6 2, 3 各4点×11 4 (1), (2) 各4点×2 (3) 6点 5 (1), (2) 各2点×4 (3) 4点

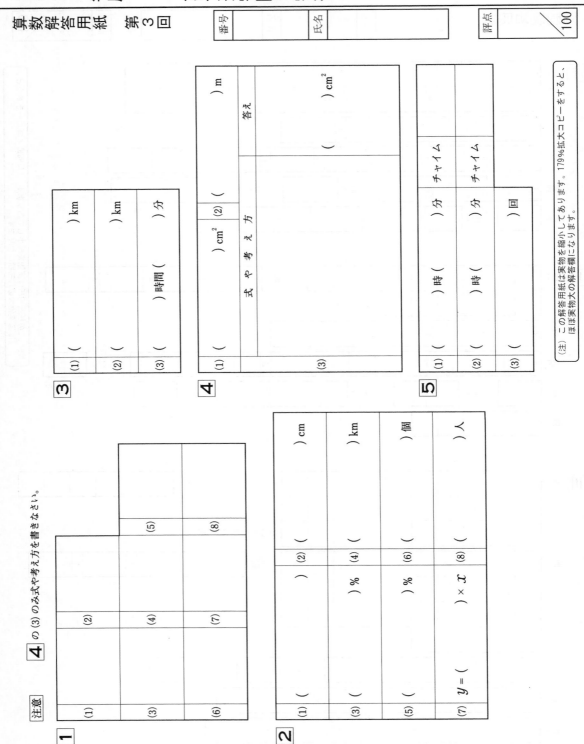

２０２４年度　女子聖学院中学校

国語解答用紙　第三回

番号　　氏名　　評点 /100

一　問一 1 2 3 4 5 6 7 8　問二 1 2 3 4　問三 1 2 3 4 5 6 7 8 9　問四 1 2 3 4　問五　問六 1 2　問七　問八

二　問一　問二 1 2 3 4　問三　問四　問五　問六　問七 Ⅰ Ⅱ Ⅲ Ⅳ Ⅴ　問八　問九　問十

三　問一　問二 最初 ～ 最後　問三 行為。　問四 1 2 3 4　問五 だから。　問六 A B C D E　問七　問八 ア イ ウ エ

（注）この解答用紙は実物を縮小してあります。182%拡大コピーをすると、ほぼ実物大の解答欄になります。

〔国　語〕100点(学校配点)

一　各１点×30　二，三　各２点×35

2023年度　女子聖学院中学校

算数解答用紙　第1回

番号		氏名		評点	/100

注意　**5** の(3)のみ式や考え方を書きなさい。

1

(1)		(2)			
(3)		(4)		(5)	
(6)		(7)		(8)	

2

(1)	(　　　)度	(2)	(　　　)個
(3)	(　　　)通り	(4)	(　　　)日間
(5)	(　　　)km	(6)	(　　　)円
(7)	$y=$(　　　)$\times x$	(8)	(　　　)cm^2

3

(1)	(　　　)円
(2)	(　　　)円
(3)	(　　　)個以上

4

(1)	(　　　)cm^2
(2)	(　　　)cm^2
(3)	(　　　)cm^2

5

(1)	(　　　)番目	(2)	(　　　)
(3)	式や考え方	答え	(　　　)

（注）この解答用紙は実物を縮小してあります。179%拡大コピーをすると、ほぼ実物大の解答欄になります。

〔算　数〕100点(推定配点)

1　(1)，(2)　各3点×2　(3)～(8)　各4点×6　2～4　各4点×14　5　(1)，(2)　各4点×2　(3)　式や考え方…4点，答え…2点

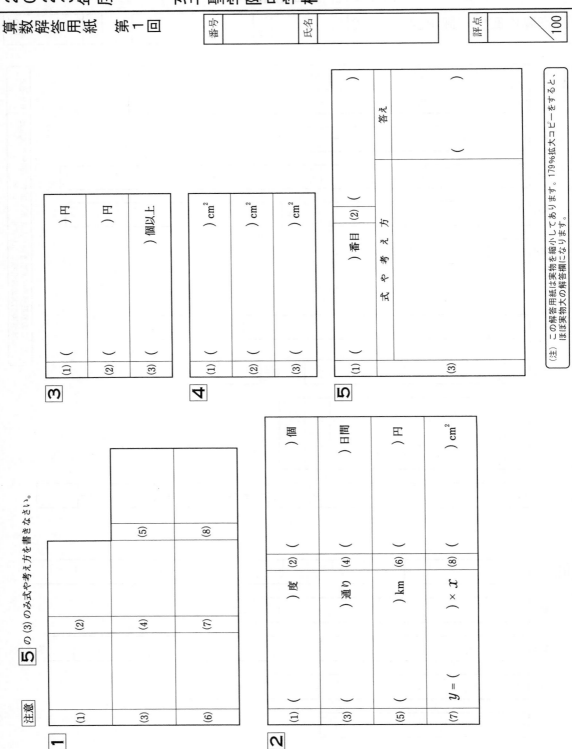

２０２３年度　女子聖学院中学校

社会解答用紙　第１回

番号		氏名		評点	/100

3

問6		
問7	問8	問9
問10		

4

問1		
(1)	(2)	(3)
問1	問2	
(4)	→ → →	

5

問1	問2	
年　月　日	ア	イ

問2		問3	問4
ウ	エ		

問5	問6		問7
	A	B	

（注）この解答用紙は実物を縮小してあります。182%拡大コピーをすると、ほぼ実物大の解答欄になります。

1

	都道府県名	番号
(1)		
(2)		
(3)		
(4)		
(5)		

2

問1	問2	問3	問4

問5		問6	
地名	位置	(1)	(2)

問7

3

問1	問2	問3
		→ → →

問4	問5

〔社　会〕100点(推定配点)

1　各２点×10　2　問１～問６　各２点×８　問７　４点　3　問１～問５　各２点×５<問３は完答>　問６　３点　問７，問８　各２点×２　問９　１点　問10　２点　4　各４点×５<問２は完答>　5　問１～問５　各２点×８　問６　各１点×２　問７　２点

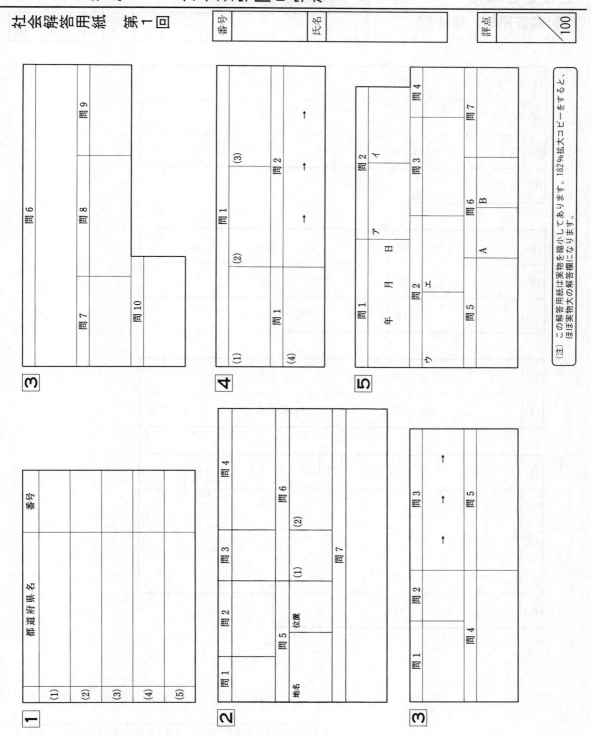

2023年度　女子聖学院中学校

理科解答用紙　第1回

番号		氏名	

評点	／100

1

(1)		(2)		(3)	
(4)	(ア)	(イ)	(ウ)		

(5)	A			B			C			D		
(6)												

2

(1)		(2)		(3)	
(4)		(5)		(6)	
(7)		(8)			

3

(1)	g	(2)	cm	(3)	
(4)	cm	(5)	cm	(6)	g

4

(1)		(2)		(3)	①	④	(4)	
(5)								
(6)		(7)						

（注）この解答用紙は実物を縮小してあります。Ｂ５→Ｂ４（141%）に拡大コピーすると、ほぼ実物大の解答欄になります。

〔理　科〕100点(推定配点)

1　(1)　4点　(2)～(5)　各2点×9＜(5)は各々完答＞　(6)　4点　2　(1), (2)　各2点×2　(3)　4点　(4)　2点　(5)～(8)　各4点×4　3　各4点×6　4　(1), (2)　各4点×2　(3)　各2点×2　(4), (5)　各4点×2　(6), (7)　各2点×2

二〇二三年度 女子聖学院中学校

国語解答用紙 第一回

番号 | 氏名 | 評点 /100

一

問一 1 2 3 4 5 6 7 8

問二 1 2 3 4

問三 1 2 3 4 5 6 7 8

問四 1 2 3

問五

問六 1 2

問七

問八 1 2 3

二

問一

問二 1 2 3 4

問三

問四

問五 Ⅰ Ⅱ Ⅲ Ⅳ Ⅴ

問六

問七

問八

問九

問十

三

問一 という目的。

問二 1 2 3 4

問三 1 2 3 4

問四

問五 → → → →

問六 Ⅰ こと。 Ⅱ 1 2 3 4

問七

問八

（注） この解答用紙は実物を縮小してあります。169%拡大コピーをすると、ほぼ実物大の解答欄になります。

〔国　語〕100点(推定配点)

一 各1点×30 二, 三 各2点×35＜三の問5は完答＞

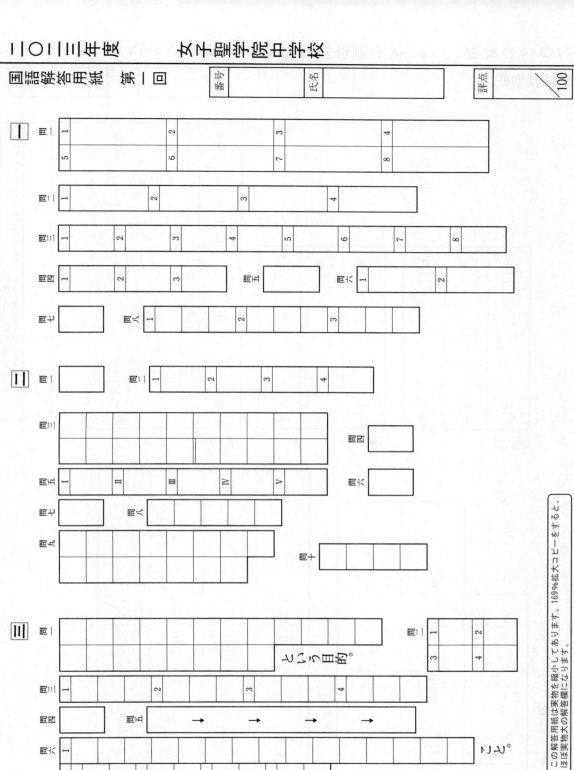

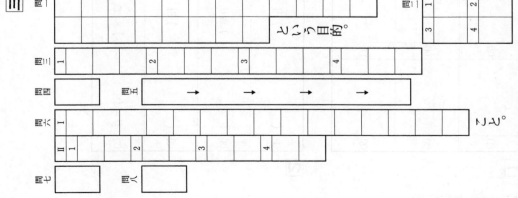

2023年度　女子聖学院中学校　スカラシップ

算数解答用紙

番号		氏名		評点	/100

注意　5 の(3)のみ式や考え方を書きなさい。

1

(1)	(2)	
(3)	(4)	(5)
(6)	(7)	(8)

2

(1) (　　　)円	(2) (　　　)人
(3) (　　　)通り	(4) (　　　)日間
(5) (　　　)円	(6) (　　　)年後
(7) y = (　　　)× x	(8) (　　　)度

3

(1)	(　　　)秒後
(2)	(　　　)m
(3)	(　　　)秒

4

(1)	(　　　)cm
(2)	(　　　)cm²
(3)	(　　　)cm²

5

(1)	㋐(　　　), ㋑(　　　)
(2)	(　　　)番目
(3)	式や考え方
	答え　(　　　)番目

(注) この解答用紙は実物を縮小してあります。179%拡大コピーをすると、ほぼ実物大の解答欄になります。

〔算　数〕100点(推定配点)

1　(1), (2)　各3点×2　(3)〜(8)　各4点×6　2〜4　各4点×14　5　(1)　各2点×2　(2)　4点　(3)　式や考え方…4点, 答え…2点

二〇二三年度　女子聖学院中学校　スカラシップ

国語解答用紙

番号　　氏名　　評点　／100

一

問一　1　2　3　4　5　6　7　8

問二　1　2　3　4

問三　1　2　3　4

問四　1　2　3

問五　言葉　意味　1　2　3　4

問六　1　2　3　4

問七

問八

二

問一　いるため

問二

問三　1　2　3　4

問四

問五　Ⅰ　Ⅱ　Ⅲ　Ⅳ　Ⅴ

問六

問七

問八

問九

問十

三

問一　はじめ　おわり

問二　A　B

問三　1　2　3　4

問四　1　2　3　4

問五

問六　から

問七

問八　ア　イ　ウ

（注）この解答用紙は実物を縮小してあります。169%拡大コピーをすると、ほぼ実物大の解答欄になります。

〔国　語〕100点（推定配点）

一　各1点×30　二，三　各2点×35

２０２３年度　女子聖学院中学校

算数解答用紙　第３回

番号		氏名		評点	/100

注意　5 の (3) のみ式や考え方を書きなさい。

1

(1)	(2)	(3)	(4)	(5)	(6)	(7)	(8)

2

(1) (　　) 曜日	(2) (　　) 時間 (　　) 分
(3) (　　) 本	(4) (　　) g
(5) (　　) 年後	(6) (　　) 回
(7) $y = ($　　$) \times x$	(8) (　　) cm^3

3

(1)	(　　) m
(2)	(　　) 分後
(3)	(　　) m

4

(1)	(　　) cm
(2)	(　　) cm
(3)	(　　) cm

5

(1) (　　) %	(2) (　　) %
(3) 式や考え方	答え (　　) 人

（注）この解答用紙は実物を縮小してあります。179％拡大コピーをすると、ほぼ実物大の解答欄になります。

〔算　数〕100点（推定配点）

1　(1)，(2)　各３点×２　(3)～(8)　各４点×６　2～4　各４点×14　5　(1)，(2)　各４点×２　(3) 式や考え方…４点，答え…２点

2023年度　女子聖学院中学校

社会解答用紙　第3回

番号		氏名	

評点	/100

4

問1		
(1)	(2)	(3)

問1	問2
(4)	→　→　→

5

問1		問2

問3	問4		
	(ア)	(イ)	(ウ)

問5	問6	問7

1

	都道府県名	番号
(1)		
(2)		
(3)		
(4)		
(5)		

2

(1)	(2)	(3)	(4)	(5)

3

問1		問2	問3	問4
最も長い国	最も短い国			

問5	問6

問7	問8	問9

(注) この解答用紙は実物を縮小してあります。172％拡大コピーをすると、ほぼ実物大の解答欄になります。

〔社　会〕100点(推定配点)

1　各2点×10　2　各4点×5　3　各2点×10　4　各4点×5＜問2は完答＞　5　各2点×10

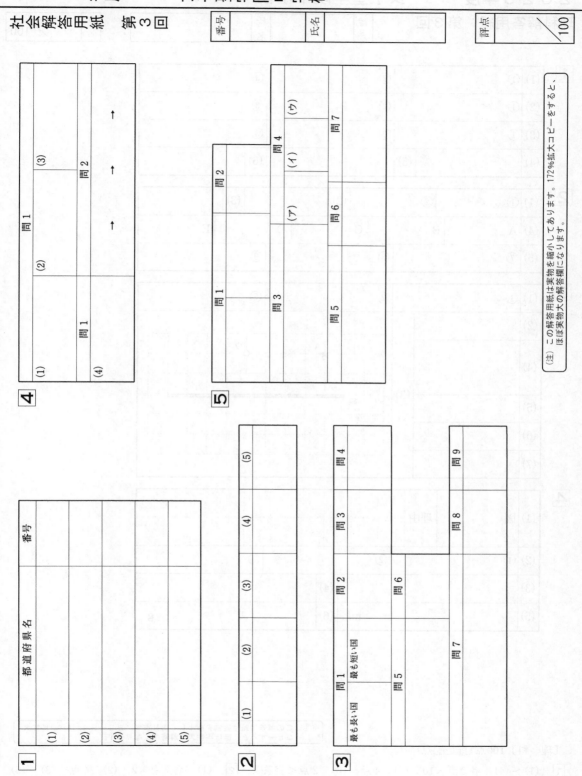

２０２３年度　女子聖学院中学校

理科解答用紙　第３回

番号		氏名		評点	／100

1

(1)	①	②	③
(2)	①	②	③
(3)	①	②	③
(4)		(5)	(6)

2

(1)	①	②	(2)		(3)	
(4)	A	B	C	D	E	
(5)	⑦	⑧	⑨			

3

(1)	①	②	③
(2)		(3)	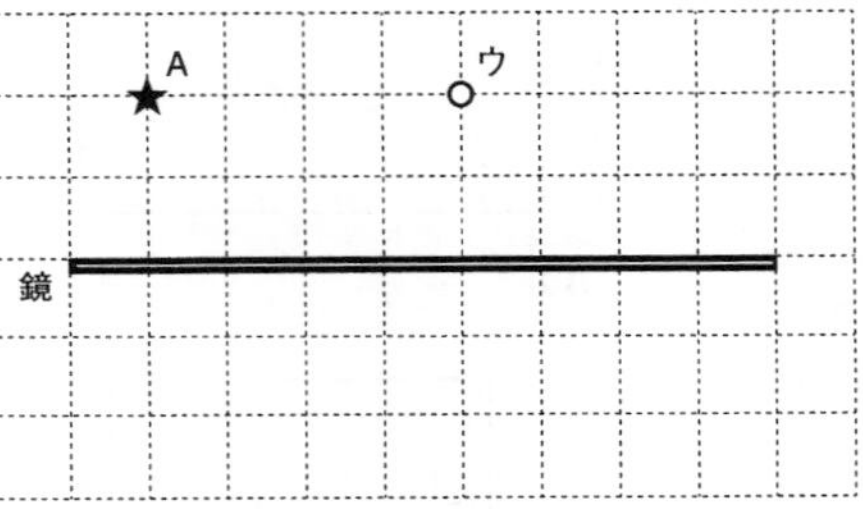
(4)			
(5)			
(6)			
(7)			

4

(1)	図	理由	
(2)	①	②	③
(3)		(4)	
(5)	mL	(6)	g

（注）この解答用紙は実物を縮小してあります。Ｂ５→Ｂ４（141%）に拡大コピーすると、ほぼ実物大の解答欄になります。

〔理　科〕100点(推定配点)

1　(1)～(4)　各２点×10　(5)　４点　(6)　２点＜完答＞　**2**　(1)　各２点×２　(2)　４点　(3)～(5)　各２点×９　**3**　(1)，(2)　各２点×４　(3)，(4)　各４点×２＜(4)は完答＞　(5)，(6)　各２点×２　(7)　４点　**4**　(1)　図…２点，理由…４点　(2)～(4)　各２点×５　(5)，(6)　各４点×２

二〇二三年度　女子聖学院中学校

国語解答用紙　第三回

番号		氏名		評点	/100

一

問一　1　2　3　4　5　6　7　8

問二　1　2　3　4

問三　1　2　3　4　5　6　7　8

問四　1　2　3　　問五

問六　1　2　　問七

問八　1　2　3

二

問一

問二　から

問三　Ⅰ　Ⅱ　Ⅲ　Ⅳ　　問四

問五　1　2　3　4

問六　ア　イ　ウ　エ　オ

三

問一　　問二　1　2　3　4

問三

問四　こと　こと　こと

問五　1　2　3　4

問六　　問七　　問八　　問九

（注）この解答用紙は実物を縮小してあります。169％拡大コピーをすると、ほぼ実物大の解答欄になります。

〔国　語〕100点（推定配点）

一　各1点×30　二，三　各2点×35

2022年度　女子聖学院中学校

算数解答用紙　第1回

番号		氏名		評点	/100

注意　5 の(3)のみ式や考え方を書きなさい。

1

(1)		(2)			
(3)		(4)		(5)	
(6)		(7)		(8)	

2

(1)	(　　　) 個	(2)	(　　　) 円
(3)	(　　　) m	(4)	(　　　) 円
(5)	(　　　) 点	(6)	(　　　) 通り
(7)	y = (　　　) × x	(8)	(　　　) cm^2

3

(1)	$\frac{(\quad)}{(\quad)}$
(2)	(　　　) 時間 (　　　) 分
(3)	(　　　) 分

4

(1)	(　　　) cm^3
(2)	(　　　) cm^2
(3)	(　　　) cm^3

5

(1)	個数 (　　　) 個	表面積 (　　　) cm^2	(2)	(　　　) 個
(3)	式 や 考 え 方		答	(　　　) 個

(注) この解答用紙は実物を縮小してあります。179%拡大コピーをすると、ほぼ実物大の解答欄になります。

〔算　数〕100点(推定配点)

1 (1), (2)　各3点×2　(3)～(8)　各4点×6　2～4　各4点×14　5 (1), (2)　各4点×2＜(1)は完答＞　(3)　式や考え方…3点, 答…3点

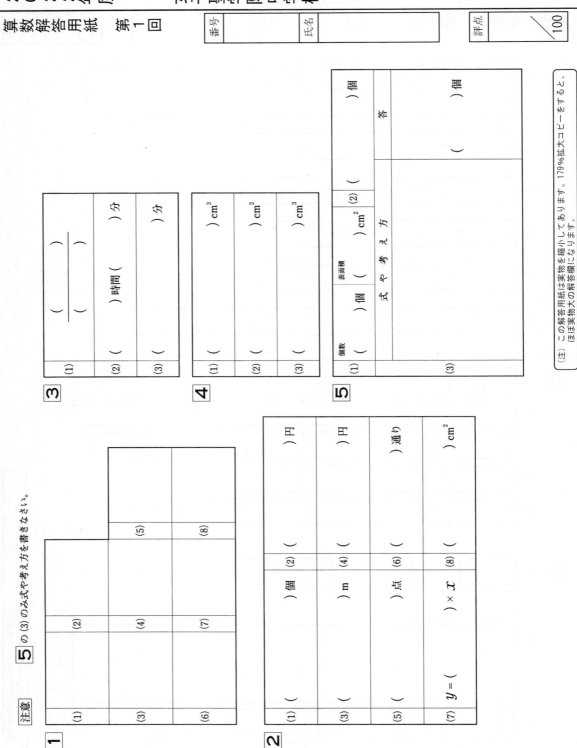

2022年度　女子聖学院中学校

社会解答用紙　第1回

番号		氏名	

評点
/100

（注）この解答用紙は実物を縮小してあります。179%拡大コピーをすると、ほぼ実物大の解答欄になります。

1

	都道府県名	番号
(1)		
(2)		
(3)		
(4)		
(5)		

2

問1			問2	
ア	イ	ウ	A	D
			県	県
問3	問4	問5	問6	
			A	C

3

問1	問2	問3	問4	問5
				→ → →

問6	問7
年から　年まで	

問8	問9	問10

4

問1		
(1)	(2)	(3)
	問2	
(4)	→ → →	

5

問1	問2	問3	
		(A)	(B)

問4
(A)

問4	問5	
(B)	(ア)	(イ)

問6

〔社　会〕100点(推定配点)

1　都道府県名…各3点×5，番号…各2点×5　2～4　各2点×25<3の問5，問6，4の問2は完答>　5　問1～問5　各2点×10　問6　5点

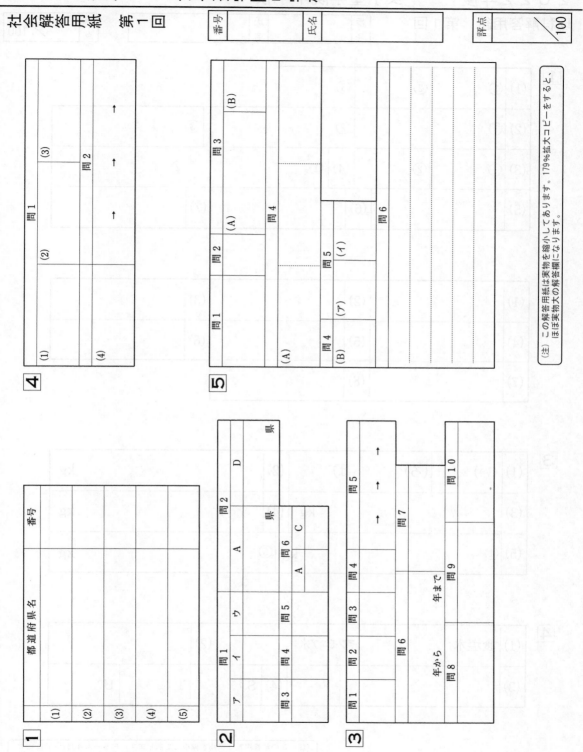

２０２２年度　女子聖学院中学校

理科解答用紙　第１回

番号		氏名		評点	／100

1

(1)	①	②	③		
(2)	①	②	③		
(3)	①	②	(4)	①	②
(5)		(6)		(7)	

2

(1)		(2)		(3)	
(4)		(5)		(6)	
(7)		(8)			

3

(1)	(い)	(ろ)	(は)	(2)	kg
(3)	kg	(4)	kg		
(5)	④ kg	⑤ kg			

4

(1)	食塩水：	アンモニア水：	(2)		
(3)		(4)	S：	T：	U：

（注）この解答用紙は実物を縮小してあります。Ｂ５→Ａ４(115%)に拡大コピーすると、ほぼ実物大の解答欄になります。

〔理　科〕100点(推定配点)

1, 2　各３点×21＜2の(2), (5)は完答＞　3　(1)　４点＜完答＞　(2)～(5)　各３点×５　4　(1)　各３点×２　(2)～(4)　各４点×３＜(3), (4)は完答＞

二〇二二年度　女子聖学院中学校

国語解答用紙　第一回

番号　　氏名　　評点　/100

一

問一　1　2　3　4　5　6　7　8

問二　1　2　3　4

問三　1　2　3　4　問四

問五　1　2　3　4　5

問六　1　2　3

問七　問八　1　2　3　4

二

問一　1　2　3

問二　Ⅰ　Ⅱ　Ⅲ　Ⅳ　問三　問四

問五　人　問六

問七　ということ。

問八　Ⅰ　Ⅱ　1　2　3　4

三

問一　問二　→　→　→　→

問三　1　2　3　4　5　6

問四　1　2　3　4　問五　1　2　3　4　5

問六　こと

（注）この解答用紙は実物を縮小してあります。172%拡大コピーをすると、ほぼ実物大の解答欄になります。

〔国　語〕100点(推定配点)

一　各1点×30　二, 三　各2点×35＜三の問2は完答＞

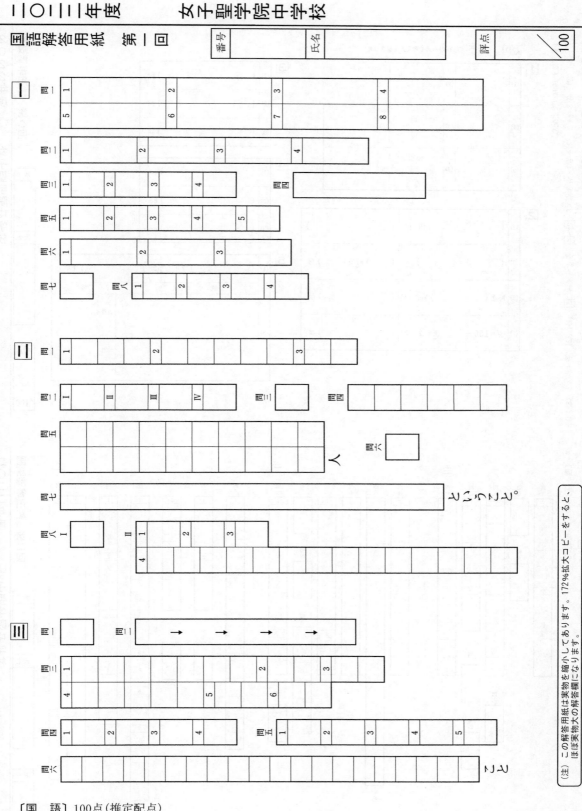

2022年度 算数解答用紙 第2回 女子聖学院中学校

番号　　氏名　　評点 /100

注意　5 の(3)のみ式や考え方を書きなさい。

1

(1)		(2)			
(3)		(4)		(5)	
(6)		(7)		(8)	

2

(1)	(　　)円	(2)	(　　)
(3)	(　　)：(　　)	(4)	(　　)時間(　　)分
(5)	時速(　　)km	(6)	(　　)個
(7)	$y=150-($　　$)\times x$	(8)	(　　)度

3

(1)	(　　)段
(2)	(　　)回
(3)	(　　)回

4

(1)	(　　)cm
(2)	(　　)cm
(3)	(　　)cm^2

5

(1)	(　　)才年上	(2)	(　　)才年上
(3)	式や考え方	答	
		お母さん (　　)才 学君 (　　)才	

〔算　数〕100点(推定配点)

1 (1), (2) 各3点×2　(3)～(8) 各4点×6　2～4 各4点×14　5 (1), (2) 各4点×2　(3) 式や考え方…3点, 答…3点<完答>

二〇二二年度 国語解答用紙 第二回 女子聖学院中学校

番号　　氏名　　評点 /100

一

問一 1 2 3 4 5 6 7 8

問二 1 2 3 4

問三 1 2 3 4 5 6 7 8

問四 1 2 3

問五

問六 1 2

問七

問八 1 2 3

二

問一 Ⅰ Ⅱ Ⅲ Ⅳ

問二

問三

問四

問五

問六 1 2 3 4

問七

問八 から

問九 ア イ ウ エ

三

問一

問二 1 2 3

問三

問四

問五 ア イ ウ エ

問六

問七

問八

問九 ア イ ウ エ

〔国　語〕100点(推定配点)

一 各1点×30　二, 三 各2点×35

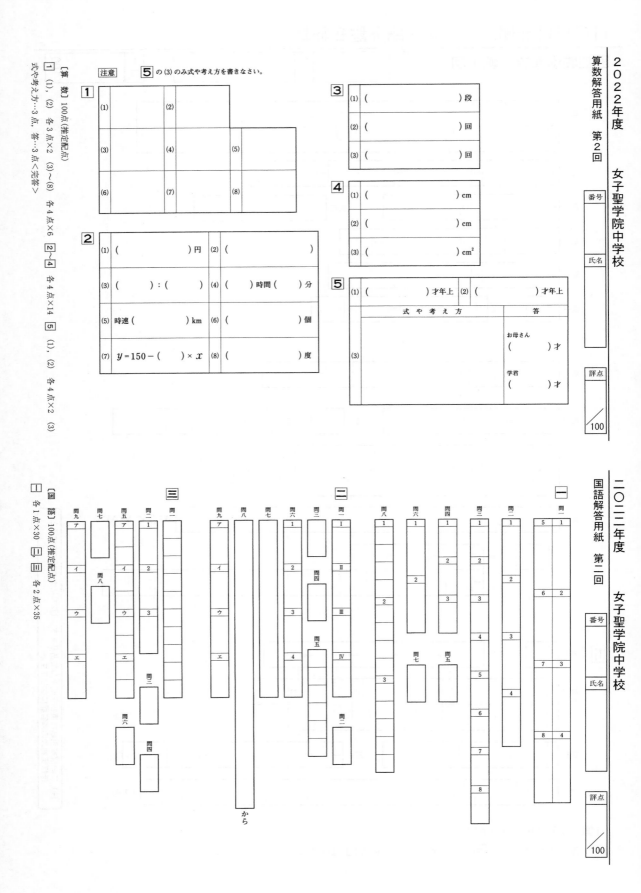

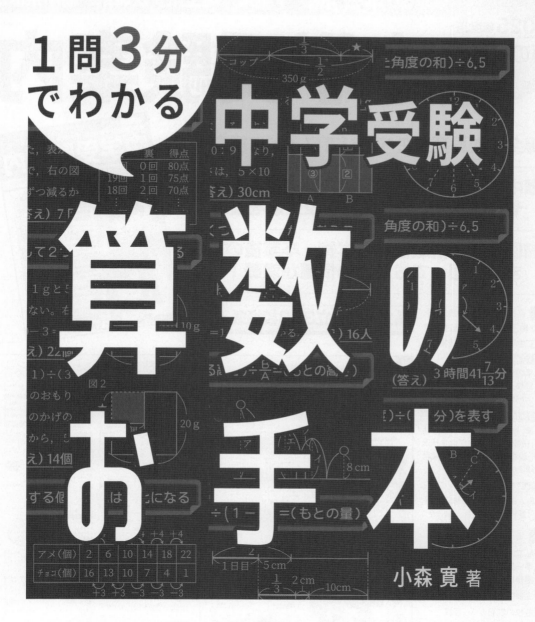

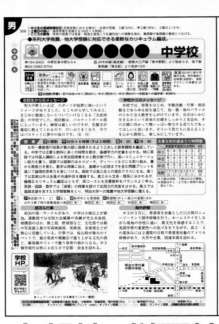

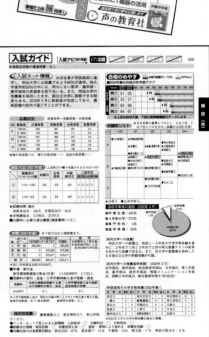